Karl Werner

**Gerbert von Aurillac**

Die Kirche und Wissenschaft seiner Zeit

Karl Werner

**Gerbert von Aurillac**
*Die Kirche und Wissenschaft seiner Zeit*

ISBN/EAN: 9783744621298

Hergestellt in Europa, USA, Kanada, Australien, Japan

Cover: Foto ©Lupo / pixelio.de

Weitere Bücher finden Sie auf **www.hansebooks.com**

# Gerbert von Aurillac,

## die Kirche und Wissenschaft seiner Zeit.

Von

Dr. Karl Werner.

Neue Ausgabe.

Wien 1881.
Wilhelm Braumüller
k. k. Hof- und Universitätsbuchhändler.

# Vorrede.

In der hiemit veröffentlichten Arbeit über Gerbert und sein Zeitalter ist die mit der Schrift über Beda begonnene, und in jener über Alcuin weitergeführte Darstellung der christlich-theologischen Literärgeschichte des früheren Mittelalters bis zu den ersten Anfängen der Scholastik herabgeführt und damit ihrem Abschluße zugeführt. Die iroschottische und fränkisch-merovingische kirchliche Literatur, welche beide hinter dem von mir gewählten Ausgangspuncte zurückliegen, konnten nur indirect und nebenhergehend Berücksichtigung finden; es fehlt übrigens nicht an neueren, allgemein zugänglichen Uebersichten und Darstellungen der erwähnten beiden Literaturgebiete, deren Durchforschung zunächst und vornehmlich wol den Kirchenhistoriker angeht. Mir war für die von mir verfolgten besonderen Zwecke nahegelegt, die Geschichte der mittelalterlichen Literatur da zu beginnen, wo die Anfänge einer auf Grund der christlich-römischen Bildung und Ueberlieferung sich begründenden neuen Culturepoche, jener des christlich-germanischen Weltalters kenntlich hervortreten. Als Anknüpfungspuncte boten sich dar die Gestaltung der abendländischen Kirchenverhältnisse und der Stand der römisch-kirchlichen Lehrüberlieferung im Zeitalter Gregors des

Großen, sowie der bestimmende Einfluß eines Cassiodor, Isidor von Sevilla und schließlich auch des Boethius auf die Anfänge der mittelalterlichen Schulbildung. Der Einfluß des Letzteren wird in dem von diesem Buche umfaßten Zeitraume bemerkbar; der Beginn einer näheren Bekanntschaft mit seinen der Ontologie und Logik angehörigen Schriften deutet an, daß sich ein neues Stadium der mittelalterlichen geistigen Lebensentwickelung vorbereitet, für welches die mit Isidor und Beda beginnende Epoche den Untergrund und die Vorstufe bildet.

Der literärgeschichtliche Inhalt des vorliegenden Bandes ist eben so, wie jener der beiden vorausgegangenen, in den Rahmen der allgemeinen Zeitgeschichte gefaßt worden; nur auf diese Art schien es möglich, den Gesammtstoff zu einem einheitlichen Ganzen zu vereinigen. Die Gruppirung des Einzelnen war durch die Beschaffenheit und den inneren Zusammenhang des Stoffes bedingt. Es handelte sich um einen Ueberblick der christlich-lateinischen Literatur von Rather von Verona angefangen bis herab zu Petrus Damiani d. i. bis an die Schwelle des Zeitalter Gregor's VII und bis zu den ersten Anfängen der sogenannten Scholastik, welche sich in dem diesem Buche noch einverleibten Berengarischen Abendmalsstreite regen. Daß Rather und Damiani einander als Grenzpuncte der Arbeit entsprechen, dürfte wol für die Homogenität der kirchlichen und literarischen Zustände des von diesem Buche umschlossenen Zeitraums zeugen; eben so gerechtfertiget dürfte es erscheinen, daß inmitten derselben Gerbert als die geistig bedeutendste Erscheinung in den Vordergrund tritt, wenn sie auch, wie ich gerne zugebe, nur in relativer Weise die beherrschende Mitte des Ganzen bildet. Daß sie aber wirklich eine einigende Mitte abgebe, und der Stoff des Buches ohne Zwang um sie gruppirt sei, glaube ich mit Zuversicht annehmen zu dürfen.

Eine weitere Fortführung des mit dem vorliegenden Bande

vorläufig abgeschlossenen Unternehmens müßte zufolge des veränderten Tones der Lehrbildung in dem nächstfolgenden Zeitraume, sowie zufolge der dichteren Häufung und breiteren Entfaltung der einzelnen nebeneinander und aufeinander wirkenden Kräfte und Bestrebungen eine ganz andere Gestaltung annehmen. Obschon es mir an der nöthigen Arbeitslust zur noch weiteren Fortsetzung des Begonnenen nicht fehlt, so ist doch die Veröffentlichung hierauf bezüglicher Studien von Umständen abhängig, über welche ich nicht zu gebieten vermag. Ich beschränke mich vorläufig auf den Wunsch, daß das in drei mäßigen Bänden vorliegende Unternehmen als brauchbare Unterlage für ausführlichere und erschöpfende Bearbeitungen des von mir versuchsweise bearbeiteten Zeitraumes der christlich-theologischen Literärgeschichte sich eignen möge.

Die in einzelnen Fällen erscheinenden Varianten in der Schreibung der Eigennamen wird man mir, in Ermanglung einer festen Regel für ihre Schreibung, nicht allzustrenge anrechnen wollen. Die bei der Correctur vielleicht hin und wieder unbemerkt gebliebenen Druckversehen möge der gütige Leser entschuldigen und verbessern.

# Inhaltsverzeichniß.

## Einleitung.
(S. 3—24).

Allgemeine Zustände des christlichen Abendlandes in der ersten Hälfte des zehnten Jahrhunderts; das sächsische Herrscherhaus als Erbe der Mission Karls d. Gr. Otto I als Ordner der deutschen Kirche, Wirken seines Bruders Bruno v. Cöln; hervorragende Männer der deutschen Kirche damaliger Zeit, Unterricht und Bildung um die Mitte des 10. Jahrhunderts im christlichen Abendlande (S. 1—11). Ratherius v. Verona als Repräsentant der theologischen Bildung seines Zeitalters und Schilderer der kirchlichen Zustände desselben (S. 11—16). Otto's I Eingreifen in die italienischen Verhältnisse; Herstellung geordneter Zustände in der römischen Kirche (S. 17—20). Verschiedenartiges Verhalten der italienischen Geistlichkeit zu Otto's reformatorischem Eingreifen: Atto v. Vercelli, Liutprand v. Cremona (S. 20—23). Das burgundische Kloster Clugny als Stützpunct und Centralherd der von Innen heraus sich vollziehenden Selbstreformation der Kirche SS. 23. 24).

## Gerbert und sein Zeitalter.

### Erstes Capitel.

Gerberts Herkunft und Jugendbildung. Ueber sprachlichen Unterricht und classische Bildung in Gerberts Zeitalter.
(S. 27—36).

Gerberts Herkunft und früheste Jugendzeit; er erhält seine erste Jugendbildung im Kloster Aurillac. Beschaffenheit des klösterlichen Unterrichtes der damaligen Zeit, die lateinische Grammatik als Unterlage desselben; Betrieb der grammatischen Gelehrsamkeit im 9. u. 10. Jahrhundert, grammatische Literatur dieses Zeitraums (S. 27—33). Zuzug berühmter italienischer Lehrer nach Deutschland unter Otto I: Stephan und Gunzo v. Novara. Commentationen des Marcianus Capella (S. 33—36).

## Zweites Capitel.

**Fortsetzung der Studien Gerberts in Spanien zusammt den weiteren an seinen Aufenthalt daselbst sich knüpfenden Erlebnissen. Gerbert als Lehrer der freien Künste in Rheims; seine Unterweisungen in der Dialektik und Rhetorik.**
(S. 37—57).

Gerberts Aufenthalt in der spanischen Mark, seine Beziehungen zum Grafen Borell von Barcellona und zum Bischof Hatto von Vich; die an Gerberts Aufenthalt in Spanien sich knüpfende mittelalterliche Sagenbildung (S. 37—39). Gerbert begleitet den Bischof Hatto nach Rom, und wird dem daselbst weilenden sächsischen Kaiserhofe empfohlen; seine Rückkehr in sein Heimathland und Eingehung näherer Beziehungen zum Erzbischof Adalbero v. Rheims (SS. 39. 40). Gerbert als Lehrer der freien Künste in Rheims; seine Unterrichtsweise in Dialektik und Rhetorik, die Schriften des Boethius als Unterlage seiner Lehrunterweisungen (S. 41—46). Gerberts als Dialektiker: seine Disputation mit Orthric am Kaiserhofe zu Ravenna; seine Schrift de rationali et ratione uti (S. 47—54) Gerbert als Lehrer der Rethorik, seine Hochschätzung derselben und der altclassischen Erudition (S. 55—57).

## Drittes Capitel.

**Gerbert als Lehrer der mathematischen Wissenschaften. Mittelalterliche Entwickelung derselben bis auf Gerbert; Leistungen Gerberts und seiner Schule für ihre Weiter-Entwickelung. (S. 58—79).**

Gerberts Behandlung der Disciplinen des Quadrivium. Der Abacus Gerberts und das von ihm gelehrte Rechnungsverfahren; Verhältniß desselben zu jenem des früheren Mittelalters (S. 58—66). Zusammenhang der Arithmetik mit der Musiklehre; Musiklehre des Boethius, kirchliche Musikschriftsteller des früheren Mittelalters bis Gerbert, Gerberts Anschluß an Boethius, seine Versuche im Orgelbau (S. 67—70). Gerberts geometrische Studien und Schriften (S. 71—74); seine Beschäftigung mit Astronomie und Anfertigung astronomischer Instrumente (S. 75 f.) Nachwirkung der von Gerbert ausgegangenen Anregung mathematischer Studien (S. 77—79).

## Viertes Capitel.

**Das öffentliche Wirken Gerberts; seine Stellung als Kirchenfürst, seine Beziehungen zum Hause der Ottonen und zu den fränkischen Herrschern. (S. 80—99).**

Gerbert als zeitweiliger Abt von Bobbio, seine Flucht aus Bobbio und Rückkehr nach Rheims (S. 80 f.). Politische Wirren nach Otto's II Tode,

# VIII

Bedrängung der Kaiserwittwe Theophano durch Heinrich v. Baiern und Lothar v. Frankreich; Willigis v. Mainz und Adalbero v. Rheims als Freunde und Vertheidiger der Sache Theophano's und ihres unmündigen Sohnes, Gerbert als thätiger Mittler und Förderer der Anstrengungen der Freunde und Helfer Theophano's (S. 81—84). Neue Wirren im Gefolge der Erhebung Hugo Capet's auf den französischen Königsthron; Haltung Gerberts in diesen Wirren, Tod seines Gönners Adalbero's v. Rheims (S. 84—86). Lothars unächter Sohn Arnulph zum Erzbischof v. Rheims gewählt; sein Bündniß mit Karl v. Lothringen gegen König Hugo, Gerberts Zwangslage und endliche Lossagung von Arnulph (S. 86—88). Absetzung Arnulphs auf der Synode v. Senlis a. 989, Erwählung Gerberts zum Rheimser Erzbischofe (S. 88—90). Schiefe Stellung Gerberts, sein gespanntes Verhältniß zum römischen Stuhle, Rettung aus seinen zeitweiligen Nöthen durch Otto's III Einlobung nach Deutschland (S. 90—92). Der römische Abt Leo als päpstlicher Legat mit der Untersuchung der Sache Arnulphs betraut; vergebliche Rechtfertigungsversuche Gerberts auf den durch Leo berufenen Synoden und in Rom, endgiltige Entscheidung des Papstes Gregor V gegen Gerbert (S. 93—96). Gerbert auf Otto's III Wunsch zum Erzbischof v. Ravenna erhoben; Acte Gerberts in dieser seiner neuen kirchlichen Stellung (S. 96—99).

## Fünftes Capitel.

### Gerbert als Papst Sylvester der Zweite. Allgemeine Zustände der Kirche in Gerberts Zeitalter. (S. 100—117).

Gerbert durch Otto III zum Papste erhoben; Encyclica des neuen Papstes (S. 100 f.). Vollkommene Rehabilitirung Arnulphs v. Rheims durch päpstlichen Machtspruch (S. 101 f.). Gerberts Einschreiten gegen Giseler v. Magdeburg, schlaue Tergiversationen des Letzteren; Wiederherstellung des zu Gunsten Giselers supprimirten Merseburger Bisthums nach Gerberts Tod (S. 102—104). Gerberts strenge Ahndung der Räubereien und Gewaltthätigkeiten Arduins v. Jvrea (S. 104 f.). Kaiserliche Bestätigung der unter Gregor V an den päpstlichen Stuhl gemachten Schenkungen (S. 105). Gerberts und Otto's III Weltreichspläne (S. 106). Einfügung Polens in den Verband der christlichen Reiche des lateinischen Abendlandes; päpstliche Verleihung der Königskrone an Stephan v. Ungarn (S. 107 f.). Aufstände in Italien gegen Otto III, vergebliche Belagerung Roms durch Otto, Tod desselben während der Belagerung. Gerberts Ausgleich mit den Römern, seine letzte Wirksamkeit, sein Tod (S. 108—111.

Stellung des Papstthums zur Zeit Gregor's V und Sylvesters II; kritische Lage desselben nach Gerberts Tod. Nilus und Romuald als Wecker und Regeneratoren des christlich-religiösen Geistes im damaligen Italien (S. 112—114). Missionsthätigkeit: Adalbert v. Prag, das Kloster Pereum, Bruno v. Querfurt (S. 114—117).

## Sechstes Capitel.

**Die rechtliche und disciplinäre Ordnung und die verfassungsmässigen Zustände der abendländischen Kirche in Gerberts Jahrhundert. (S. 118—143).**

Entschiedeneres Durchgreifen der päpstlichen Vollgewalt, Sinken der Metropolitangewalt; Reflex dieser Gestaltung der Verhältnisse in den Vorgängen und Zuständen der französischen und deutschen Kirche. Der Gandersheimer Streit, Erzbischof Aribo und die Synode von Seligenstadt (S. 118—121). Das kirchliche Rechtsbuch Burchards v. Worms (S. 121—124). Abbo's v. Fleury Collectio canonum; sein Eintreten für die kirchliche Freiheit, seine Stellung gegenüber dem französischen Episcopat, sein Verhältniß zu Papst Gregor V (S. 125—128). Privilegien und Schutzbriefe Gregors V und Sylvesters II zu Gunsten verschiedener Klöster, auszeichnende Vorrechte des Klosters Clugny (S. 128—130). Das Mönchthum als Hort und Träger der kirchlichen Reformidee; Reformation der englischen Kirche des 10. Jahrhunderts durch den Mönchsklerus: Odo und Dunstan v. Canterbury, Oswald v. York (S. 130—134). Kampf gegen Simonie und Priesterehe als Losungsruf der Zeit; Gerberts Rüge des simonistischen Verderbens der Kirche, nachfolgende Zerrüttung der römischen Kirche durch simonistische Umtriebe, Kaiser Heinrich's III Eingreifen, Deutsche auf dem päpstlichen Throne (S. 134 f.). Petrus Damiani, seine Beziehungen zu Heinrich III und den deutschen Päpsten, sein Eifern gegen die unenthaltsamen Kleriker, sowie für die Heilighaltung des kirchlichen Ehegesetzes (S. 135—140). Cardinal Humbert gegen die simonistische Häresie. (S. 141—143).

## Siebentes Capitel.

**Pflege der lehrhaften Theologie in Gerberts Zeitalter und Gerberts Antheil hieran; die ascetische, homiletische und exegetische Literatur dieses Zeitraumes. (S. 144—210).**

Unentwickelter Stand der kirchlich-dogmatischen Lehrexposition im Zeitalter Gerberts. Zusammenstellungen der Hauptpuncte des kirchlichen Bekenntnißes in Burchards kirchlichem Rechtsbuch und in der sogenannten Confessio Albini; Erörterungen über die muthmaßliche Abfassungszeit der letzteren, Vergleichung des dritten Theiles derselben mit Gerberts Bekenntnißschrift bei Antritt des Rheimser Erzbisthums (S. 144—150). Othlo's v. St. Emmeran Liber de tribus quaestionibus (S. 150). Zusammentreffen Othlo's mit Petrus Damiani in der Abneigung gegen die Application der Dialektik auf den Inhalt der kirchlichen Glaubenslehre; mystischer Antirationalismus Damiani's. Behandlung einzelner Lehrpuncte der kirchlichen Glaubenslehre durch Damiani, Fulbert v. Chartres; Bruno's v. Würzburg Auslegung der kirchlichen Symbola (S. 150—154). Damiani's Erörterungen über die kirchlichen Weihehandlungen und Sacramente; sein Eintreten für die objective Giltigkeit der kirchlichen Sacramente, seine Äußerungen über die Unfruchtbarkeit der von unwürdigen Priestern verrichteten Opfer und Gebete (S. 154—157). Der an den kirchlichen Opferact sich anlehnende mystisch-legendarische Inhalt des kirchlichen Volksglaubens; Wunderglaube und visionäre Kunde von der jenseitigen Welt, Erwartung des nahen Weltendes (S. 158—160). Eschatologische Erörterungen der Schriftausleger damaliger Zeit: Remigius v. Auxerre, Atto v. Vercelli, Abso v. Moutier en Der, Petrus Damiani (S. 160—163).

Die Behandlung der kirchlichen Abendmalslehre im 10. Jahrhundert durch Ratherius, Gezo v. Tortona, Gerbert (S. 163—166). Fulberts Auffassung der Abendmalslehre (S. 166—168). Berengar v. Tours (S. 168—170), bekämpft von Hugo v. Langres (S. 170 f.), Durand v. Troarne (S. 171—174), Lanfranc (S. 175—177), Guitmund v. Aversa (S. 178—182), Alger v. Lüttich (S. 182—185). Alger über die Angemessenheitsgründe des eucharistischen Cultes; Damiani's Erklärung des Meßkanon (S. 185—188). Fulbert v. Chartres über einen mit der Priesterweihe verbundenen liturgischen Sonderbrauch (S. 188 f.). Berno v. Reichenau über den kirchlichen Meßact und die kirchliche Festordnung (S. 189—192). Damiani's liturgisch-ascetische Schriften (S. 192).

Moralisch-ascetische Literatur: Florilegien aus Gregor's Schriften; Wibold's Ludus clericalis; Bruno v. Toul de conflictu virtutum ac vitiorum; Damiani's moralisch-ascetische Schriften (S. 193—196). Homiletische Literatur: Atto v. Vercelli, Fulbert, Odilo, Petrus Damiani (S. 196—198).

Exegetische Literatur: Atto's Auslegung der Paulinischen Briefe, Bruno v. Würzburg als Commentator der Psalmen und der biblischen Cantica des Officium divinum, Damiani's Schriftauslegung (S. 198—202).

Kritik der Dionysischen Aera mit Beziehung auf die Chronologie des Lebens Jesu: Heriger v. Laubes, Abbo v. Fleury; differente Angaben über das Datum des Todes- und Auferstehungstages Christi (S. 202—208). Herigers Anzweifelung unkritischer Ueberlieferungen aus der urchristlichen und altchristlichen Zeit (S. 208—210).

## Achtes Capitel.

### Die Geschichtsliteratur und Epistolographie des Zeitalters Gerberts. (S. 211—307).

Richers Beziehungen zu Gerbert; seine Geschichte des ostfränkischen Reiches als Fortsetzung der geschichtlichen Arbeiten Hincmars und Flodoards (S. 211—214). Aimoin's, Rorico's, Ademar's Darstellungen der Geschichte der Franken, Dudo's Geschichte der Normannenherzoge (S. 214—218), Rodulphus Glaber als Darsteller der Geschichte seiner Zeit (S. 218 f.).

XI

Die deutsche Reichs- und Kirchengeschichte unter den sächsischen und fränkischen Herrschern bis Heinrich III herab dargestellt in den Werken von Widukind, Ruotger, Thietmar v. Merseburg, Adelbold, v. Utrecht, Wipo, Hermannus Contractus (S. 219—222). Des Johannes Venetus Chronicon Venetense und Chronicon Gradense (S. 222 f.).
Erforschung und Darstellung der Geschichte einzelner Bisthümer und Abteien: Folcuin v. Laubes, Alpert v. Metz, Heriger und Anselm v. Lüttich, Gesta Pontificum Cameracensium (S. 223—227).
Urkundliche und legendarische Hagiobiographie dieses Zeitraums. Bearbeitungen der fränkisch-merovingischen Hagiobiographie: Verner v. Humblieres, Johann v. St. Arnulph, Aimoin v. Fleury, Odorannus v. Sens, Utho v. Straßburg, Rather, Heriger, Notker v. Lüttich, Folcuin v. Laubes, Adso, Letald v. Mich u. s. w. (S. 227—232). Hagiobiographie der nächstfolgenden Zeit bis in's 11. Jahrhundert herab: Odo v. Clugny, die Cluniacenser Johannes, Syrus und Jotsaldus, Petrus Damiani, Rodulphus Glaber, Aimoin u. s. w. (S. 232—234). Hagiobiographie der englischen Kirche: Abbo v. Fleury, Bridfert v. Ramieres, Aelfric, Osbern u. s. w. (S. 234 f.). Deutsche Hagiobiographie: Odilo v. Clugny, Thangmar v. Hildesheim, Wolfhere, Berno v. Reichenau, Arnold v. St. Emmeran, Othlo (S. 235—239). Aus der spanischen Mark: Oliva v. Vich (S. 239). Italienische Hagiobiographen: Gumpold v. Mantua, Laurentius Casinensis, Johannes Capanarius, Petrus Damiani (S. 239 f.).
Religiöse Selbstbiographie Othlo's im Zusammenhange mit seinen übrigen geistlichen Schriften (S. 241—244).
Epistolographie dieses Zeitraums: Die Briefe Gerberts. Sammlungen derselben, Versuche einer genauen Bestimmung ihrer chronologischen Aufeinanderfolge (S. 244—258). Selbstcharakteristik Gerberts in seinen Briefen, Umfang seiner brieflichen Correspondenz, Werth und Bedeutung derselben für die Kenntniß der zeitgenössischen Geschichte (S. 258—266). Gerberts Verhältniß zu Abbo v. Fleury, Unterschied der Gesinnungsrichtung Beider. Abbo als Briefsteller, sein brieflicher Verkehr mit Gregor V und verschiedenen ihm befreundeten Ordensmännern (S. 266—272). Reste der brieflichen Correspondenz Gauzlin's v. Bourges, des Halbbruders Roberts I (S. 272 f.). Briefe Fulberts v. Chartres, Werth derselben für die Kenntniß der Zustände der französischen Kirche unter König Robert; das aus ihnen hervortretende Charakterbild Fulberts, seine Beziehungen zu König Robert und Herzog Wilhelm V v. Aquitanien, seine Stellung zum französischen Episcopate und gegenüber den weltlichen Großen, seine kirchlichen Grundsätze und Anschauungen, seine Haltung gegenüber den Vorgängen des politischen Zeitlebens (S. 273—286). Briefe zweier anderer Schüler Gerberts: Hugo's v. Langres und Gerards v. Cambrai; Wilhelms v. Dijon Briefe an Papst Johann XIX (S. 286—290).
Der briefliche Verkehr des Petrus Damiani, und seine darin sich spiegelnden Beziehungen zu den hervorragendsten Persönlichkeiten und wichtigsten Begebenheiten des damaligen kirchlichen Zeitlebens; Ausdruck seines christlich-religiösen

Gemüthslebens in seinen Briefen, seine strenge Selbstkritik und sein ascetischer Mahneifer in denselben (S. 290—302).

Gegensätzliche Spannung in der italienischen Kirche zwischen der strengkirchlichen Reformpartei und dem der säcularen Bildung zugeneigten Theile des Klerus; Anselm v. Lucca als Briefsteller und dialektisch geschulter Rhetoriker (S. 302—304). Verbindung rechtswissenschaftlicher Studien mit dem Betriebe der schönen Künste im damaligen Italien; Wipo's Rathschlag, eine derartige Verbindung auch in Deutschland anzubahnen. Stand des deutschen Schulunterrichtes um die Mitte des 11. Jahrh.; die Briefe der Tegernseer Mönche als Zeugnisse des lebhaften Studienbetriebes in den damaligen baierischen Klöstern (S. 304—307).

## Neuntes Capitel.

**Gerberts metrische Versuche. Ueberblick der lateinischen Poesie des Zeitalters Gerberts. (S. 408—331).**

Allgemeines über die lateinische Dichtung dieses Zeitraums. Hymnenpoesie: Odo v. Clugny, Fulbert v. Chartres, Heribert v. Eichstätt, Odilo v. Clugny, König Robert, Petrus Damiani. Reste von gottesdienstlichen Poesien Gerberts (S. 308—311). Sequenzendichtungen Wipo's, Hermanns des Lahmen u. s. w., Ekkehard's Liber benedictionum, Williams biblische Versificationen (SS. 311. 312). Geistliche Dramatik und Legendendichtung Hroswitha's (S. 313—318); poetische Hagiobiographien von Aimoin v. Fleury, Heriger v. Laubes, Angilrannus v. St Riquier (S. 318). Hroswithas versificirte Geschichte des Klosters Gandersheim, Purchards Carmen de gestis Witigowonis Abbatis (S. 319).

Poetische Verherrlichung des sächsischen Regentenhauses: Hroswitha de gestis Oddonis I. Preisgedichte auf Otto III, Heinrich II, Konrad II. Wipo's Klagegesang über Konrads II Tod und Panegyrikus auf Heinrich III; seine poetische Lehrschrift für letzteren (S. 319—323). Adalbero v. Laon als poetischer Rathgeber des Königs Robert; die seiner poetischen Lucubration eingewobene Verdrußesäußerung über Gerbert, Ursache dieses Verdrußes (S. 323f.).

Moralisirende und lehrhafte Dichtungen Fulberts (S. 324). Künstliche hexametrische Reimgebilde dieses Zeitalters, virtuose Handhabung der verschiedensten Metra in Hermann's Carmen de octo vitiis principalibus; versificatorische Gewandtheit Froumunds. Das Carmen de conflictu ovis et lini; Othlo's Liber metricus de doctrina spirituali (S. 325—327). Lehrhafte und epigrammatische Dichtungen des Petrus Damiani (S. 327f.).

Poetische Sprüche, Inschriften und Epitaphien. Vergleichung der in dieses Gebiet einschlagenden Versificationen Gerberts mit jenen Ekkehards (S. 328f.)

Anbau der geistlichen Dichtung in der deutschen Volkssprache: Willirams poetische Paraphrase des hohen Liedes; Ezzo's geistliche Dichtungen (S. 329f.). Schlußwort (S. 330f.).

Nachträge und Berichtigungen zu des Verfassers Schrift über „Alcuin und sein Jahrh." S. 338—341.

Namenregister SS. 332—337.

Druckfehlerverzeichniß S. 342.

# Einleitung.

# Einleitung.

Wir haben in unserer Schrift über Alcuin und sein Jahrhundert die Geschichte der christlich-theologischen Literatur des Karolingischen Zeitalters bis in die Zeiten jener drangvollen Wirren herabgeführt, in welchen die karolingische Monarchie sich völlig auflöste, und der letzte Rest der karolingischen Herrschaft auf fränkisch-gallischem Boden in langsamen Dahinsterben begriffen war. In diesem politischen Verfall war auch die kirchliche Ordnung und die unter die Obhut der Kirche gestellte Pflege wissenschaftlicher Thätigkeit hineingezogen, und es gingen Jahrzehente hin, ehe sich die Verhältniße von der allgemeinen Zerrüttung und der über weite Strecken hingelagerten völligen Veröbung wieder zum Besseren wendeten, der Schutt barbarischer Verheerung hinweggeräumt, Zucht und Ordnung in den kirchlichen Verhältnißen erneuert, und damit auch einer Wiedererneuerung und Weiterführung der in die Glanzzeit der Karolingerepoche fallenden geistigen Bildungsbestrebungen die Wege gebahnt wurden. Es zeigte sich hier abermals, wie sehr Blüthe und Gedeihen solcher Bestrebungen durch den Schirm eines starken Armes bedingt seien, der nach Außen kräftig schützt, und im Innern Recht und Ordnung zu schaffen weiß; für das zehnte Jahrhundert war dieses Schutz- und Schirmamt der christlichen Lebensordnung des abendländischen Europa dem sächsischen Herrschergeschlechte zugefallen, in dessen Walten sich der Glanz der auf Karl's d. Gr. Haupt gesetzten Kaiserkrone erneuerte, und die von Karl übernommene Aufgabe eines obersten weltlichen Ordners und Leiters der allgemeinen Zeitangelegenheiten des europäischen Abendlandes weitergeführt wurde.

Die nächste und dringendste Angelegenheit war für die ersten Dezennien des zehnten Jahrhunderts die Abwehr der Raubeinfälle, welchen das europäische Festland im ganzen Umfange des einst von Karl d. Gr. beherrschten Ländergebietes ausgesetzt war. In den nördlichen und westlichen Marken des Reiches waren

es die Normannen, welche neben Frankreich auch Lothringen und
Sachsen mit stetig erneuerten Einfällen heimsuchten; Frankreich
konnte sie nur durch Einräumung bleibender Niederlassungen be=
schwichtigen, Deutschland aber hatte mit den Dänen noch bis in
die Mitte des zehnten Jahrhunderts zu ringen, und neben den=
selben auch die mit ihnen verbündeten Wendenvölker zu bekämpfen.
Vom Osten her ergossen sich seit den Tagen Ludwig's des Kindes,
des letzten deutschen Karolingers, die Raubschaaren der Ungarn
über Deutschland hin bis an die Küsten der Ostsee. In Italien
begegneten sie sich mit den spanischen und afrikanischen Saracenen
welche von Süden her das christlich=europäische Abendland beunru=
higten, den größten Theil Spaniens so wie einen Theil der italie=
nischen Inseln innehatten und Südfrankreich bedrohten. Konrad der
Salier und Heinrich der Finkler beschränkten sich darauf, Deutsch=
land zu schützen; indeß auch hiezu fühlte sich Konrad noch un=
vermögend, woran zum nicht geringsten Theile sein Zerwürfniß mit
dem Sachsenherzog Heinrich Schuld war, welchen er indeß auf dem
Sterbelager selber als seinen berufenen Nachfolger erkannte und
empfahl. Auch Heinrich mußte sich für den Anfang dazu verstehen,
gleich seinem Vorgänger den Ungarn den Frieden durch einen Tri=
but abzukaufen, traf aber die nöthigen Vorkehrungen zur Schaf=
fung eines schlagfertigen Heeres, das den nach Ablauf der bedun=
genen neunjährigen Friedensfrist sicherlich wiederkommenden Ungarn
gewachsen wäre, übte es in erfolgreichen Kämpfen gegen die Wen=
den, schuf für Sachsen und das ganze Reich Schutzwehren durch
Anlegung von Städten und festen Orten; als die Ungarn nach
neun Jahren wiederkamen, um sich den ihnen nunmehr verwei=
gerten Tribut selber zu holen, empfing sie Heinrich auf den Fel=
dern Thüringens, und brachte ihnen eine schwere Niederlage bei
(a. 933), die sie von weiteren Einfällen während der Regierung
Heinrich's abschreckte. Sie erneuerten aber ihre Einfälle, als sie
von Heinrich's Tode gehört hatten; vom Baiernherzog Heinrich
mit Erfolg abgewiesen, rechneten sie fortwährend noch auf Spal=
tung und Zwietracht im deutschen Reiche, und namentlich die Kunde
von dem Zerwürfniß des Nachfolgers Heinrich's, Otto's I mit
seinem Sohne Ludolf und seinem Eidam Konrad von Lothringen

zog sie in zahllosen Raubschaaren herbei, bei deren Entsendung es geradezu auf Zertrümmerung des Reiches abgesehen zu sein schien. Dazumal wurde die denkwürdige Schlacht auf dem Lechfelde bei Augsburg geschlagen (a 955), welche nach dem Ausdrucke eines neuzeitlichen Historikers gewissermaßen als der Abschluß der Völkerwanderung bezeichnet werden darf. Die Ungarn standen, da sie um dieselbe Zeit auch die Mark von Aquileja, dem deutschen Reiche verbunden, besser geschützt fanden, von weiteren Angriffen auf das christliche Abendland ab, und sahen sich bald darauf angewiesen, sich im eigenen Lande seßhaft einzurichten, um den selbstherrlichen Besitz desselben gegen die vorrückende deutsche Colonisation zu behaupten. Die von Karl d. Gr. errichtete Dänenmark war bereits von König Heinrich wieder hergestellt worden; doch war es abermals Kaiser Otto I, der auch hier die deutsche Herrschaft erst dauernd befestigte, und die Nordgränze des Reiches gegen weitere Einfälle sicher stellte.

An diese Anstrengungen zu dauernder Abwehr der Einfälle und Verheerungszüge heidnischer Barbarenvölker schlossen sich weiter die Bemühungen um Wiederherstellung dessen an, was unter jenen fortdauernden Barbareneinfällen zerstört und vernichtet worden war. Es hatte um den Anfang des 10. Jahrhunderts den Anschein, als ob die von Karl d. Gr. gepflanzte Cultur einem völligen Untergange preisgegeben werden sollte. Bereits in den letzten Jahrzehnten des 9. Jahrhunderts hatten die Normannen ungehindert an der Ostsee gelandet, und die Rheingegenden plündernd durchzogen, Städte, Kirchen und Klöster zerstört. Die Wiederholung solcher Raubzüge konnte nichts Anderes, als Niedertretung alles geistigen Schaffens und Lebens in den von ihnen heimgesuchten Gegenden zur Folge haben; schlimmer noch als die Normannen und die ihnen nachrückenden Dänen hausten die Ungarn, die über ganz Deutschland sich ergossen, und namentlich den Süden desselben überflutheten. Es waren von den aus der karolingischen Zeit herrührenden Bildungsstätten nur sehr wenige, wie das durch seine Lage geschützte St. Gallen oder das von den Sachsen beschirmte Corvey, welche sich der ganz Deutschland überschwemmenden barbarischen Verheerungsfluth zu erwehren vermochten. Nicht minder

1*

nachtheilig war der kirchlichen Ordnung und dem wissenschaftlichen Streben der Klöster das Gebahren der weltlichen Herzoge, die wie Arnulf von Baiern, Burchard von Schwaben oder wie Gieselbert in Lothringen mit den Gütern der Kirche nach Maßgabe ihres persönlichen Interesses schalteten, sie zur Belohnung ihrer Vasallen und Dienstmannen verwendeten, die Bisthümer simonisch verhandelten und Laienäbte creirten; Gieselbert machte sich selber zum Abte der reichsten Klöster. Daß mit den Laienäbten und ihrem Gefolge lärmende Unordnung in die Klöster einzog, daß durch die Hingabe der höchsten Kirchenämter an ungeistlich gesinnte Männer die Bande der kirchlichen Zucht und Ordnung insgemein auf das Bedenklichste gelockert werden mußten, bedarf keiner besonderen Erwähnung. Bereits König Heinrich war darauf bedacht, die zerrütteten kirchlichen Verhältniße wieder zu regeln, und berief Synoden, auf welchen schwäbische, fränkische, sächsische und lothringische Bischöfe unter seiner Leitung tagten, und Beschlüße über kirchliche Zucht und Ordnung, Festtagsfeier und Wiederherstellung zerstörter Kirchen faßten[1]). Otto I war im ersten Jahrzehnt seiner Regierung fast ausschließlich mit Kämpfen und Unternehmungen im Interesse seiner Haus- und Königsmacht beschäftigt; der Tod seiner ersten Gattin aber, der frommen Editha, welche unter die Heiligen der Kirche versetzt wurde, rief in ihm, dessen Mutter Mathilde gleicher Ehren theilhaftig zu werden gewürdiget wurde, die Gefühle christlicher Frömmigkeit mächtig wach, und lenkte seine Gedanken auf die Bedeutung der Kirche als gottgestifteten Hortes des ewigen Heiles und der zeitlichen Menschenwohlfahrt hin, so daß er ihr von da an die treueste Sorge in aufrichtigster Hingebung widmete. Er fand einen hilfreichen Genossen für diese seine Bemühungen in seinem jüngsten Bruder Bruno, der schon in seiner Kindheit zum Geistlichen bestimmt, dem Bischof Balderich, dem Wiederhersteller des von den Normannen verwüsteten Utrechter Bisthums zur Erziehung anvertraut worden war. Er verwendete seine Lernzeit in Lothringen auf's Beste, und studierte mit großem Fleiße in

---

[1]) Vgl. die Beschlüße der Synoden von Coblenz, (a 922) u. Erfurt, (932), abgedr. bei Migne, Patrolog. lat. tom. 188, p. 817 ff. — Ebendas. p. 832 ff. die in Otto I Regierungszeit fallenden Beschlüße und Anordnungen der Synoden von Ingelheim (948) und Augsburg (952).

den chriſtlichen und heidniſchen Claſſikern der lateiniſchen Sprache. Noch als Jüngling wieder an den königlichen Hof zurückberufen, wurde er (a. 940) zum Kanzler und Erzkaplan ernannt, a. 953 unter Beibehaltung ſeines Kanzleramtes zum Erzbiſchof von Köln erhoben, mit welcher Stellung auch die Leitung der öffentlichen Angelegenheiten Lothringens verbunden war. Er erreichte kaum das vierzigſte Lebensjahr († 965); ſeine Thätigkeit war aber eine ſo reiche und geſegnete, ſein perſönlicher Charakter ein ſo hoher und reiner, ſeine Bildung ſo vielſeitig und hervorragend, daß er für jene Zeit als eine in ihrer Art einzige Größe daſteht. Seine lebenslängliche Liebe waren wiſſenſchaftliche Studien, zu deren Betriebe er auch inmitten der gehäufteſten Geſchäfte noch immer Zeit fand; ſeine Stellung am Hofe gab ihm Gelegenheit zum Verkehre mit den auserleſenſten wiſſenſchaftlichen Größen der damaligen Zeit, und ſeine Anweſenheit am Hofe ſchuf denſelben zu einem Mittelpunkte geiſtigen Verkehres, ähnlich der Akademie am Hofe Karls des Großen. Er verkehrte mit Ratherius von Verona, mit Liutprand von Cremona und dem mozarabiſchen Biſchof Reccemund von Elvira, die durch politiſche Ereigniße an Otto's Hof geführt worden waren; die an demſelben erſcheinenden Geſandten aus Conſtantinopel regten ihn zur Erlernung der griechiſchen Sprache an, in welcher ſich zu üben ihm auch mehrere dazumal in deutſchen Klöſtern ſich aufhaltende griechiſche Mönche Gelegenheit bieten mochten. Selbſt die Hofſchule Karls lebte an Otto's Hofe nochmals auf, und Bruno verſchmähte es nicht, als Lehrer an derſelben zu wirken; die von ihm geleitete königliche Kanzlei (Capella) wurde zu einer Bildungsſchule für Geiſtliche, die nachmals als Biſchöfe hervorragende Stellungen im Reiche einnahmen. Die vom Hofe ausgehende wiſſenſchaftliche Anregung verbreitete ſich über das ganze Reich, und übte ihren fördernden Einfluß auch in den erhalten gebliebenen älteren Bildungsſtätten; St. Gallen und Reichenau gediehen dazumal zu ihrer ſchönſten Blüthe, Fulda ſuchte ſeinen alten Ruf zu behaupten, Hersfeld eiferte ihm nach. Corvey hatte dazumal ſeinen Widukind, das Frauenkloſter Gandersheim ſeine Roswitha vorzuweiſen. Hildesheim gewann in Otwin einen Biſchof, der den Flor der daſelbſt beſtehenden Schule begründete; Zierden derselben waren Thangmar und dessen Schüler Bernward, ausgezeichnet als Bischof und Gelehrter. An der Ostgränze Sachsens hatte Otto I Magdeburg als Bildungsstätte für die eroberten Wendischen Länder ausersehen; die Domschule daselbst hatte in der Ottonenzeit einen Ortrich vorzuweisen, welcher dem berühmten Gerbert die Palme wissenschaftlicher Ueberlegenheit streitig machte. In Magdeburg erhielt auch Thietmar seine Bildung, der berühmte Bischof von Merseburg († 1019), dessen Bisthum von Otto I zum Gedächtniß der Ungarschlacht auf dem Lechfelde gestiftet worden war.

Mit der Leitung des Kölner Bisthums und des Lothringer Herzogthums fiel Bruno die Aufgabe zu, die verfallene kirchliche Zucht und Wissenschaftspflege in Lothringen wieder aufzurichten. Vor seinem Kommen hatten bereits andere Männer für diesen Zweck gewirkt; so sein Oheim, der Triever Erzbischof Robbert, ein Bruder der Königin Mathilde, ferner Adalbero von Metz, ein Vetter und Freund Bruno's, und der verdienstreiche Klosterreformator Gerhard von Brogne im Lütticher Kirchensprengel († 959). Mit durchgreifendem, planmäßigem Wirken wurde aber das Werk der Reform und Hebung erst durch Bruno in's Werk gesetzt. Er stiftete aus eigenen Mitteln das Pantaleonskloster in Köln, dessen erster Abt Christian einer seiner Gehilfen im Reformationswerke war; er zog fremde Geistliche, namentlich aus Sachsen, nach Lothringen, um daselbst durch das Beispiel eines unsträflichen Wandels und pflichteifrigen Wirkens zum Muster der einheimischen Geistlichkeit zu werden; alte in Verfall gerathene Klöster wurden reformirt, neue Klosterschulen gegründet, die Hebung der Domschulen in Angriff genommen. Wie am Hofe, übernahm Bruno es auch in Köln, persönlich eine Reihe tüchtiger Männer heranzubilden, die im Zeitalter der Ottonen Zierden der lothringischen Kirche wurden; so ein Dietrich von Metz, Heinrich und Ekbert von Trier, Gerhard von Toul, Wikfrid von Verdun, Everaclus (Ebrachar) von Lüttich. Der Nachfolger des letzteren war Notker von St. Gallen, der Wiedererneuerer der Lütticher Schule, deren Glanz in's folgende Jahrhundert hinüberleuchtet. Aus der Schule des unter Bruno wiederhergestellten lothringischen Klosters Lobbes

(Laubach) gieng Burchard von Worms hervor († 1025), der gelehrteste Kanonist seiner Zeit, der auch sein gänzlich verfallenes Bisthum zu neuer Blüthe erhob. Der von der lothringischen Kirche ausgehende regenerative Einfluß erstreckte sich auch in das benachbarte Francien hinüber; im Rheimser Kirchensprengel, in welchem unter den politischen Wirren und dem fortwährenden Haber der einander befehdenden Parteien kirchliche Zucht und Ordnung fast völlig aufgelöst war, begann eine bessere Zeit unter den zwei aufeinander folgenden Erzbischöfen Odelrich (961—969) und Adalbero (969—988), die beide aus dem Metzer Domstift zur Leitung der Rheimser Metropole berufen wurden. Adalbero war ein Zögling des Klosters Gorze bei Metz, dessen Abt Johannes (960—973) in Verbindung mit seinem gleichnamigen Freunde Johannes, dem Abte des Arnulfsklosters in Metz zu den eifrigsten Förderern der Klosterreformation in Lothringen gehörte. Johannes von Gorze ist auch als Gesandter des Königs Otto an den Chalifen Abderrahman in Cordova eine geschichtlich interessante Persönlichkeit; der Bericht über diese von Fährlichkeiten nicht freie Gesandschaftsreise ist in dem biographischen Denkmale niedergelegt, welches ihm von seinem Freunde, dem Abte des Arnulfsklosters gesetzt wurde.

Im südlichen Deutschland wirkte während der Ottonenzeit als ein Mann des Segens der Bischof Ulrich aus dem Geschlechte der Grafen von Dillingen, der Mutter nach vom Schwabenherzog Burchard abstammend. Gleich vielen anderen für den geistlichen Stand bestimmten Söhnen vornehmer Familien in St. Gallen erzogen und unterrichtet, wurde er im besten Mannesalter auf den Bischofsstuhl seiner Vaterstadt Augsburg erhoben, welchen er nahezu 50 Jahre (924—973) einnahm. Die ersten drei Jahrzehnte seiner bischöflichen Amtswaltung waren von mancherlei Ungemach und schweren Heimsuchungen erfüllt. Schon im zweiten Jahre (925) lagerten die Ungarn vor den Mauern Augsburgs, zogen aber wieder ab; a. 955 erneuerte sich dieselbe Gefahr in viel größeren Verhältnissen, und nur der mannhaften Haltung Ulrich's war es zu danken, daß die Stadt so lange gehalten wurde, bis König Otto zum Entsatze herangerückt war. Nach der Sitte damaliger Zeit war der Bischof Ulrich auf den Krieg eingeübt, und leistete den Königen Heinrich I und Otto I Heerfolge, was ihn aber nicht hinderte, seine Pflichten als Bischof eifrig zu erfüllen. Ohnehin bestanden diese zum nicht geringen Theile auch in Vorkehrungen für die Sicherstellung seiner Stadt und der zum Bisthum gehörigen Stifte und Kastelle gegen räuberische Ueberfälle. In der traurigen Zeit der Empörung des Herzogs Liudolf gegen seinen königlichen Vater stand Ulrich treu auf der Seite des letzteren, und verlor hiebei zeitweilig sein ganzes Gebiet, Augsburg mit inbegriffen, an den Pfalzgrafen Arnulf, der ihn sogar in Schwabmünchen belagerte; durch seine gräflichen Verwandten befreit, bemühte er sich, zwischen dem König und dessen Sohne Versöhnung zu stiften. Nachdem die Zeit der barbarischen Verheerungen und inneren Zerrüttungen überwunden war, ging Ulrich daran, die Nachwirkungen derselben zu beseitigen, geordnete Zustände zu schaffen, Zerstörtes und Verfallenes wieder aufzurichten, in väterlicher Fürsorge Noth und Elend zu lindern, Zucht und Ordnung im Klerus wiederherzustellen und zu heben, Kirchen und Kapellen zu erbauen, neue Klöster zu errichten. Seine alljährigen Visitationsreisen hielt er gemäß den Weisungen, die hiefür schon in der Karolingischen Zeit bestanden; seine persönliche Erscheinung war hiebei die eines Heiligen, der betend und segnend den Bischofssprengel durchzog. In Gebetsübungen und Kasteiung seines Leibes vermochte er sich kaum genug zu thun, und sehnte sich am Abend seines Lebens nach der Klosterzelle; man konnte und wollte ihn aber in Augsburg lebenslang nicht entbehren, und die Synode von Ingelheim (a. 972) verwies es ihm als eine Versündigung gegen die Kirchengesetze, daß er sich noch bei Lebzeiten seinen Neffen Adalbero substituiren wollte. Mit seiner Fürsorge um Wiederaufrichtung und Gedeihen der Klöster war auch die Sorge um Unterricht und Bildung verbunden; die Blüthe der Augsburger Schule wird in den Briefen des dem Kloster Feuchtwangen angehörigen Wigo aus den letzten Dezennien des 10. Jahrhunderts bezeugt, und diese Briefe selber erwecken eine vortheilhafte Meinung von der im Kloster Feuchtwangen herrschenden geistigen Strebsamkeit. Aehnlich dürfte es sich auch in anderen Klöstern der Augsburger Diöcese verhalten haben, wenn auch keine unmittelbaren Belege hiefür erhalten geblieben sein sollten.

Wolfgang von Regensburg.

Mit Ulrich von Augsburg, der sofort nach seinem Tode als Heiliger verehrt wurde, hieng der heilige Wolfgang von Regensburg befreundet zusammen, dessen bischöfliche Wirksamkeit begann, als jene Ulrich's bereits ihrem Ende nahe gerückt war. Wolfgang hatte seine Jugendbildung im Kloster Reichenau erhalten, und daselbst Freundschaft geschlossen mit Heinrich, einem vornehmen Jüngling aus Schwaben, dessen Bruder Poppo Bischof von Würzburg war, und zur Förderung der Studien an seiner Schule den berühmten Magister Stephan aus Italien berufen hatte. Heinrich beredete Wolfgang, ihm nach Würzburg zu folgen, um daselbst den italienischen Meister zu hören, der auch beide Jünglinge wohlwollend aufnahm, aber Wolfgang von seinem Unterrichte ausschloß, als dieser eine Stelle aus Marcianus Capella nach dem Urtheile der Mitschüler besser erklärte, als es von Seite des Meisters geschehen war. Wolfgang setzte nunmehr seine Studien, besonders jene in der heiligen Schrift, ohne Lehrer fort, und wurde, nachdem Heinrich a. 956 Erzbischof von Trier geworden war, von diesem bewogen, gleichfalls nach Trier zu kommen, unter entschiedener Zurückweisung der ihm angebotenen geistlichen Würden, aber mit allem Eifer dem Unterrichte sich widmend. Endlich mußte er die Würde eines Decanus clericorum annehmen, und führte als solcher bei den ihm unterstellten Klerikern das gemeinsame Leben ein. Der Tod seines Freundes, der an Otto's I zweitem Römerzuge theilnehmend in Italien gestorben war (964), erweckte in ihm die Sehnsucht in's Kloster zu gehen; Bruno von Köln bemühte sich vergeblich, ihn in Lothringen festzuhalten, und auch die Bitten und Vorstellungen seiner Eltern und Verwandten vermochten ihn nicht von seinem Entschluße abzubringen. Er trat in das a. 861 über der Hütte des heiligen Meinrad gegründete Kloster Einsiedeln, welches dazumal unter der Leitung des aus England gekommenen Abtes Gregorius (960—996) wegen seiner musterhaften Disciplin in großem Rufe stand. Wolfgang unterzog sich den strengen Uebungen des Klosters mit solchem Eifer, daß er bald auch den Mönchen anderer benachbarter Klöster zum leuchtenden Vorbilde wurde. Hier in Einsiedeln lernte ihn der Bischof Ulrich kennen, der ihn dazu vermochte, die priesterlichen

Weihen zu empfangen. Wolfgang glaubte den mit der Priesterweihe übernommenen Verpflichtungen nur durch das Amt eines Missionärs genügen zu können, und gieng mit Erlaubniß seines Abtes nach Pannonien, um den heidnischen Ungarn das Evangelium zu predigen. Der Bischof Piligrin von Passau aber, der bald seine ausgezeichneten Gaben erkannte, hielt ihn zu Aufgaben anderer Art berufen, und empfahl ihn dem Kaiser für den erledigten Bischofssitz von Regensburg, welcher ihm sofort auch (a. 973) übertragen wurde. Er verwaltete das ihm übertragene Bisthum durch 21 Jahre. Sein Wirken war jenem seines verklärten Freundes Ulrich ähnlich; Herstellung und Förderung der kirchlichen Zucht und Ordnung im Klerus und Volk, Sorge um Hebung und Förderung klösterlicher Institute und ihrer Bildungszwecke sah er als seine Hauptaufgaben an. Wie Ulrich dem König Otto I, bewahrte Wolfgang dem zweiten Otto unter gefahrvollen Umständen die Treue. Das St. Emmeransstift in Regensburg verdankte ihm ein erneuertes Aufblühen, und unterhielt eine in den letzten Dezennien des 10. Jahrhunderts vielbesuchte Schule, deren Anregungen sich auch weiterhin verbreiteten. Durch Gozpert, der aus diesem Kloster hervorgegangen war, wurde die Beschäftigung mit classischen Studien nach Tegernsee verpflanzt, zu dessen Zierden dazumal der Scholasticus Frommund gehörte. Seine Briefe gewähren Einschau in den lebhaften geistigen Verkehr zwischen den Klöstern St. Emmeran, Feuchtwangen, Augsburg und Würzburg. Im Kloster Niederaltaich war um a. 940 ein berühmter Lehrer aus St. Gallen, Ehnibert, Abt gewesen; unter den Kanonikern, die in Niederaltaich etwas später an die Stelle der Mönche traten, hatte ein Priester Namens Udalgis als Lehrer einen weit verbreiteten Ruf. Einer seiner Schüler Godehard, der in Salzburg seine Studien fortsetzte und in mehreren Klöstern die Klosterzucht wiederherstellte, hob auch das wieder in ein Benedictiner-Kloster verwandelte Altaich zu neuer Blüthe. Ungefähr gleichzeitig mit Udalgis sammelte in Salzburg, wo vordem schon der oben erwähnte Ehnibert als Lehrer gewirkt hatte, ein gewisser Liutfrid eine große Zahl von Schülern um sich. Der Bischof Starchand von Eichstädt, ein Freund Ulrich's von Augsburg, trug eifrige Sorge um Mehrung des Bücherschatzes seiner Kirche; sein Nachfolger Reginold, ein Zeitgenosse Wolfgangs verstand griechisch und hebräisch, und erwies sich auch sonst in den schönen Künsten sehr bewandert.

Kenntniß des Griechischen in Deutschland darf im Zeitalter der Ottonen nach dem, was bereits oben erwähnt wurde, nicht überraschen. Der durch Otto's I Römerzüge angeknüpfte Verkehr mit Italien zog auch italienische Gelehrte nach Deutschland; neben dem schon erwähnten Magister Stephan ist im Besonderen noch Gunzo (seit a. 949) zu erwähnen, der die Deutschen mit dem Platonischen Timäus bekannt machte, und auf seinen Reisen durch ganz Deutschland Kenntniß und Liebe zum Wissen verbreitete. Die Raubzüge der Normannen nach den britischen Inseln verschafften Deutschland und Frankreich in jenem Jahrhundert auch noch einmal Zuzüge britischer und irischer Mönche, welche auf die Regeneration des kirchlichen und klösterlichen Lebens nicht unerheblichen Einfluß ausübten. Aus ihrer Heimath vertrieben begaben sie sich theils in die zum großen Theile von Iren gestifteten Klöster am Rhein, namentlich nach St. Gallen, theils flüchteten sie sich nach Lothringen, woselbst sie der Erzkanzler Bruno von Köln bereits in zarter Jugend kennen lernte. Er behielt lebenslang als theuersten Lehrer den Bischof Israel in dankbarer Erinnerung, der aus Altnach in Irland gekommen im Maximinskloster zu Trier lebte.

Der bedeutendere theologische Schriftsteller der Ottonenzeit ist ohne Zweifel Ratherius von Verona, der freilich auch zum Beweise dafür dient, daß es um die Mitte des 10. Jahrhunderts eine lehrhafte Theologie jenes Stiles, wie sie im 9. Jahrhundert begonnen hatte, nicht gab; wenigstens um eine schriftstellerische Vertretung derselben würde man sich in diesem Zeitalter vergeblich umsehen. Man war neuerdings eben erst wieder in den Anfängen der darauf vorbereitenden Studien begriffen, und die Fragen des unmittelbaren kirchlichen Interesses waren durchwegs rein praktischer Natur; keine Lehrstreitigkeit erhitzte die Köpfe, keine Ketzerei verwirrte die kirchliche Ordnung, weil eben die Nöthen und drängenden Bedürfnisse der Zeit für ein Weilen bei derlei Dingen keinen Raum ließen. Das Aussehen der damaligen Zeit spiegelt sich am deutlichsten in den Lebensläufen des Ratherius ab, der freilich nicht ohne eigene Schuld in die Wirren derselben tiefer hineingezogen wurde als andere, die sich standhafter und charaktervoller in und über den Verhältnissen ihres Zeitalters zu behaupten wußten. Ratherius stammte aus einem edlen lothringischen Geschlechte und wurde a. 890 oder in einem der nächstfolgenden Jahre zu Lüttich geboren. Als Kind von seinen Eltern auf dem Altare der Klosterkirche zu Lobbes dargebracht, ward er im Kloster daselbst erzogen, und eignete sich mit rüstigem Fleiße an, was im Kloster zu erlernen war. Er würde vielleicht lebenslang im Kloster verblieben sein, wenn nicht seine Verbindung mit Hilduin, der mit Unterstützung des Herzogs Gislebert sich gegen den mit König Karls Zustimmung von Vielen gewünschten Richarius von Prüm als Bischof von Lüttich und Abt von Lobbes behaupten wollte, eine ernste Störung in sein Leben gebracht hätte. Da Papst Johann XI den Abt Richarius als den rechtmäßigen Bischof anerkannte (922), so verließ Hilduin Lüttich, und bewog den Ratherius gemeinsam mit ihm bei Hilduins Vetter, den Grafen Hugo von Arelat, Markgraf der Provence, der a. 926 zum König von Italien gekrönt worden war, ihr Glück zu versuchen. In der That erhielt Hilduin sofort das Bisthum Verona, Rotharius aber das Versprechen der Nachfolge für den Fall einer weiteren Beförderung Hilduins. Da nun dieser a. 931 wirklich Erzbischof von Mailand wurde, so trat Ratherius in demselben Jahre, obschon nur ungern und unter Rechnung auf den baldigen Tod des dazumal erkrankten Ratherius von Hugo zugelassen, in das Bisthum Verona ein. Demzufolge waren seine Beziehungen zum König von vornhinein nicht erquicklich; Ratherius klagt, daß eine vom König angestiftete Partei ihm sein Leben und Wirken in Verona auf jede Weise zu verbittern bemüht gewesen sei. Im J. 934 riefen die Veronesen, Hugo's überdrüßig, den Herzog Arnulf herbei, der vom Grafen und Bischof der Stadt aufgenommen wurde; Hugo vertrieb seinen Gegner und ließ fast Allen, die demselben zugefallen waren, Verzeihung angedeihen. Nur an Ratherius nahm er eine exemplarische Rache; er ließ ihn gefangen nach Pavia bringen und in einem Thurme durch dritthalb Jahre gefangen halten. Nach Ablauf dieser Frist wurde er dem Bischof von Como zur Aufsicht übergeben, entwich aber nach

Südfrankreich, und erlangte durch Verwendung eines einflußreichen Mannes, dessen Sohn er unterrichtete, eine Pfründe. Ratherius sehnte sich in das Kloster Lobbes zurück, blieb aber daselbst nur kurze Zeit; er hörte nämlich, daß Hugo sammt seinem Sohne Lothar durch seinen Nebenbuhler Berengar von Friaul fast seiner ganzen Herrschaft beraubt, nunmehr Jenen, die er früher verfolgte, Gutes erweise und Gleiches auch an Ratherius üben möchte. Ratherius wurde sogleich nach seiner Ankunft auf italienischem Boden durch Berengar gefangen genommen, später aber, weil der damalige Inhaber des Veroneser Bischofstuhles dem Berengar verdächtig geworden war, wieder in Freiheit gesetzt und sogar in sein einstmaliges Bisthum restituirt (946). Nach kaum zwei Jahren bedeutete ihm König Lothar, daß er das Bisthum seinem Vorgänger wieder abzutreten habe. Ratherius floh über die Alpen und richtete nach unstätem Irren seine Blicke auf König Otto I und dessen Bruder Bruno, an dessen Seite er einen Platz zu bekommen wünschte. Weil aber eben dazumal Otto sich zu einem Zuge nach Italien rüstete, so wechselte Ratherius wieder seinen Plan, und versuchte mit deutscher Hilfe zum drittenmal in Verona Bischof zu werden. Dieser Plan mißglückte abermals, und König Otto, der sich nicht in der Lage sah, den Grafen von Verona sich zum Feinde zu machen, unterließ für Ratherius einzutreten, berief aber denselben, der mittlerweile nach Lobbes zurückgekehrt war, an seinen Hof (852), und erhob ihn im nächsten Jahre sogar zum Bischof von Lüttich. Ratherius zeigte sich aber den schwierigen damaligen Verhältnissen Lothringens nicht gewachsen, und so kam es, daß der lothringische Adel nach zwei Jahren seine Absetzung verlangte. (855). Er bekam nun für eine Weile die kleine Abtei von Alna, einem zu Lobbes gehörenden Kloster, und wurde endlich von Otto I, als dieser zur Kaiserkrönung nach Rom zog (861), zum dritten Male in Verona als Bischof eingesetzt, vermochte sich aber nur so lange, als Otto in Italien weilte, in seinem bischöflichen Ansehen zu behaupten. Kaum hatte der Kaiser Italien verlassen, so begannen die Anfeindungen und Kämpfe von Neuem; der Klerus haßte seine Strenge, sein eigenes Kapitel lebte in fortwährendem Kriege mit ihm, klagte beim Kaiser, so daß dieser a. 968 dem Ratherius aufgab, eine für ihn schlechterdings unmöglich gewordene Stellung zu räumen. Trotzdem, daß er in seiner lothringischen Heimath mit Ehren empfangen wurde, fühlte er sich unzufrieden und unbehaglich; nachdem man ihm zum zweiten Male die Abtei Alna zugewiesen hatte, wollte er wieder Abt von Lobbes sein, und gelangte auch wirklich zum Besitze dieser Abtei. Freilich mußte er abermals weichen, und starb bald darauf während eines vorübergehend gewählten Aufenthaltes beim Grafen von Namur (a. 974).

Ratherius suchte in seinem Gefängniß zu Pavia sich selbst geistig und sittlich aufzurichten durch Ausarbeitung einer Schrift in sechs Büchern, die er Praeloquia betitelte; da er alles Verkehres und aller sonstigen Mittel einer geistigen Anregung beraubt war, so wollte er, wie er selbst sagt, durch diese schriftstellerische Arbeit zugleich auch seine Erinnerung an einst Gelerntes und Studirtes auffrischen und lebendig erhalten, um nicht durch die Leiden und Bitterkeiten des Gefängnißes an dem Besten und Edelsten, was der Mensch auf Erden besitzt, an dem Gute der geistigen Erkenntniß empfindliche Einbuße zu erleiden. Die Praeloquia sind eine Art Pflichtenlehre, welche sich in Art und Ton ihrer Behandlung an die Schriften verwandten Inhaltes von Agobard, Jonas von Orleans u. A. [1]) anschließt, und auch augenscheinlich durch Reminiscenzen an die einstmalige Lektüre derselben beeinflußt ist. Von den sechs Büchern der Praeloquia behandelt das erste die christlichen Pflichten der verschiedenen Classen und Stände der bürgerlichen Gesellschaft, das zweite die Pflichten der Glieder und Genossen der häuslichen Gesellschaft, das dritte und vierte Buch sind den königlichen Pflichten gewidmet, das fünfte den Pflichten der Bischöfe, Kleriker und Mönche, das sechste handelt von den Pflichten des Christen als solchen mit Rücksicht auf den Stand der Gnade, der Sünde und auf das Werk der Buße und Aussöhnung mit Gott, nicht minder auch mit Rücksicht auf die individuelle geistige Begabung und psychische Disposition. Das Werk ist reich mit Anführungen aus der heiligen Schrift und den Vätern der Kirche, namentlich Augustinus und Gregorius Magnus ausgestattet; auch an classischen Reminiscenzen, an Aufführungen aus Virgil, Horaz, Ovid, Lucanus,

---

[1]) Siehe meine Schrift Alcuin u. s. Jahrh., SS. 254 ff., 259 f., 317 ff.

Statius, Persius, Terentius und Cicero fehlt es nicht. Der völlige Mangel an Büchern während der Haft hat es zu entschuldigen, daß einmal eine Stelle des Matthäusevangelium als Stelle aus Lukas ausgegeben, oder etwas, was im Buche der Richter von Othoniel erzählt wird, auf Josue übertragen wird. Das Verhältniß zwischen Königthum und Priesterthum wird auf dieselbe Weise aufgefaßt, in welcher wir es von den gegen Ludwig den Frommen auftretenden Bischöfen dargestellt finden; der König ist als Christ verpflichtet auf die Bischöfe zu hören, die Bischöfe sind für ihre geistliche Amtsführung einzig Gott verantwortlich. Daß auch pflichtvergessene Bischöfe auf Achtung und rücksichtvolle Schonung Anspruch haben, beweist Ratherius aus der heiligen Schrift; Kaiphas wurde selbst als Feind des Christus noch gewürdigt, ein Organ der göttlichen Weißagung zu sein. (Joh. 11, 51); gegen den Hohenpriester Aaron sprach trotz dessen schwerer Verfehlung selbst ein Moses nur einen gelinden Tadel aus. Harte und gewaltthätige Animadversionen gegen Bischöfe ziehen immer betrübende gemeinschädliche Folgen nach sich; wer das trinkbare Wasser eines reinen Brunnens noch reiner machen will, setzt sich der Gefahr aus, durch Aufrührung des Grundes den ganzen Brunnen zu verderben. So sehr nun Ratherius die Bischöfe gegen die weltliche Gewalt in Schutz nimmt, eben so strenge tadelte er das Leben Aergerniß gebender Bischöfe in eigenem Namen, und klagt nebenbei über die Fahrläßigkeiten, die in der Seltenheit der Synoden, in der Vernachläßigung heilsamer Synodalbeschlüsse sich kund gäben. Er widmete diesem Gegenstande eine besondere Schrift, de contemtu canonum betitelt, in welcher er sich, wie auch in anderen seiner Schriften, mit strengem und scharfem Tadel über das zuchtlose Treiben der Bischöfe und Kleriker seiner Zeit ergeht. Natürlich gelten seine Klagen zumeist dem italienischen Klerus, mit welchem er zufolge seiner dreimaligen Amtsverwaltung in Verona als Bischof am meisten in Berührung gekommen war. Die genannte Schrift fällt in das J. 964, also in die Zeit seines dritten veroneser Aufenthaltes. Er beklagt sich in derselben, daß ihm seine unbotmäßigen Kleriker kaum eine andere Freiheit, als jene des Weihens und Salbens übrig gelassen hätten, weil diese bischöflichen Amtshandlungen die einzigen wären, durch welche jene Kleriker sich nicht beläſtiget fühlten. In einer Synodica ad presbyteros vom J. 966 beklagt er sich gleich im Eingange, daß seine Kleriker trotz dreimal an sie ergangener Aufforderung sich nicht bei ihm zu einer Synode eingefunden hätten, und daß er in die bejammenswerthe Lage gekommen sei, an sich die Worte des Siraciden erfüllt zu sehen: Ne jucunderis in filiis stultis, si multiplicentur; ne oblecteris in eis, si non est timor Dei cum illis (Sir. 16, 1). Zur Beleuchtung jenes Punktes, der die stultitia betrifft, mag angeführt werden, daß Ratherius erklärt, keinen Geistlichen als Seelsorger in seiner Diöceſe dulden zu wollen, der nicht die drei Glaubensbekenntnisse: das Symbolum Apostolicum, Nicenum und Athanasianum auswendig weiß, oder nicht zu sagen weiß, weßhalb der Sonntag der Tag des Herrn genannt werde. Er wünscht ferner, daß jeder Priester zum mindesten die liturgischen Perikopenſtücke gut vorzuleſen im Stande ſei und die Meßliturgie verstehe; verſtände er ſie nicht, so soll er sie doch auswendig und deutlich herzusagen wissen. Er erklärt ferner, daß er künftighin keinen zum Priester weihen werde, der nicht in Verona ſelber, oder in einem Kloster der Diöceſe oder bei einem vertrauenswürdigen Manne einen zeitweiligen Unterricht zur Erwerbung der nöthigsten Kenntnisse genossen hätte. In Bezug auf priesterliche Anstandsgebote ist die Anordnung bemerkenswerth, daß kein Priester mit bespornten Stiefeln oder mit cultellis extrinsecus dependentibus das Hochamt singen dürfe. Unter den ſittlichen Verirrungen der Kleriker sind es insbesondere Wohlleben, Trunkenheit, Concubinat und verbotener Umgang mit Weibern, welche von Ratherius unaufhörlich beklagt und gerügt werden. Er ſchonte auch den apostoliſchen Stuhl nicht, und spricht unverholen aus, daß ein laſterhafter Papst, der mit Gottes Zulaſſung denselben einnimmt, von einem pflichtgetreuen Biſchofe vergeblich um seinen Schutz gegen pflichtvergessene Geistliche angegangen würde; er würde und könnte den Inculpaten nichts zu Leide thun, weil er sonst von Seite derselben jene Antwort zu gewärtigen hätte, die Alexander dem Großen von einem Seeräuber zu Theil wurde, der es unbillig fand, für seine kleinen

bloß an Einzelnen begangene Raubthaten von dem länderverhee-
renden Großräuber zur Rechenschaft gezogen zu werden. Ratherius
sezt bei der Trostlosigkeit der Zustände in der Kirche und Christenheit seiner Zeit seine einzige Hoffnung auf den Kaiser Otto I
als denjenigen[1],) der Abhilfe und Wendung zum Besseren herbeizu-
führen vermögend wäre.

Otto war zu einem ersten Eingreifen in die italienischen Verhältnisse durch den Tod des jungen König Lothar (a. 850) veranlaßt worden. Die von ihm hinterlassene Witwe, die ebenso
jugendliche Adelheid wurde von Berengar gefangen gesetzt, der sich
zusammt seinem Sohne Adalbert zum König wählen ließ, und
als Tyrann schaltete. Das verrufene Treiben desselben, das allgemeine Mitgefühl mit der mißhandelten Adelheid, namentlich aber
die Hoffnung auf Wiederherstellung des abendländischen Kaiserthums
waren die Triebfedern, welche den ersten Heereszug Otto's nach
Italien veranlaßten; er mußte aber dazumal, ohne bis Rom
gelangt zu sein, wieder umkehren, weil die im Rücken ihm drohende
Auflehnung seines leidenschaftlichen Sohnes Liudolf ihn nach Deutschland zurückrief; mit ihm kam Adelheid als nunmehrige deutsche
Königin, deren Erbansprüche an das italienische Königthum Otto
zu seinen Ansprüchen machte. Berengar hatte sich zwar vor Otto
gedemüthiget, und war in das Verhältniß eines Vasallen zum
deutschen König getreten, benützte aber die Wirren, in welche Otto
und das deutsche Reich durch Liudolf und Konrad hineingezogen
wurden, um sich wieder unabhängig zu stellen; Liudolf, der zur
Sühne seiner Auflehnung gegen den Vater einen neuen Heereszug
nach Italien unternahm (956), behauptete sich zwar als Sieger
gegen Berengar, wurde aber auf italienischem Boden durch ein
Fieber hingerafft; und so konnte Berengar neuerdings an den
Versuch einer Wiederbefestigung seiner usurpirten Herrschaft gehen,
bis der von ihm bedrohte Sohn Alberichs Octavianus, der als
Papst Johann XII den Pontificat an sich genommen hatte, den
deutschen König zu seinem Beistande herbeirief. Otto erschien a. 861

---

[1]) Vgl. Rathers Schrift: Qualitatis conjectura n. 16. Diese
Schrift ist eine Selbstapologie Rathers gegen diejenigen, die ihn, wie er
klagt, gerade wegen seines reformatorischen Eifers bei Otto I in ein übles
Licht zu setzen bemüht waren.

zum zweiten Male auf italienischem Boden, rückte ohne Widerstand zu finden bis Rom vor, und wurde am 2. Febr. 962 in der Peterskirche als Kaiser, Adelheid als Kaiserin gekrönt. Da ihm aber nach seinem Abzuge von Rom Papst Johann XII die Treue brach, und mit Berengars Sohne Adalbert gegen ihn sich verband, so rückte Otto abermals gegen Rom heran, und ließ über den geflüchteten Papst durch eine Synode Gericht halten. Das Urtheil der Synode verwandelte sich in ein Gericht über die moralische Verwilderung, welche in der Person Johanns XII zum Aergerniß der Christenheit repräsentirt war. Der abwesende Papst that nichts zur Entkräftung der gegen ihn vorgebrachten Anschuldigungen und wurde demzufolge als abgesetzt erklärt; an seine Stelle wurde der Protoscrinarius Leo zum Papste gewählt, und die Wahl vom Kaiser genehmiget. Leo, noch Laie, empfing an Einem Tage alle Weihen des kirchlichen Sacerdotiums von der niedersten bis zur höchsten, und wurde sodann feierlich als Leo VIII zum Papste consecrirt. Die Abneigung der Römer gegen die von Otto ausgeübte deutsche Oberherrlichkeit nöthigte den neuen Papst, aus Rom zu fliehen; Johann XII kam an der Spitze einer bewaffneten Saracenenschaar nach Rom zurück, wurde mit Jubel aufgenommen, und schien des Glaubens, daß er wider den nun zum dritten Mal gegen Rom heranrückenden Kaiser sich werde behaupten können. Hier griff indessen eine höhere Gerechtigkeit strafend ein; Johannes wurde mitten in seinen Lüsten vom Schlagflusse getroffen, und gab der Welt noch sterbend durch Zurückweisung der letzten geistlichen Wegzehrung Aergerniß. Die Römer wollten den zu Otto geflohenen Leo VIII nicht mehr bei sich aufnehmen, und wählten als neuen Papst Benedict V, der jedoch vom Kaiser aus Rom hinweggeführt und nach Hamburg in's Exil geschickt wurde. Da bald darauf der restituirte Papst Leo VIII starb (965), so wählten die Römer nach des Kaisers Willen den Bischof von Narni, der als Johann XIII den päpstlichen Stuhl bestieg, und von Otto mit blutiger Strenge gegen seine Wiedersacher geschützt wurde.

Das entschiedene Eingreifen Otto's in die römischen Kirchenverhältnisse, der seit der Entsetzung Johanns XII nur Männer seiner Wahl und Genehmigung als Päpste duldete, war durch die vorausgegangene traurigste Zerrüttung der römischen Verhältnisse herbeigeführt worden. Der römische Pontificat war seit Anfang des zehnten Jahrhunderts tief in die Parteiwirren Italiens hineingezogen und zum Spielball der einander befehedender römischen Adelsfactionen geworden; in der Person des Sergius III (904—911) war der Günstling eines Weibes, der berüchtigten Theodora auf den päpstlichen Stuhl gelangt, einer seiner nächsten Nachfolger, Johann X (914—928) war früher der Geliebte einer zweiten Theodora, der Tochter der vorigen gewesen, und fiel durch die Hand eines Meuchlers, welchen Marozia, die Schwester der jüngeren Theodora wegen seiner nicht erwarteten Unfügsamkeit gegen die Machinationen der römischen Adelsfamilie bestellt hatte. Marozia in erster Ehe mit Alberich, Grafen von Tusculum und mächtigstem Herrn des römischen Gebietes vermählt, gelangte durch eine zweite Ehe mit Herzog Guido von Spoleto zu noch größerem Einflüße, und setzte nach Hinwegräumung Johanns X drei Päpste nacheinander ein, als dritten ihren eigenen Sohn Johann XI (931—936), dessen Bruder Alberich sich zum Herrn von Rom aufwarf, und nach Johanns XI Tode vier Päpste nacheinander ernannte. Nach seinem Tode ging seine Gewalt an seinen achtzehnjährigen Sohn Octavianus über, welcher den Pontificat aus eigener Machtvollkommenheit an sich nahm, und welchen wir als Papst Johann XII kennen gelernt haben. Unter solchen Umständen kann das Eingreifen Otto's in die römischen Verhältnisse nur als Wohlthat angesehen werden, so ungern es auch von der streng kirchlichen Partei theilweise gesehen wurde. Der Standpunkt der kirchlichen Freiheit ließ sich bei der damaligen Lage der Dinge schlechterdings nicht aufrechthalten; und es hieße von Otto ein ganz außergewöhnliches Maß selbstloser Hingebung verlangen, wenn man ihm zumuthen wollte, daß er den unzuverläßigen Römern gegenüber nicht strenge auf Männern seiner Wahl als Inhabern des päpstlichen Stuhles hätte bestehen sollen. Er war gekommen Ordnung zu schaffen und wußte, wie ungern nicht blos die Römer, sondern die Italiener insgemein den nordischen Fremdling ertrugen; demzufolge war es für ihn

politische Nothwendigkeit, dafür Sorge zu tragen, daß er des
Papstes, den er zu schützen berufen war, sich auch versichert halten
konnte. Man hat hervorgehoben, daß das bei der Absetzung
Johann's XII beobachtete Verfahren nicht den kirchlichen Gesetzen
conform gewesen sei; es wäre jedoch eher die Frage aufzuwerfen,
ob ein achtzehnjähriger Jüngling, der die Papstwürde an sich riß,
und nach Erziehung und Gesinnung vom Geistlichen augenscheinlich
gar nichts an sich hatte, überhaupt nur als Papst gelten konnte.
Der Vorgang bei der Erhebung Leo's VIII auf den päpstlichen
Stuhl verstieß gleichfalls gegen die kirchliche Ordnung; ob es aber
wol gethan war, ihm Benedict V entgegen zu stellen ohne die
sichere Aussicht, denselben halten zu können, ist immerhin auch
der Frage werth. Die ihrer Idee nach geforderte souveraine
Freiheit der Kirche und des Papstthums konnte eben nur erst
später durch Männer des Geistes und der That in Kraft ihrer
moralischen Ueberlegenheit errungen werden, und wird zu ihrer
Aufrechterhaltung fort und fort solche Männer erfordern, und
auch von diesen nur im standhaften unerschütterlichen Beharren
auf der Idee der unveräußerlichen Freiheit und Souverainität
der Kirche behauptet werden können oder vielmehr stets auf's
Neue erkämpft und errungen werden müssen. Zu den Vertretern
der streng kirchlichen Richtung in Otto's I Zeit darf man den
gelehrten Bischof Atto von Vercelli rechnen, dessen Schriftstellerei
sich in demselben Genre wie jene Rather's bewegt, jedoch ohne die
beißende Schärfe des Letzteren. Den Ottonischen Plänen gegenüber
vertrat er die Pflicht der Treue gegen den heimischen Landesherrn;
in diesem Sinne bemühte er sich, als Otto zum ersten Male zur
Bekriegung Berengars nach Italien gekommen war, nach dem Abzuge
des deutschen Königs die zu dessen Partei übergegangenen Bischöfe
wieder zu Berengar zurückzuführen,[1]) gegen dessen grobe Fehler er
übrigens durchaus nicht blind war. Außer dem christlichen Motiv
der schuldigen Unterwerfung unter die weltliche Obrigkeit mag
wohl auch der national-italienische Gedanke an seinem Festhalten am heimischen Herrscher Antheil gehabt haben; aus seinem

---

[1]) Vgl. sein Schreiben an den Bischof Waldus Migne Patrol. lat.
tom. 134, p. 95 ff.

Testamente[1]) geht hervor, daß er von einem Oheim des Longobardenkönigs Desiderius abstammte, woraus sich schließen lassen möchte, daß er zufolge der Traditionen seiner Familie einem Wiedererneuerer der Karolingischen Unternehmungen gegen Italien keine besonderen Sympathien entgegenbringen mochte.

Eine ganz andere Stellung nimmt sein berühmter Landsmann Liutprand ein, ein Lombarde von Geburt, der eine sorgfältige Jugenderziehung erhielt, und noch jung an den Hof Königs Hugo kam (a. 931), dann in den geistlichen Stand trat, und in Pavia zum Diakon geweiht wurde. Nach Hugo's Flucht (945) wurde er Berengar empfohlen, und von diesem wegen seiner Geschicklichkeit mit einer Gesandtschaft an den byzantinischen Hof betraut (948—950). Er benützte diese Gelegenheit zur Erweiterung seiner Kenntnisse und Erfahrungen, machte sich mit den Sitten und Einrichtungen Griechenlands, mit griechischer Sprache und Literatur vertraut, und gibt einen nicht uninteressanten Bericht über seinen Aufenthalt in Constantinopel und seine Erlebnisse daselbst[2].) Nach seiner Rückkunft nach Italien fiel er bei Berengar und dessen Gemalin Willa aus unbekannten Ursachen in Ungnade, und begab sich in Folge dessen nach Deutschland, um bei König Otto I Aufnahme zu suchen. Otto nahm ihn auf seinem Zuge nach Italien a. 962 mit sich, und wahrscheinlich dazumal wurde er für geleistete Dienste mit dem Bisthum Cremona belohnt. Von da an wurde er in den wichtigsten Reichsgeschäften verwendet; er war a. 964 Gesandter des Kaisers an Papst Johann XII, war anwesend auf dem gegen Johann XII gehaltenen Concil, sowie bei der Erwählung Leo's VIII und bei der Absetzung Benedict's V. Nach Leo's Tode war er wieder als Gesandter in Rom, und auch Zeuge der Kaiserkrönung Otto's II. Er ging als Brautwerber um die Prinzessin Theophano nach Griechenland 968, und scheint, da diese erste Werbung erfolglos war, noch ein zweites Mal (971) nach Griechenland gegangen zu sein, ohne seine Bischofstadt wieder zu sehen; denn er starb auf dieser Reise a. 972. Liutprand ist Historiker, und sein Erstlingswerk sind die dem Bischof Recemund

---

[1]) Migne tom. 134, p. 896.
[2]) Antapodoseos Lib. VI.

gewidmeten „sechs Bücher der Vergeltung" (Antapodosis), die er
in Deutschland im Frühjahre 958 aufzuzeichnen begann, und a. 962
in Italien abschloß, ohne das Werk zu vollenden. Den Titel des
Werkes erklärt er im Eingange des dritten Buches; er will dem
Treiben Berengars und seiner Gemalin Willa ein Denkmal setzen
und hieburch Vergeltung üben für das, was sie an ihm und seinen
Verwandten verübt hatten. Indeß greift die Erzählung viel weiter
zurück, und beginnt im ersten Buche mit einer Schilderung der
allgemeinen Zeitverhältnisse und jener Italiens am Ende des 9.
Jahrhunderts; diese werden in den folgenden Büchern bis zu der
von Liutprand in Berengars Auftrage übernommenen Mission nach
Constantinopel, also bis ungefähr a. 950 herabgeführt. Dort bricht
das Werk unvollendet ab, weil die mittlerweile erfolgte Brechung
der Macht Berengars durch Otto den Verfasser von dem Gedanken
das Amt eines Richters an Berengars Handlungen noch weiter zu
üben, abbrachte. Eine zweite viel kürzere Arbeit: De rebus gestis
Ottonis Imperatoris umfaßt die Zeitbegebenheiten von a. 960—964
d. i von der Herbeirufung Otto's nach Italien durch Johann XII
bis zur Absetzung Benedict's V, also Ereignisse deren Augenzeuge
und Mithandelnder Liutprand in jenen Jahren war. Nebstdem
erübriget als drittes Werk noch seine Relatio de legatione Con-
stantinopolitana, eine Berichterstattung über seine Erlebnisse als
Brautwerber für Otto's I Sohn um die Hand der Prinzessin
Theophano beim Kaiser Nicephorus Phokas a. 968. Der Bericht
hat großes Interesse durch die Lebhaftigkeit und Anschaulichkeit
seiner Schilderungen und Beschreibungen, und ist nebstdem geeignet,
auch für Liutprand's Person Theilnahme zu erwecken, der übrigens
sowohl auf Nicephorus, wie auf die Griechen am Hofe schlimm
genug zu sprechen ist, und in der That auch eine Behandlung
übelster Art erfuhr. Auch war kaum der richtige Zeitpunkt für die
Werbung gewählt, und überdies der jäh auffahrende Liutprand
nicht der geeignete Mann hiefür. Johannes Tzimisces, der den
Nicephorus gewaltsam aus dem Wege geräumt hatte, sah sich
inmitten der ihn umdrängenden Gefahren zu einem willfährigen
Entgegenkommen gegen Otto's Wünsche bewogen, und so langte die
Byzantinische Kaisertochter zu Anfang des Jahres 972 unter festlichem

Geleite und Gepränge in Italien an, um sofort in der Peterskirche vom Papste gekrönt und mit Otto II feierlich vermählt zu werden. Das Jahr darauf starb Otto I, der Wiedererneuerer des durch Karl den Großen aufgerichteten abendländischen Kaiserthums, das fortan beim deutschen Reiche verbleiben sollte, und zunächst in den beiden folgenden Ottonen, dem Sohne und Enkel des ersten Otto sich forterbte.

Während in Deutschland das Kaiserthum wiedererstand, das im Glanze der Kirche sich sonnend, auch ordnend und bestimmend in die Verhältnisse der Kirche eingriff, und für den Anfang wirklich als regeneratives Princip sich bethätigte, bereitete sich in Frankreich eine von einem burgundischen Kloster ausgehende Reform vor, die in stets weitere Kreise getragen, zuletzt auch eine Schule des Papstthums wurde, das in der strengen Zucht jenes Klosters die Kraft zur Behauptung seiner selbst und der kirchlichen Ordnung gegen die weltliche Vergewaltigung fand. Dieses für seine Zeit hochbedeutsame Kloster war Clugny, a. 910 von Wilhelm dem frommen Herzog von Aquitanien zu dem Zwecke gestiftet, die gegen Ende des neunten Jahrhunderts aus mancherlei Ursachen in Verfall gekommene Klosterzucht in seinem Gebiete wieder herzustellen. Der erste Abt Berno, der früher dem Benedictinerkloster Beaume in der Diöcese Dijon vorgestanden hatte, führte in dem neuerrichteten Kloster die Regel seines Ordens in ihrer ganzen Strenge ein. Sein Nachfolger Odo (927—941) wurde Reformator, nicht nur des Benedictinerordens, sondern des Mönchwesens überhaupt.[1]) Er verschärfte die Regel Benedicts durch Zusätze und strengere Uebungen; diese Consuetudines Cluniacenses wurden bald auch von anderen Klöstern angenommen, und zehn Jahre nach seiner Erwählung waren bereits 17 Klöster mit Clugny in gemeinsamer Uebung jener Consuetudines verbrüdert. In ähnlicher Weise wirkten die folgenden Aebte Aymardus (941—948), Mayolus (948—994), welcher die durch Kaiser Otto II ihm angebotene Papstwürde ausschlug, Odilo (994—1048), Hugo (1048—1109), der auf Fürsten und Päpste Einfluß übte, von Gregor VII zu wichtigen Geschäften verwendet wurde und im Streite zwischen Papst und Kaiser das

---

[1]) Ueber die Jugendgeschichte Odos siehe Alcuin u. s. Jahrh. S. 112 f.

moralische Vertrauen beider zu behaupten wußte. Die Wirksamkeit der ersten sechs Aebte umfaßt die schönste Zeit des Klosters Clugny; nach ihnen ist noch der gelehrte Peter der Ehrwürdige († 1157) hervorzuheben, zu dessen Zeit aber Clugny den Höhenpunkt seiner Blüthe und Wirksamkeit bereits für immer überschritten hatte. Der Thätigkeitskreis und regenerative Einfluß Clugny's im ersten Jahrhunderte seines Bestandes ist ein wahrhaft großartiger zu nennen. Bereits Odo vermochte den von allen Seiten und aus weiter Ferne an ihn gerichteten Wünschen kaum zu genügen; Frankreich, England, Deutschland, Italien, Spanien boten wetteifernd ihre Klöster Odo's Schülern an, oder erbauten neue Klöster, um sie darin aufzunehmen. Die wichtigeren der von Odo in besondere Obhut genommenen französischen Klöster sind Aurillac und Fleury; unter den durch Majolus reformirten französischen Klöstern wollen wir St. Maur des Fauffés und St. Denys bei Paris, Marmoutier, St. Riquier und St. Germain bei Auxerre hervorheben. Berühmte italienische Klöster, die von diesen beiden ersten Aebten reformirt wurden, sind St. Paul bei Rom, St. Augustin zu Pavia, di Classo bei Ravenna, St. Johann zu Parma; Farfa in Sabina wurde durch Odilo geregelt, der seine reformatorische Thätigkeit selbst bis nach Polen erstreckte. Aus Fleury wurde der Scholasticus Abbo nach England berufen, die Mönche des Klosters Ramsey zu unterweisen, nachdem bereits früher der heilige Odo von Canterbury sich eben in Fleury an der in Frankreich in's Werk gesetzten Wiedererweckung kirchlicher Zucht und strebsamen Eifers erfreut hatte. In Rheims war seit Erzbischof Fulco das wissenschaftliche Leben nicht erstorben[1]); von dem Wissenschaftsbetriebe daselbst in der zweiten Hälfte des 10. Jahrhunderts wird in den folgenden Abschnitten dieses Buches die Rede sein.

---

[1]) Vgl. Alcuin u. s. Jahrh. SS. 110. 390.

# Gerbert

und sein

# Zeitalter.

# Erstes Capitel.

Gerbert's Herkunft und Jugendbildung. Ueber sprachlichen Unterricht und classische Bildung in Gerbert's Zeitalter.

Gerbert war seiner Herkunft nach ein Auvergnate, und in der Nähe von Aurillac oder in diesem Städtchen selbst geboren.[1]) Ueber den Stand seiner Eltern schweigt die beglaubigte Geschichte; man hat demzufolge ohne jedes Bedenken anzunehmen, daß er nicht vornehmer Herkunft war.[2]) Er wurde bereits als Knabe in das Kloster zu Aurillac aufgenommen, und erhielt daselbst seinen ersten Unterricht in den sogenannten freien Künsten, namentlich in der Grammatik und in dem, was man zur Grammatik rechnete: Stilistik, Metrik, Rhetorik.

Das Kloster Aurillac war im Anfange des zehnten Jahrhunderts durch den Grafen Gerald von Aurillac zu Ehren des Apostels Petrus und seines Nachfolgers, des heiligen Clemens gegründet, und unmittelbar dem römischen Stuhle unterstellt worden. Der dritte Abt dieses Klosters war jener Odo von Clugny, den

---

[1]) In Betreff des Biographischen über Gerbert ist außer der unten in Cap. VIII bei-Besprechung der Briefe Gerbert's beigebrachten Literatur zu vergleichen: C. F. Hock, Gerbert o. Papst Sylvester II u. s. Jahrhundert. Wien, 1837. — M. Büdinger, über Gerbert's wissenschaftliche und politische Stellung. Cassel, 1851. — Ed. de Barthélemy, Gerbert. Etude sur sa vie et ses ouvrages suivie de la traduction de ses lettres. Paris u. Lyon 1868. — A. Olleris, Oeuvres de Gerbert, Pape sous le nom de Sylvestre II, précédées de sa biographie. suivies de notes critiques et historiques (Clermont u. Paris, 1867), p. XVII — CCV. — Gerbert's Briefe werden in diesem Buche nach ihrer Numerirung bei Duchesne (Hist. Franc. Scriptores II, p. 789—844) citirt.

[2]) Ueber die Behauptung des Gegentheils bei Bzovius u. Spörl vgl. Büdinger, S. 6.

wir bereits als allgemeinen Reformator der französischen Klöster
kennen gelernt haben. Seine nächsten Nachfolger in Aurillac waren
Abrald und Gerald; unter letzterem wurde Gerbert, dessen Ge=
burtsjahr unbekannt ist, in's Kloster aufgenommen. Er hatte dort
Raimund, den späteren Nachfolger Gerald's und dazumal wahr=
scheinlich Vorsteher der Klosterschule zum Lehrer; Gerbert fühlte
sich ihm zu lebenslänglichem Danke verpflichtet, und stellt ihn in
seinen brieflichen Dankversicherungen über alle seine übrigen Lehrer.
Da er zum Jüngling herangewachsen war, verließ er das Kloster,
um an anderen Orten sich weitere Kenntnisse zu sammeln. Nach
der Meinung Einiger, die auf eine Angabe des Chronisten Ade=
mar[1]) gestützt ist, soll Gerbert zuerst an den Schulen, die dazumal
in Nordfrankreich blühten, seiner weiteren Ausbildung obgelegen sein,
also in Rheims und Paris, weiter vielleicht auch noch in den
benachbarten Klöstern und Schulen Franciens und Lothringens, und
dann nach Spanien sich begeben haben, um in Cordova die Weis=
heit der Araber zu studieren. Von diesen beiden Angaben wird sowol
die eine, wie die andere bestritten;[2]) ist ein längerer Aufenthalt
Gerbert's zu Cordova unter den damaligen Verhältnissen kaum
denkbar, und demnach die zweite der erwähnten Angaben als un=
glaubhaft abzuweisen, so läßt sich gegen die erstere derselben der
Mangel an ausreichender Bezeugung und näheren bestimmten
Daten über die Orte, an welchen Gerbert in Francien studirt,
und über die Lehrer, die er daselbst gehört, einwenden. Der Um=
stand, daß Gerbert seinen Jugendlehrer Raimund in Aurillac so
hoch erhebt, ja ihm das Allermeiste zu verdanken versichert, schließt
den Gedanken aus, daß Gerbert in seiner Jugend andere dazumal
in Frankreich aufblühende Schulen aufgesucht habe, um die ange=
seheneren Lehrer derselben zu hören; er würde sonst wol derselben
auch Erwähnung gethan haben.

Gerbert war durch Raimund in die classische Literatur der
Römer eingeführt worden. Wo Raimund seine Bildung geholt habe,
wird nicht berichtet; im Ganzen aber steht es fest, daß die von
Alcuin ausgegangene Weckung und Belebung dieser Studien

---

[1]) Gerbertus.... causa sophiæ primum Franciam, dein Cordubam
lustrans. Hist. Lib. III, 31.
[2]) Siehe Büdinger S. 7 ff.

Beschaffenheit des damaligen klösterlichen Jugendunterrichtes.

besonders in deutschen Klöstern, Fulda vor allen, fortwirkte, und daß von Fulda aus wieder eine Rückwirkung nach Frankreich erfolgte. Heinrich von Auxerre, der Lehrer des Remigius von Auxerre, bezeichnet Lupus von Ferrieres und Haymo von Halberstadt, die beide in Fulda unterrichtet worden waren, als seine Lehrer; Remigius aber schuf als Wiederhersteller der Rheimser Schule den Bildungsbestrebungen, zu welchen er durch Heinrich angeregt worden war, eine bleibende Stätte in Rheims, so wie sein Mitschüler Hucbald im Kloster St. Amand im Hennegau. In Rheims und Paris, wo Remigius gleichfalls gewirkt hatte, bildete sich der dem Kloster Fleury angehörige Abbo weiter aus, der gleichfalls zu den vorzüglichsten Lehrern der freien Künste in der zweiten Hälfte des zehnten Jahrhunderts gehört. Als ein Schüler des Remigius ist der Grammatiker Hilbebold zu St. Mihiel zu nennen, welchen Johannes von Gorze zum Lehrer hatte aber nicht besonders günstig schildert.

Ueber die Beschaffenheit des grammatischen Unterrichtes damaliger Zeit bietet die zum Theile gedruckt vorliegende, größtentheils aber handschriftlich existirende Literatur die nöthige Orientirung. Die in letzterer Zeit der literarischen Oeffentlichkeit anheimgegebenen Mittheilungen hierüber[1] eröffnen uns den Einblick in einen sehr schwunghaften Betrieb grammatischer Gelehrsamkeit während des 9. und 10. Jahrhunderts, und lassen uns die lateinische Grammatik als die am frühesten ausgebildete mittelalterliche Lehrdisciplin erkennen, was um so weniger zu verwundern ist, da sie nicht nur die nothwendige Unterlage des gesammten Unterrichtes war, sondern auch der überlieferte Lehrstoff derselben vollständiger, als der irgend einer anderen Lehrdisciplin vorlag. Ein von H. Hagen aus einem Berner Codex des 10. Jahrhunderts edirtes Bruchstück einer Ars grammatica[2] macht uns mit einem Schriftwerk bekannt, dessen Verfasser die älteren und jüngeren grammatischen Autoren fast sämmtlich kannte, und einen großen Theil derselben, einen Plinius Secundus Grammaticus, Aurelius Opilio, Valerius Cato, Verrius

---

[1] Wir berücksichtigen hier die auf die grammatische mittelalterliche Literatur bezüglichen Publicationen von Thurot, H. Keil, H. Hagen.
[2] Anecdota Helvetica (Leipzig 1870) p. 62—142. Vgl. dazu Einl. p. LXXXIII sq.

Flaccus, Probus, Caper, Donatus, Pompejus, Consentius, Sergius, Marcianus Capella, Priscianus, Eutyches, Vergilius Asianus, Claudius Sacerdos, Asper, Servius, Flavianus und Cominianus, unter welchen Beiden jedoch der Eine Charisius zu verstehen ist,[1]) Pseudo-Augustinus, Isidor von Sevilla für seine Arbeit benützte. Ein zu Einsiedeln befindlicher Codex aus dem 10. oder 11. Jahrh. enthält einen Commentar zu Priscian, der aus den Interpretamenten der schottischen Grammatiker, ferner aus Donat, Servius, Paulus,[2]) Beba u. A. zusammengetragen ist. Als sogenannte schottische Grammatiker der Karolingischen Zeit sind zu nennen Clemens Scotus,[3]) Malrachanus und Cruindmelus;[4]) der ihnen beigesellte Grammatiker Sedulius, welchen man mit dem Sedulius Scotus des 9. Jahrh. für identisch hielt, ist neuestens[5]) der vorkarolingischen Zeit zugewiesen worden. Zu den grammatischen Autoritäten des 9. Jahrh. gehören auch Alcuin, Smaragdus von St. Mihiel,[6]) Petrus Grammaticus;[7]) Hraban, der die Grammatik Alcuins nach Fulda brachte, fertigte einen Auszug aus Priscian an,[8]) von welchem wir annehmen dürfen, daß er gleichfalls weite Verbreitung fand, und vielfach dem Unterrichte als Unterlage diente. Die Anlage desselben, der übrigens kein sclavisches Excerpt aus Priscian ist, und auch anderweitig Entlehntes in sich faßt,[9]) ist folgende: Es wird zuerst vom Laute als solchem, von den Buchstaben und Sylben, bei letzteren mit Rücksicht auf die Quantität derselben gehandelt; die Ausführlichkeit, mit welcher die Lehre von

---

[1]) Vgl. O. c., p. CLV 599.
[2]) Ueber Paulus vgl. O. c. p. CXXXVI.
[3]) Vgl. über Clemens Scotus Keil, Grammatici latini I, p. XX sq. und Anecd. Helv. CLXXXIV—CCIII.
[4]) Vgl. über Beide Hauréau, Singularités hist. et litt. p. 18 f. — Thurot, Extraits et notices de divers manuscrits latins etc. (Paris,1869), p.6.
[5]) Anecd. Helv. p. LXXVIII sq.
[6]) Smaragd's Ars grammatica lehnt sich, wie aus Hagens Excerpten aus derselben hervorgeht (Anecd. Helv. p. CCXXXIX — CCXLVI) an jene des Donatus an.
[7]) Ueber Peter den Grammatiker vgl. Anecd. Helv. p. XCVI sqq. zusammt den Excerpten aus seiner Grammatik ebendas. p. 159—171.
[8]) Excerptio de arte grammatica Prisciani. Abgedr. in Migne's Patrol. lat. tom. III, p. 613 ff.
[9]) So ist z. B. gleich in einem der Anfangsabschnitte Isidor. Etymologg. I, 16: de Syllabis benützt. Bezüglich anderweitiger Entlehnungen siehe nachfolg. Anmerk.

des früheren Mittelalters.

der Quantität vorgetragen wird, und die Beleuchtung derselben durch Beispiele aus lateinischen Dichtern gibt schon zu erkennen, daß der grammatische Unterricht vornehmlich auf die Einführung in die classische Literatur abzweckte. Die Unterweisungen über die Quantität der Sylben ziehen sich auch in die nachfolgende Casus- und Conjugationslehre hierüber, und machen den Hauptinhalt derselben aus; dasselbe gilt über die Lehre von den Anomalis, von den Gerundien, Adverbien, Participien, Conjunctionen, Präpositionen, woran sich sodann noch eine Unterweisung über die verschiedenen Versmaße anschließt. Der Subsumtion der verschiedenen Dichtungsarten unter die drei Hauptgattungen: dramatische, erzählende und gemischte Dichtungsart, sind wir bereits bei Beda[1]) begegnet; indeß wird dieser Gegenstand von Hraban ausführlicher behandelt als von Beda, der ihn eben nur berührt. Die dramatische Dichtungsart schließt als Unterabtheilungen in sich die tragische, komische, satyrische, mimische, oder wie dieselben bei den Römern hießen: praetextata, tabernaria, atellana, planipes. Die erzählende Dichtungsart befaßt als drei Unterarten die angelitica,[2]) historica,[3]) didascalica[4]) unter sich. Als Unterarten der gemischten Dichtungsart werden unterschieden die heroische (Jlias, Aeneis) und lyrische (Archilochus, Horaz). Am Schluße sind angefügt: Glossae verborum in Donatum majorem mit Worterklärungen der verschiedensten Art, ferner ein schematisirtes Verzeichniß aller Arten von Versfüßen,[5]) deren nach Zusammenzählung aller 124 eruirt werden. Ein Specimen grammatischer Gelehrsamkeit findet sich auch in

---

[1]) Vgl. uns. Schrift Beda d. Ehrw., S. 100. — Die erwähnte Eintheilung der verschiedenen Dichtungsarten ist sammt den weiter noch anzuführenden Untergliederungen derselben ist aus Lib. III der Ars grammatica des Diomedes entlehnt. Siehe Keil Gramm. lat. I, p. 482 f.

[2]) Angelitica (bei Diomedes ἀγγελτική) est, qua sententiae describuntur, ut est Theognidis liber et Monastica Albini, quae species in plurimis poëmatibus sparsim posita reperitur. Item chriae eidem deputantur.

[3]) Historica est, qua narrationes genealogiae componuntur ut est metrum de generatione mundi et situ et qualitate diversarum gentium et liber Alcimi et his similia.

[4]) Didascalica est, qua comprehenditur philosophia Empedoclis et Lucretii. Item astrologia et phaenomena Arati et Ciceronis et Georgica Virgilii et his similia.

[5]) Augenscheinlich Wiedergabe dessen, was bei Marius Victorinus Ars gramm. I, 10 ff (siehe Keil gramm. lat. VI, p. 43 ff.) sich findet.

Ermanrich's Epistola ad Grimoaldum Archicapellanum,¹) zusammengetragen aus Donat, Consentius, Pompejus, Priscian, Isidor, Beda, Alcuin, wobei freilich das eine und andere Mal auch Falsches und Absonderliches unterläuft, so z. B. die sonderbare Etymologie des Wortes Verbum,²) oder die Behauptung, daß th eine Länge der ersten Sylbe im Worte Cathedra begründe. Uebrigens sind auch seine Angaben reichlich mit Nachweisungen aus lateinischen Dichtern: Virgil, Ovid, Horaz, Lucanus, Juvenal, Lucretius, Juvencus, Prudentius, Arator u. s. w. belegt. Die vorerwähnte Etymologie des Wortes Verbum findet sich auch in des Remigius von Auxerre Commentar zu Donat's Ars minor;³) ob der in verwandtem Sinne abgefaßte Commentar zu Donat's Ars major,⁴) sowie ein Commentum in Donati Barbarismum⁵) gleichfalls unmittelbar von Remigius selber, oder von einem Schüler desselben herrühre, muß unentschieden bleiben.⁶) Ein anderer handschriftlicher Commentar über Donat's Ars major, dessen Autor

---

¹) Ed. Dümmler (Halle, 1873) S. 8—23. Ueber Ermanrich vgl. Alcuin u. s. Jahrh. S. 109; ferner uns. Schrift: „Entwickelungsgang der mittelalterlichen Psychologie" u. s. w. S. 12.

²) Verbum dictum est a verbere et boatu i. e. ab ictu et sono. O. c., p. 11. — In der Ars grammatica des Cledonius heißt es: Verbum dictum a verberato aëre (siehe Keil, V, p. 53). Aehnlich Pompejus (Keil, V, p. 213). Weiteres in nächst folgender Anmerkung.

³) Abgedr. in Anecd. Helv. p. 202—218. Nachweisung der Urheberschaft des Remigius ebendas. p. CVIII sq. — Ueber die Etymologie des Wortes Verbum heißt es p. 205: Verbum, quod græce ῥῆμα dicitur, a verberando i. e. a feriendo dicitur, eo quod verberato aëre plectroque linguæ formetur..... vel secundum Augustinum verbum dicitur a vere boando i. e. vere sonando.

⁴) Anecd. Helv. p. 219—266.

⁵) Anecd. Helv. p. 267—274. Wir heben aus dieser grammatischen Schrift die Begriffserklärungen des Metacismus (vgl. Beda b. Ehrw. S. 19, Anm. 1) und Solöcismus aus. Metacismus est vicium sive scissio m litteræ, quæ fit, quando m littera inter duas vocales ponitur, ut „bonum aurum", „docibilem amicum", ut talem sonum habeat unum m, ut duo mm esse videantur. — Soloecismus dicitur a Sole Dalmatiae, quæ nunc Pompejopolis dicitur, cujus habitatores athenas perrexerunt, ut ibi græcam linguam addiscerent et suam servarent, quam recte non valentes utramque corruperunt. Vgl. Servius in Donatum: Soloecismus .... quasi ὅμου λόγου ἀκόσμος i. e. sani sermonis vitium, aut certe ideo, quod Σόλοικοι venientes Athenas et male loquentes nomen ex se vitio dederunt. Uebrigens wird in den ähnlich lautenden Stellen bei Diomedes, Pompejus, Claudius Sacerdos, Julian von Toledo Solve ausdrücklich als eine Stadt in Cilicien bezeichnet; Dalmatia rührt also augenscheinlich von verderbter Schreibung her.

⁶) Siehe hierüber O. c., p. CXIV.

zehnten Jahrhunderts.

sich als in Auxerre befindlich zu erkennen gibt, wird von Thurot[1]) als eine Arbeit Heiric's vermuthet, und scheint sich eines nicht geringen Ansehens erfreut zu haben, da er, wie Thurot gleichfalls nachweist, noch von Paul dem Camaldulenser, einem Grammatiker des 12. Jahrhunderts benützt wurde. Es fehlt endlich auch nicht an einer, dem 8—10. Jahrhundert angehörigen kleinen Literatur von Schriften de Differentiis verborum, de Orthographia, de Literis, deren genauere Nachweisung der fachwissenschaftlichen Forschung zusteht.[2]) Nicht unerwähnt können hier bleiben die Quaestiones grammaticales des Abbo von Fleury,[3]) gerichtet an die Mönche von Ramsey in England, bei welchen sich Abbo zeitweilig aufgehalten hatte, um sie in der klösterlichen Frömmigkeit und Wissenschaft zu unterweisen. Auch hier handelt es sich großentheils um Länge und Kürze der Sylben lateinischer Wörter,[4]) ferner um die Aussprache gewisser Buchstaben: c, g, um die Wiedergabe bestimmter griechischer Wörter durch die entsprechenden lateinischen Buchstaben,[5]) um die Bildung bestimmter Präterita u. s. w. Eine für Tironen abgefaßte Grammatik Rather's von Verona unter dem bezeichnenden Titel: Spera dorsum, ist nur dem Namen nach bekannt.[6])

Unter Otto I. kamen die gelehrten Italienischen Grammatiker Gunzo von Novara und Stephan von Novara nach Deutschland, Beide durch Otto selber herbeigerufen. Letzteren haben wir bereits als Lehrer des jungen Wolfgang in Würzburg kennen gelernt, wohin Stephan vom Bischof Poppo berufen worden war;[7]) die aus Italien mitgebrachten Bücher vermachte er dem Schutzheiligen

---

[1]) Extraits etc., p. 7.
[2]) Vgl. in dieser Hinsicht Anecd. Helv., p. CXVII—CXLVI.
[3]) Abgedr. in Migne's Patrol. lat. tom. 139, p. 521—534.
[4]) Dieses Thema wird auch in ein paar kleinen Schriften de recta legendi ratione aus der Mitte des 9. Jahrhunderts behandelt: Hildemari epistola ad Ursum Beneventanum Episcopum — Epistola Lamberti Pultariensis Monachi ad Albericum Abbatem. Siehe Migne tom. 106, p. 395—400.
[5]) Abbo bemerkt bei dieser Gelegenheit: Quidam figurarum similitudine decepti pronuntiant x pro X, et dicunt arxe pro eo quod est $\dot{\alpha}\varrho\chi\acute{\eta}$ et maxaera pro $\mu\acute{\alpha}\chi\alpha\iota\varrho\alpha$.
[6]) Siehe Act. ss. Ord. s. Bened. saec. V, p. 485 f.
[7]) Genauere Notizen über Stephan von Novara bei Wattenbach, deutsche Geschichtsquellen I, S. 233 f.

Würzburgs, dem heiligen Kilian. Gunzo war Diakonus in seiner Vaterstadt Novara, und empfing als solcher von dem Bischof Atto von Vercelli den Auftrag, eine Schrift über das Verbot, betreffend die Ehe eines Mädchens mit dem Sohne ihres Taufpathen abzufassen: Gunzo entledigte sich seines Auftrages durch Wiedergabe eines Briefes des Papstes Zacharias an den Bischof Theodor von Pavia über diesen Gegenstand.[1]) Von Otto I, wie er erzählt, vielmals angeworben, entschloß er sich endlich, nach Deutschland zu kommen, nahm den Weg durch die deutschen Alpenländer, und langte im strengsten Winterfroste ganz erstarrt in St. Gallen an. Daselbst widerfuhr ihm, daß er im Lateinischsprechen statt des Ablativs einmal den Accusativ gebrauchte, worüber sich einer der anwesenden jungen Mönche in spottender Rede ergieng und ihn mit muthwilligen Versen verhöhnte. Gunzo fühlte sich darüber auf das Tiefste gekränkt, und ergieng sich über diesen Vorfall in einem ausführlichen Briefe voll grammatischer Gelehrsamkeit an die Mönche von Reichenau.[2]) Er rügt, daß der junge Mönch um seiner leichtfertigen nichtssagenden Verse willen, die ihm dazumal einfielen, sich für einen Poeten zu halten scheine, während die vornehmsten und gepriesensten classischen Dichter die Ausübung einer wirklich vorhandenen poetischen Begabung als ein Werk mühevoller Arbeit und fleißigster Uebung bezeichnen. Den Verstoß, der ihm in der Casusverwechslung begegnete, entschuldiget Gunzo durch seine Gewohnheit, sich in der vom Lateinischen abweichenden und ihr doch so nahestehenden italienischen Vulgärsprache auszudrücken; übrigens kämen Beispiele von Casusverwechslungen bei den vorzüglichsten lateinischen Dichtern vor, was Gunzo mit mancherlei Beispielen belegt, und für noch weitere Belege auf Priscian verweist. Eine absolute Vollendung der Sprache gibt es überhaupt nicht, weil so Vieles in ihr rein conventionell ist; auch handelt es sich nicht um das Wort als solches, sondern um das, was durch das Wort ausgedrückt werden soll. Es sind bei den

---

[1]) Abgedr. bei Migne tom. 134. p. 111 als Ep. 6 unter Atto's Briefen: Das Mädchen steht als geistliche Tochter des Pathen im Verhältniß der Geschwisterschaft zum leiblichen Sohne desselben, darf ihn also nicht ehelichen.
[2]) Gunzonis Epistola ad Fratres Augienses. Migne tom. 136, p. 1283—1302.

besten Schriftstellern Kürzungen üblich, die der Grammatiker, welcher bloß Sprachregeln, aber nicht die lebendige Sprache kennt, Satzverstümmlungen nennen würde. Also zeugt das Mäkeln an Worten von vorlauter Unreife und Petulanz; eine derartige üble Sitte mag eben in einem Kloster gedeihen, dessen Mönche kürzlich ihren Abt vertrieben und seinen Nachfolger in's Verderben gestürzt haben. Gunzo spielt damit auf den Abt Kralo und dessen Bruder Anno an, deren ersterer wegen seiner Strenge auf Begehren der St. Galler Mönche durch Otto's Sohn Liudolf seines Amtes entsetzt wurde, während von Anno vermuthet wird, daß er getödtet worden sei. Wir übergehen die ausführliche Parallele, welche Gunzo zwischen seinem Gegner und dem biblischen Achar entwickelt, und berühren nur noch den letzten Theil der Schrift, in welchem Gunzo berichtet, gegen 100 Bücher aus Italien mitgebracht zu haben, darunter Marcianus Capella, den Platonischen Timäus, Aristoteles περὶ ἑρμενείας, Cicero's und Aristoteles Topica — und sodann noch von den Schwierigkeiten und ungelösten Fragen spricht, die nicht nur in der Grammatik, sondern in jeder der sieben Künste den in dieselben Eingeweihten sich aufdrängen, wovon sein unreifer Gegner auch nicht die leiseste Ahnung zu haben scheine.

Die Lehre von den sieben Künsten findet sich encyclopädisch in dem Werke des Marcianus Capella de Nuptiis Mercurii et Philologiae auseinandergesetzt, welches für den Unterricht des Mittelalters große Bedeutung hatte. Wir wissen, daß Scotus Erigena und Remigius von Auxerre sich mit Commentirung desselben befaßten; wir hörten oben, daß der Italiener Stephan zu Würzburg eine Schaar von Zuhörer um sich sammelte, welchen gleichfalls Marcianus Capella ausgelegt wurde. Von Gunzo dürfen wir dasselbe vermuthen, da seine Schilderung der sieben Künste eine Wiedergabe der allegorischen Schilderung derselben durch Marcianus Capella ist. Noch gegen Ende des 12. Jahrhunderts treffen wir auf einen Commentator desselben in dem zeitweilig in Paris lehrenden Alexander Neckam, der nebstdem auch als grammatischer Schriftsteller zu nennen ist. Ueber die Beschaffenheit der verschiedenen mittelalterlichen Commentationen des encyclopädischen Werkes Capella's lassen sich freilich keine näheren Angaben machen, da nur ein geringster Theil derselben dem Dunkel der in den Bibliotheken ruhenden handschriftlichen Literatur entrissen worden ist. Hauréau hat Auszüge aus den die Dialektik betreffenden Theilen der Commentare des Scotus Erigena und Remigius geliefert;[1]) in Martin Gerberts Ausgabe der Musikschriftsteller findet sich ein anonymer Tractat über den die Musik betreffenden Theil des Marcianus Capella.[2]) Bemerkenswerth ist, daß die St. Galler Mönche frühzeitig daran giengen, auch eine deutsche Uebersetzung des Capella anzufertigen, als deren Verfasser Notker Labeo († 1022) vermuthet wird. Eben dieser Notker ist auch als Uebersetzer des Werkes des Boethius de Consolatione hervorzuheben, dessen erster Erklärer in Deutschland nach Tithemius Angabe[3]) Poppo in Fulda (c. a. 960) gewesen ist. Der den letzten Jahrzehnden des 10. Jahrhunderts angehörige Walter von Speier gibt in dem ersten seiner sechs Gesänge de vita S. Christophori[4]) eine poetische Schilderung der sieben Künste, in welchen er in seiner Jugend unterwiesen wurde; man wird nicht fehlen, wenn man annimmt, daß die halbpoetische Darstellung des Marcianus Capella auf Walters Versification Einfluß hatte.[5]) In dieser wird übrigens bereits auch Boethius als Lehrer der Arithmetik gepriesen; daher Walter's Gedicht, das im Anfang der Regierung Otto's III. verfaßt wurde, zugleich auch ein Zeugniß von dem bazumal in den Schulen allmälich sich einbürgernden Studium der mathematischen Schriften des Boethius darbietet.

---

[1]) Commentaire de Jean Scot Erigena sur Martianus Capella. Enthalten in den Notices et extraits des Manuscrits de la Bibliothèque Impériale etc. Tom. XX (Paris, 1862).
[2]) Wiederabgedr. bei Migne tom. 131, p. 931—964.
[3]) Annal. Hirsaug. ad a. 970.
[4]) Abgedr. in B. Pez. Thesaur. Anecdot. II, 3, p. 27 ff.
[5]) Ein unverkennbarer Beleg hiefür ist die von Walter wiederholt erwähnte Ferula des grammatischen Unterrichtes, von welcher auch im dritten Buche Capella's die Rede ist.

## Zweites Capitel.

Fortsetzung der Studien Gerberts in Spanien zusammt den weiteren an seinen Aufenthalt daselbst sich knüpfenden Erlebnissen. Gerbert als Lehrer der freien Künste in Rheims; seine Unterweisungen in der Dialektik und Rhetorik.

Gerberts Schüler Richer[1]) berichtet, daß während des Jugendaufenthaltes Gerberts in Aurillac Graf Borell von Barcelona daselbst zugesprochen habe,[2]) und vom Abte Gerald befragt worden sei, ob auch in Spanien Männer wären, welche im Betrieb der freien Künste ausgezeichnet wären. Da Borell diese Frage bejahte, so ersuchte ihn der Abt zu gestatten, daß einer der Zöglinge des Klosters ihn zu Zwecken seiner weiteren Fortbildung nach Spanien begleiten dürfe. So fügte es sich, daß c. a. 967 der junge Gerbert in die spanische Mark kam, woselbst er einen besonderen Gönner an Borell's Freund Bischof Hatto von Vich fand, der im Jahre 970 durch Papst Johann XIII in Folge der Uebertragung der Metropolitenwürde von Tarragona auf den Bischofsitz von Vich zum Erzbischof von Catalonien erhoben wurde. In Folge dieser Erhebung unternahm Hatto eine Romreise, auf welcher ihn Gerbert begleitete. Gerberts Aufenthalt in der spanischen Mark dauerte demnach 967—970. In Rom wurde er durch seinen Gönner dem Kaiser Otto I empfohlen, und hiemit der Grund zu seinen später so einflußreichen

---
[1]) Histor. III, 43.
[2]) Ueber den Zweck der Reise Borrels nach Frankreich vgl. Büdinger S. 17 f., nach dessen Ansicht es sich für Borrel darum handelte, sein zweifelhaftes Besitzrecht auf die spanische Mark durch königliche Belehnung zu festigen, um welche er daher bei König Lothar sich bewarb.

Beziehungen zum Hofe und zur Familie der Ottonen gelegt. Wie sein Verhältniß zu derselben bei dieser seiner erstmaligen Anwesenheit am Hofe und während der Dauer seines Aufenthaltes in Rom zwischen a. 970—972 beschaffen war, läßt sich aus Mangel an zureichenden Angaben nicht genauer bestimmen; man darf vermuthen, daß er sich schon dazumal der besonderen Schätzung des Sohnes und Nachfolgers des bereits gealterten Kaisers, und insbesondere auch Adelheid's, der Mutter Otto's II erfreute.[1]) Jedenfalls hatte er Ursache, seinem Gönner Hatto sich zu lebenslänglichem Danke verpflichtet zu fühlen. Daß ihn dauernde Bande der Freundschaft an die Mark fesselten, geht aus späteren brieflichen Aeußerungen Gerbert's hervor;[2]) wir ersehen aus denselben, daß er, als er schon längst wieder in Frankreich sich aufhielt, in einer für ihn kritischen Epoche ernstlich sich mit dem Gedanken beschäftigte, ob er nicht wieder zu seinen Freunden in der spanischen Mark zurückkehren solle. Unter den Briefen, in welchen er sich hierüber ausspricht, ist einer an Bonafilius gerichtet, der dazumal, als Gerbert an ihn schrieb (a. 984), Bischof von Girona war, früher aber zweifelsohne zu den Lehrern Gerbert's gehörte. Eines anderen spanischen Freundes und Gönners gedenkt er in dem zweiten der erwähnten Briefe, nähmlich des Abtes Guarin, der dem vom Grafen Seniofrid von Barcelona c. a. 967 gegründeten Kloster Cusan vorgesetzt worden war.[3]) Dieser Mann machte auf seine Zeitgenossen einen ungewöhnlich tiefen Eindruck; er bewog den Dogen Petrus Urseolus, den durch ein Verbrechen erlangten Ducat mit dem Mönchsgewande zu vertauschen und zusammt einem anderen angesehenen Manne seiner Partei in's Kloster Cusan einzutreten; mit ihnen kamen der Eremit Marinus, der zu diesem Schritte mitgerathen, und sein Schüler Romuald, der berühmte nachherige Stifter des Camaldulenser Ordens. Guarin wird aber auch als ein ausgezeichneter Kenner der schönen Wissenschaften gepriesen; und wir dürfen demzufolge annehmen, daß der Graf Borrel vollkommen wahr sprach, wenn er den Abt Gerald versicherte, daß in seiner Mark es an Männern

---

[1]) Vgl. darüber Büdinger S. 45.
[2]) Ep. 25 (ad Bonifiliam Gerundensem episcopum). — Ep. 45 (ad Raimundum monachum Auriliacensem). — Ep. 73 (ad Nithardum Abbatem Metlecensem).
[3]) Näheres über ihn Büdinger S. 22 ff.

seine Rückkehr über Rom nach Rheims.

von hervorragender geistiger Bildung nicht fehle. Wir begreifen sonach, daß Gerbert Gelegenheit hatte, sich in jenem Lande wissenschaftlich weiterzubilden. Der Grund der damaligen Blüthe wissenschaftlicher Strebsamkeit in der spanischen Mark ist, wie bereits die Verfasser der französischen Gelehrtengeschichte[1]) bemerkt haben theils in der Nachbarschaft des hochcivilisirten arabischen Spaniens, theils in dem Umstande zu suchen, daß die spanische Mark den Raubeinfällen und Zerstörungen der Normannen, von welchen das übrige Frankreich heimgesucht wurde, entrückt war. Die vom arabischen Spanien ausgehende Anregung hat man indeß für jene Zeit auf mathematische Kenntnisse zu beschränken, deren Erwerbung sich Gerbert neben anderen Studien nach dem Zeugniß Richers[2]) in der Mark angelegen sein ließ. Die Meinung, daß Gerbert unter die Araber selber sich begeben habe, um von ihnen zu lernen, ist als zu unwahrscheinlich in letzterer Zeit ganz aufgegeben worden;[3]) sie bildete übrigens den Ansatz zu jenem Sagennimbus, der sich später um die Person Gerberts als eines Schwarzkünstlers und Zauberers legte.[4])

Gerbert kam von Rom, wo er zeitweilig in des Kaisers Dienste stand, wieder in sein Vaterland zurück. Den Anstoß hiezu gab die Bekanntschaft, die er mit dem eben dazumal an Otto's Hofe als Abgesandter König's Lothar weilenden Archidiakon der Rheimser Kirche, Namens G. machte.[5]) Dieser stand

---

[1]) Hist. litt. de la France VI, 560.
[2]) Hist. III, 43.
[3]) Ausführliche Kritik derselben bei Büdinger S. 7—15.
[4]) Vgl. Wilhelm Malmesbur. Gest. Reg. Angl. II, § 167: Gerbertus monachus a puero apud Floriacum adolevit... nocte profugit Hispaniam, animo praecipue intendens, ut astrologiam et ceteras id genus artes a Saracenis edisceret.... Ibi vicit scientia Ptolomaeum in astrolabio, Alandraeum et astrorum interstitio, Julium Firmicum in fato. Ibi, quid cautus et volatus avium portendat, didicit; ibi excire tenues ex inferno figuras, ibi postremo quicquid vel noxium vel salubre curiositas humana deprehendit. Diesem folgt sodann, wie Gerbert einem greisen Zauberer ein ängstlich gehütetes Buch verborgenster Künste ablistete und mit dem Teufel einen Pact zu seinem Schutze gegen die Rache des betrogenen Zauberers einging. Sed haec vulgariter ficta crediderit aliquis — fügt Wilhelm Letzterem bei — quod soleat populus literatorum famam laedere, dicens illum loqui cum daemone, quem in aliquo viderint excellentem opere. Näheres über diese Verunehrungen des Andenkens Gerberts bei Hock S. 159 ff., 233 ff., und Döllinger Papstfabeln, S. 159 ff.
[5]) Richer III, 45. Richer gibt nur den Anfangsbuchstaben des Namens jenes Rheimser Archidiakons. Büdinger (S. 44) vermuthet in ihm den Ar-

in dem Rufe einer der ausgezeichnetsten Dialektiker zu sein; Gerbert aber brannte vor Begierde, in der Dialektik sich besser, als es bis dahin möglich gewesen war, informiren zu lassen. Demnach bat er, nachdem er einige Zeit mit G. verkehrt hatte, den Kaiser um Erlaubniß, seinen neugewonnenen Freund nach Rheims zurückbegleiten zu dürfen, um unter dessen Leitung seine Studien fortsetzen zu können. Gerbert erregte durch die Fortschritte, die er in der Rheimser Schule machte, die Aufmerksamkeit des Erzbischofes Adalbero, der ihn dauernd für seine Schule zu gewinnen wünschte; demzufolge vertauschte er bald die Rolle des Schülers mit dem Amte eines Lehrers, als welcher er sofort ohne Unterbrechung eine Reihe von Jahren in Rheims thätig war, und jene vielen freundschaftlichen Verbindungen einging, die wir aus seinen Briefen kennen, mit Notker von Lüttich, Ekbert von Trier, Ekkard, Abt von St. Julian in Trier, Adso von Moustier en Der, Constantin, Scholastikus in Fleury, und vielen anderen Edlen und Gelehrten.

Gerbert hatte in Rheims die freien Künste zu lehren. Richer[1]) theilt den Lehrplan mit, nach welchem Gerbert seine Schüler unterrichtete. Der Unterricht erstreckte sich über alle Fächer des Triviums und Quadriviums. Das aristotelische Organon zusammt der Isagoge des Porphyrius, Lectüre der lateinischen Dichter als Vorübung für die Unterweisungen aus der Rhetorik, und sodann die mathematischen Disciplinen d. i. Arithmetik, Geometrie, Musik und Astronomie waren die Lehrzweige, in welchen Gerbert seine Schüler zu üben und zu bilden bemüht war. Für die Dialektik

chidiakon Garamnus (erwähnt in Act. SS. Ord. Bened. Sæc. V p. 359), Prantl (Gesch. de Log. II, S. 53) den Archidiakon Gislebert, der a. 948 auf dem Concil zu Ingelheim anwesend erscheine, aber demzufolge wol einer etwas früheren Zeit angehört. Auch Olleris (p. XXII) stimmt der Ansicht Büdingers zu, die unzweifelhaft als die richtige anzusehen ist. In Migne's Patrolog. lat. tom. 137 ist auf p 527 ff. der aus dem Chronicon Mosomense entlehnte Bericht über die, vom Rheimser Erzbischof Adalbero auf der Provinzialsynode von Mont Notredame en Tardanois beantragte Verwandlung des verweltlichten Chorherrenstiftes zu Mouson in ein Benedictinerkloster mitgetheilt; unter den Unterzeichnern des von Adalbero beantragten Beschlusses erscheint auch ein Gerannus Archidiaconus. In Bezug auf die Zeit der abgehaltenen Synode schwanken im angeführten Decrete die Lesearten zwischen a. 973 und a. 983. Ueber die Gründe dieser Differenz und deren Lösung ebendas. p. 503, Anmerk. 1.

[1]) Hist. III, 46 ff.

Boethius als Unterlage seines Unterrichtes.

und Rhetorik sowol, wie auch für die mathematischen Disciplinen bildeten die Schriften des Boethius die hauptsächlichste Unterlage, wie dieß in Bezug auf die Dialektik durch Richers ausdrückliches Zeugniß feststeht, für die mathematischen Disciplinen aber aus Gerberts eigenen Schriften und aus Art und Beschaffenheit seiner im nächstfolgenden Capitel näher zu charakterisirenden Unterrichts= weise sicher sich erschließen läßt.

Bleiben wir vorerst bei Gerberts Unterrichtsweise in Dialektik und Rhetorik stehen. Richer zählt im Einzelnen die Schriften auf, die diesen beiden Lehrdisciplinen zu Grunde gelegt wurden, nämlich: die Isagoge des Porphyrius in der zweifachen Be= arbeitung, in welcher sie unter den Schriften des Boethius vor= liegt; die aristotelischen Schriften über die Kategorien und de interpretatione, natürlich nach dem lateinischen Texte und den Erläuterungen bei Boethius; Cicero's Topik mit den von Boethius dazu gegebenen sechs Büchern Erklärungen; ferner des Boethius vier Bücher de topicis differentiis, zwei Bücher de syllogismis categoricis, drei Bücher de syllogismis hypotheticis, das Buch de diffinitionibus und jenes de divisionibus. Richer schreibt dem Boethius drei Bücher über die hypothetischen Syllogismen zu; die vorliegenden Druckausgaben der Werke des Boethius weisen nur zwei Bücher vor; sonst stimmen seine Angaben vollkommen mit dem überlieferten Bestande der in das Gebiet der Logik fallenden Schriften des Boethius überein, nur daß er einzelne derselben, den Commentar zu den beiden Analytiken so wie zur Topik des Aristoteles übergeht, weil für die Zwecke des Unter= richtes diese Commentare durch andere schon genannte Schriften des Boethius ersetzt waren. Die von Richer erwähnte zweifache Bearbeitung der Isagoge des Porphyrius durch Boethius bezieht sich auf die beiden Schriften: Dialogi in Porphyrium a Victorino translatum und Commentariorum in Porphyrium libri quinque. Die zwei Bücher Dialogi beginnen mit einer allgemeinen Eintheilung der Philosophie in die theoretische und praktische. Die theoretische oder speculative Philosophie handelt in drei Unterabtheilungen vom Intellectiblen (Gott, geistige Substanz der Seele), vom Intelligiblen (Ideen als Ursachen der Dinge, Beschaffenheiten und

Zustände der dem Leibe eingesenkten Menschenseele) und von den Wesenheiten und Zuständen der Körper (Physiologie.) Die praktische Philosophie befaßt als drei Unterabtheilungen in sich die Ethik des Einzelindividuums, die Lehre vom Gemeinwesen, die Lehre vom Hauswesen (Ethik, Politik und Oekonomik.) Der also gegliederten Philosophie hat die Logik vorauszugehen, deren einzelne Theile von Aristoteles in seinen Schriften über die Kategorien, über Satz und Urtheil, über den Syllogismus und seine mannigfachen Gestaltungen, über die dialektischen und apodiktischen Schlüsse dargelegt worden sind. Wie die Lehre von den Schlüssen die Lehre von Satz und Urtheil, und diese die Lehre von den Kategorien, unter welche Subject und Prädicat der Sätze und Urtheile gehören, zu ihrer Voraussetzung hat, so bedarf die Kategorienlehre selber wieder einer vorbereitenden Einleitung, die in der Jsagoge des Porphyrius vorliegt und gleichfalls in den Bereich der logischen Disciplinen einzubeziehen ist. Die Jsagoge gibt in ihren Erörterungen über Genus, Species, Differenz, Proprium und Accidens die nöthigen Orientirungen zum Verständniß der Kategorienlehre. Wenn nämlich Aristoteles in der Kategorie der Substanz den Unterschied zwischen Substantia prima und Substantia secunda aufstellt, so setzt diese Unterscheidung eine vorläufige Kenntniß des Verhältnisses der Species zum Genus voraus; der Unterschied einer Substanz von der anderen oder ihre spezifische Differenz fordert zu deren richtiger Bestimmung eine vorläufige Kenntniß dessen, was man unter Differenz zu verstehen hat. Ferner ist bei Aussagen, mögen sie in die Kategorie der Substanz, oder in jene der Quantität, Qualität u. s. w. fallen, immer zu berücksichtigen, ob die Aussage an ihrem Gegenstande etwas Wesentliches oder Zufälliges betreffe; die Beachtung dessen involvirt aber gleichfalls eine vorläufige Kenntniß des Begriffes und Unterschiedes von Proprium und Accidens. Ohne Kenntniß der quinque res, mit welchen sich die Jsagoge befaßt, kommt kurzgesagt keine Definition irgend eines Objectes zu Stande. Boethius faßte eine eigene Schrift de definitione ab, die indeß weniger an Aristoteles, als an Cicero sich anschließt, und auch, soweit es sich um die philosophische Definition handelt, zu einem anderen Resultate kommt, als der Commentar des Boethius zu dem Werke des Aristoteles über die Kategorien; denn in diesem Commentar behauptet Boethius in ganz und gar realistischer Weise, daß nur die Accidenzen den Unterschied einer Substanz von der anderen constituiren, während er in der Schrift de definitione das Proprium als Dasjenige bezeichnet, wodurch eine bestimmte Substanz von der anderen verschieden ist. Wir sehen hier ein Schwanken zwischen abweichenden Ueberlieferungen der antiken Philosophie, deren eklektische Zusammenstellung sich Boethius zur Aufgabe gesetzt hatte. In Bezug auf das formale Moment der Denkvermittelung wiegt die aristotelisch-stoische Anschauungsweise vor, in Bezug auf den Realinhalt der philosophischen Anschauung ist Boethius offenbar vom Neuplatonismus beeinflußt, wie bereits aus seiner oben angeführten Eintheilung der theoretischen Philosophie hervorleuchtet, und in seiner Zustimmung zu der Ansicht des Porphyrius, daß die quinque res, oder wie sie auch genannt werden, quinque voces, nicht bloße Denkvorstellungen, sondern wesenhafter Natur seien, sich offen ausspricht.[1]) Die Art des Erweises der Wesenhaftigkeit der quinque res steht ganz im Einklange mit der Eintheilung der theoretischen Philosophie und hat dieselbe zu ihrer Unterlage. Das Genus verhält sich zu den Species, wie die Natura prima zu den aus ihr abgeleiteten Wesenheiten; und da die Natura prima dem Bereiche der Unkörperlichkeit angehört, so muß die Unkörperlichkeit als solche für den Causalgrund der differenten Species des Unkörperlichen und Körperlichen genommen werden, und zwar so, daß auf die Unkörperlichkeit als Genus zunächst die Species des Unkörperlichen folgt. Das Genus selbst ist eigentlich keines der beiden differenten aus ihm hervorgegangenen Species, schließt sie aber potestativ in sich. Fragt man, in welche Wesenclasse die quinque res gehören, so hat man sich unbedenklich dafür zu entscheiden, daß sie dem Bereiche des Intelligiblen angehören, indem sie gleich den Menschenseelen außerhalb und innerhalb der Körperwelt ein Dasein haben, außerhalb der Körperwelt in ihrer Appli-

---

[1]) Cum res omnes, quae verae sunt, sine his quinque esse non possint, has ipsas quinque res vere intellectas esse non dubites. Sunt autem in rebus omnibus conglutinatae et quodammodo conjunctae atque compactae. In Porphyr. Dialog. I (Migne Patrolog. lat. tom. 64, p. 19, c.)

cation auf das Unkörperliche, innerhalb der Körperwelt in ihrer
Application auf das Körperliche. Sie unterscheiden sich aber von
den Menschenseelen dadurch, daß sie dem Körperlichen applicirt
unzertrennlich an demselben haften, gleichwie sie dem Unkörperlichen
applicirt mit diesen unzertrennlich verbunden sind. In ihrer un=
zertrennlichen Verbindung mit dem Körperlichen fallen sie in eine
Classe mit der prima post terminos corporalitas,[1] d. i. mit
den Körperschemen der Geometerie, die, obschon als solche un=
körperlich, doch die Vorstellung der körperlichen Ausdehnung in
sich schließen, also nur mit Beziehung auf die Körperwelt vor=
gestellt und gedacht werden können. Wie die quinque voces auf
Unkörperliches und Körperliches zu appliciren sind, so behnt sich
ihr Gebrauch weiter auch auf alle von Aristoteles unterschiedenen
Kategorien des Seienden aus, und zur Kategorienlehre soll ja
die Isagoge des Porphyrius eigentlich die Einleitung bilden; damit
wird nun die Application derselben auf das Gebiet der rein
logischen Functionen hinübergelenkt, bei deren Ausübung die Frage
über wesenhafte oder bloß mentale Realität des durch die quinque
voces Ausgedrückten auf sich beruhen kann. Es fällt einiger Maßen
auf, daß Boethius, der bei seinen Aeußerungen über die Appli=
cabilität der quinque voces den Unterschied des Unkörperlichen
und Körperlichen als einen gegebenen voraussetzt, eben denselben
Unterschied da, wo er die quinque voces innerhalb der Substanz=
kategorie applicirt, erst mittelst jener Application gewinnt. Die
Substanz als Genus, lehrt er mit Porphyrius, scheidet sich in
die zwei Species der unkörperlichen und körperlichen Substanz;
die körperliche in die zwei Species der unbelebten und belebten,
die belebte Substanz in die zwei Species der irrationalen und
der vernunftbegabten körperlichen Substanz, als welche der Mensch
sich darstellt. Hier ist man bei einer subalternsten Species ange=
langt, innerhalb welcher nur noch Individuen unterschieden werden
können, während die Substanz als solche ein höchstes Genus aus=
drückt, das ebenso, wie das Individuum als solches einer eigent=
lichen logischen Definition sich entzieht. Wir stoßen also hier auf
eine doppelte Gränze der definirenden und divisiven Thätigkeiten

---

[1] Vgl. Maccob. Somn. Scip. I, 5, wohin Boethius des Näheren verweist.

Scotus Erigena de divisione naturarum.

des logisch formalen Vorgehens, sehen aber zugleich durch die von Boethius behauptete Wesenhaftigkeit der quinque voces einen ontologisch-metaphysischen Hintergrund angedeutet, dessen innere denkhafte Bezüge zu dem Arbeitsfelde der Logik unaufgehellt bleiben. Das frühere Mittelalter kam nicht dazu, dieselben aufzuhellen; Isidor und Alcuin lassen an die Stelle der Metaphysik unmittelbar die Theologie selber treten.[1]) Scotus Erigena hingegen ließ umgekehrt die Theologie in der Philosophie aufgehen, indentificirte also die Theologie mit jenem bis dahin unaufgehellt gebliebenen ontologisch-metaphysischen Hintergrunde der logischen Arbeiten des Boethius, der damit zum ersten Male in den geistigen Gesichtskreis des Mittelalters gerückt wurde. Freilich mußte er hiebei das Geschäft der divisiven Thätigkeit auf andere Art in Anwendung bringen, als es Boethius thut, der sich ausdrücklich gegen die Fusion des logischen und ontologischen Gesichtspunctes verwahrt;[2]) Erigena will eben den ontologisch-metaphysischen Gesichtspunct im Geschäfte des Theilens zur Geltung bringen, und hebt deßhalb hervor, daß es außer den von Boethius vorzugsweise betonten Divisionen des Genus in seine Species, des Ganzen in seine Theile auch noch eine andere Art des Theilens gebe, die allerdings analogischer Weise gleichfalls eine Theilung secundum species et secundum partes genannt werden könne,[3]) aber über den Gesichtskreis des vom Standpuncte des empiristisch-formalen Denkens vorgenommenen logischen Theilens weit hinausgreife.[4]) Erigena stellt

---

[1]) Alcuin (De dialectica, c. 1) theilt die Philosophie in Physik (Quadrivium), Ethik (vier Cardinaltugenden), Logik (Dialektik u. Rhetorik), und bemerkt nach vorausgegangener Andeutung, daß diese drei Gebiete der Philosophie auch in der heiligen Schrift vertreten seien, daß an die Stelle der Logik der Alten unmittelbar die Theologie selber trete: Logica, pro qua nostri sibi vindicant Theologiam. Wörtlich nach Isidor Origg. II, 23.

[2]) Si substantia genus est, non consideratur in eo quod substantia est, sed in eo, quod sub se species habet. Item si species corporeum et incorporeum est, non in eo quod Deus vel homo dicitur, considerantur, sed in eo quod est sub genere. In Porphyr. Dial. I, p. 20. 21 (ed. Migne).

[3]) Vgl. Erigena Divis. Natur. II, 1.

[4]) Erigena postulirt als denknothwendiges Correlat der Divisio ($\mu\epsilon\rho\iota\sigma\mu\acute{o}\varsigma$) die Resolutio ($\dot{a}\nu\acute{a}\lambda\upsilon\sigma\iota\varsigma$), und formulirt den kurzgefaßten Ausdruck seines Gesammtsystems in folgender Weise: Omnis divisio quasi deorsum descendens ab uno quodam definito ad infinitos numeros videtur h. e. a generalissimo usque ad specialissimum. Omnis vero recollectio veluti quidam reditus iterum a specialissimo inchoans et usque ad generalissimum ascendens ... est reditus et resolutio individuorum in for-

sich hiemit förmlich auf den Standpunct der neuplatonischen Lehre und zieht auf denselben die ganze Logik hinüber, welche Boethius als einen für sich bestehenden Complex von Unterweisungen über die Functionen des richtigen Denkens, Urtheilens und Schließens durchführen zu können vermeinte. Der Eindruck seltsamer Ueberraschung, welchen Erigena's Auftreten auf seine Zeitgenossen machte,[1]) der Umstand ferner, daß sein Hauptwerk, nachdem es Jahrhunderte lang bei Seite geschoben war, erst im 13. Jahrhundert von einem kirchlichen Verdammungsurtheil betroffen wurde, bekundet hinlänglich, daß er von seinen Zeitgenossen nicht verstanden worden war, und diese auf einen Versuch, mit den von Boethius vorausgesetzten neuplatonischen Unterlagen seiner synkretistischen Logik Ernst zu machen, nicht vorbereitet waren. Ebenso sehr bekundet aber das späte Nachfolgen der kirchlichen Censurirung, daß bis dahin der platonische Realismus in der Auffassung der Universalienfrage das Uebergewicht behauptet hatte,[2]) welches wir in der Zeit vor Gerbert durch Aeußerungen in einem dem Hrabanus Maurus zugeschriebenen Commentar zur Isagoge[3]) und im Commentar des Remigius von Auxerre zu Marcianus Capella[4]) bezeugt finden. Von Gerbert wissen wir,[5]) daß er sich für die Zwecke des Unterrichtes mit der Anfertigung einer Tafel beschäftigte, die das Schema einer nach der Anweisung des Boethius vorgenommenen Eintheilung der Dinge enthalten sollte. Er wurde aus Anlaß derselben mit dem berühmten sächsischen Gelehrten Orthric in einen Streit verwickelt,

mas, formarum in genera, generum in οὐσίας, ousiarum in sapientiam et prudentiam, ex quibus omnis divisio oritur, in easdemque finitur. Divis. Natur. II, 1.

[1]) Vgl. meine Schrift über Alcuin S. 191.

[2]) Erigena formulirt seinen Realismus in folgender Weise: Οὐσία in generibus generalissimis et in generibus generalioribus, in ipsis quoque generibus eorumque speciebus, atque iterum specialissimis speciebus, quae atoma i. e. individua dicuntur, universaliter proprieque continetur .... in his enim veluti naturalibus partibus universalis οὐσία subsistit. Divis. Natur. I, 26.

[3]) Siehe Cousin Ouvrages inédits d'Abélard p. LXXIX: Nihil aliud est genus quam substantialis similitudo ex diversis speciebus in cogitatione collecta.

[4]) In einer von Hauréau (Hist. de la phil. schol. I, p. 145) mitgetheilten Stelle heißt es: Est autem forma partitio substantialis ut homo; homo est multorum hominum substantialis unitas.

[5]) Richer Hist. III, 55.

Gerberts Disput mit Orthric.

dessen Erzählung hier aus einem doppelten Grunde einen Platz zu finden hat; erstlich weil sie uns in Gerberts Betrieb der Schullogik näheren Einblick gewährt, sodann aber, weil sein gelehrter Disput mit Orthric für seine äußere Lebensstellung bedeutsame Folgen hatte, und eine episodische Unterbrechung in seine Rheimser Lehrthätigkeit brachte, auf welche wir in einem späteren Capitel zu sprechen kommen werden.

Der Ruf der Lehrthätigkeit Gerberts — erzählt Richer[1]) — verbreitete sich weit über die Gränze Frankreichs, und drang wie nach Italien so auch nach Sachsen, wo sich Orthric aufhielt. Da dieser vernahm, daß Gerbert allen seinen Unterweisungen ein fertiges Schema von Eintheilungen zu Grunde lege, suchte er sich eine Abschrift der einzelnen Theile desselben, namentlich der Eintheilungen der Philosophie zu verschaffen, um zu ersehen, was es mit Gerbert's vielgerühmter Geschicklichkeit auf sich habe. Er schickte also einen jungen Sachsen nach Rheims, dem er zutraute, daß er ihm eine richtige und sichere Auskunft verschaffen werde. Dieser besuchte die Lehrvorträge Gerberts und notirte sich sorgfältig die von Gerbert entworfenen divisiones generum, begieng aber in der Skizzirung des Schema der Philosophie den groben Mißgriff, daß er die von Gerbert der Mathematik coordinirte Physik der ersteren als Species subordinirte, und schickte diese fehlerhafte Skizze an Orthric, der davon Anlaß nahm, sich in den geringschätzigsten Aeußerungen über Gerberts Unphilosophie zu ergehen. Er glaubte auch den Kaiser Otto II von jenem Schema der Philosophie in Kenntniß setzen zu sollen, und legte vor den Hofgelehrten die Fehler desselben dar. Der Kaiser, der von Gerbert eine hohe Meinung hegte, konnte nicht glauben, daß sich Gerbert der groben Verstöße, deren ihn Orthric zieh, sollte schuldig gemacht haben, und wünschte angelegentlich, über die Sache genaue Aufklärung zu erhalten. Die Gelegenheit dazu ergab sich bald, indem Gerbert's Gönner Erzbischof Adalbero um eben dieselbe Zeit zu einer Reise nach Rom sich anschickte, und Gerbert zur Begleitung auf derselben einlud. Der Reiseweg führte über Pavia, wo Kaiser Otto II eben dazumal sich aufhielt. Die

---
[1]) Hist. III, 55—65.

Reisenden fanden am kaiserlichen Hofe ehrenvolle Aufnahme und wurden eingeladen nach Ravenna zu kommen, woselbst Otto, der sich an der Redegabe und Schlagfertigkeit Gerbert's ergötzen wollte, eine Disputation Gerbert's mit dem gleichfalls anwesenden Orthric veranstaltete. Um den Vorgang möglichst feierlich zu machen, wurde eine nicht geringe Anzahl gelehrter Männer als Zuhörer und Zeugen beigezogen;[1]) den Vorsitz führte der Kaiser selber, der den Act damit eröffnete, daß er befahl, es möge das im vorigen Jahre ihm vorgelegte Schema der Eintheilung der Philosophie zum Gegenstande der Verhandlung gemacht werden. Othric zog nun jenes Schema hervor, und theilte der Versammlung mit, daß es von Gerbert herrühre; demzufolge wurde es diesem übergeben, der nach Durchsicht desselben erklärte, daß es zwar aus seiner Schule herrühre aber seine Lehranschauungen nicht genau und unentstellt wiedergebe. Er wurde demzufolge vom Kaiser aufgefordert, es zu berichtigen. Gerbert erklärte nun, er habe gelehrt, daß Mathematik, Physik und Theologie coordinirte[2]) Theile eines allgemeinen Genus seien Othric verlangte sofort, er möge eine Gesammteintheilung der Philosophie beilegen, und nun gab Gerbert unter Berufung auf Victorinus und Boethius jene Eintheilung der theoretischen und praktischen Philosophie, die wir oben bereits kennen gelernt haben. Auch dieß, daß die Physik als scientia naturalis bezeichnet, der Mathematik das Intelligibile, der Theologie das Intellectible zugewiesen wird, steht mit Boethius im Einklang, obschon wir oben den Ausdruck Theologie bei Boethius nicht trafen, und den Bereich der Intelligibilien etwas weiter gezogen fanden. Es begreift sich, daß Gerbert die Seele nicht zweimal, das eine Mal als Intellectibile, und dann nochmals als Intelligibile behandelt sehen wollte; andererseits fällt allerdings die so bedeutende Verengerung des Begriffes der Intelligibilien auf, die man sich nur daraus erklären kann, daß der Inhalt der reinen Philosophie, die weder Theologie noch Weltlehre ist, dem Gerbert in der

---

[1]) Als Anwesende werden von Richer speziell erwähnt Erzbischof Adalbero und Adso, Abt von Moustier en Der, den wir aus Gerberts Briefen (Ep. 82) als einen Freund Gerberts kennen.

[2]) Coaequae. So ist Richer III, 61 statt des zweimal vorkommenden coaevae zu lesen. Daß III, 60 Victorini statt Vitruvii gelesen werden müsse, ist schon von Anderen bemerkt worden.

Dialektik aufgieng, und an die Stelle der Ideenlehre die Zahlenlehre trat, von deren Bedeutung er, wie wir im nächsten Abschnitte sehen werden, nicht hoch genug denken konnte. Die Identität der reinen Philosophie mit der Dialektik scheint Gerbert aussprechen zu wollen, wenn er im weiteren Verlaufe des Disputes bemerkt, daß er zwischen Physik und Physiologie, welche letztere Orthric zwischen Physik und Mathematik einschieben wollte, keinen anderen Unterschied gelten lassen könne, als jenen, der zwischen Philosophie und Philologie bestehe, die auch ein Genus der Philosophie (und wol kein anderes als das neben Theologie, Mathematik und Physik noch mögliche vierte Genus) sei. Aus einer weiteren Aeußerung aber, welche Gerbert auf eine Frage Orthric's that, läßt sich klar abnehmen, daß Gerbert ein Platoniker war, und daß er die Philosophie in ihrem Gesammtumfange für dasjenige nahm, was sie dem Erigena war, dessen Werk de divisione naturarum ihm wol den intellectiblen Theil der Philosophie darstellen mochte. Er gibt nämlich auf Orthric's Frage, wozu die Philosophie sei, die Antwort, sie habe dazu zu dienen, uns die Erkenntniß des Göttlichen und Menschlichen zu vermitteln. Auf die weitere Frage, warum er diese Zweckursache der Philosophie nicht kürzer ausdrücke (etwa: Erkenntniß des Seienden), erwidert Gerbert, daß auch Plato die Welturfache nicht kürzer, als durch einen drei Worte und drei differente Gedanken enthaltenden Ausdruck zu bezeichnen gewußt habe: bona Dei voluntas; weder voluntas für sich allein, noch der Terminus Dei voluntas hätten ausgereicht, die reale Welturfache erschöpfend zu definiren; es mußte die Bestimmung bona beigefügt werden, weil Gott als wesenhafte Urgüte die Ursache des Seienden sei und alle Dinge durch Participation am Urguten ihr Sein und Gutsein haben. Gerbert gibt zu, daß die Ursachen vieler Dinge sich durch ein einzelnes Wort ausdrücken lassen; so die Genera, welche Ursachen der Species sind, als da sind: Substanz, Qualität, Quantität u. s. w.; anderes aber, was als Species unter diese Genera fällt, läßt sich nicht einfach ausdrücken, wie z. B. der Begriff Homo ausgedrückt werden muß durch Mortale rationale.[1]) Orthric

---

[1]) Vgl. Boethius de divisione (ed Migne p. 880): Dividitur genus alias in species, alias in differentias, si species, quibus oportet

hält die Stellung dieser Worte zu einander für verkehrt, da es
den Anschein habe, als ob Gerbert den Begriff Mortale für das
Suppositum, den Beisatz Rationale aber für die allgemeinere
umfänglichere Bestimmung halte, deren Träger das Mortale als
Suppositum sei, während doch Rationale nur Gott, Engel und
Mensch, Mortale hingegen unbegränzt Vieles in sich schließe.
Gerbert beruft sich für die Richtigkeit dessen, daß Rationale
weiteren Umfang als Mortale habe, auf die von Boethius adoptirte
Arbor Porphyrii aus der er zugleich beweist, daß nicht alle
subalternen Begriffe oder Genera mit einem einzigen Worte sich
ausdrücken lassen. Er bemerkt weiter noch, daß sich zwar nicht
der einfache (d. i. mit Einem Worte ausgedrückte) Subaltern=
begriff Rationale von dem gleichfalls einfachen Mortale aussagen
lasse, wol aber das mit Animal verbundene Rationale.

Zum Verständniß des Disputes, der sich an Gerberts
Behauptung von der Unthunlichkeit, alle Ursachen ohne Unter=
schied durch ein einziges Wort zu bezeichnen anknüpfte, hat man
des Boethius Commentar zur Isagoge des Porphyrius nachzu=
sehen, und die daselbst im dritten Buche verzeichnete Arbor Porphyrii,
welche von jener im ersten Dialogus in Porphyrium verzeichneten
etwas abweicht, in's Auge zu fassen. In dieser zweiten Arbor
findet man neben einfachen Bezeichnungen auch die zusammen=
gesetzten: Corpus animatum, Animal rationale; und da unter
das Genus Animal rationale die Species Mortale und Immortale
subsumirt werden, so ist damit auch dasjenige aufgehellt, was
Gerbert unter Berufung auf Porphyrius und Boethius über die

---

genus dividi, nominibus carent, ut cum dico: animalium alia rationalia
sunt, alia irrationalia. Rationale et irrationale differentiae sunt. Sed
quoniam speciei hujus, quae est animal rationale, nomen unum non
est, idcirco pro specie differentiam ponimus, eamque superiori generi
copulamus; omnis enim differentia in proprium genus veniens speciem
facit. Unde fit ut quaedam materia genus sit, forma differentia. Cum
autem propriis nominibus species appellatur, non in differentias, sed in
species fit recta generis divisio, unde est, ut ex pluribus terminis diffinitio colligatur. Si enim omnes species suis nominibus appellarentur,
ex duobus solis terminis omnis fieret diffinitio, ut cum dico: quid est
homo, quid mihi necesse esset dicere: animal rationale mortale, si animal rationale esset proprio nomine nuncupatum, cum reliqua quoque
differentia i. e. mortali junctum diffinitionem hominis verissima ratione
et integra conclusione perficeret?

Seine Schrift de rationali et ratione uti.

burch den Begriff Animal vermittelte Verbindung der Begriffe Mortale und Rationale sagt. Für den von Orthric erhobenen Einwand, daß Mortale einen weiteren Umfang habe als Rationale, findet sich der Aufschluß b. h. der locus auctoritatis, auf welchen sich Orthric mit seinem Einwande bezog, im fünften Buche des erwähnten Commentars zur Isagoge;[1]) und unmittelbar darauf folgt jene Stelle über den Unterschied von Rationale und Ratione uti,[2]) dessen Erörterung im Dispute zwar nicht Richer, wol aber Gerbert selbst in einer mit ausdrücklicher Beziehung auf die Disputation in Ravenna abgefaßten besonderen Schrift[3]) erwähnt und wegen ungenügender Erledigung in dem auf des

---

[1]) Est ergo commune animali et rationali i. e. generi et differentiae, quod sicut genus de Deo et homine praedicatur, ita etiam rationale, quod est differentia, de Deo et de homine dicitur. Sed non tantum haec praedicatio funditur, quantum animalis i. e. generis. Animal enim non de Deo solum atque homine dicitur, sed de equo et bove praedicatur, ad quae rationalis differentia non pervenit. Sed quandocuique Deum supponimus animali, secundum eorum opinionem facimus, qui solem stellasque atque totum hunc mundum animatum esse confirmant, quae etiam Deorum nomine appellaverunt. In Porphyr. Comment. V, p. 137 (ed. Migne).

[2]) Sunt plura quae de generibus praedicantur ut genera; ut de animali dicitur animatum et substantia, atque haec ut genera. Haec igitur praedicantur et de his, quae sub animali sunt, rursusque ut genera: nam hominis et animantum et substantia genus est, sicut ante fuerat animalis. Item in ipsis differentiis quaedam differentiae inveniuntur, quae de ipsis differentiis praedicantur, ut de rationali duae differentiae dicuntur. Quod enim rationale est, utitur ratione vel habet rationem. Aliud est autem uti ratione, aliud est habere rationem; ut aliud est habere sensum, aliud uti sensu. Ibidem.

[3]) De Rationali et ratione uti. Der Titel der Schrift hat den Beisatz: A sapientissimo viro Domno Gerberto et apostolicae sedis Summo Pontifice excussum exigente Ottone Augusto Tertio. Aus diesem Zusatze scheint Prantl (Gesch. d. Logik II, S. 54) den Schluß gezogen zu haben, daß die Disputation zu Ravenna, als deren Datum er a. 870 angibt, „in Gegenwart des dazumal fünfzehnjährigen Otto III" stattgehabt habe. Aber Otto III wurde ja erst a. 980 geboren, konnte somit nicht a. 870 schon 15 Jahre alt sein. Uebrigens hatte die Disputation nicht a. 870, sondern a. 980 statt. Als der im Eingange der Schrift Angeredete kann allerdings nur Otto III gemeint sein, da er als summo Graecorum sanguine ortus, somit als Sohn der Theophano bezeichnet wird. Wenn aber dieser in der That weiter als Zeuge des Disputes erwähnt wird (Meministis.... adfuisse tam multos nobiles scholasticos etc), so bleibt nichts anderes übrig, als entweder den ganzen Eingang der Schrift, oder doch die Bezugnahme auf die griechische Abkunft des angeredeten Kaisers für unterschoben zu halten, und im letzten Falle Otto II für den Angeredeten zu halten, wozu der ganze sonstige Inhalt, namentlich die Erwähnung des Polenkrieges (a. 980) am Besten stimmen würde.

Kaisers Geheiß abgebrochenen Dispute[1]) weiterführt. — Das in dieser Schrift behandelte Fragethema ist, wie von den beiden Differenzmerkmalen Rationale und Ratione uti das letztere als Prädicat des ersteren gebraucht werden könne,[2]) da doch der Prädicatsbegriff wol weiter, nicht aber, wie im gegebenen Falle, enger als der Subjectsbegriff sein könne. Darauf wird nun zunächst erwiedert, daß der wirkliche Vernunftgebrauch als Vereinigung von Potenz und Act mehr in sich fasse, als das bloße Vermögen des Vernunftgebrauches.[3]) Allein dann müßte ja nach Analogie des Urtheiles: Omne sensibile est corpus, auch gesagt werden können: Omne rationale ratione utitur, was bei Kindern, Schlafenden u. s. w. nicht zutrifft; auch scheint die Actualität als das von der Potenzialität Abhängige nicht das Höhere über derselben sein zu können; auch läßt die Logik, welche Genera, Species, Differenzen als coordinirt neben einander stellt, eine derartige Bevorzugung der Actualität vor der Potenzialität nicht zu. Hier hat man sich indeß zu erinnern, daß das Wort Potenzialität (potestas) auch als äquivoke Bezeichnung vorkommt, welche sowol von der Actualität, als auch von der Potenzialität, die in die Actualität übergehen kann, gebraucht wird. Die im

---

[1]) Ueber den Ausgang der Disputation heißt es bei Richer nach Erwähnung der oben erwähnten Bemerkungen Gerberts gegen Orthric über die Nothwendigkeit, den Wesensbegriff des Menschen durch eine Mehrheit charakterisirender Bestimmungen zu definiren: Cum verbis et sententiis (Gerbertus) nimium flueret et adhuc alia dicere pararet, augusti nutu disputationi finis injectus est, eo quod et diem paene in his totum consumserant, et audientes prolixa atque continua disputatio jam fatigabat. Hist. III, 65.

[2]) Bei Boethius Dialog. II in Porphyrium p. 57 (ed. Migne) heißt es über diesen Punkt: Si qua differentia dicta fuerit de alia differentia, ut differentia intelligatur, praedicabitur, et ad speciem, quae sub illa differentia est, ad quam praedicatur, et de illis individuis, quae sub eadem specie sunt. Nam ratione uti, differentia ad rationalem differentiam veluti cognata differentia praedicatur. Rationabile autem praedicatur ad hominem, ergo et ratione uti praedicabitur ad hominem. Idem etiam ratione uti, praedicatur ad Ciceronem, quod est individuum, sub illa specie ad quam speciem illa differentia, i. e. rationalis praedicatur, de qua praedicabitur ut cognata illa differentia i. e. ratione uti. Igitur est ista generis differentiaeque communitas, quod ea quae de genere speciei praedicantur ut genus, et de sub eodem genere specie praedicantur et de individuis et illa quae de differentia praedicantur ut differentia, et de sub eadem differentia specie praedicantur, et de individuis.

[3]) Vgl. Boethius. In librum de interpretatione, Editio secunda (ed Migne p. 620): Necesse est, ut ea quae actu sunt, his quae sunt potestate, priora sint.

et ratione uti.

äquivoken Sinne gebrauchte Benennung Potestas kann bei Wirklich=
keiten, welchen keine Potenzialität vorausgeht, nur auf das
Actuelle als solches bezogen werden.¹) Es gibt ferner Actualitäten,
die einer Possibilität nachfolgen und aus ihr hervorgehen, jedoch
so, daß das zeitlich Spätere seiner Natur nach das Frühere ist.²)
Wieder Anderes gibt es, was nie wirklich wird, sondern stets in
der Möglichkeit verharrt.³) Fragt man, unter welche dieser drei
Arten der Potestates das Rationale (Vernünftig sein) zu rechnen
sei, so ist erstlich einmal gewiß, daß es ein Artmerkmal (differentia)
der Sempiterna und Necessaria sei, die als solche die erste Art
der Potestates constituiren. Das Rationale ist ferner, sofern es

---

¹) Quoniam ea quae necessaria sunt, actu sunt, ut frequenter
supra monstratum est, ea vero quae necessaria sunt, sempiterna sunt,
quae vero sempiterna sunt, priora sunt his quorum sunt hujusmodi
potestates, quae in actu nondum sunt, manifestum est, quoniam et
quae actu sunt et ex potestate ad actum non veniunt, priora sunt.
Boeth. l. c.

²) Gerbert erklärt dies nach Aristoteles also: Hoc ideo fit, quia potestas, cum sit initium actus, imperfectum quoddam est; perfecta autem
imperfectis priora sunt, ut quae a generositate suae naturae praecellunt,
et quia ut bonitas, ut virtus aequalia sunt. Est autem prius aequale
quam inaequale; omnis enim inaequalitas ab aequalitate descendit. Ergo
actus, in quo potestas consummata et perfecta est, prius est quam
potestas quae ante actum curta est et imperfecta; quae quamvis prae-
cesserit, natura tamen velut minus habens a perfecto defluxit. Vgl. dazu
Boethius. In libr. de interpret. ed. sec. p. 620: Fit rerum divisio
ab Aristotele hoc modo: Rerum aliae sunt actu semper, quae ex potestate non venerint.... Aliae vero, quae ex potestate in actum remigra-
runt, quarum quidem substantia et actus secundum tempus posterior
est potestate, natura vero prior. In omnibus enim illud quod est actu
prius, est et nobilius quam id quod potestate est. Illud enim, quod
potestate est, adhuc ad actum festinat, et ideo perfectio quedam actus
est; potestas vero adhuc quiddam est imperfectum, quod tunc perficitur,
cum ad actum aliquando pervenitur. Quod autem perfectum est eo quod
est imperfectum, generosius et prius esse manifestatur.

³) Alia vero, inquit — fährt Gerbert fort — nunquam sunt actu,
sed postestate solum. Numerus namque potestate infinitus est; sed cum
dixeris quemlibet, actu finitus est. Et de tempore eadem ratio est. Tempus enim potestate infinitum est; sed cum dixerrs diem, mensem, annum
vel quodlibet aliud, actu finitum est. — Vgl. dazu Boethius l. c. p. 621:
Quasdam autem res esse (ait Aristoteles), in quibus sola potestas sit,
nunquam actus, ut numerus infinitus. Crescere enim numerus potest in
infinita. Quicunque vero numerus dictus sit vel centum vel mille vel
decem millia, et ceteri, finitus esse necesse est, ergo actu numerus est
nunquam infinitus. Quoniam vero potest in infinita concrescere, idcirco
solum potestate est infinitus. Eodem quoque modo et tempus. Quan-
tumcunque enim tempus dixeris, finitum est, sed quoniam tempus potest
in infinita concrescere, idcirco tempus dicimus esse infinitum, quod
potestate sit infinitum, non actu.

in seinem Elemente, in den Intelligibilibus ist, nothwendig selber
in actu, und demnach ganz nach der Natur der Fixa, Immobilia
und Necessaria, es lebt und webt in der stetigen Gegenwart der
ewigen Formen. Aber man hat von dem Rationale in seiner
wahren ewigen Gestalt die zeitlich-empirische Zuständlichkeit desselben
im diesseitigen Erdenmenschen zu unterscheiden, für welchen die
Intellectionen Leidenheiten der Seele sind, welche psychische Leiden=
heiten den Variationen der in die Welt der veränderlichen Erschein=
ungen hineingezogenen empirischen Darstellungen der Intelligibilien
entsprechen. Hier hat nicht das stetige ununterbrochene Schauen
der Intelligibilien statt, sondern besteht zunächst nur die Möglichkeit
ihrer Actuirung im Erkennen. Das Vermögen hiezu ist dem
Menschen wesentlich eigen; da er aber auch ohne Actuirung des=
selben nicht aufhört Mensch zu sein, so ist das Ratione uti im
Verhältniß zum Rationale oder Vernünftigsein etwas Acciden=
telles, als Accidentelles aber ist es weiter als sein Suppositum,
das Rationale, kann demnach von seinem Suppositum als Prädicat
ausgesagt werden. Betrachtet man es als Handeln (Facere), so
gehört es einer der zehn Aristotelischen Kategorien oder allge=
meinsten Genera an; und so erhellt abermals, daß es als Prädicat
vom Rationale ausgesagt werden kann. Schließlich ist noch, um
dem Einwande zu begegnen, daß nicht alle Menschen, trotzdem
daß sie vernunftbegabt sind, ihre Vernunft auch wirklich gebrauchen,
auf die Lehren der Logik über die Urtheile zu recurriren, und
hervorzuheben, daß zwischen den allgemeinen und particulären
Urtheilen eine dritte Art von Urtheilen zwischen inne liegt, die
in ihrer Unbestimmtheit weder die Gemeingiltigkeit, noch die
particuläre Beschränkung der Urtheilsaussage anzeigen.[1]) Ein
solches unbestimmtes Urtheil ist der Satz: Rationale ratione
utitur, welches dem Satze gleicht: Homo est philosophus. Von
solchen Urtheilen ist bei ihrer unbestimmten Haltung nur so viel
gewiß, daß sie eben so sehr eine allgemeine Bejahung, wie eine
allgemeine Verneinung ausschließen, weil sie eben eine von den
allgemeinen Urtheilen verschiedene Classe von Urtheilen darstellen.
Solche unbestimmte Urtheile sind eben da möglich, wo durch das

---

[1]) Damit wird auf das 4te Buch der zweiten Schrift des Boethius
de interpretatione zurückgegriffen.

Prädicat nicht etwas Substanzielles oder Grundwesentliches, sondern etwas Zufälliges, was statthaben und nicht statthaben kann, vom Subjecte ausgesagt wird.

Der Ausgang des mündlichen Disputes Gerberts mit Orthric fiel für ersteren sehr ehrenvoll aus. Nach Richers Angabe[1]) wäre Gerbert vom Kaiser reich beschenkt sofort wieder nach Rheims zurückgekehrt; damit lassen sich aber, wie wir später des Näheren sehen werden, gewiße andere Umstände und Angaben nicht vereinbaren, die darauf hinweisen, daß er dazumal in ein näheres Verhältniß zur Kaiserfamilie trat, in Folge dessen dann, auch weiter mit der Abtei Bobbio belehnt wurde, welche er aber nach kaum einem Jahre wieder aufgab, so daß wir ihn Ende des J. 983 bereits wieder in Rheims in seinen früheren Verhältnißen als Lehrer an der Rheimser Schule und vertrauten Genossen seines Gönners Abalbero treffen.

Wir haben Gerbert als Lehrer der Dialektik kennen gelernt. Mit dem Unterrichte in der Dialektik verband er jenen in der Rhetorik, die zusammt der ihr vorausgehenden Dialektik die Logik ausmachte.[2]) Die Rhetorik erlangte ihre Aufnahme in die Lehrdisciplin der Logik durch Cassiodor, welcher dem von der Dialectica, oder Logica wie er sie nebstdem nennt, handelnden Abschnitte seines Werkes über die sieben Künste neben verschiedenen Anderen auch einen Auszug aus des Boethius vier Büchern de topicis differentiis einverleibt hatte. Boethius selber hatte sich umständlich mit der Topik beschäftiget; denn neben seinem eigenem Werke darüber hatte er auch eine Uebersetzung der Topica des Aristoteles angefertiget und einen Commentar über die Topica Cicero's geschrieben. Alle diese auf die Topik bezüglichen Arbeiten des Boethius waren, wie oben angegeben wurde, Gerbert bekannt,[3]) und wurden von ihm für den Unterricht in der Rhetorik benützt. Hatte er denselben beendiget, so übergab er die Zöglinge einem sogenannten Sophisten, der sie zu gewandter Rede anleiten und

---
[1]) Hist. III, 65.
[2]) Vgl. Isidor Diff. spirit. c. 34: Constat (logica) ex dialectica et rhetorica.
[3]) Gerbert kannte nebstdem auch den Commentar des Victorinus zu den 4 Büchern Topica Cicero's, und wünscht durch den ihm befreundeten Mönch Rainaudus eine Abschrift desselben zu erhalten (Ep. 130).

in der Disputirkunst üben sollte.¹) Wie hoch Gerbert die Gabe gewandter Rede hielt, spricht er in einem Briefe an seinen Freund, den Abt Ekbert in Tours aus;²) Denkkunst, Redekunst und Lebenskunst bilden ihm nach den Worten dieses Briefes ein unzertrennliches Ganze, daher er mit dem Bestreben recht zu leben auch stets jenes gut zu sprechen verbunden habe. Sei auch Rechtschaffenheit ohne Redegabe mehr werth als das Gegentheil, so könne man doch in den Geschäften des öffentlichen Lebens das Geschick gewandter Rede nicht entbehren; sie ist nothwendig, um zu überzeugen, und leidenschaftliche Gemüther zu beschwichtigen. Darum lege er auf ihre Uebung so großen Werth, und habe kein Geldopfer gescheut, um eine Bibliothek classischer Autoren aus Italien, Deutschland und Belgien zu sammeln, und bittet seinen Freund, daß er für das Kloster zu Tours in ähnlicher Weise Sorge tragen möge. Er erwähnt bei dieser Gelegenheit auch eines für das Bücherabschreiben in Sold genommenen Mönches in Tours, und verspricht dem Abte das nöthige Pergament zusammt dem Schreibsold für die Arbeit des Mönches zu senden.³) Aus einem anderen Briefe, an den Mönch Bernhard in Aurillac gerichtet,⁴) erfahren wir, daß Gerbert, und zwar nach seiner Rückkehr von Bobbio, an die Abfassung eines Abrißes der Rhetorik gieng,⁵) der auf zweimal dreizehn Membranen aufgetragen war. Auf die wahrscheinliche Beschaffenheit desselben können wir aus den vorerwähnten Schriften des Boethius, welche Gerbert seinem Unterrichte zu Grunde legte, um so sicherer schließen, da wir bereits aus dem über die Dialektik Gerberts Angeführten ersahen, wie genau er sich an Boethius anschloß.

¹) Richer III, 48. — Diese Angabe Richers deutet an, daß auch die Uebersetzung der Elenchi Sophistici in Gerberts Schule bekannt war.
²) Ep. 44.
³) Schon in einem früheren Briefe aus Italien an Adalbero während der Epoche 980—983 (Ep. 8) wird des Abtes Adso als Vermittlers von Bücherabschriften gedacht. In einem ähnlichen Verhältniß stand er zu dem Abte Romulf von Sens (Ep. 116).
⁴) Ep. 92.
⁵) An memoria dignum sit, aliorum judicio derelinquo, et quod Italia excessi, ne cum hostibus domini ac filii senioris D. M. Ottonis quolibet modo cogerer pacisci, et quod interdum nobilissimis scholasticis disciplinarum liberalium suaves fructus ad vescendum offero. Quorum ob amorem et in exacto autumno quamdam figuram edidi artis rhetoricae depositam in sex et viginti membranis sibi invicem connexis et concatenatis in modum ante longioris numeri, qui fit ex bis tredecim.

mit altclassischer Literatur.

In den Druckausgaben der Werke des Boethius erscheint die Schrift über die Rhetorik nicht; ob sie handschriftlich vorhanden sei, wird nirgends gemeldet.

Als Vorschule für den Unterricht in der Rhetorik betrachtete Gerbert die Lectüre der lateinischen Classiker, der Poeten namentlich, durch welche die Schüler die verschiedenen Redefiguren kennen lernen sollten.[1]) Als Dichter, welche Gerbert mit seinen Schülern las, macht Richer Virgil, Terenz,[2]) Horaz, Juvenal, Persius, Statius und Lucanus namhaft. Andere altrömische Classiker, deren Gerbert sonst noch in seinen Briefen gedenkt, sind Cicero,[3]) Julius Cäsar,[4]) Suetonius Tranquillus,[5]) Sallustius,[6]) Plinius,[7]) der Epistolograph und Rhetor Q. A. Symmachus,[8]) der Astronom Manilius.[9]) Aus einem seiner Briefe[10]) ist zu entnehmen, daß er auch ärztliche Schriften las; ordinirt er doch sogar in dem erwähnten Briefe einem Kranken, der am Blasenstein litt, ein Heil- oder Linderungsmittel. Als ärztliche Schriftsteller der Alten werden in seinen Briefen namentlich erwähnt der griechische Augenarzt Demosthenes,[11]) von dessen Ὀφθαλμικός er durch seinen Freund Rainaudus eine Abschrift besorgt wünscht;[12]) ferner Celsus Cornelius,[13]) welchen er als Gewährsmann für die richtige medicinische Benennung eines bestimmten Krankheitsleidens anführt.

---

[1]) Richer III, 47.
[2]) In Ep. 7 wird auch des Commentators des Terenz, des Eugraphius Erwähnung gethan. Aus der Fassung der Worte des Briefes: Plinius emendetur. Eugraphius recipiatur, wollte man den Schluß ziehen, daß Eugraphius ein Zeitgenosse Gerbert's gewesen sei (vgl. Cuper. Observatt. cap. 18), wogegen aber Bruns in der Vorrede zu seiner Ausgabe des Terenz (Halle 1811) und Bähr (Artikel Eugraphius in der Halle'schen Encyclopädie) Einsprache gethan haben. In der That stellen die auf die angeführte Briefstelle weiter folgenden Worte: qui Orbacis et apud S. Basolum perscribantur, den Eugraphius in eine Linie mit Plinius; Beider Werke werden der Obsorge der Abschreiber überwiesen.
[3]) Epp. 9. 87. 174.
[4]) Ep. 8.
[5]) Ep. 40.
[6]) Ep. 71.
[7]) Ep. 7.
[8]) Ep. 40.
[9]) Ep. 130.
[10]) Ep. 151.
[11]) Ep. 9.
[12]) Ep. 130.
[13]) Ep. 176.

## Drittes Capitel.

Gerbert als Lehrer der mathematischen Wissenschaften. Mittelalterliche Entwickelung derselben bis auf Gerbert; Leistungen Gerbert's und seiner Schule für ihre Weiterentwickelung.

―――――

Außer den sogenannten logischen Disciplinen lehrte Gerbert in Rheims auch die mathematischen, deren Complex unter dem Namen des Quadrivium zusammengefaßt wird. Richer erzählt uns,[1]) daß Gerbert seinen mathematischen Unterricht mit der Arithmetik beginnen, und unmittelbar darauf die Musik folgen ließ. Diese Aufeinanderfolge ist der von Boethius[2]) festgestellten Ordnung und Aneinanderfolge der vier Künste des Quadrivium gemäß, welche von Gerbert[3]) ausdrücklich als die normale anerkannt wird; daher zu vermuthen ist, daß Gerbert auch in Bezug auf die beiden anderen noch übrigen Fächer: Geometrie und Astronomie, die von Boethius angegebene Ordnung werde eingehalten haben. Richer spricht jedoch früher von den astronomischen,[4]) und dann erst von den geometrischen Unterweisungen Gerbert's,[5]) woraus allenfalls geschlossen werden könnte, daß Gerbert dem Unterrichte in der Geometrie die letzte Stelle angewiesen habe. Dieser Locirung der Geometrie scheint indeß ebensosehr der vorherrschend

―――

[1]) Hist. III, 49.
[2]) Vgl. Boethii Arithmetica Lib. I. c. 1.
[3]) In quatuor matheseos disciplinarum ordine tertium post arithmeticae musicaeque tractatum geometrica speculatio naturaliter obtinet locum. Cujus videlicet ordinis ratio, quia in ipsis arithmeticae institutionis principiis a doctissimo et dissertissimo liberalium artium tractatore Boethio satis luculenta datur (vgl. vor. Anm.), a nobis melius, utpote nota, reticetur. (Prolog. in Geometriam).
[4]) Hist. III, 50.
[5]) Hist. III, 54.

## Der Abacus Gerberts.

geometrische Charakter der Arithmetik des Boethius, als auch der Zweck des von Gerbert construirten Abacus zu wiedersprechen, der nach Richer als Einleitung in die Geometrie dienen sollte, in Wahrheit aber bereits für die Rechnungsfunctionen der Arithmetik ein kaum zu missendes Instrument war. Freilich hat auch in der dem Boethius zugeschriebenen Geometrie der Abacus seine Stellung zwischen dem ersten und zweiten Buche des Werkes, mit der besonderen Bestimmung, auf die mittelst Rechnung zu lösenden geometrischen Probleme des zweiten Buches vorzubereiten.

Der von Gerbert erfundene Abacus hatte den Zweck, die Functionen des Multiplicirens und Dividirens zu erleichtern. Er bestand gemäß der von Richer gegebenen Beschreibung aus einer Ledertafel mit 27 Abtheilungen, in deren erste, vierte, siebente und jede weitere an dritter Stelle folgende er die Ziffern 1 bis 9 eintrug:

1 | — | — | 2 | — | — | 3 | — | — | 4 | — | — | 5 u. s. w.

Dann nahm er aus einer sehr großen Zahl aus Horn geschnitzter Zeichen, welche die einzelnen Ziffern von 1 bis 9 in vielfältigen Exemplaren enthielten, zuerst zweimal die Ziffer 1, dann die Ziffern 1 und 2, sodann 1 und 3, 1 und 4, 1 und 5 u. s. w.; diese Ziffernpaare legte er in die leergelassenen Stellen des obigen Schema:

1 | 1 | 1 ‖ 2 | 1 | 2 ‖ 3 | 1 | 3 ‖ 4 | 1 | 4 ‖ 5 | 1 | 5 ‖ u. s. w.

Unter diese Reihe kam an zweiter Stelle:

1 | 2 | 2 ‖ 2 | 2 | 4 ‖ 3 | 2 | 6 ‖ 4 | 2 | 8 ‖ 5 | 2 | 10 ‖ u. s. w.

Sodann:

1 | 3 | 3 ‖ 2 | 3 | 6 ‖ 3 | 3 | 9 ‖ 4 | 3 | 12 ‖ 5 | 3 | 15 ‖ u. s. w.

Die vierte Reihe begann mit 1 | 4 | 4 ‖ die fünfte mit 1 | 5 | 5 ‖ u. s. w.

Die auf diese Art angefertigte Tabelle repräsentirt ein Einmaleins, welches der Schüler, nachdem Gerbert die Hornzeichen wieder abgenommen hatte, selber neuerdings wieder zusammensetzen mußte, um auf diese Art sich sowohl die Zifferzeichen, als auch das Einmaleins selber einzuprägen.

Wir lassen es auf sich beruhen, ob der Gebrauch dieses Abacus wirklich nur die leichtere Lösung geometrischer Rechen=

spiele anzubahnen die Bestimmung hatte, und wenden uns vielmehr der Frage zu, inwiefern die Einübung auf den Abacus dazu führen konnte, die bis dahin übliche Rechnungsmethode zu vereinfachen und durch ein expediteres Verfahren zu ersetzen. Eine durchgreifende Vereinfachung ließ sich jedenfalls nur durch Adoption einer neuen Zahlenbezeichnung erzielen, die es möglich machte, gewiße Rechnungsoperationen, namentlich jene der Multiplication und Division ohne Zuhilfenahme der bis dahin üblichen Nothmittel des Rechnens nach einer geregelten Methode auf dem Papiere auszuführen. Hiezu war der Gebrauch der Ziffern nothwendig, welchen Gerbert bei seinem Abacus in Anwendung brachte; und es wird auch gemeinhin angenommen, daß die Einführung der Ziffernrechnung im christlichen Abendlande auf Gerbert zurückzuführen sei, der während seines Aufenthaltes in der spanischen Mark Gelegenheit hatte, dieselbe kennen zu lernen, indem durch die Handels- und Geschäftsverbindungen der Bewohner der spanischen Mark mit dem arabischen Spanien die arabischen Zahlzeichen auch in der Mark bereits mehrfach bekannt geworden waren. Gerbert's Verdienst wäre sonach gewesen, einzusehen, welcher Nutzen für die Vereinfachung und Erleichterung des Rechnens auf dem Papiere sich durch die Adoption der Ziffern als Zahlzeichen erzielen ließe, wobei er als denkender Mann zugleich auch auf Erfindung von Rechnungsmethoden, die den neuadoptirten Zahlzeichen angemessen wären, bedacht sein mußte.

Es ist von Interesse zu erfahren, in welcher Weise man während des früheren Mittelalters vor Gerbert die Rechnungsoperationen zu vollführen bemüht war. Einen Aufschluß über die Methode des Multiplicirens, wie sie noch in Gerbert's Jahrhundert üblich war, gibt eine dem 10. Jahrhundert angehörige Schrift,[1]) aus welcher wir entnehmen, daß die Multiplication in der Form einer wiederholten Addition betrieben wurde. Man zerlegte bei größeren Zahlen den Multiplicandus und Multiplicator in solche Zahlen, welche für die theilweise Multiplication am handlichsten

---

[1]) De argumentis lunae libellus, unter die Opera spuria Beda's eingereiht in Migne's Patrol. lat. tom. 90, p. 701 ff. — Das Entstehungsjahr der Schrift wird in dieser selbst in einem chronologischen Rechnungsexempel als a. 944 p. Chr. (oder 6144 ab O. C.) angegeben.

waren, und addirte sodann die Producte der theilweise vollzogenen Multiplicationen; die theilweise Multiplication wurde aber selber wieder in Form einer Addition des so und so oft zu sich selber addirten Theilmultiplicandus vollzogen. Zur Erleichterung des Addirens sowol als des Multiplicirens gab es Tabellen und Bücher, in welchen die Summen und Producte der Zahlen, der Einer, der Zehner und Hunderter verzeichnet waren. Ein solches Hilfsbuch war z. B. der Calculus des Victorius von Aquitanien,[1]) eines Zeitgenossen Leo's des Großen, welchen wir bereits in der Geschichte der Osterrechnung kennen gelernt haben.[2]) Diejenigen aber, denen solche Rechentafeln nicht zu Gebote standen und welche nebstdem auch weder das Eins und Eins noch das Einmaleins im Kopfe hatten, waren an das sogenannte Fingerrechnen angewiesen, wobei es aber freilich wieder zweifelhaft bleibt, bis zu welchem Grade die loquela per digitos als Rechnungsmittel dienen konnte. Was wir darüber aus Beda erfahren,[3]) belehrt uns nur darüber, wie man alle Zahlen von Eins angefangen bis zu einer Million hinauf durch die Zeichensprache der Finger auszudrücken im Stande war, was allerdings für eine Zeit, in welcher man für den schriftlichen Ausdruck aller möglichen Zahlen auf sieben Buchstaben des lateinischen Alphabetes (C. D. I. L. M. V. X.) angewiesen war, von großem praktischen Vortheil war, aber auf die Methode des Rechnens kaum einen Einfluß haben konnte. Man war und blieb so lange, als das Zifferrechnen nicht in Uebung gekommen war, an das sogenannte Instrumentalrechnen mit allen Schwerfälligkeiten und Umständlichkeiten desselben angewiesen, die nur durch natürliches Geschick und häufige Uebung im Rechnen verkürzt oder beseitiget werden konnten. Auch Gerbert blieb noch in den Umständlichkeiten des instrumentalen Rechnens befangen,[4])

---

[1]) Herausgegeben von Friedlein. Siehe Schlömilch Ztschrft. f. Mathematik 1871, S. 42 ff.
[2]) Vgl. meine Schrift über Beda d. Ehrw. S. 130.
[3]) Temp. rat., c. 1. — Vgl. auch Raban. de Computo, c. 6. — Ueber die Anwendung des Fingerrechnens im Mittelalter vgl. Stoy, zur Geschichte des Rechenunterrichtes (Jena, 1876) S. 31—46.
[4]) Der Beleg hiefür liegt in der von Olleris (p. 311—356) zum ersten Male veröffentlichten und Gerberts Schriften eingereihten Regula de abaco computi vor. In kürzerer Form ungefähr dasselbe bieten zwei Tractate, welche als Opera spuria unter Beda's Werken sich finden (Migne tom.

weil er den Gebrauch der Null noch nicht kannte, durch deren Einführung in die Zahlenschreibung es erst möglich wurde, die bereits von Gerbert eingeführte Zifferschrift auch außerhalb des Abacus (Rechnungsinstrumentes) anzuwenden, und von der Abacusrechnung zum Algorismus oder Modus Indorum überzugehen. Der Gebrauch des Abacus leitete auf die Stellung der Ziffern nach dem Decimalsysteme hin, weil die Columnen, in welchen die Ziffern der einzelnen Zahlen auf ihm aufgetragen waren, nach diesem Systeme geordnet waren.[1]) Wie complicirt aber das Rechnungsverfahren bei dem Mangel der Null blieb, beweißt Gerbert's Abhandlung über das Dividiren,[2]) welche ein Seitenstück zu dem oben referirten Multiplicationsverfahren bietet, obschon dieses letztere, wie aus Odo's Schrift über den Abacus zu ersehen,[3]) durch das Abacusverfahren bereits überschritten ist.[4]) Das von Gerbert gelehrte Verfahren beim Dividiren[5]) läuft darauf hinaus, daß jeder Divisor, der nicht eine runde Zahl in Zehnern, Hundertern u. s. w. darstellt, zu einer solchen Zahl erhöht werden muß, wobei dann die Nothwendigkeit erwächst, nach jeder einzelnen Divisionsfunction zu dem Reste, der nach der jedesmaligen Division übrig bleibt, die mit dem betreffenden Theilquotienten multiplicirte Differenz zwischen dem wirklichen und angenommenen Divisor zu addiren, um auf diese Art den neuen Theildividenden zu gewinnen, der

90, p. 682 u. 678): De numerorum divisione — De ratione calculi. Olleris hat der Schrift Gerberts eine weitere seines Schülers Bernelinus: Liber Albaci (357-400) in vier Büchern angeschlossen, deren ersteres von der Anfertigung des Abacus, das zweite de simplici divisione, das dritte de divisione composita absque differentia et cum differentia, das vierte de unciis et minutiis handelt. Nachweisungen über den handschriftlichen Befund beider Werke bei Olleris p. 582—584.

[1]) Verzeichnung eines solchen Abacus unter Beda's Opp. spur. Migne Patrol. lat. tom. 90, p. 645—648.

[2]) Libellus de numerorum divisione.

[3]) Regulae Domini Odonis super Abacum. Abgedr. bei Migne tom. 133. p. 807 ff. Näheres über die Schrift bei Cantor, Mathem. Beiträge SS. 295—302. Vgl. nächstfolg. Anm.

[4]) Demzufolge wird auch diese Schrift von Olleris p. 476 dem Odo v. Clugny abgesprochen und viel später gesetzt.

[5]) In einem Briefe an Bonafilius (ep. 25) erbittet sich Gerbert eine von dem spanischen Mathematiker Josef dem Weisen abgefaßte Abhandlung über die Multiplication und Division der Zahlen. Da über diesen Josephus Sapiens weiter nichts bekannt ist, so läßt sich auch nicht sagen, ob und in wie weit seine von Gerbert erwähnte Schrift auf Gerberts eigene Arbeit über denselben Gegenstand Einfluß hatte.

der Einheit durchaus nicht alle Arten von Brüchen, sondern nur die durch 2, 3, 4, 6, 12, 24 u. s. w. vollzogenen Theilungen der Einheit darstellten, so hatte man anderen Bruchdarten entweder einfach die ihnen nächstkommenden gewohnten Brüche zu substituiren, wodurch die Rechnung ungenau wurde, oder wenn man genau verfahren wollte, die schleppendsten Bezeichnungen von Brüchen zu wählen. Eben so umständlich war die Multiplication der Minutien miteinander, daher der Calculus Victorii eine eigene Tabelle für die Multiplicationsproducte der Minutien enthielt. Abbo von Fleury schrieb einen Commentar zu diesem Calculus, dessen Gebrauch er den Jüngern der Mathematik durch seine Erklärungen zu erleichtern suchte. Hier war indeß keine andere Erleichterung möglich, als jene mittelst einer durchgreifenden Verbesserung der Rechnungsmethode.

Trotz der Unvollkommenheit der Rechnungsmethoden gab es auch im früheren Mittelalter findige Rechner, und die unter Alcuin's Namen gehenden Rechenexempel[1]) zielen zum nicht geringen Theile auf Uebung dieses findigen Geschickes ab. Ein Theil derselben fällt in das Gebiet der unbestimmten Aufgaben, einzelne sind geradezu Gegenstand des findigen Errathens; der Mehrzahl derselben aber ist eine Einkleidung gegeben, welche die Absicht verräth, dem Geschäfte des Rechnens Reiz zu verleihen, und dasselbe in ein unterhaltendes Denkspiel umzuwandeln. Einige Aufgaben gehören dem Gebiete der Geometrie, der Längen- und Flächenmessung an, und wiederkehren in Gerbert's Geometrie, so daß auch hierin die traditionelle Gleichartigkeit des Unterrichtes während des gesammten früheren Mittelalters nicht zu verkennen ist.

Der geistig anregende und bildende Einfluß des Studiums der Arithmetik lag eigentlich in ihrer theoretischen Seite als Zahlenlehre, nach welcher Seite hin sie in den nach Nikomachus

---

Sextula sexta modo solet et modo secla vocari;
Octavam appellant drachmam.....
          D e  s c i r p u l o  e t  p a r t i b u s  e j u s.
Unus item scirpus calcis componitur octo.
Dimidium scrupuli est obul, pars quarta cerates;
Hinc sextam fingi placuit sextamque vocari:
Ultimus est pensans, ciceris duo granula pensans.

[1]) Propositiones Alcuini ad acuendos juvenes. Siehe Migne Patr. lat. tom. 101, p. 1145 ff. Näheres über diese Propositiones bei Cantor, die römischen Agrimensoren (Leipzig 1875) S. 140—150.

bearbeiteten zwei Büchern der Arithmetik des Boethius dargestellt ist. Wenn Gerbert in einem Briefe an seinen kaiserlichen Zögling Otto III[1]) die Zahlen preist, weil die Anfänge der Dinge in ihnen enthalten seien oder aus ihnen sich ergeben, so hat man den Commentar zu diesen Worten in der Arithmetik des Boethius zu suchen, in welcher nicht nur aus der Einheit alle Arten von Zahlenreihen methodisch entwickelt, die Gesetze ihres regelmäßigen Fortschreitens, so wie die proportianalen Verhältniße der Zahlen und Zahlenreihen aufgewiesen, sondern in diesen Zahlen und Zahlenreihen auch die Zahlen aller Flächen und Körper aufgezeigt, und die Geheimniße des harmonischen Zusammenklingens der Töne aufgedeckt werden. Man hat wohl den Zweifel aufgeworfen, ob das frühere Mittelalter vor Gerbert die Arithmetik des Boethius gekannt habe und ob sie im Schulunterrichte benützt worden sei. Wir möchten das Letztere nicht schlechthin in Abrede stellen. Die mystischen Zahlenspiele in der biblischen Exegese eines Alcuin und anderer Schriftsteller desselben Zeitraumes, von welchen es scheinen möchte, daß sie eine Bekanntschaft mit der Zahlenlehre voraussetzen, können allerdings nicht als Beleg hiefür geltend gemacht werden, da sie größtentheils aus älteren Schriftcommentaren herüber genommen waren.[2]) Das Studium der Harmonik oder Musiklehre hingegen war ohne Kenntniß der Zahlenlehre, für welche doch während des gesammten früheren Mittelalters einzig das Werk des Boethius vorlag, kaum denkbar; und so glauben wir denn annehmen zu dürfen, daß wenigstens seit dem 9. Jahrhundert die Arithmetik des Boethius, wenn schon nicht geradezu als Schulbuch benützt, doch von Solchen, die sich in den mathematischen Wissenschaften weiter bilden wollten, studirt wurde. Sicher ist, daß sie von Gerbert's Zeit an und in Folge seiner bringenden Anempfehlung einen integrirenden Bestandtheil des Studiums der Künste des Quadriviums zu bilden anfieng; Gerbert verband mit ihr, wie aus Richer's Angaben

---

[1]) Ep. 154.
[2]) So ist z. B. die Alcuin's Commentar zum Johannesevangelium enthaltene Auseinandersetzung der Eigenschaften der Zahl 153 (vgl. meine Schrift über Alcuin S. 153) einfach eine Entlehnung aus Isidor's Schrift de Numeris, c. 27.

erhellt,¹) auch das Studium der Musiklehre des Boethius; denn was Richer an Gerbert's Musikunterricht als charakteristisch hervorhebt: der Gebrauch des Monochord's zur Aufzeigung der verschiedenen Arten von Consonanzen, die Unterscheidung von Ganztönen, Halbtönen und Vierteltönen, ist ganz und gar der Musiklehre des Boethius conform.²)

Arithmetik und Musiklehre stehen bei Boethius in einem engsten Verhältniß zu einander, und gesellen sich daher innerhalb des Bereiches der Künste des Quadriviums³) zu einer besonderen Gruppe zusammen, gleichwie andererseits auch Geometrie und Astronomie im Verhältniß einer engeren Gegenseitigkeit zu einander stehen, und deßhalb gleichfalls ein zweites besonderes Genus mathematischen Erkennens neben jenem ersteren constituiren. Arithmetik und Musik haben es mit Zahlen und Zahlverhältnissen, Geometrie und Astronomie mit Größen und Größenverhältnißen zu thun. Die Arithmetik hat die im Zählbaren gegebene Vielheit als solche, die Musik in Beziehung auf die Consonanzverhältniße in der Zahlvielheit zum Gegenstande; Geometrie und Astronomie theilen sich in die Betrachtung der Größen derart, daß erstere die unbeweglichen Größen, letztere das Bewegliche zu ihrem specifischen Betrachtungsobjecte hat. Die unmittelbare Aufeinanderbeziehung der Arithmetik und Musiklehre tritt in der Behandlung der letzteren bei Boethius unmittelbar hervor; die Musiklehre ist durchwegs auf die Zahlenlehre gebaut, und ist eigentlich nichts anderes als die auf Tonverhältniße übertragene Zahlenlehre. Die

---

¹) Arithmeticam, quae est matheseos prima, inprimis dispositis accommodavit. Inde etiam musicam, multo ante Galliis ignotam, notissimam effecit. Cujus genera in monochordo disponens, eorum consonantias sive symphonias in tonis ac semitoniis, ditonis quoque ac diesibus distinguens, tonosque in sonis rationabiliter distribuens, in plenissimam notitiam redegit. Hist. III, 49.

²) In der schon erwähnten ep. 92 an Bernhard v. Aurillac (siehe oben S. 56) erwähnt Gerbert der Orgel: Si quisquam vestrum cura talium rerum permovetur, et in musica addiscenda et in his, quae fiunt ex organis, quod per me adimplere nequeo..... per Constantinum Floriacensem supplere curabo. — Schon früher, da er Abt in Bobbio war, hatte er (ep. 71,) sobald nur Friede geworden wäre, ein schon bereit gehaltenes Orgelwerk aus Italien nach Aurillac zu senden versprochen. — Wilhelm von Malmesbury (Gest. reg. Angl. II, p. 276) spricht von einer Wasserorgel im Rheimser Dom, welche Gerbert habe bauen lassen.

³) Der Ausdruck Quadrivium als Bezeichnung der vier Künste ist, wie es scheint, durch Boethius selber geschaffen worden Vgl. Boeth. Arithmet. I, 1.

Arithmetik unterscheidet zwischen gleichen und ungleichen Zahlen; die Musiklehre befaßt sich mit den in den consonirenden Tönen vertretenen Arten der ungleichen Zahlen, deren Boethius mit Claudius Ptolomäus, dem Verbesserer der oft inconsequenten Theorie des Aristoxenus und der Pythagoräer vier zuläßt,[1]) unter Ausscheidung einer noch erübrigenden fünften Art, der numeri superpartientes,[2]) die von Ptolomäus als einem harmonischen Zusammenklange wiederstrebende erkannt worden sind. Vorherrschend sind die auf die ersten zwei Arten ungleicher Zahlen, auf das Verhältniß einer bestimmten Zahl zum numerus multiplex und numerus superparticularis zurückführenden Tonverhältnisse, nämlich die Octave (1 : 2), die Quinte (2 : 3), die Quarte (3 : 4), die Sesquioctav (1 : 3), die Doppeloctav (1 : 4). Der Ganzton, oder die Differenz zwischen Quint und Quart wird durch das Verhältniß 9 : 8 angezeigt. Den arithemetischen und geometrischen Zahlenmitten tritt in der Musiklehre die harmonische Mitte zur Seite, die durch die Zahlen 3, 4, 6 sich darstellt, indem 3 sich zu 6 verhält, wie die Differenz zwischen 3 und 4 oder den das Verhältniß der Quart ausdrückenden Zahlen zur Differenz zwischen 4 und 6 d. i. den das Verhältniß der Quint ausdrückenden Zahlen. Der Halbton wird durch das Verhältniß 243 : 256 ausgedrückt, constituirt aber nicht die volle Hälfte eines Ganztones; der kleinere Halbton steht vielmehr zu dem größeren Reste (apotome) im Verhältniß von 104 : 139, deren Summe 243 gibt. Die Quart umfaßt nicht drei ganze Töne, sondern nur zwei ganze Töne und einen kleineren Halbton (Limma o. Diesis);[3]) eben so die Quint nicht volle vier Töne, sondern nur drei ganze Töne und einen kleineren Halbton; demzufolge ist Aristoxenus im Irrthum, wenn er dafür hält, daß das Diatesseron und Diapente zusammen sechs ganze Töne ergeben. Der Rest, welcher nach Zusammenfügung der beiden Halbtöne noch übrig bleibt, um den Intervall eines ganzen Tones auszufüllen, wird Komma genannt,

---

[1]) Dieß sind die numeri multiplices (4 : 2, 6 : 2 u. f. w.), superparticulares (3 : 2), multiplices superparticulares (5 : 2 d. i. 2 × 2 × 1 : 2) multiplices superpartientes (8 : 3, 11 : 3).

[2]) Z. B. 5 : 3, 7 : 4 u. f. w.

[3]) Das Verhältniß dieser drei Töne wird angegeben durch die Zahlen 192 : 216 : 243 : 256.

dessen arithmetischen Ausdruck Boethius gleichfalls wieder auf's Genaueste bestimmt; soweit es sich um einen Verhältnißausdruck in ganzen Zahlen handelt, ergibt sich kein geringerer, als die Zahl 7153; es entspricht diese Zahl einer Proportion, welche größer als 75:74, aber kleiner als 74:73 ist. Der kleinere Halbton ist größer als 20:19, aber kleiner als $19^{1}/_{2}:18^{1}/_{2}$, größer als drei Kommata, aber kleiner als vier Kommata, während die Apotome größer als vier Kommata, aber kleiner als fünf Kommata, und der Ganzton größer als acht, aber kleiner als neun Kommata ist. Aus dem hier kurz Mitgetheilten ist hinlänglich zu entnehmen, welche Rolle die Arithmetik in der Musiklehre des Boethius spielt, die übrigens die Unterlage für die Musiktheorie des ganzen Mittelalters geworden ist. Aus der dem Zeitalter Gerbert's unmittelbar vorhergehenden Epoche kennen wir als Musikschriftsteller Aurelianus von Reaume, Remigius von Auxerre,[1]) Odo von Clugny, Regino von Prüm, Hucbald von St. Amand, nach diesen später im Beginne des 11. Jahrhunderts Abelbold von Utrecht, Berno von Reichenau und Hermannus Contractus.[2]) Aurelian verfaßte einen Tonarius regularis seu de regulis modulationum, quas tonos sive tenores appellant, et de earum vocabulis.[3]) Die Arbeit, welche dem Klostervorstande Aurelianus, dem Abte und Archicantor Bernard gewidmet ist, zweckt auf eine Unterweisung im Kirchengesange ab. Nach Vorausschickung einer aus Boethius entlehnten allgemeinen Theorie der Musik ist die Rede von den acht Tönen, von dem authentus und den plagis proti, deuteri, triti, tetrardi, so wie vom Deuterologium tonorum. Unter den vier authentischen Tönen

---

[1]) Nämlich der Commentar des Remigius zum neunten Buche der Nuptiae Merc. et Philol. des Marcianus Capella. Abgedr. in Migne's Patrol. lat. tom. 131, p. 931—964.

[2]) Die musikalischen Schriften aller dieser Autoren finden sich abgedruckt in Migne's Patrol. lat. tom. 132. 133. 140. 142. 143. Daneben lassen sich noch aus den Opusculis des Odorannus von Sens (der ersten Hälfte des 11. Jahrh. angehörig) erwähnen Opusc. 5. 6. 8; siehe Migne's Patrolog. lat. tom. 142, pagg. 807. 809. 818. Ferner Bernelini cita et vera divisio monochordi in diatonico genere. Abgedr. in Mart. Gerbert Scriptt. music. I, p. 312. Eine neueste Sammlung der mittelalterlichen Musikschriftsteller ist jene Coussemaker's: Scriptores de Musica medii aevi. Paris 1867 ff.

[3]) Abgedr. in Martin Gerberts Scriptt. Music. I.

sind die im altchristlichen Kirchengesange angenommenen Grundtöne von vier diatonischen Tonreihen zu verstehen, die mit den Tönen D, E, F, G begannen, und die traditionelle Bezeichnung: ambrosianische Kirchentöne hatten. Gregor d. Gr. fügte diesen vier authentischen Kirchentönen vier Nebentöne oder Seitentöne bei, die sogenannten Plagaltöne, die um eine Quart tiefer als die authentischen Töne genommen wurden, und mit den letzteren zusammen eine mit A beginnende und acht Töne umfassende Tonreihe bildeten. Auch die Benennung der Töne durch die sieben ersten Buchstaben des lateinischen Alphabets statt der fremdartig klingenden und umständlichen antik-griechischen Bezeichnungen, die in Boethius Werke beständig gebraucht werden, wird auf Gregors Rechnung gesetzt und hat jedenfalls die von ihm eingeführte Ergänzung der authentischen Töne durch die Plagaltöne zu ihrer Unterlage. Auf dem Gebiete derselben Erörterungen wie Aurelianus bewegt sich Odo in seinen musikalischen Schriften,[1]) in welchen übrigens das sichtliche Streben einer Weiterführung der theoretisch-praktischen Musikkunde hervortritt. Er spricht in seinem Dialoge über die Musik vom Monochord, von der Mensur, den ganzen und halben Tönen, von den Consonanzen, Stimmenverbindungen, Modis, deren Auseinandersetzung in Weisungen über den Cantus regularis d. i. über die den Tongesetzen entsprechende Tonbewegung eines einstimmigen Tonsatzes besteht. Odo's Leistungen wurden durch jene Hucbald's überboten,[2]) der indeß in dem Irrthum befangen war, daß das kirchliche Tonsystem sich mit dem von Boethius auseinandergesetzten antiken System der 18 Töne vollständig decke, was ihm nachfolgende kirchliche Musiktheoretiker ganz unbefangen nachsprachen. Er machte den bemerkenswerthen Versuch, die an die Stelle der antiken Tonzeichen getretene kirchliche Neumenschrift durch eine neue Tonschrift zu ersetzen, und kam der von Guido von Arezzo entdeckten Notenschrift wirklich bereits sehr nahe. Ebenso regte sich in ihm bereits der Gedanke eines mehrstimmigen, zunächst diaphonen Gesanges, aber freilich nur in der durch die überlieferte antike Musiklehre bedingten

---

[1]) Tonarius. — Dialogus de Musica. — Regulae de Rhythmomachia. — Quomodo organistrum construatur.
[2]) De harmonica institutione. — Musica enchiridialis. — Scholia de arte musica.

Dürftigkeit der geometrischen Kenntniße.

Auffassung einer Begleitung der Hauptstimme durch die Quart oder Quint, unter nebenhergehender Zulassung von Secunden und Terzen — eine höchst unvollkommene und für das Ohr unerträgliche Musik, deßungeachtet aber die erste unvollkommene Regung des polyhonen Musiksatzes.

Ueber den von Gerbert ertheilten Musikunterricht ist nichts weiteres bekannt, als was oben aus Richer darüber angeführt wurde. Wir gehen demzufolge auf seine geometrischen Studien über, über welche sich ungleich mehr sagen läßt, da besondere Arbeiten Gerbert's hierüber vorliegen. Freilich können wir aus diesen nur entnehmen, wie dürftig es während der gesammten Zeit des früheren Mittelalters um den Unterricht in der Geometrie bestellt war. Man war hierin, wie in der Arithmetik an die Ueberlieferungen aus der römischen Zeit angewiesen. Während nun diese dem Mittelalter in der Arithmetik des Boethius wirklich eine achtbare und das mathematische Denken bildende Leistung hinterlassen hatte, fehlte es durchwegs an einem Werke ähnlichen Gehaltes für die Geometrie. Was sich bei Marcianus Capella[1]) und Isidor[2]) über die Geometrie findet, ist äußerst dürftig, und reicht nicht über die ersten Anfangsgründe hinaus; bei Capella füllt den weitaus größten Theil des von der Geometrie handelnden Theiles seiner Encyclopädie der freien Künste eine Verzeichnung der Länder der Erde aus, was allerdings mit dem Begriffe, der mit dem Namen der Geometrie als Erd- und Feldmeßkunst zu verbinden ist, in Einklang steht, zugleich aber daran erinnert, daß die Römer die Geometrie von rein praktischem Standpuncte aus betrachteten, und für die wissenschaftliche Pflege derselben fast gar nichts thaten. Auch die dem Boethius zugeschriebenen zwei Bücher über Geometrie machen hievon keine Ausnahme. Das erste derselben enthält einen Auszug aus den drei ersten Büchern der Elemente des Euklid, ohne etwas anderes als Definitionen, Lehnsätze und Lehrsätze ohne Beweis zu bieten; nur ausnahmsweise werden am Schluße die ersten drei Aufgaben des ersten Buches Euklid's mit Construction und methodischem Beweise nachgeliefert. Das zweite Buch lehrt die Berechnung der einfachsten ebenen

[1]) Nupt. Merc. et Philol., Lib. VI$^{tus}$.
[2]) Origg., III, capp. 10—14.

Figuren an numerischen Beispielen, und gehört, wie die übrigen noch folgenden Bücher, deren Echtheit übrigens hart angestritten wird,¹) jener Literatur der römischen Feldmeßungskunde an, welche bis zur Herstellung einer lateinischen Uebersetzung des Euklid, also bis in's 12. Jahrhundert, die einzige Quelle geometrischer Kenntniße für das Mittelalter blieb. Gerbert's Geometria²) handelt in 94 Capiteln nach Vorausschickung der allgemeinsten Grundbegriffe der theoretischen Geometrie, so wie der praktischen (Längenmaße, Flächenmaße), von den Unterschieden der geometrischen Figuren, von Winkeln, parallelen Linien, und verweilt sodann vornehmlich bei der Lehre von den Dreiecken, die hauptsächlich für die Zwecke der praktischen Meßkunde ausgebeutet wird. Kurz werden sodann auch noch Viereck, Vieleck, Kreis behandelt, um zu zeigen, wie der Flächeninhalt dieser Figuren gefunden werden könne, worauf zur Flächenbestimmung der kubischen Körper: Prisma, Cylinder, Pyramide, Kegel, Kugel übergegangen, auch Einiges über Höhenmessung und Bestimmung des Kubikinhaltes beigebracht wird. Den Schluß bilden Angaben über die Größe des Erdumfanges nach Erotosthenes (25000 Stabien) und über die Mittel denselben zu bestimmen, im Zusammenhange damit auch Methoden zur Bestimmung des Meridians. Gerbert's Geometrie ist in ausschließlichem Sinne Meßkunst und zielt ausschließlich auf praktische Zwecke ab; die theoretischen Sätze, auf welche das praktische Meßungsverfahren gegründet ist, werden einfach ohne Beweis hingestellt, ihre Anwendung auf das Meßungsverfahren aber mannigfach in concreten Zahlenbeispielen erläutert; auch werden allerlei Behikel und Methoden für die praktische Manipulation bei Meßungsvornahmen angegeben. Es wird gezeigt, wie man mittelst des Astrolabs Höhen der Thürme, Berge u. s. w. und Länge der Ebenen messen könne, wie durch Messung des Schattens oder des Spiegelbildes bestimmter Gegenstände die Höhe derselben gefunden werden könne, es wird der Gebrauch der Pythagoräischen Ruthe gelehrt. Von der geometrischen Berechnung der Flächenräume wird Anwendung gemacht auf die Bestimmung der Anzahl

---

¹) Den Beweis für die Echtheit der beiden Bücher hat Cantor zu erbringen unternommen: Mathem. Beitr. S. 186 ff.

²) Ein umständlicher Auszug aus derselben bei Hock S. 174—183.

von Schafen in einem bestimmten Raume, der Joche eines Feldes, der Häuserzahl einer Stadt, der Pflastersteine einer Kirche. Die geometrische Bestimmung der Flächeninhalte selber aber kann nicht durchwegs auf mathematische Exactheit Anspruch machen. Beim Kreise wird das Verhältniß des Durchmessers zur Peripherie als 7 : 22 angenommen, wornach sich natürlich auch die Angabe des Flächeninhaltes des Kreises bestimmt. Bei Bestimmung des Flächeninhaltes der Pyramiden wird ein eigenthümliches Verfahren angegeben, bei dessen Exemplificirung die mathematisch unmögliche Annahme des Falles vorkommt, daß bei einer dreiseitigen Pyramide die gleichseitige Grundfläche, deren jede Seite = 10 ist, durch die Zahl 55 ausgedrückt werden könne. Es stimmt übrigens diese Zahlenangabe auch nicht mit einer von Gerbert selber in seiner epistola ad Adelboldum gegebenen Regel, daß man bei einem gleichseitigen Dreieck die von der Spitze desselben auf die Grundfläche senkrecht gezogene Linie, deren durch 2 getheiltes Product mit der Länge einer der drei gleichen Seiten den Flächeninhalt des Dreieckes gibt, als $6/7$ der Länge einer Seite zu nehmen habe, indem man für diesen Fall statt 55 eine Zahl, die kleiner als 43 ist, als Resultat erhält. Uebrigens ist dieser Brief dadurch merkwürdig, daß er auf die Differenz zwischen der arithmetischen oder gromatischen[1]) von den römischen Feldmessern ererbten, und der geometrischen Berechnung des Flächeninhaltes der Dreiecke aufmerksam macht, und den Grund der Differenz ganz richtig darin findet, daß in der gromatischen Berechnung die innerhalb des Dreieck fallenden Abschnitte der Quadrate, in welche das Dreieck behufs seiner Messung getheilt wurde, als vollständig Quadrate genommen werden. Hankel[2]) erkennt in Gerberts kurzem Briefe an Adelbold die erste Schrift des Mittelalters, die den Namen einer mathematischen Schrift wirklich verdiene; sie bekundet den Beginn eines Hinausschreitens über die von den Römern überkommenen Elemente gromatischer Wissenschaft, deren wissenschaftlich dürftiger Inhalt in Gerbert's Schrift de Geometria

---

[1]) Groma (wahrscheinlich von γνῶμα = γνώμων), ein römisches Meß-Instrument, von welchem die dasselbe gebrauchenden Feldmesser den Namen Gromatiker erhielten.

[2]) Zur Gesch. d. Mathem. S. 314.

wiedergegeben ist. Diese bildet eben nur einen Anhang zu einer Reihe von Schriften römischer Feldmesser, die mit S. J. Frontinus beginnend, durch die weiter folgenden Namen eines M. J. Niphus, Balbus, Hyginus, Aggenus Urbicus u. s. w. vertreten ist, und mit den unter des Boethius Namen gehenden Schriften über Geometrie abschließt. Die römische Feldmeßkunst stammte aus Aegypten, und wurde von da durch Cäsar nach Rom verpflanzt, als es sich um Veranstaltung einer genauen Katastrirung der Länder des gesammten römischen Reiches handelte; die Erinnerung an diesen Ursprung der römischen Geometrie hat ihren Ausdruck auch in dem Prologus der Geometrie Gerberts gefunden, woselbst die Aegypter als die ersten Erfinder der Feldmeßkunst bezeichnet werden.

Die Mehrzahl der mathematischen Schriften Gerberts fällt in eine schon ziemlich vorgerückte Zeit seines Lebens. Wenn er, wie als wahrscheinlich anzunehmen ist, die von ihm in Italien aufgefundenen sogenannten acht Bücher Geometrie des Boethius während seines Aufenthaltes in Bobbio kennen lernte, so muß seine eigene Bearbeitung der Geometrie in die Zeit seines zweiten Rheimser Aufenthaltes gesetzt werden, jedoch zugleich bestimmt vor den obenerwähnten Brief an Adelbold von Utrecht. Diesen letzteren müssen wir aber sehr spät ansetzen, wenn die Geometrie nach Hock's[1]) verläßlichem Urtheil, welches auch für Cantor maßgebend ist, vor a. 995 geschrieben ist. Noch weiter hinaus fällt seine Abhandlung über das Dividiren (c. a. 997), deren späte Abfassungszeit schon aus Gerberts eigenen Aeußerungen im Vorworte dieser Abhandlung erschlossen werden kann.[2]) Wir entnehmen hieraus, daß Gerbert auch da, als seine irdische Lebenszeit schon vorgerückt war, und inmitten der dazumal ihn schon ganz in Anspruch nehmenden Vorgänge des öffentlichen kirchlich-politischen Lebens nicht aufhörte, an Gegenständen wissenschaftlicher Erkenntniß das lebhafteste Interesse zu nehmen. Am frühesten ist unter seinen mathematischen Schriften der Brief an Remigius von Trier[3]) an-

---

[1]) Gerbert (Wien, 1837) S. 147. — Olleris p. 594), welcher Bedenken gegen Gerberts Urheberschaft hegt, glaubt, daß sie passender in die Zeit des Rheimser Lehramtes Gerberts zu verlegen wäre.

[2]) Vgl. hierüber Cantor S. 321 f.

[3]) Ep. 134.

Gerberts Beschäftigung mit der Himmelskunde.

zusetzen (a. 989), der trotz seiner Kürze ein ungelöstes Räthsel
darbietet,[1]) übrigens auf einen vorausgegangenen Briefverkehr
Gerberts über mathematische Themata hindeutet. In demselben
Briefe ist weiter noch die Rede von einer Himmelskugel, welche
Remigius zu erhalten wünscht, wofür Gerbert als Gegenleistung
eine Abschrift der Achilleïs des Statius sich ausbedingt.[2])

Gerberts Beschäftigung mit astronomischen Studien ist schon
durch die Schlußkapitel seiner Geometrie angedeutet, in welchen
von der Construction einer Sonnenuhr die Rede ist. Am Schluße
des vorigen Capitels wurde bereits angeführt, daß er sich durch
einen literarischen Freund eine Abschrift der Astrologie des Manilius
besorgen ließ; einen Freund in Barcellona[3]) bittet er, ihm ein
von demselben übersetztes Werk astrologischen Inhaltes zu übersenden, wobei man füglich wol an ein aus dem Arabischen übersetztes
Werk zu denken hat. Er beschäftigte sich auch mit Anfertigung
astronomischer Instrumente, deren Beschaffenheit uns theils durch
Richer[4]), theils durch Gerbert selbst[5]) bekannt gegeben wird. Richer
gedenkt zunächst einer mit der Erdachse parallel aufgestellten Holz-
kugel, auf welcher der Horizont angegeben war. An diesem werden
die Punkte des Auf- und Niederganges der wichtigsten Sternbilder
angemerkt. Der Gedanke an die Anfertigung einer solchen Kugel
mag bei Gerbert durch die Beschreibung der Himmelskugel des
Eudoxus in Cicero's Schrift de rupublica[6]), welche Gerbert kannte[7])

---

[1]) Vgl. hierüber Cantor S. 818 f. — Hock S. 185.
[2]) Von beiden Angelegenheiten ist nochmals in einem weiteren Briefe
Gerberts an Remigius (ep. 148) die Rede. Auch der Ausdruck tornatilo in
ep. 152, in welcher Gerbert seinem Freunde die Vorgänge nach Adalbero's
Tode berichtet, wurde von Einigen auf die versprochene Himmelskugel bezogen; E. v. Barthelemy (Gerbert, étude sur sa vie et ses ouvrages; Paris
1868) versteht darunter einen Bischofsstab. Der Context scheint diese Deutung
zu begünstigen. Gerbert entschuldigt sich), daß die stürmischen Vorgänge
nach Adalbero's Tode ihn an die Besorgung der wissenschaftlichen Anliegen
des Remigius nicht denken ließen: Nam amici, qui familiaritate beati
patris Adalberonis mecum usi fuerunt mecumque laborabant, ob torna-
tile lignum deserendi erant Patere ergo patienter moras necessitate
impositas etc.
[3]) Ep. 24 (ad Lupitum.)
[4]) Hist. III, 50—54.
[5]) De sphaerae constructione. Ep. ad Constantinum Floriacensem.
Abgedr. in Migne's Patrol. lat. tom. 139, p. 155.
[6]) Republ. I, 14.
[7]) Vgl. ep. 87.

angeregt worden sein. In der erwähnten Stelle bei Cicero wird noch eines anderen Instrumentes, der Archimedischen Sphäre gedacht, welche Gerbert durch seine Construction einer Armillarsphäre nachahmte[1]) und vereinfacht wiedergab. An derselben waren die beiden Coluren, der Aequator, die Wende- und Polarkreise, endlich auch der Thierkreis und innerhalb desselben die Planetenbahnen angebracht. Bei einer anderen von Gerbert construirten Armillarsphäre[2]) waren an Drähten die Formen der Sternbilder befestiget. Eine an dem Instrumente angebrachte Röhre diente dazu, den Polarstern zu bestimmen; damit war zugleich auch der Horizont bestimmt, und das Uebrige ergab sich dann von selbst. Ein anderes Instrument, welches unmittelbar zur Orientirung bei Beobachtung des nächtlichen Himmels bestimmt war, wird von Gerbert selber in seinem schon erwähnten Briefe an Constantin von Fleury[3]) beschrieben. Zwei ausgehöhlte Halbkugeln, deren Pole durchbohrt sind, werden aneinandergelegt, und die durchbohrten Pole mittelst einer Röhre, der sogenannten Polarröhre verbunden, die auf das Sternbild des kleinen Bären gerichtet wird. An dem Meridian, der auf den vereinigten Halbkugeln gezogen wird, werden die Polar- und Wendekreise, sowie der Aequator angegeben, und die betreffenden Orte des Meridians gleichfalls mit diametralen Röhren versehen, mittelst deren, nachdem die Polarröhre ihre richtige Lage erhalten hat, die in den bezeichneten Abständen vom Polarstern an dem Auge des Betrachters vorüberziehenden Sternbilder beobachtet werden. Bei Richer[4]) lernen wir eine vereinfachte Gestaltung dieses Instrumentes kennen; die Halbkugeln fallen weg, statt dessen wird ein Halbring gewählt, an dessen Enden die Polarröhre befestigt wird. Diese selber ist wieder von jenen anderen Röhren durchsetzt, die am vorerwähnten Instrumente vorkommen, wobei nur für eine geschickte Einfügung Sorge zu tragen ist, damit nach keiner Richtung der freie Durchblick verhindert werde.[5])

---

[1]) Siehe Richer Hist. III, 52.
[2]) Richer Hist III, 53.
[3]) Siehe oben S. 75, Anm. 5.
[4]) Hist. III, 51.
[5]) Olleris (p. 85) producirt einen bis dahin unedirt gebliebenen Brief Gerberts (Gerbertus Fratri Adae) aus der Zeit unmittelbar nach Adalbero's Tod, in welchem er dem sonst nicht erwähnten Freunde eine Tabelle über

Mathematiker neben und nach Gerbert.

Gerbert hinterließ eine mathematische Schule. Als unmittelbarer Schüler Gerbert's ist Bernelinus zu bezeichnen,[1]) welcher den lothringischen Gelehrten das Zeugniß ertheilt, daß vor Allen sie der Kunst des Abacus mächtig seien. Als solche Abacisten sind zu nennen: Heriger von Lobbes, Helbert von St. Hubertus in den Ardennen, Franco von Lüttich. Letzterer schrieb auch ein dem Erzbischof Hermann II. von Cöln (1036—1055) gewidmetes Werk über die Quadratur des Zirkels, von welchem Mai[2]) ein paar Bruchstücke mittheilt. Aus diesen erfahren wir, daß die Wissenschaft um dieses Problem seit Boethius aus der Welt geschwunden sei, und die zeitgenössischen Gelehrten vergeblich beschäftiget habe. Weder Gerbert der Erneuerer der Studien, noch Adelbold, noch Wazo der größte der Lehrer (seit 1041 Bischof von Lüttich, † 1048) hätten es zu lösen vermocht; was Franco seinerseits hiezu beizutragen sich bemühte, ist aus den kleinen von Mai mitgetheilten Fragmenten nicht zu ersehen. Adelbold, welchen Franco als einen der bedeutensten Mathematiker seiner Zeit hervorhebt, und welchem wir bereits oben als literarischem Freunde Gerberts begegneten, richtete an diesen eine besondere Schrift, in welcher er den bei Makrobius[3]) erwähnten geometrischen Satz, daß das Volum einer Kugel bei Verdoppelung des Halbmessers um das Achtfache wächst, auf dem Wege der Rechnung nachzuweisen sucht. Die Unterlage für den Nachweis bildet ihm die auch bei Gerbert vorkommende Formel für das Kugelvolum $^{11}/_{21}$ D, wobei D das Volum des Cubus bezeichnet, dessen Dimensionen dem Durchmesser der Kugel entsprechen. Der Nachweis stützt sich übrigens ausschließlich auf die überlieferten Formeln über das Verhältniß des Durchmessers zur Peripherie und zum Flächeninhalt des Kreises, und wird einzig durch die übereinstimmenden Resultate verschiedener Zahlenbeispiele erbracht.

Mathematiker aus der auf Gerbert unmittelbar folgenden Zeit waren ferner Rudolf von Lüttich und Regimbold von Cöln,

---
das, nach den Regeln des Marcianus Capella bestimmte Wachsen und Abnehmen der Tageslänge für zwei verschiedene Breitengrade (unter deren einem die größte Tageslänge = 18 Stunden, unter dem anderen = 15 Stunden) übersendet.

[1]) Vgl. über ihn Cantor S. 332 f.
[2]) Classici auctores III, 346. Wiederabgedr. in Migne's Patrol. lat. tom. 143, p. 1373 ff.
[3]) Somn. Scrip. I, 20.

beide Zeitgenossen Fulbert's von Chartres, sodann Meinzo von Constanz, der seine Abhandlung über den Erdburchmesser dem Hermannus Contractus widmete. Von Hermann selber, dem berühmten Reichenauer Mönche († 1054) erübrigen zwei Schriften astronomischen Inhaltes. Die eine derselben: De mensura astrolabii,[1]) enthält eine Anleitung zur Construction eines Astrolab's; die arabischen Fachausdrücke, welche den griechischen und lateinischen beigesellt, mitunter vorangestellt sind, lassen erkennen, daß hier bereits arabische Einflüsse obwalten, womit sich die weitere Vermuthung verknüpft, daß entweder diese Schrift nicht Hermann, sondern einem Späteren angehören, oder für den Fall, daß sie Hermann angehört, die astronomische Terminologie derselben auf Gerbert zurückzuführen sein möchte, der dann doch wenigstens diese in der spanischen Mark kennen gelernt haben müßte.[2]) Die zweite Schrift: De utilitatibus astrolabii lehrt in ihrem ersten Theile die verschiedenartige Anwendbarkeit des Astrolabs zur Bestimmung des Sonnenstandes in den einzelnen Monaten und Tagen des Jahres, der astronomischen Stundeneintheilung, der Aufgangsstunde der einzelnen Sternbilder u. s. w. Das zweite Buch (vielleicht eine besondere Schrift für sich) enthält eine Anweisung zur Anfertigung einer Sonnenuhr, deren Gebrauch dem jeweiligen Stande der Sonne in den Zeichen des Thierkreises sich anpaßt, und die sich auch zu Höhenmessungen verwenden läßt. Die Schattenmessung der Körper führt ihn ebenso wie Gerbert auf die Reproduction der Ergebnisse des Eratosthenes über die Größe des Erdumfanges, der auf ungefähr 25000 Stadien angegeben wird. Weiter ist auch noch von einem Quadranten zur Bestimmung der Stunden des Tages die Rede; sodann werden aus Gerbert's Geometrie Capp. 21. 82. über Höhenmessungen reproducirt, endlich Regeln über Azimuthbestimmungen gegeben. Damit bricht das Werk unvollendet ab. Als Sternkundige aus derselben Zeit werden Engelbert von Lüttich, Gilbert Maminot von Lisieux, Odo von Tournay gerühmt.

Eine praktische Bedeutung hatten die in den Klöstern und

---

[1]) Abgedr. in Migne's Patrolog. lat. tom. 143, p. 379 ff.

[2]) In der That wurden bei Abhandlungen Hermanns in Trithem's Chron. Hirsaug. ad a. 999 Gerbert zugeschrieben; denn nur diese Abhandlungen können gemeint sein, wenn Trithemius sagt, daß Gerbert zwei Schriften über die Construction des Astrolabs und des Quadranten geschrieben hätte.

kirchlichen Schulen betriebenen astronomischen Studien für die Berechnung der Osterzeit. Als Verfasser von Schriften über den Computus ecclesiasticus sind nach Beda, dessen einschlägige Schriften die Unterlage aller folgenden wurden, Hraban, Hildemar von Sens († 959), der auch als musikalischer Schriftsteller bekannt ist, Abbo von Fleury, ferner dessen Schüler Britsert von Ramieres, der Beda's chronologische Schriften commentirte, und Helperich von St. Gallen hervorzuheben. Bei Letzterem fällt der Wiederspruch auf, welchen er gegen die aus dem Alterthum überkommene Ansicht, daß die Planeten eine der Bewegung des Fixsternhimmels entgegengesetzte Bewegung hätten, erhebt. Ueber die zwischen den Computisten damaliger Zeit bestehende Meinungsdifferenz in Ansehung des Jahres und Monates, in welchem der alle 19 Jahre zu berücksichtigende Saltus Lunae in Rechnung zu bringen sei, haben wir an einem andern Orte[1] Erwähnung gethan.

---

[1] Vgl. meine Schrift über Alcuin SS. 27 f., 407 f.

# Viertes Capitel.

Das öffentliche Wirken Gerbert's; seine Stellung als Kirchenfürst, seine Beziehungen zum Hause der Ottonen und zu den fränkischen Herrschern.

In die Verhältnisse des öffentlichen Lebens wurde Gerbert zuerst dazumal hineingezogen, als ihn die Gunst des Kaisers Otto II a. 982 in den zeitweiligen Besitz der Abtei Bobbio setzte. Als Abt von Bobbio hatte Gerbert über weite Ländereien[1]) und eine nicht unbedeutende Truppenmacht zu gebieten.[2]) Aber eben deßhalb war er auch darauf angewiesen, in den politischen Wirren Italiens entschieden und bestimmt Partei zu ergreifen, und seine Treue gegen den Kaiser durch die That zu bewähren. Die weltlichen Lehensleute jedoch, zum Theile vielleicht auch die Mönche des Klosters waren entschieden auf Seiten der italienischen Nationalpartei, und betrachteten den ihnen vorgesetzten Mann, den die Treue gegen Kaiser und Reich verpflichtete, als einen Eindringling, dessen baldigst wieder ledig zu werden ihr eifrigstes Bestreben war. Wenn sich auch nicht bestimmen läßt, wie lange Gerbert Abt von Bobbio blieb,[3]) so ist doch so viel gewiß, daß er nur kurze Zeit in Italien weilte, und nach Otto's II Tode (7 Dez. 883) aus Sorge um seine persönliche Sicherheit die

---

[1]) Secundum amplitudinem mei (sui?) animi amplissimis honoribus me ditavit Caesar. Nam quae pars Italiae possessiones beati Columbani non continet? Gerbert. Ep. 12.
[2]) Ep. 5 (an Bischof Petrus v. Pavia): Dominus noster bellorum certamine occupatur, nos nec manus paratas eum juvare detinebimus. — Ep. 16 (an Abt Gerald in Aurillac): Milites quidem mei arma sumere, castra munire parati.
[3]) Vgl. hierüber Büdinger S. 70 (gegen Hock S. 67). — Olleris S. 485 ff.

Zustände nach Otto's II Tode.

Abtei verließ,[1]) um wieder zu seinem Freunde Adalbero in Rheims zurückzukehren. Er nahm seinen Weg über Pavia, wo er sich von seiner Gönnerin, der Kaiserwittwe Adelheid verabschiedete, zu welcher er vermuthlich schon vor ihres Gemales Otto I Tode in nähere Beziehungen getreten war, wie ihn denn auch die von Otto II hinterlassene Wittwe Theophano achtete und ehrte, und bald in die Lage kam, sich seines wirksamen Beistandes zu bedienen. Auch war es Theophano's Wunsch gewesen, der ihn zur Rückkehr zu Adalbero bestimmte; er hatte unschlüßig geschwankt, ob er nicht nach Spanien zu den Markgrafen Borel und Hugo zurückkehren, oder am Hofe der Kaiserwittwe als Lehrer und Erzieher des unmündigen Kaisersohnes Otto III zugleich auch seiner Herrin nahe bleiben solle. Letztere hielt seine Anwesenheit in Frankreich für das den Interessen des Augenblickes Entsprechendste.

Es handelte sich nämlich dazumal darum, der Kaiserinwittwe Theophano die vormundschaftliche Regentschaft gegenüber den vom Baiernherzog Heinrich dem Bösen und von Frankreichs König Lothar erhobenen Ansprüchen zu sichern. Herzog Heinrich hatte bereits gegen Otto II sich wiederholt erhoben, und bekam, nachdem er auf die Kunde von des Kaiser's Tode seiner Haft entlassen worden war, freie Hand, seine Ansprüche als nächster Verwandter des Kaiserhauses geltend zu machen, und für einen Augenblick die Reichsverweserschaft an sich zu reißen, nachdem er durch einen Gewaltstreich sich der Person des unmündigen Kaisersohnes Otto III bemächtiget hatte. In dieser Noth der Kaiserwittwe war es in Deutschland der Erzbischof Willigis von Mainz, der die in ihrer Treue wankenden oder schon völlig von Heinrich gewonnenen Fürsten zur Treue gegen den bereits zu seines Vaters Lebzeiten zum deutschen König gekrönten Otto zurückführte und Heinrich zur Auslieferung desselben nöthigte. In Frankreich aber war Gerbert dafür thätig, daß König Lothar, der als Gatte Emma's, der Tochter Adelheid's, gleichfalls vormundschaftliche Rechte zu beanspruchen vorgab, in Wahrheit jedoch sein Absehen auf die Erwerbung Lothringens gerichtet hatte, nicht zum Ziele gelangte,

---
[1]) Olleris (p. LXIV u. 501 f.) glaubt Gerbert's Flucht vor Otto's Tod setzen zu müssen.

und jenes Land dem Sohne der Theophano vorbehalten blieb. Lothar konnte seine Absichten auf Lothringen nur in Verbindung mit Heinrich durchsetzen; in seinem Bündniß mit Heinrich lag aber die weitere Gefahr, daß nicht bloß Lothringen, sondern insgemein die Herrschaft über Deutschland Otto verloren gieng; somit war das Wirken Gerbert's für das deutsche Kaiserhaus eine wesentliche Bedingung des vollkommenen Gelingens der Bemühungen des Mainzer Erzbischofes Willegis.

Der Hergang zwischen Heinrich und Lothar war dieser: Lothar war auf die erste Kunde von Heinrich's Absichten mit der Erklärung hervorgetreten, daß er die Vormundschaft über den unmündigen Kaisersohn beanspruche, und diesen Anspruch gegen Heinrich durchsetzen wolle. Diese Erklärung war indeß nicht ernst gemeint, sondern nur ein Drohmittel, darauf berechnet, sich die Verwandlung aus einem gefährlichen Gegner in einen hilfreichen Freund durch die Anerbietung Lothringens abkaufen zu lassen. Diese Absicht wurde auch wirklich erreicht; Heinrich ließ dem König der Westfranken Lothringen unter der Bedingung anbieten, daß dieser von der Vormundschaft abstehe, und Heinrich die östlichen Länder überlasse. Nur stieß Lothar in wiederholten Versuchen sich Lothringens zu bemächtigen, bei der dem jungen Otto ergebenen Partei in Lothringen auf so entschiedenen Widerstand, daß er das Unternehmen aufgeben mußte; bei seinem zweiten Angriffe auf Lothringen sah er sich durch Hugo Capet, den Herzog von Francien bedroht, dessen Schwester Beatrix in Oberlothringen herrschte und auf die Seite der Gegner Lothar's gebracht worden war, und mußte in Folge dieser ihm drohenden Gefahr das Unternehmen einfach aufgeben.

Die Seele des Widerstandes gegen Lothar waren Erzbischof Adalbero in Rheims und sein in Lothringen reich begüterter Bruder Graf Gottfried; im Bunde mit ihnen Gerbert als einflußreicher und thätiger Vermittler aller jener Verbindungen und Verständigungen, welche zur Herbeiführung des gewünschten Erfolges nothwendig schienen. Wir ersehen die von ihm entfaltete Thätigkeit aus seinen dieser Zeit angehörigen Briefen. Sogleich nach seiner Ankunft setzte er sich theils in Adalberos Auftrag, theils in

## Vormundschaftsstreitigkeiten nach Otto's II Tode.

eigenem Namen in Verbindung mit Willigis,[1]) Ekbert von Trier,[2]) mit Adelheid's Hofkaplan Ekeman[3]) und mit dem Pfalzgrafen Robert,[4]) welche beide er schon von Otto's II Hofe her kannte. Der in Adalberos Namen geschriebene Brief an Ekbert von Trier enthält eine sehr eindringliche Mahnung zur dankbaren Treue gegen das Haus der Ottonen. In einem Briefe an einen Ungenannten[5]) verbreitet er sich über den momentan nicht günstigen Stand der Sache; König Lothar ist gegen Otto gewonnen, Herzog Hugo hat sich mit dem König versöhnt, Gottfried sammt seinem Sohne Friedrich und seinem Oheim Siegfried wurde gefangen genommen, Gottfried erhielt nur unter sehr nachtheiligen Bedingungen seine Freiheit wieder. Auch Beatrix, Hugos Schwester, die im Namen ihres minderjährigen Sohnes Theodorich in Oberlothringen regiert, ist Frankreich zugewendet, einzig Heribert von Troyes, ein Tochtermann des Herzogs Karl von Lothringen steht auf deutscher Seite. Früher, da er an die Ehrlichkeit der Versicherungen Lothars glaubte, beantwortete er in Karl's Namen einen Schmähbrief, welchen Bischof Dietrich von Metz, Heinrich's Verbündeter und eigentlicher Schürer der gegen Theophano und Otto gerichteten Unternehmungen an Herzog Karl über dessen Anschluß an Lothar geschrieben hatte.[6]) Daß Gerbert anfänglich die zu Gunsten des unmündigen Otto abgegebenen Versicherungen Lothars glaubte, geht aus seinen Aeußerungen an die der Kaiserin Theophano und dem Papste Johann XIV befreundete Dame Imiza hervor;[7]) nachdem er aber Lothars Absichten erkannt hatte, setzte er seine ganze Kraft und Energie daran, dieselben zu vereiteln. Aus seinen Briefen an die Bischöfe Adalbero von Verdun und Notger von Lüttich[8]) ersehen wir seine Bemühungen, die lotharingischen Edlen zu einem bewaffneten Widerstande gegen

---
[1]) Ep. 27.
[2]) Ep. 26.
[3]) Ep. 21.
[4]) Ep. 37.
[5]) Ep. 60.
[6]) Epp. 31—33 (Ep. 31 Dietrichs Brief, Ep. 32 die von Gerbert in Karls Auftrag abgefaßte Antwort, Ep. 33 begütigendes Nachwort Gerberts in eigenem Namen.)
[7]) Ep. 22.
[8]) Ep. 41—43.

6*

die beabsichtigte Invasion Lothars zu sammeln. Die Unglücks-
botschaft, daß Graf Gottfried bei einem Ausfalle aus dem belagerten
Verdun sammt seinem Sohne Friedrich und seinem Oheim Siegfried in die Gefangenschaft geriethen, entmuthiget ihn nicht; er
beschwört den Bischof von Verdun und dessen Bruder Hermann,[1]
ihre Sache nicht verloren zu geben und dem Kaisersohne die Treue
zu bewahren, er schreibt Trost- und Ermunterungsbriefe an Gottfrieds Gattin Mathilde[2]) und Siegfrieds Sohn,[3] letzterem das
Bündniß mit Herzog Hugo als sicherstes Schutzmittel andeutend,
er verständiget den Bischof Notger[4]) über die augenblickliche Lage,
namentlich des Erzbischofes Adalbero von Rheims, die eine ganz
besondere Vorsicht heische. Er setzt Alles daran, Lothar von der
unwürdigen Bundesgenossenschaft mit Heinrich abzubringen; er
sucht demzufolge mittelbar auf Lothars Gattin, die Königin Emma
einzuwirken, Hugo und dessen Schwester Beatrix[5]) für die deutsche
Sache zu gewinnen. Dieses sein Wirken war für ihn, wie er in
einem seiner Briefe an Theophano äußert,[6] keineswegs ohne
persönliche Gefahr; nicht minder schwierig war die Lage des
Erzbischofes Adalbero, dessen Verwandte gegen Lothar gekämpft,
und dessen Neffe, gegen Lothars Wille zum Bischof von Verdun
bestellt, von Adalbero die Weihe empfangen hatte.[7]) Gerbert mußte
zu vermitteln, daß Adalberos Lage sich nicht zum Aeußersten ver-
schlimmerte. Zur Feier der wiederhergestellten Eintracht ließ dieser
durch Fürsorge des Trierer Erzbischofes Ekbert ein kostbares
Kreuz anfertigen,[8]) welches wahrscheinlich als Geschenk für Lothar
und Emma bestimmt war.

Ein Jahr nach Beilegung dieser Angelegenheit starb König
Lothar (2 März 986); sein Sohn Ludwig, schon 979 zum König
gekrönt, folgte ihm unter einstweiliger Vormundschaft Hugo Capet's.
Gerbert, vom Aurillaker Abte Gerold befragt, was vom jungen

---

[1]) Ep. 47.
[2]) Ep. 50.
[3]) Ep. 51.
[4]) Ep. 49.
[5]) Siehe die Briefe an Emma: Epp. 62—64.
[6]) Ep. 52.
[7]) Epp. 54. 57. 58. 64.
[8]) Von demselben ist in drei Briefen an Ekbert die Rede: Epp. 104. 106. 126.

neue Wirren nach Hugo Capet's Thronbesteigung.

König zu hoffen sei, äußerte sich schonend und zurückhaltend;[1]) der binnen Kurzem erfolgte Tod des jungen Königs (19 Mai 987) machte in der That auch eine Antwort überflüßig. Die Erwählung Hugo's zum König entsprach den persönlichen Wünschen und Neigungen Gerberts, der auch als Lehrer des jungen Königsprinzen Robert in näherer Beziehung zu Hugo, dem Vater stand, und als Vertrauter desselben erscheint, wenn er in Hugos Namen dem um Hilfe gegen die Saracenen werbenden Markgraf Borrel Antwort ertheilt,[2]) und am byzantinischen Hofe um die Hand einer Prinzessin für Robert wirbt.[3]) Minder erfreulich waren die Angelegenheiten, in welche Gerbert durch den Haß Karl's von Lothringens gegen die Königswittwe Emma hineingezogen wurde; sie sollte mit dem Bischof Adalbero von Laon ein ehebrecherisches Verhältniß unterhalten und ihren eigenen Gemal vergiftet haben. Die Beschuldigung fand bei den der Königin abgeneigten französischen Großen Glauben; selbst ihr Sohn Ludwig, so wie ein unehelicher Sohn Lothars, Arnulph, standen gegen sie. Gerbert zeigte sich da als treuer Freund der Königin, indem er in ihrem Namen die Hilfe ihrer Mutter Adelheid angieng,[4]) und zugleich auch für den schwer angeschuldigten, mißhandelten und von seinem Sitze vertriebenen Bischof von Laon die vereinigte Unterstützung der französischen Bischöfe in Anspruch nahm;[5]) er beschwört sie, von jedwedem Eingriffe in die Jurisdiction des unrechtmäßig in seiner Amtsgewalt behinderten Bischofes abzustehen, und die pflichtschuldige Trauer der ihres Hirten beraubten Diöcese nicht durch unbefugte Vornahme bischöflicher Weihehandlungen zu stören. Die Sache schien beglichen, als Herzog Karl, der überdieß durch die Erhebung Hugos zum König in seinen Erbansprüchen auf den französischen Thron sich geschädiget fühlte, auf's Neue zu den Waffen griff, Laon überfiel, und den Bischof und die Königin Emma gefangen nahm. Um das Maß der Wirren voll zu machen,

---
[1]) De rege Ludovico, quis habeatur, consulitis.... Quod a nobis minime quaeri oportet, quoniam, ut ait Sallustius, omnes homines, qui in rebus dubiis consulunt, oportet esse remotos ab ira, studio, misericordia. Ep. 71.
[2]) Ep. 112.
[3]) Ep. 111.
[4]) Ep. 97.
[5]) Ep. 98.

starb dazumal auch der Erzbischof Adalbero,[1]) der noch letztlich den Herzog in einem ernsten Mahnbriefe[2]) an die von ihm begangenen Verfehlungen und Wortbrüche erinnerte, und ihm die Einstellung eines ungleichen Kampfes so wie die Losmachung von den Rathschlägen falscher, interessirter Freunde dringend angerathen hatte. Gerbert hatte nicht nur die Aufgabe, als Amtsverweser die Stelle des hingeschiedenen Adalbero in den Angelegenheiten des Rheimser Erzbisthum zu vertreten, sondern auch der hartbedrängten Emma Hilfe zu schaffen, in deren Sache er sich nicht bloß an Theophano,[3]) sondern auch unmittelbar an Herzog Karl selber wendete.[4]) Daß Gerbert durch seinen in Hugo's Auftrage geschriebenen Brief an Karl nichts erwirken konnte, läßt sich leicht denken; Karl haßte Hugo als einen Thronräuber und sah in Gerbert den Verbündeten desselben. Gerbert gibt den Stimmungen seines Gemüthes in einem nach Adalberos Tode geschriebenen Briefe an den Abt Raimund von Aurillac Ausdruck;[5]) er klagt über den Verlust, welchen er durch den Tod seines väterlichen Freundes erlitten, dessen Person in ihm, dem Ueberlebenden, von Karls Anhängern gehaßt werde, als ob er die Macht hätte, Königsthrone zu verleihen oder zu entziehen. Bei der Einnahme der Stadt Rheims sei er den Schaaren Karls die erwünschteste Beute gewesen.

Zum Verständniß dieser letzten Bemerkung ist der weitere Gang der Dinge nach Adalberos Tode zu erzählen. Adalbero hatte sterbend seinen Freund Gerbert als Nachfolger empfohlen,[6]) und die Bischöfe der Rheimser Kirchenprovinz, welche Adalberos Wunsch vollkommen billigten, hatten sich mit einer schriftlichen Bitte an die Kaiserin Theophano' gewendet,[7]) daß sie in die Erhebung des ihr treu ergebenen Gerbert auf den Rheimser Metropolitenstuhl willigen möge. Wir können aus dieser Bitte, so wie

---

[1]) Ueber das controverse Datum seines Todesjahres siehe unten Cap. VIII in der Besprechung der Briefe Gerberts.
[2]) Ep. 122.
[3]) Ep. 120.
[4]) Ep. 115.
[5]) Ep. 170.
[6]) So erzählt Gerbert selber in einem Briefe an seinen Freund Remigius in Trier (ep. 152, siehe oben S. 75): Pater Adalbero me successorem sibi designaverat, cum totius cleri et omnium episcoporum ac quorundam militum favore.
[7]) Ep. 117.

Verhalten Arnulf's, des Nachfolgers Adalbero's.

aus der von dem verstorbenen Adalbero behaupteten Stellung entnehmen, wie unabhängig der Rheimser Erzbischof den damaligen Machthabern auf französischem Boden gegenüberstand, und wie der Nimbus der Macht, der einst die noch ungeschwächte Karolingische Herrschaft umstrahlt hatte, angesichts des Hinsiechens der letzten Reste der Karolingerherrschaft auf das mächtige Herrscherhaus der Ottonen übergegangen war. Eben so begreiflich jedoch ist, daß König Hugo die Besetzung des erledigten Stuhles seinem Interesse gemäß vorgenommen wünschte; sein Interesse aber war, einen letzten noch lebenden Sprößling des Karolingerstammes sich selber und der durch seine Thronbesteigung gegründeten neuen Dynastie zu verpflichten, und hiedurch, wenn nicht nützlich, so doch unschäd=lich zu machen. So kam es, daß die Wahl der Bischöfe auf Lothars unehlichen Sohn Arnulph fiel, der sofort dem König Hugo und dessen bereits gekröntem Sohne Robert öffentlich im Rheimser Dom den Eid der Treue schwor. In dem jugendlichen Arnulph war indeß das Gefühl der Verwandtschaft mächtiger, als der beschworne Wille der Treue; 6 Monate nach jenem feierlichen Acte machte es ein Vertrauter Arnulphs, der Priester Adelgar dem Herzog Karl, der Laon noch immer besetzt hielt, möglich, sich der Stadt Rheims zu bemächtigen; und obwohl Arnulph gegen diese Gewaltthat protestirte, ja selbst den Bann gegen die Plünderer der Stadt schleuderte, so zeigte sich doch bald, daß er sehr frei=willig Karls Gefangener geworden war. Er entzog die Lehen des Erzbisthums den Getreuen, um sie an Anhänger Karls zu ver=leihen, ließ zum Kriege rüsten, Klerus und Volk dem Herzog Karl Treue schwören. Bei dem Ueberfalle der Stadt Rheims war auch Gerbert in Karls Gewalt gerathen; mit Mühe hatte er sich für den Augenblick vor den Mißhandlungen der sein Haus plündernden Soldaten gerettet, sah sich aber nicht in der Lage aus Rheims zu fliehen, und war demzufolge für einige Zeit einem von ihm auf's Bitterste empfundenen moralischen Zwange unterworfen, über dessen Pein er sich in vertrauten Briefen an Ekbert von Trier[1]) und Abt Romulph von Sens[2]) ausspricht. Da endlich das geplante Einverständniß Arnulphs mit Karl sich nicht mehr

---
[1]) Ep. 173.
[2]) Ep. 174.

verkennen ließ, floh Gerbert aus Rheims, und sendete ihm einen Absagebrief,¹) in welchem er den ihm verliehenen Lehen entsagte, die Gemeinschaft am Treubruche gegen den König feierlich ablehnte, und dem Rechts- und Ehrgefühl Arnulphs empfiehlt, Sorge zu tragen, daß seine und seiner Bediensteten Besitzthümer in Rheims unangetastet erhalten blieben. Er begab sich an Hugo's Hof, und schrieb von da an seine Freunde Ekbert von Trier²) und Adalbero von Verdun,³) nicht ohne reumüthige Selbstanklage darüber, daß er aus Anhänglichkeit an Arnulph und Karl nicht schon längst früher Rheims verlassen habe; er bekennt, in Folge seiner Flucht sich von einem drückenden Gewissenszwange erlöst zu fühlen. Er erwähnt gegen Adalbero, was er auch in dem obenerwähnten Briefe an den Abt Raimund⁴) ausgesprochen hatte, daß der Ueberfall der Stadt Rheims ihn an der Ausführung seines schon seit länger gefaßten Entschlußes, nach Italien zu gehen, verhindert habe; womit wohl zugleich angedeutet ist, daß er sich seit Adalberos Tode im Gedränge der politischen Wirren als Mithandelnder nichts weniger als wohl fühlte.

Ueber Arnulph und seinen Verbündeten zog sich nunmehr langsam ein drohendes Gewitter zusammen, welches sich endlich mit einem vernichtenden Schlage gegen Beide entlud. König Hugo hatte für den Anfang vergeblich das Glück der Waffen gegen Herzog Karl versucht. Er suchte nun die Kirche zu einem entscheidenden Schritte zu vermögen; auf sein Geheiß versammelten sich die französischen Bischöfe a. 989 zu Senlis, woselbst über Adelgar der Bann verhängt und die Gemeinden von Rheims und Laon als außerhalb der kirchlichen Gemeinschaft stehend erklärt wurden. Zugleich giengen zwei Briefe in des Königs und der Bischöfe Namen nach Rom an Papst Johann XV ab, in welchen verlangt wurde, daß derselbe gegen den meineidigen Arnulph einschreite. Der Papst zögerte mit seiner Entscheidung, und an Arnulph selber verschwendete Hugo, wie Gerbert später in seinem Schreiben an den Straßburger Bischof Wilderod erwähnt,⁵) durch

---

¹) Ep. 185.
²) Ep. 179.
³) Ep. 180.
⁴) Ep. 170.
⁵) Ep. 218.

Arnulf's Absetzung.

18 Monate lang Bitten, Drohungen und Versprechungen, um ihn zur Rückkehr zu seiner beschworenen Pflicht zu bewegen. Endlich da die Suffragane des Rheimser Erzbisthums und selbst nächste Verwandte von Arnulph abfielen, begann dieser zu wanken; der aus Karls Haft entsprungene Adalbero von Laon bot sich ihm als Mittler der Wiederversöhnung mit Hugo an, und in der That versichert dieser Alles vergessen und auch den Herzog Karl im Besitz der Stadt Laon belassen zu wollen, wenn Arnulph denselben zur Anerkennung der königlichen Rechte Hugo's bewegen würde. Arnulph versprach dieß, und Karl ließ sich bewegen, Adalbero wieder in sein Bisthum Laon einzusetzen. Dieser aber bemächtigte sich listiger Weise beider, Arnulphs und Karls nach einem Male, zu welchem er sie am Abend des Palmsonntags a. 991 geladen hatte, und lieferte sie an Hugo aus. Karl, der von da an namenlos aus der Geschichte schwindet, starb wahrscheinlich im Kerker; Arnulph aber wurde vor eine Synode der französischen Bischöfe in der Kirche des heiligen Basolus bei Rheims gestellt,[1]) und mußte sich nach Vorausgang der Aussagen Adelgars über ihn zu den allerdemüthigendsten und entehrendsten Bekenntnißen verstehen, dann öffentlich in der Kirche vor den Königen Hugo und Robert als Gnadeflehender sich mit in der Form eines Kreuzes ausgestreckten Armen auf das Angesicht niederwerfen. Nachdem ihm das Leben zugesichert worden war, mußte er eine Abdankungs= urkunde unterzeichnen, in welcher er zugleich auch den Verzicht auf das Recht der Appellation auszusprechen hatte. Der Geschäfts= leiter der Verhandlungen, Bischof Arnulph von Orleans, hielt am Schluße derselben eine Rede, deren augenscheinlicher Zweck eine Drohung gegen Rom für den Fall einer Mißbilligung der Vor= gänge des Concils von Seite des Papstes war. Der Redner stellte sich, im Widerspruche mit dem vorausgegangenen Verhalten der Bischöfe, welche zu Senlis die Entscheidung dem Papste zuge= wiesen hatten, wieder auf den Standpunct, welchen einst Hinkmar von Rheims dem römischen Stuhle gegenüber eingenommen hatte, und suchte denselben noch möglichst zu verschärfen, unter Hinweis auf die unwürdigen Päpste, durch welche im Laufe des 10. Jahr=

---
[1]) Die Acten dieser Synode abgedruckt bei Olleris p. 173 ff.

hunderts der römische Stuhl entehrt worden war. Die Bischöfe schienen mit dieser Sprache einverstanden. Außer ihnen hatten aber drei andere Männer der Synode beigewohnt, die das Geschehene offenbar nicht billigten und als rechtswidrig ansahen: der Scholasticus Johann von Auxerre, die Aebte Romulph von Sens und Abbo von Fleury; dieselben hatten mit großer Lebhaftigkeit auf ein den bestehenden kirchlichen Gesetzen entsprechendes Verfahren gedrungen, die Aburtheilung des durch List gefangenen Erzbischofes Arnulph als unwürdig, und als Eingriff in die Rechte des päpstlichen Stuhles bezeichnet, und zugleich auch über Beiseitesetzung der sonstigen, zu einem geistlichen Gerichtsverfahren gehörigen kanonischen Formen Beschwerde geführt. Die vom König gewonnenen Bischöfe wollten indeß hierauf nicht hören, und standen augenscheinlich unter Hugo's Einfluß; dieser versicherte übrigens nachträglich den Papst in einem besonderen Schreiben, daß die Sache dem Spruche des Papstes nicht entzogen sein wolle, und daß derselbe, wofern er nach dem Beispiele seiner Vorfahren mit dem König von Frankreich zusammenkommen zu wollen geneigt wäre, sich durch selbsteigene Wahrnehmung von der Gerechtigkeit des gegen Erzbischof Arnulph gefällten Urtheiles zu überzeugen in der Lage sein würde.

Die versammelten Bischöfe giengen nicht auseinander, ehe sie die Wahl eines neuen Metropoliten vorgenommen hatten. Die Wahl fiel auf Gerbert als denjenigen Mann, welcher die dem abgesetzten Arnulph fehlenden Eigenschaften der Altersreife, Einsicht und besonnenen Klugheit besitze, dessen tadelloses Leben allgemein bekannt sei, und der sich als ein Mann tiefster Kenntniß in aller Wissenschaft menschlicher und göttlicher Dinge erprobt habe.[1] Gerbert erklärte später, die auf ihn gefallene Wahl nur deßhalb angenommen zu haben, weil es nöthig war, den Wirren und Zerrüttungen der damaligen Lage ein Ende zu machen und gedeihlichere Zustände in der Rheimser Kirche und überhaupt auf französischem Boden anbahnen zu helfen. Das von ihm aus Anlaß seiner Erwählung abgelegte Glaubensbekenntniß[2] enthält nebst dem Bekenntniß des orthodoxen Kirchenglaubens an die Dreieinig-

---

[1] Die betreffende Erklärung der Bischöfe ist enthalten in Ep. 186.
[2] Ep. 187.

keit, Menschwerdung des Sohnes Gottes, Gericht und Auferstehung auch eine kurze Zurückweisung gnostisch-manichäischer Irrthümer und eine feierliche Anerkennung der vier großen heiligen Kirchenversammlungen, jener nämlich, welche Papst Gregor I gleich den vier Evangelien zu verehren erklärt hatte. Ohne Zweifel hat man es da mit einer überlieferten alten Bekenntnißformel zu thun, die den Entwicklungsstand des kirchlichen Bekenntnißes in der Zeit Gregor's I wiedergibt, und als vorschriftmäßiges Bekenntniß neugewählter Bischöfe bis auf Gerbert's Zeiten üblich blieb;[1]) daher Gfrörer,[2]) der überdieß die gegen den gnostisch-manichäischen Dualismus (oder Priscillianismus) gekehrte Tendenz des Beisatzes zum Bekenntniß des orthodoxen Kirchenglaubens völlig unbeachtet ließ, ganz unnöthiger Weise die von Gerbert geplante Gründung einer von Rom losgerissenen französischen Staats- und Nationalkirche aus dem Bekenntniß herauslas. Uebrigens befand sich Gerbert dem römischen Stuhle gegenüber allerdings in einer schiefen Stellung, die ihm seine Amtsführung wesentlich erschwerte, ja ihn schließlich zur Aufgebung des Rheinser Bischofsstuhles vermochte. Der Papst mißbilligte das zu Rheims Geschehene, und legte den daran betheiligten Bischöfen die Enthaltung von allen gottesdienstlichen Handlungen auf. Auch nächste Freunde Gerbert's scheinen an ihm irre geworden zu sein, wie aus seinen brieflichen Antworten an sie zu entnehmen ist. An den Abt Constantin von Mich[3]) schreibt er, daß es sich im gegebenen Falle nicht bloß um ihn, sondern um die Ehre und Würde des französischen Episcopates und um den französischen Staat selber handle. Gegen den Erzbischof Siguin von Sens[4]) läßt er sich ziemlich scharf wider Rom heraus; er findet es unwürdig, daß Rom einen offenbar mit groben Fehlern befleckten Bischof schützen, und die von den französischen Bischöfen gegen Arnulph befolgte evangelische Pflicht der brüderlichen Zurechtweisung außer Kraft setzen will. Der römische Bischof selber müsse es dulden, daß er, wenn er fehlt, zurechtgewiesen werde; in

---

[1]) Hat doch selbst Papst Leo IX auf der ersten Synode, die er nach Antritt seines Pontificates (a. 1049) berief, die Verordnungen der vier ersten allgemeinen Concilien (zusammt den Decreten aller seiner Vorfahren) bestätigt. Siehe Hefele Conciliengesch. IV, 681.
[2]) Kirchengesch. II, 1460 ff.
[3]) Ep. 194.
[4]) Ep. 217.

Gerbert's gespanntes Verhältniß zum römischen Stuhle.

gegebenen Falle hätten die Bischöfe, bevor sie vom Papste gerichtet wurden, früher gehört werden sollen. Die Decrete Roms sind nur dann zu achten, wenn sie mit den Evangelien, Aposteln, Propheten und kirchlichen Canones übereinstimmen. Dem Bischof Notger von Lüttich bekundet er[1]) seine Betrübniß, sich von ihm verkannt zu sehen; er habe sich bemüht, da eine allgemeine Kirchenversammlung nicht möglich sei, wenigstens eine Versammlung der französisch=deutschen Länder zu Stande zu bringen, auf der auch die Gegner anwesend sein und gehört werden sollen; er scheue ein solches Gericht nicht, er wünsche es sogar herbei. Dem Bischof Wilderod schickte er eine detaillirte Auseinandersetzung des Herganges[2]) bei Arnulph's Absetzung, wobei er namentlich dieß erwähnt, daß der zum Handeln und Entscheiden aufgeforderte Papst keine Antwort gegeben habe, und daß die Bischöfe erst nach achtzehnmonatlichem Zuwarten und dreimaliger Mahnung an Arnulph gegen ihn eingeschritten seien. Er bittet Wilderod, den Erzbischof Willigis für die Unterstützung seiner Sache zu gewinnen; er fordere nicht Gold, nicht seine Güter zurück, aber eine unverdiente kirchliche Aechtung will er von sich hinweggenommen sehen. Er schrieb an Papst Johann XV. selber,[3]) und betheuert, daß er sich nicht der Rheimser Kirche als Oberhirten aufgedrungen, nicht die Lasterthaten seines Vorgängers aufgedeckt, sondern einzig denselben wegen seiner notorischen Aergernisse zu verlassen sich genöthiget gesehen habe.

Gerbert's Bemühungen, sich in Rheims zu behaupten, waren trotz der von antirömischem Geiste beseelten Beschlüße der durch König Hugo veranstalteten Synode zu Chela[4]) vergeblich. Der Papst entsendete den Abt Leo, den Bruder des heiligen Nilus, nach Deutschland, um daselbst mit den deutschen und französischen Bischöfen über die Rheimser Vorgänge zu conferiren. Den Königen Hugo und Robert ließ Leo ein sehr herbes Schreiben[5]) als Antwort auf die obenerwähnte Synodalrede Arnulph's von Orleans zugehen, der von römischer Unbildung und Verkommenheit gesprochen hatte; er findet, daß Verstöße und Auflehnung gegen die hergebrachte kirchliche Rechtsordnung sich nicht

---

[1]) Ep. 195. — [2]) Ep. 218. — [3]) Ep. 199.
[4]) Vgl. Hefele Conciliengeschichte, Bd. IV (2. Aufl.) S. 643.
[5]) Abgedr. bei Olleris, p. 237 ff. — Migne tom. 139, p. 337 ff.

Gerbert von Otto III nach Deutschland eingeladen.

durch Klagen über römische Verderbtheit decken und beschönigen lassen, und die Eiferungen gegen Päpste wie Johann XII der Sünde Chams gleichen, der die Blöße seines Vaters aufzudecken sich nicht schämte. Leo's Aeußerungen über den Gelehrtenhochmuth und das pecus philosophorum gehen natürlich Gerbert an, der es gleichfalls gewagt habe, die römische Kirche zu tadeln. Gegen die Behauptung Arnulphs von Orleans, daß außer Asien und Africa sich bereits selbst das östliche Europa von Rom abgetrennt, das innere Spanien von Rom nichts wisse, bemerkt Leo, daß erst kürzlich Gesandte der Bischöfe von Jerusalem und Alexandrien nach Rom gekommen, unter Papst Benedict VII der Klerus von Carthago einen Priester nach Rom zum Empfang der Bischofs= weihe geschickt, unter Johann XII der Erzbischof Julian von Toledo dem heiligen Stuhle seine Ehrfurcht bezeugt habe. Das Ausbleiben der Antwort auf die Anfrage der französischen Bischöfe in Sachen Arnulphs sei aus den Bedrängungen des Papstes durch Crescentius zu erklären.

Gerberts Lage in Rheims wurde immer drückender, ja geradezu unhaltbar. Geistlichkeit und Volk fielen von ihm ab, Beleidigungen und Entehrungen mannigfacher Art hatte er hinzu= nehmen, selbst sein Leben durfte er nicht für sicher erachten. Da überraschte ihn, nach Annahme Einiger im J. 994, ein Brief des jugendlichen Otto III,[1]) voll von Versicherungen der innigsten Hingebung und schwärmerischer Bewunderung für den Meister in aller Menschenweisheit, zusammt der Bitte, ihm als Lehrer und Rathgeber zur Seite zu stehen. Der Schluß des Briefes läßt ver= muthen, daß Gerbert dem jugendlichen Otto sich durch ein Schreiben, durch Erkundigung nach dessen geistigen Beschäftigungen oder durch Uebersendung von Versen in Erinnerung gebracht habe; denn Otto bemerkt, ohne daß es durch den vorausgehenden Inhalt des Briefes irgendwie motivirt wäre, daß er bisher nie Verse gemacht, wenn er aber diese Kunst mit Erfolg erlernt haben werde, so viele Verse als Frankreich Männer zählt, senden wolle.

---

[1]) Ep. 153. — In das oben angegebene Jahr wird dieser Brief von Hock und Barthelemy verlegt, von Olleris (p. CLVIII) jedoch um drei Jahre später; die Entfernung Gerberts aus Frankreich um diese Zeit wird indeß auch von Olleris (p. 541) angenommen.

### Gerbert verläßt Rheims.

Gerbert beeilte sich, die Einladung des jungen Kaisers mit wärmsten Dankesäußerungen zu erwiedern,[1]) preist das von demselben ausgesprochene edle Verlangen nach den Schätzen der Griechen- und Römerweisheit, und erklärt, mit hoher Freude sich dem Dienste des Kaisers zu widmen. Er begab sich im Spätjahre 994 nach Deutschland und weilte in der Umgebung Otto's, der eben dazumal gegen die Obotriten und Wilzen rüstete; damals war es, daß er zu Magdeburg für Otto jene berühmte Sonnenuhr verfertigte, für deren Richtigstellung er Beobachtungen des Polarsternes benützt hatte.

Das aus den Eingebungen eines schwunghaften Sinnes und Gemüthes geflossene Begehren des kaiserlichen Jünglings nach einem engeren Verkehr mit dem von ihm als Weiser verehrten Gerbert gibt zu erkennen, daß Otto die auch bei seiner Mutter und Großmutter aufgekommene Mißstimmung gegen Gerbert nicht kannte oder die Motive derselben einer näheren Berücksichtigung nicht werth erachtete. Man hatte es am Ottonenhofe augenscheinlich ungern gesehen, daß Gerbert, nachdem er Arnulph verlassen hatte, sich zu König Hugo begab und sich demselben gleichsam in die Arme warf; die Erhebung des mit Hugo verbündeten Gerbert zum Rheimser Erzbischof schien das Rheimser Gebiet dauernd an die neuentstandene französische Dynastie zu ketten und den vordem daselbst unter Adalbero mächtig waltenden deutschen Einfluß gänzlich zu beseitigen. Später, als Gerbert Rheims verlassen und zu Otto sich begeben hatte, wünschte allerdings die Kaiserin Adelheid, die in die Stelle ihrer mittlerweile (a. 991) verstorbenen Schwiegertochter Theophano eingetreten war, daß Gerbert wieder nach Rheims zurückkehre und sich als Bischof zu behaupten trachte.[2]) Gerbert lehnte dieß[3]) als unmöglich ab, und erklärte sich auf's Neue dahin, daß er sich weder mit unwürdigen Mitteln auf dem ihm einst zuerkannten Posten behaupten wolle, noch aber auch das ihm zur Last gelegte Vergehen einer widerrechtlichen Besitzergreifung des Rheimser Bischofsstuhles zugestehen könne, sondern einfach das

---

[1]) Ep. 154.
[2]) Dieser Brief gilt den neuesten Forschern Olleris (p. CXLIII) u. A. als ein Brief der Gattin Hugo's, die gleichfalls Adelheid hieß.
[3]) Ep. 159.

Erfolglosigkeit seiner wiederholten Selbstvertheidigungen.

Urtheil der Kirche abwarten wolle. Er stellte sich der vom römischen Abte Leo geleiteten Synode zu Mouzon a. 995, auf welcher wohl deutsche Bischöfe, aber keine französischen erschienen, denen König Hugo daran theilzunehmen verboten hatte. Gerbert wiederholte daselbst seine Vertheidigung in einer längeren Rede,[1]) deren akademischer Zuschnitt den Kenner und Nachahmer der Alten verräth, die aber vor der Hand keinen anderen Erfolg hatte, als daß ihm aufgegeben wurde, sich bis zu einer folgenden, im nächsten Monat nach Rheims zu berufenden Synode aller gottesdienstlichen Acte zu enthalten. Die beantragte Synode trat indeß nicht zu Rheims, sondern zu Coucy zwischen Laon und Noyon zusammen, ohne daß es zu einer Entscheidung gekommen wäre, weil der gefangen gesetzte Arnulph nicht anwesend war. Dieser erschien auf einer noch in demselben Jahre abgehaltenen Synode zu Senlis, vor welcher er, sowie neuerdings Gerbert, ihre Sache führten; indeß auch diese führte zu keinem definitiven Resultate. Arnulph mußte auf König Hugo's Geheiß in den Kerker zurückwandern, Gerbert begab sich nach Rom, um persönlich vor dem Papst seine Angelegenheit zu vertreten. Daß diese seine Bemühungen abermals mißlangen und mißlingen mußten, braucht kaum ausdrücklich erwähnt zu werden. Die Sache, um die es sich handelte, betraf nicht die Frage persönlicher Würdigkeit, sondern eine Frage des Rechtes und der kirchlichen Ordnung, bezüglich welcher bereits Abt Leo die unabänderliche Ansicht Roms kund gegeben hatte. Da nun überdieß in demselben Jahre (996), in welchem Gerbert in Rom vergebliche Schritte gethan hatte, König Hugo starb, Gerberts ehemaliger Zögling Robert aber nach Verstoßung seiner rechtmäßigen Gemahlin zu einer von Gerbert mißbilligten Ehe mit Bertha, der Wittwe des Grafen Odo geschritten war, so gab Gerbert seine Beziehungen zu Frankreich und zum französischen Königshofe für immer auf, um fortan wieder einzig dem Ottonenhause anzugehören, und die Gedanken, Wünsche und Strebungen seines Lebens in engster unzertrennlicher Verbindung mit demselben zu verfolgen.

Dazumal, als Gerbert selbst nach Rom sich begab, um daselbst seine Sache zu vertreten, war Papst Johann XV nicht

---

[1]) Mitgetheilt bei Richer Hist. IV, c. 102—105. — Olleris p. 245—250. — Migne tom. 189, p. 194 ff.

mehr unter den Lebenden. Er hatte einen Nachfolger in dem jugendlichen Bruno, einem nächsten Verwandten des sächsischen Königshauses erhalten, der von seinem kaiserlichen Vetter Otto III auf dessen ersten Römerzuge (996) als Papst designirt, und vom römischen Klerus und Volke freudig anerkannt worden war. Bruno nahm als Papst den Namen Gregor V an, und gibt sich durch seinen Namen so wie durch seine Beziehungen zum Kloster Clugny als einen Vorläufer jenes großen Gregor VII zu erkennen, der die auf höchste Sittenstrenge und Weltverlängnung des Klerus gegründete Unabhängigkeit und Machtstellung der Kirche zur bewegenden Idee seines Lebens gemacht hatte. Der von Clugny's geistigem Einfluß beherrschte streng kirchliche Theil der französischen Geistlichkeit begrüßte Gregor's V Pontificat mit Jubel, und erkannte in der Wahl dieses Mannes eine Antwort auf die Auslassungen, welche sich Arnulph von Orleans auf der Rheimser Synode gegen Rom und die Päpste gestattet hatte; die Welt sah nunmehr wieder einen Papst, der nicht minder durch Sittenstrenge als durch wissenschaftliche Bildung ausgezeichnet war, und zufolge des Machtschutzes, den ihm das sächsische Kaiserhaus lieh, auch im Stande war, dem factiösen Treiben des römischen Adels zu begegnen, was die Partei des anfänglich mit Schonung behandelten Crescentius zur Genüge erfahren sollte. Eben dieser Papst wollte aber von dem auf die Zeit vor Pseudoisidor zurückgreifenden Standpunct eines Theiles der französischen Bischöfe nichts wissen. Gleich in den ersten Tagen seines Pontificates trat die Rheimser Angelegenheit an ihn heran, indem mit Otto's Heere auch der neugewählte Bischof Herluin von Cambray nach Rom gekommen war und sich beschwerte, die bischöfliche Weihe in Rheims nicht erhalten zu können, da weder Arnulph noch Gerbert dieselbe vorzunehmen im Stande seien. Der Papst nahm auf dieses die Weihe in eigener Person vor, und bezeichnete Gerbert als einen Eindringling, obschon derselbe dazumal in Rom anwesend war und in der Umgebung Otto's sich befand.[1]) Bald darauf erschien Abbo von Fleury, welcher sich der freundlichsten Aufnahme erfreute, und von Gregor beauftragt wurde, Arnulphs sofortige Freilassung zu

---

[1]) Vgl. Migne tom. 137, p. 904 ff.: Privilegium Gregorii V pro ecclesia Cameracensi.

### Gerbert zum Erzbischof von Ravenna erhoben.

verlangen und demselben das Pallium zu überbringen.[1]) Die an der Absetzung Arnulphs betheiligt gewesenen Bischöfe wurden zu einer Synode nach Pavia beschieden; da sie nicht erschienen, wurden sie zusammt Adalbero von Laon, dem feindseligen Wiedersacher Arnulphs zeitweilig ihrer gottesdienstlichen Functionen enthoben.[2])

Gerbert gehörte seit seinem Weggange aus Frankreich zur engsten und vertrautesten Genossenschaft Otto's, der in den Traditionen der sächsischen Herrscherfamilie erzogen, die bedeutendsten und geistig hervorragendsten Männer seines Zeitalters an sich zu ziehen bemüht war und überdieß in Gerbert einen Freund seines Hauses ehrte. Otto sah es als eine Ehrensache an, Männer, welchen er Belehrung und geistige Förderung verdankte, königlich zu belohnen. Wie sein erster Lehrer, der gelehrte Calabrese Johannes mit dem Bisthum Piacenza belohnt (988), sein zweiter Lehrer und eigentlicher Jugendbildner Bernward auf den Bischofsstuhl von Hildesheim erhoben worden war (993), so sollte auch Gerbert, der schon nach seinem Weggange von Rheims mit einer Besitzung im Elsaß beschenkt worden war,[3]) für das nach des Papstes entschiedenem Willen schlechterdings nicht mehr zu erlangende Rheims durch eine andere Metropolie vollgültig entschädiget werden; Gregor V verstand sich auf Otto's Anbringen dazu, das Erzbisthum Ravenna an Gerbert zu übertragen (998), und ertheilte demselben am Tage vor der Enthauptung des Crescentius das Pallium.[4]) Dazu kam noch die Verleihung der Abtei Nonantula und die Wiedereinsetzung in den Besitz von Bobbio.

---

[1]) Ueber Abbo's Verhältniß zu Gregor siehe unten Cap. VIII bei Besprechung der Briefe Abbo's. Daß Arnulph von Rheims nicht schon zu Lebzeiten des Königs Hugo restituirt wurde, wie zuerst Hugo von Fleury, und später Baronius behaupteten, zeigt Olleris p. CLIV.

[2]) Inhalt der Beschlüsse der Synode angegeben in Gregor's V Brief an Williges Migne tom. 137, p. 913 f.

[3]) Vgl. Ep. 189: Et quia, ut magnifices magnifice, magnificum Sasbach contulistis, aeterno imperio vestro aeternum se dedicat vester Gerbertus.

[4]) Hoc te nihilominus admonentes — sagt Gregor V in dem das Pallium begleitenden Schreiben — ut sicut a nobis hujus decoris usum ac sacerdotalis officii honorem accepisse te gaudes, ita etiam morum atque actuum probitate susceptam in Christo sacerdotium adornare contendas. Sic enim alterno aeris honore conspicuus, si cum habitu corporis mentis quoque bona concordant, ut foris compositus, intus autem directus, Deo cum Propheta vere dicere possis: Provideo Deum in conspectu meo semper, ut sit a dextris mihi, ne commovear (Psalm. 15). Epist. Greg. V ad Gerbertum Ravenn. Episc. Migne tom. 137, p. 922.

Gerbert bekleidete die neue Würde kaum ein volles Jahr. Gleichwohl fallen in diese kurze Zeit mehrere wichtige Acte seiner kirchlichen Amtsthätigkeit. Er hielt bald nach dem Beginne derselben eine Provinzialsynode, die sich mit Abschaffung localer Mißbräuche und Erneuerung altkirchlicher, in Vergessenheit gerathener Satzungen beschäftigte. Im Herbste des J. 998 wohnte er der in Gegenwart des Kaisers abgehaltenen Synode der oberitalienischen Bischöfe in Pavia an, die unter Anderem auch die Regelung des kirchlichen Pachtwesens zum Gegenstande hatte; eine Angelegenheit, deren Bedeutung weiter unten näher zur Sprache kommen wird. Gegen Ende des Jahres hatte eine große Synode in Rom statt, auf welcher vorzugsweise die Angelegenheiten der französischen Kirche abermals in's Auge gefaßt wurden. Es handelte sich um die feierliche Verdammung der Scheinehe des Königs Robert mit Bertha; die beiden Scheingatten wurden zu siebenjähriger Buße verurtheilt, der Erzbischof von Tours, der die Ehe eingesegnet, wurde zusammt den ihm assistirenden Bischöfen excommunicirt, bis sie Buße gethan haben würden. Wie Gerbert zu Pavia die Seele der Verhandlungen war, so hatte er auch die zu Rom gefaßten Beschlüße als der erste nach dem Papste zu unterschreiben — ein Act, der ihm in Erinnerung an das zu seinem gewesenen Zögling Robert einstmals bestandene Verhältniß peinliche Empfindungen erweckt haben dürfte.

Man hat die seit Gregor's V Pontificat völlig veränderte Stellung Gerberts zu Rom und zum Papstthum mancherseits als einen durch Motive persönlichen Interesses bewirkten Gesinnungswechsel anzusehen sich gewöhnt, der auf seinen persönlichen Charakter kein günstiges Licht werfen würde. Wir halten dieses Urtheil nicht bloß für unbillig, sondern für ein geradezu verfehltes. Richtig ist, daß sich in ihm angesichts einer Achtung gebietenden Repräsentation des Papstthums und zufolge seiner persönlichen Berührungen mit einem hervorragenden Träger der Macht und Würde desselben eine Umstimmung vollzog, welche ihn, den Idealisten und Platoniker, die geschichtliche und kirchlich-politische Bedeutung des Papstthums mit anderen Augen ansehen lehrte, als er es ehedem nach der ganzen Art seiner Bildung und zufolge der aus der Geschichte des Papstthums im 10. Jahrhundert in sein Denken aufgenommenen Eindrücke zu beurtheilen gewohnt war. Er mußte durch die Erfahrungen des Lebens dahingeführt werden, eine Institution, die dazumal erst in der allmählichen Entwickelung ihrer vollen gigantischen Größe begriffen war, aus dem selbsteigenen Standpuncte ihrer Träger zu würdigen, der sich ihm in dem Grade näher rückte, als er die moralische Macht des Papstthums kennen lernte, und ihm die Idee der hohen weltumspannenden Culturmission desselben aufgieng.

# Fünftes Capitel.

Gerbert als Papst Sylvester der Zweite. Allgemeine
Zustände der Kirche in Gerberts Zeitalter.

~~~~~~

Der jugendliche Papst Gregor V. starb nach kaum dreijähriger Regierung (3. Mai 996—18 Febr. 999. und kaum dreißigjährig eines unerwarteten Todes. Einige Wochen später bestieg auf Otto's Ruf Gerbert den päpstlichen Thron, und nahm bezeichnender Weise den Namen jenes Papstes an, zu welchem das altrömische Kaiserthum in Constantins Person zum ersten Male als huldigende Schutzmacht in eine nächste Beziehung sich gesetzt hatte. Der von Gerbert gewählte Name drückte unmittelbar und vollständig sein Verhältniß zu Otto und zum römisch-deutschen Kaiserthum aus, und deutete mittelbar auch die Aufgaben und Ziele an, auf welche Gerbert seit seiner ersten Annäherung an Otto seinen kaiserlichen Zögling zu verweisen nicht müde wurde; nur daß Gerbert jetzt als Papst auch die Ueberordnung der durch das Papstthum repräsentirten christlichen Universalgemeinschaft über die durch das weltliche Kaiserthum ausgedrückte begränztere Weltherrschaft im Reden und Handeln Otto gegenüber betonte und zur Geltung zu bringen suchte.

Zwei Acte, welche in den Anfang seiner päpstlichen Regierung fallen, bekunden den Geist, in welchem er die Stellung der Kirche und des Papstthums auffaßte. Der erste ist ein Erlaß des Papstes Sylvester II an die Bischöfe der Christenheit[1]) die er mit

---

[1]) Sermo de informatione episcoporum. Olleris 269 ff. (Migne tom. 139, p. 169 ff.) Olleris bestreitet die Urheberschaft Gerberts (p. CLXIV u. p. 566 f.) und hält dafür, daß dieser Sermo vor dem 10. Jahrh. abgefaßt worden sei. Die von Olleris vorgebrachten Bedenken verringern sich,

den Worten der Paulinischen Pastoralbriefe an die bischöflichen Pflichten erinnert, und unter allen Vergehungen am schärfsten die Simonie rügt; nicht dem Gelde, nicht der weltlichen Gewalt dürfe der Bischof sein Amt verdanken. Spricht er damit die Forderung einer moralischen Unabhängigkeit der Kirche von den weltlichen Gewalthabern aus, so betont er daneben auch entschiedenst die Superiorität der geistlichen Gewalt über die weltliche; der Schmuck und Prunk, die funkelnden Diademe der Fürsten verhalten sich zur erhabenen Würde des Bischofthumes wie das Blei zum Golde. Dem entsprechend brachte er dann weiter auch die Befugnisse des päpstlichen Stuhles in der Sache seines einstmaligen Nebenbuhlers des Rheimser Arnulph zur Geltung[1]). Die Sprache Sylvesters an Arnulph ist die Sprache erhabener Großmuth; da die wegen gewisser Ausschreitungen Arnulph abgenöthigte Abdication der nöthigen Zustimmung des römischen Stuhles entbehrte, so werde Arnulph hiemit durch denselben als restituirt erklärt; Niemand möge es forthin wagen, ihn je an seine einstmalige Schuld zu erinnern. Ring und Stab werde ihm jetzt durch den apostolischen Stuhl zurückgegeben; ebenso sei er ermächtiget, das Pallium zu tragen, und die sonstigen Rechte und Privilegien des Rheimser Metropolitenstuhles auszuüben; niemand auf Erden, selbst nicht Sylvesters Nachfolger, dürfe es wagen, die Arnulph hiemit zuerkannte Huld anzustreiten oder aufzuheben. Durch alles Dieses, namentlich aber durch die Verleihung von Stab und Ring an Arnulph, der dazumal schon als restituirt galt, ist auf das Entschiedenste ausgesprochen, daß weder der französische König, noch die französischen Bischöfe, sondern einzig und ausschließlich der heilige Stuhl das Recht der Entscheidung in Arnulphs Sache gehabt habe und gegenwärtig habe, und daß die einmal gefällte päpstliche Entscheidung unwiderruflich feststehe. Zugleich aber erscheint

---

wenn der Sermo, statt als Erlaß Gerberts als Erzbischof von Ravenna genommen zu werden, als Mahnrede des auf St. Peters Stuhl in Rom thronenden Sylvester genommen wird. Classische Reminiscenzen an einstmalige römische Verhältnisse sind keine Anachronismen; der Theolog Sylvester verläugnet den ehemaligen Gerbert nicht. Die Erwähnung des Auftauchens häretischer Umtriebe läßt sich durch Rudolf glab. Hist. II, 11. 12 als geschichtlich richtige Angabe rechtfertigen.

[1]) Sylvester II Papa Arnulfo Remensi. Olleris p. 145 f.; Migne tom. 139, p. 273.

der Papst als der wahre und einzige Schützer der bischöflichen Rechte, und selbst Fehlende, die ihre Schuld bereuen, sollen in ihm einen Hort der Zuflucht haben. Est enim Petro ea summa facultas — sagt Papst Sylvester zu Arnulph — ad quam nulla mortalium aequiparari valeat Felicitas. Arnulph kam noch in demselben Jahre persönlich nach Rom, und fand daselbst ehrenvolle Aufnahme; seine weitere Wirksamkeit in Rheims bewies, daß die vorausgegangenen Demüthigungen läuternd und reinigend auf ihn eingewirkt hatten. Er verwaltete das Rheimser Erzstift bis zu seinem Tode (†1023), und hinterließ den Ruf, durch seine Frömmigkeit und Wohlthätigkeit, durch seinen Eifer für Aufrechterhaltung der kirchlichen Zucht und Ordnung keinem anderen Bischofe neben ihm nachgestanden zu haben.

Mit gleichem Ernste, wie in die französischen Kirchenverhältnisse, griff er auch in die deutschen ein, obschon er es da mit einem Manne zu thun hatte, dessen resolute Schlauheit des gegen ihn aufgebotenen Ernstes spottete. Es war dies der ehemalige Merseburger Bischof Giseler, welcher den Kaiser Otto II. vermocht hatte, ihm nach des Erzbischofs Adalbert Tode (†981) das erledigte Erzbisthum Magdeburg zu übertragen. Da die Kirchengesetze den Uebergang von einem Bisthum auf ein anderes nicht gestatteten, so blieb Otto II, um den Wunsch seines ehrgeizigen Lieblings zu erfüllen, nichts anderes übrig, als das Bisthum Merseburg zu unterdrücken, um das Gebiet desselben an mehrere andere benachbarte Bisthümer zu vertheilen, wobei Giseler nicht vergaß, seinem neuerworbenen Bischofsitze einen Theil der Besitzthümer des verlassenen und abolirten Bisthum zuwenden zu lassen. Dieses Gebahren verletzte um so mehr, als es vom deutschen Volksgemüthe als ein Gottesraub empfunden wurde, begangen an einer Widmung des Dankes für den von Otto I erfochtenen Sieg über die Ungarn auf dem Lechfelde, durch welchen Deutschland von einer furchtbaren Plage befreit worden war. Kaiser Otto II mochte seine Willfährigkeit gegen Giseler bereuen, konnte sich aber nicht entschließen, das Geschehene rückgängig zu machen; Giseler lohnte ihm diese Nachsicht dadurch, daß er nach Otto's II Tode auf die Seite Heinrich's von Baiern, des Gegners des Ottonenhauses trat, gelangte aber

Die Sache Giselers v. Merseburg.

gleichwol nachträglich auch am Hofe des dritten Otto wieder zu einer bedeutenden Stellung. Der erste deutsche Papst, Sylvesters Vorgänger mochte das Treiben dieses Mannes nicht länger dulden, und brachte die Sache desselben auf der Synode zu Pavia a. 997 zur Sprache; Giseler wurde beschuldiget, widerrechtlich seinen Bischofstuhl verlassen und einen fremden an sich gerissen zu haben, daher er vor dem Richterstuhl des Papstes beschieden und für den Fall seines Nichterscheinens mit Amtsentsetzung bedroht wurde. Wer nicht kommen wollte, war Gisiler; Gregor regte demzufolge die Sache neuerdings auf der römischen Synode a. 998 an, auf welcher die Wiederherstellung des Merseburger Bisthums und eine genaue Prüfung des Verhaltens Giselers nebst den dem Resultate der Prüfung entsprechenden Maßnahmen beschlossen wurde. Da Gregor wenige Wochen nach diesem Concil starb, so gieng die weitere Verfolgung der Sache auf seinen Nachfolger Sylvester über, der in der That Giseler vorläufig seines Amtes enthob und nach Rom citirte; dieser ließ sich jedoch in Rom wegen schwerer Krankheit entschuldigen, die ihm das Erscheinen in Rom unmöglich mache. In Folge dessen wurde das Urtheil über ihn verschoben und einem deutschen Nationalconcil übertragen. Giseler fühlte nun wol, daß es nahezu um ihn geschehen sei; gleichwol gab er die Hoffnung nicht auf, sich gegen den päpstlichen Spruch zu behaupten. Als Otto im Beginne des Jahres 1000 aus Italien wieder nach Deutschland kam, und zu Regensburg von den Fürsten und Herren der deutschen Länder begrüßt wurde, fand sich auch Giseler ein, und soll wenigstens für einen Augenblick Gnade beim Kaiser gefunden haben, daher er es sich nicht nehmen ließ, sich dem Gefolge des nach Gnesen ziehenden Kaisers anzuschließen. Als Otto von Gnesen nach Magdeburg zurückkam, stellte er nunmehr das entschiedene Ansinnen an Giseler, Magdeburg aufzugeben und nach Merseburg zurückzukehren. Durch Bestechungen wußte Gisiler einen Aufschub zu erwirken; die Sache selber sollte an einem hiezu bestimmten Tage in Quedlinburg untersucht und in's Reine gebracht werden. Als dieser Tag abgehalten werden sollte, ließ sich Giseler wieder durch Krankheit entschuldigen. Auf einem weiteren Concil zu Aachen erschien er zwar, wußte sich aber eine weitere Frist bis zum Zusammentritt einer allgemeinen Kirchenversammlung zu erwirken, und brachte es in der That dahin, daß er noch als Erzbischof von Magdeburg sterben konnte (Anfang des J. 1004). Erst nach seinem Tode wurde durch Kaiser Heinrich II das Merseburger Bisthum wiederhergestellt.

Mit exemplarischer Strenge gieng Sylvester, ohne Zweifel in der Absicht, den dazumal allüberall vorkommenden Räubereien und Schädigungen am Kirchengute mit Nachdruck zu begegnen, gegen den Grafen Arduin von Jvrea, einen der mächtigsten und gewaltthätigsten Räuber vor. Dieser Arduin hatte sich, auf seine einflußreichen Familienverbindungen gestützt, seit Langem die schamlosesten Bedrückungen und Beeinträchtigungen der benachbarten Bischöfe gestattet, und sein Absehen zunächst auf die Besitzthümer der lombardischen Kirche gerichtet, verfolgte aber noch weiter greifende Pläne, die auf nichts Geringeres, als auf Gründung eines nationalen erblichen Fürstenthums giengen. Er leitete seine Unternehmungen gegen die geistlichen Lehensherren damit ein, daß er ihre niederen Vasallen zum Treubruche beredete, und sich mit ihnen zu räuberischen Angriffen auf kirchliche Besitzthümer verband. So überfiel er a. 996 den Bischof Peter von Vercelli, plünderte dessen Kirche und steckte sie in Brand, wobei der Bischof selber in den Flammen den Tod fand. Da es ihm gelang, die Wahl eines ihm ergebenen Mannes als Nachfolger desselben durchzusetzen, so blieb sein Frevel ungestraft. Durch diesen Erfolg ermuthiget, griff er den Bischof Warmund von Jvrea an, verjagte ihn und plünderte die Güter seiner Kirche. Warmund sprach in Vereinigung mit den lombardischen Bischöfen den Bann über ihn aus, der aber keine Wirkung übte, so lange demselben nicht durch Kaiser und Papst Nachdruck gegeben wurde. Deßhalb klagten die Bischöfe gegen ihn auf der Synode zu Pavia 998 vor dem Kaiser, der aber in Abwesenheit des Papstes, und wol auch aus Rücksicht auf den Markgrafen Hugo von Tuscien, dessen Tochter Arduins Sohn Ardicin geehlichet hatte, die Entscheidung verschob. Der Papst Gregor V, an welchen sich hierauf die Bischöfe wendeten, ließ wol ernste Ermahnungen und Drohungen an Arduin ergehen, mußte aber auch in dieser Angelegenheit die endgiltige Abthuung seinem

seine Reclamen für das Besitzrecht des Stuhles Petri.

Nachfolger überlassen. Dieser säumte denn auch nicht, vollgiltige Abrechnung mit Arduin zu halten, nachdem die Gelegenheit hiezu sich gefunden hatte. Ein im Vertrauen Otto's III hochstehender Geistlicher, der Mönch Leo war zum Bischof von Vercelli erhoben worden, welcher, sobald er sein Amt angetreten hatte, nicht säumte, die von Arduin gegen seinen Vorgänger geübten Gewaltthaten und Schandthaten vor Kaiser und Papst zur Sprache zu bringen. Arduin wurde vor eine römische Synode citirt, und über sein gesammtes Treiben zur Rechenschaft gezogen; der Papst verhängte über ihn die furchtbarsten Strafen des Bannes, die ihn nöthigten für immer Welt und Menschen zu meiden, und bis zur Todesstunde vom Genuße des Abendmahles ausschloßen; der Kaiser aber verhängte über ihn die Reichsacht, entsetzte ihn seiner Aemter, und zog seine Güter ein, die sofort der Kirche von Vercelli zufielen, deßgleichen die Güter seines Sohnes Ardicin, der sich ähnlicher Gewaltthaten gegen die Kirche schuldig gemacht hatte.

Als Papst sah sich Gerbert natürlich auch in die Lage versetzt, für die Besitzrechte des Stuhles Petri einzutreten, und scheint seine hierauf gerichteten Forderungen in einer Otto mißfälligen Form zur Sprache gebracht zu haben. Schon Gregor V hatte acht Grafschaften in der Romagna als Besitzthum des römischen Stuhles reclamirt, Otto aber dieselben der Verwaltung durch einen kaiserlichen Beamten zugewiesen. Das von Sylvester erneuerte Begehren wurde vom Kaiser zwar bewilliget,[1]) jedoch nicht in der Form einer rechtlich schuldigen Rückerstattung, sondern einer freiwilligen Schenkung aus besonderer Rücksicht auf die Person Sylvesters, unter nicht freundlichen Hindeutungen auf gewisse Fictionen angeblicher Schenkungen Constantins oder Karls des Kahlen an den päpstlichen Stuhl, und auf die schlechte Gebahrung einzelner Päpste, durch deren Schuld vieles vom Besitze der römischen Kirche verschleudert worden sei, während man nebenher den Kaiser mit ungebührlichen Forderungen beschwerlich falle. Gegen die Echtheit dieses Schriftstückes wurden freilich begründete Bedenken erhoben;[2]) es fehlt

---

[1]) Abdruck des bezüglichen Documentes bei Hock S. 225 ff.
[2]) Vgl. Wilmans in Ranke's Jahrbüchern für Gesch. II, 233—243; Olleris p. 551—554. Für die Echtheit stehen Gfrörer (K. Gesch. VII, 1570 ff.), Döllinger, Ficker, Stumpf, Giesebrecht ein.

indeß nicht an anderen Belegen eines momentan gespannten oder getrübten Verhältnisses zwischen Otto und Gerbert.[1]

Beide, Kaiser und Papst, fühlten sich indeß zu sehr aneinander gewiesen, als daß sie einander entbehren gekonnt oder gewollt hätten. Sylvester war an Otto's Schutz, Otto an Sylvester's Rath angewiesen; Beide begegneten sich überdieß in dem gemeinsamen Gedanken einer von Rom aus zu übenden Doppelherrschaft, Rom sollte den Mittelpunct der geistlichen und weltlichen Weltherrschaft bilden. Daß Sylvester an die Möglichkeit eines römischen Weltkaiserthums glaubte, und somit nicht etwa, wie hin und wieder schon gemeint wurde, den Jüngling Otto mit kalter Berechnung irregeleitet habe, bedarf keines besonderen Beweises. Sylvester wünschte und mußte wünschen, daß die von Otto verfolgten Pläne einer weltkaiserlichen Herrschaft sich verwirklichen möchten; daß aber diese Wünsche politischen Idealen entsprachen, die sich in seiner Seele gebildet hatten, ehe er auch nur von ferne an die Möglichkeit, selbst den päpstlichen Stuhl zu besteigen, denken konnte, ist eben so gewiß. Er konnte unmöglich hoffen, daß er den jugendlich kräftigen Gregor V überleben und als Erbe der Macht desselben eintreten werde; wenn er also, seit er sich Otto III zugewendet hatte, auf die weltkaiserlichen Ideale desselben einging, so that er es, weil die im Laufe des zehnten Jahrhunderts so hoch gestiegene Macht des Ottonenhauses nicht bloß eine Erneuerung, sondern eine Erweiterung des von Karl d. Gr. geschaffenen Kaiserthums, in dieser Erweiterung aber eine Annäherung an das einstmalige weltgebietende altrömische Imperatorenthum in Aussicht zu stellen schien. Die fortschreitende Christianisirung des germanischen und slavischen Europa begünstigte diese Erwartungen; denn die christianisirten Völker Europas mußten nach Sylvesters und Ottos gemeinsamer Anschauung dadurch, daß sie zu Rom als Mittelpunct der kirchlichen Gemeinschaft in Beziehung traten, auch zu dem mit dem Papstthum innigst geeinigten Kaiserthum in ein Schutz- und Unterordnungsverhältniß treten, und hatten jedenfalls im römischen Kaiser den höchsten weltlichen Herrn und Gewalthaber des Erdkreises zu erkennen. Sylvester

---

[1] Vgl. Gerbert Ep. 194; ferner zwei von Höfler (deutsche Päpste I, 330) berichtete Differenzen zwischen Otto und Papst Sylvester.

mochte es nicht für unmöglich halten, daß die verwandschaftlichen Verbindungen Ottos dereinst auch noch eine Verschmelzung beider Kaiserhäuser, eine Einigung der ost- und weströmischen Herrschaft in Einem Herrscherhause, natürlich in dem kräftigeren weströmischen, nach sich ziehen könne.[1]) Sein Gedanke an eine Wiedereroberung Jerusalems[2]) scheint mit einer derartigen Hoffnung und Erwartung zusammenzuhängen; denn jene Eroberung wollte er doch gewiß durch eine dem Papstthum ergebene Macht, also durch abendländische Waffen vollzogen wissen.

Sylvester konnte mit gehobener Zuversicht auf die Verwirklichung seiner kirchlich-politischen Ideale hoffen, da während seines kurzen Pontificates die unter der geistlichen Schutzherrschaft Roms geeinigte europäische Staaten- und Völkerfamilie einen Zuwachs von zwei Reichen als Gliedern dieser Familie erhielt. Otto unternahm, da er im Beginne des Jahres 1000 aus Italien nach Rom gekommen war, einen friedlichen Zug nach Polen, um in Gnesen, wo der Leib des heiligen Apostels und Martyrers Adalbert, seines Jugendfreundes ruhte, am Grabe desselben zu beten. An dieser Stätte sollte nach dem zwischen Sylvester und Otto vereinbarten Entschluße ein Erzstift gegründet werden, und dem neuzugründenden Erzbisthum, dessen erster Inhaber, Adalberts Halbbruder Gaudentius bereits von Sylvester die Bischofsweihe empfangen hatte, sieben Bisthümer unterthan sein, von welchen Polen und die vom Herzog Boleslaw hiezu eroberten Länder kirchliche Gesetze und Ordnungen zu erhalten hätten. Polen wurde bei diesem Anlaße zum Range eines besonderen christlichen Reiches erhoben, nur daß König Boleslaw Vasall des deutschen Kaisers, was er bis dahin war, bleiben sollte. In Deutschland wurde diese Maßnahme Ottos mit Gefühlen der Unzufriedenheit aufgenommen; sie stand aber im Zusammenhange mit Ottos ganzem politischem Systeme, der nun einmal sein Kaiserreich von Rom aus regieren und demzufolge an der fernen Nordostgränze Deutschlands nicht

---

[1]) Eine solche Hoffnung könnte selbst in Gerberts Worten an Otto (Ep. 154) stillschweigend enthalten liegen: Nescio quid divinum exprimitur, cum homo genere Graecus, imperio Romanus, quasi hereditario jure thesauros sibi graecae ac romanae repetit sapientiae.

[2]) Siehe Ep. 28: Ex persona Hierusalem devastatae universali ecclesiae.

einen widerwillig gehorchenden Vasallenherzog zum Unterthan, sondern einen ihm befreundeten und durch ein gemeinsames Interesse mit ihm verbündeten Ländergebieter zum Nachbar und Gränzhüter seiner eigenen Herrschaft haben wollte. In Sylvesters Geiste mochte sich hieran die Hoffnung knüpfen, daß dem neugegründeten Polenreiche die Aufgabe zugefallen sein möchte, dem Bereiche der abendländischen Kirchengemeinschaft nach Osten und gegen Griechenland hin eine Ausdehnung zu geben, welche durch deutsche Waffen nicht zu erringen war; der weite Bereich des slavischen Völkergebietes schien durch eine stammverwandte Herrschaft leichter und sicherer, als durch deutschen Zwang für eine dauernde kirchlich-politische Verbindung mit dem christlichen Abendlande zu gewinnen sein. Neben Polen begann sich eben dazumal auch Ungarn zu einem selbstständigen christlichen Reiche zu erheben; der Ungarnfürst Waik, welcher Christ wurde und in der Taufe den christlichen Namen Stephan annahm, verlangte von Sylvester die Genehmigung der kirchlichen Einrichtungen, die er mit Hilfe dreier ehemaliger Genossen des heiligen Adalbert in seinem Lande bereits eingeführt hatte, nebst der Vollmacht zur Gründung neuer Bisthümer und Abteien neben den bereits errichteten; diesem Begehren wurde endlich auch noch die Bitte um Verleihung der Königskrone beigefügt. Gerbert willfahrte allen Wünschen Stephans und sendete die Krone; am Metropolitansitze zu Gran wurde am 15. Aug. des Jahres 1000 feierlich die Krönung vollzogen, als Besiegelung der bereits von Stephans Eltern Gaisa und Sarolth begonnenen Umschaffung Ungarns in einen monarchischen Staat.

Otto war kaum länger als ein halbes Jahr aus Italien abwesend gewesen, und schon drängte ihn Sylvester zur alsbaldigen Rückkehr nach Rom. Der Kaiser weilte indeß während des Sommers und Herbstes in Oberitalien, und kam erst im Winter nach Rom, um daselbst das Weihnachtsfest zu feiern. Die Meldungen Sylvesters über drohende Aufstände waren leider nur zu wahr gewesen; als Otto in Rom eintraf, war Süditalien schon in offener Empörung gegen ihn begriffen, die selbst bereits in's römische Gebiet sich verpflanzte. Tibur mußte halb mit Gewalt, halb durch gütliche Ueberredung zum Gehorsam zurückgebracht werden; im Februar des J. 1001 brach in Rom selbst ein Aufstand aus, aus dessen Gefahren Otto durch das rasche Herbeieilen des Markgrafen Hugo von Tuscien und Heinrichs von Baiern gerettet wurde. Auf den Rath dieser seiner Retter verließ Otto, vom Papste und dem ihm theuren Bernward von Hildesheim begleitet, die Stadt, um sie nie wieder zu betreten. Bernward kehrte nach Deutschland zurück, Otto und Sylvester begaben sich nach Ravenna, woselbst Otto, nachdem er die Fastenzeit in strengen Uebungen zugebracht hatte, das Osterfest feierte. Einige Wochen später zog er mit den mittlerweile gesammelten neuen Kriegsschaaren vor Rom, ohne indeß nach vergeblichen Unterhandlungen einen ernsten Angriff zu wagen; er brach vielmehr gegen Benevent auf, das sich ihm ergab, worauf er wieder nach Ravenna zurückkehrte. Dazumal war ihm der heilige Romuald nahe, der den an strenge Bußübungen und beschauliche Andacht hingegebenen jugendlichen Herrscher gerne für immer dem Weltgetriebe entrückt hätte. Daran wollte indeß dieser vor der Hand nicht denken; er hatte vielmehr vor, mit ausreichenden Streitkräften eine entscheidende That gegen das ihm untreu gewordene Rom zu vollführen. Die aus Deutschland erwarteten Zuzüge trafen nicht in der von ihm erwarteten Vollzahl ein; im Gegentheil drang die Kunde von der in Deutschland gährenden Mißstimmung und von Anschlägen gegen ihn an sein Ohr. Seit länger hatte schon ein schleichendes Siechthum seine Jugendkraft zu untergraben begonnen; gleichwohl machte er sich nach Paterno, einer Burg auf dem Berge Soracte in der Nähe Roms auf, die Ankunft von Truppen aus Deutschland abwartend. Hier ereilte ihn der Tod (23. Jän. 1002); sterbend übergab er die Reichsinsignien dem wenige Tage früher mit zahlreichem Gefolge eingetroffenen Erzbischof Heribert von Köln, dessen Kommen als ein letzter Lichtblick in die trostlose Veröbung seiner rasch hinwelkenden Jugend gefallen war.

Der tragische Untergang des von hochfliegendsten Jugendhoffnungen und kühnsten Zukunftsträumen beseelten Kaiserjünglings, der auf dem Hochgipfel irdischer Größe und Herrlichkeit stand, war ein die damalige Welt tief erschütterndes Ereigniß. Niemand aber wurde von demselben schwerer betroffen, als Papst Sylvester, der in Otto seinen Schützer, seinen Freund, den hochsinnigen Träger seiner selbsteigenen weltumfaßenden Ideale und Zukunfts= pläne verlor, und in seinem Tode jenes hohe Haus untergehen sah, dessen vertrauensvolle Gunst ihn selbst zu den höchsten, einem Priester auf Erden erreichbaren Ehren emporgehoben hatte. In der That zieht sich nun sein Wirken in die geräuschlose Stille rein innerkirchlicher Acte und Functionen zurück. Mit den Römern wußte er nach Aufhebung der Belagerung der Stadt sich zu ver= gleichen, und kehrte in den Lateran zurück, den Kaiser um unge= fähr 16 Monate überlebend. Der Umstand, daß er in dieser letzten Zeit seines Wirkens von den Römern in keinerlei Weise beirrt wurde, zeugt immerhin von der Achtung, die er ihnen vor seinem Geiste und Charakter einzuflößen gewußt hatte. Nach Angabe des Chronisten Ademar, deren Wahrheit ihre Bürgschaft in sich selbst trägt, widmete er seine letzten Tage den Studien und Werken der Wohlthätigkeit. Der im letzten Lebensjahre Ottos ausgebrochene Jurisdictionsstreit zwischen Willigis und Bernward, das Kloster Gandersheim betreffend, in welchem Gerbert als oberster Richter erfolglos eingriff, wurde über des Kaisers Leiche vertagt, und erst vier Jahre nach Sylvesters Tode beigelegt. Sylvester starb am 12. Mai 1003, und wurde unter dem Porticus der Kirche St. Johann im Lateran beigesetzt; der dritte seiner Nachfolger, Sergius IV setzte ihm die Grabschrift.[1]) Mit Gerberts Tode stürzte das Papstthum wieder in die früheren Wirren vor Gregor V zurück; die Besetzung des päpstlichen Stuhles wurde auf mehrere Dezennien abermals von dem Treiben der römischen Adelsparteien abhängig, und öfter als einmal Sache schmählichen Handels, wobei letzlich selbst das gleichzeitige Vorhandensein von drei Inhabern des päpstlichen Stuhles nicht fehlte. Dazmal war es, wo aber= mals ein deutscher Kaiser, Heinrich III, mit kräftiger Ordnerhand eingriff, und der römischen Kirche in kurzer Zeit nach einander vier Päpste gab: Clemens II, Damasus II, Leo IX, und Victor II, von welchen die beiden ersten nur kurze Zeit, Damasus gar nur 23 Tage, die beiden letzteren zusammen durch acht Jahre den päpstlichen Stuhl innehatten. In die Regierung Leo's IX und

---

[1]) Mitgetheilt von Olleris p. CLXXXVI.

Stellung des Papstthums zur Zeit Gregors V u. Sylvesters II.

Victors II beginnt bereits das reformatische Wirken des großen Cluniacenser Mönches Hildebrand einzugreifen, mit dessen nachmaliger Erhebung das Papstthum seit Langem zum ersten Male wieder in eine völlige selbstmächtige Stellung eintrat und in Kraft seiner moralischen Ueberlegenheit über die Mächte und Factoren des damaligen Zeitlebens zu weltgebietender Hoheit emporstieg, welche es auf Jahrhunderte zur centralen Mitte der europäischen Staatenordnung machte.

Zu Gerberts Zeit schien das Papstthum von einer solchen weltgebietenden Hoheit noch weit entfernt zu sein. Die römische Kirche war zwar allgemein als der Mittelpunct der kirchlichen Einheit, der Papst als der höchste Leiter und Ordner der kirchlichen Angelegenheiten anerkannt, und übte als solcher auch eine oberstrichterliche sittliche Jurisdiction über die gesammte christliche Gesellschaft, zog Eheangelegenheiten regierender Häupter vor seinen Richterstuhl; er sah sich aber zur Wahrung seiner selbsteigenen moralischen Unabhängigkeit an den Beistand mächtiger Herrscher angewiesen, durch welche das Papstthum nicht nur gegen Vergewaltigungen durch die Adelshäupter und Dynasten Italiens geschützt, sondern zeitweilig sogar erst von dem Joche moralischer Knechtung, welcher es durch jene Vergewaltigungen anheimgefallen war, erlöst werden mußte. Während die in ihrem ersten Aufstreben begriffene Karolingerherrschaft dem Papstthum die Unabhängigkeit von Byzanz verschafft hatte, versuchte der von Crescentius dem Papste Gregor V als Gegenpapst entgegengestellte Johann von Piacenza (Johann XVI), der als Brautwerber für seinen ehemaligen Zögling Otto III mit dem griechischen Hofe Verbindungen angeknüpft hatte, mit Hilfe griechischer Unterstützung sich gegen den rechtmäßigen Papst zu behaupten. Vergebens warnte und beschwor der heilige Nilus, als Calabrese ein Landsmann Johanns, denselben, er möge seinem unheilvollen Beginnen entsagen; der Unglückliche fiel einer kaiserlichen Heerschaar in die Hände, die ihn grausam verstümmelte und blendete, Gregor V aber ließ ihn, um ihn moralisch zu vernichten, in schimpflichem Aufzuge durch die Stadt führen. Man wird nicht irren, wenn man in dieser Bestrafung Johanns zugleich auch einen entschiedenen Protest gegen jeden Versuch der byzantinischen Herrscher zu etwaigen weiteren Attentaten auf die Freiheit und Selbstständigkeit des Papstthumes erkennen will. Allerdings ist es glaublich, daß dem Crescentius und anderen kleinen Dynasten Italiens ein zeitweiliges Bündniß mit den Griechen zum Zweck einer Abwälzung des unbequemen deutschen Machteinflußes auf Italien willkommen gewesen sein würde; die Sache des Papstthums aber war in damaliger Zeit unlöslich mit jener des deutschen Kaiserthums verwachsen, und hatte in diesem die unentbehrliche Stütze seiner eigenen moralischen Selbstbehauptung. Das Werk der kirchlichen Reformation, das in der zweiten Hälfte des zehnten Jahrhunderts seinen Anfang nahm, gieng nicht von Rom aus; vielmehr bedurfte das Papstthum selber einer Reformation, um es zu den ihm bevorstehenden weltumfassenden Aufgaben zu befähigen, und die Bildungsschule der zu diesem Reformwerke von der Vorsehung berufenen Männer war das Kloster Clugny, dessen hohe Bedeutung auch Sylvester zu würdigen wußte.[1])

Wir haben bereits oben der von Clugny ausgegangenen Reform und Regeneration der klösterlichen Disciplin gedacht, deren belebender Einfluß auch nach Italien sich erstreckte. Tieferen und nachhaltigeren Eindruck auf Klerus und Volk in Italien scheinen jedoch zwei Männer, die auf italienischem Boden geboren waren, gemacht zu haben, der heilige Nilus in Süditalien, Romuald in Norditalien. Nilus, aus Rossana in Calabrien gebürtigt, gehörte der griechischen Kirchengemeinschaft an, und war im 30. Jahre seines Lebens in ein Basilianerkloster seiner Heimath getreten. Sein strenges Leben, sein in meditativer Beschaulichkeit gereifter tiefreligiöser Ernst, sein charaktervolles Auftreten und Handeln in der Berührung mit der Welt und den Menschen verschaffte ihm in seiner Heimath bald ein ungemeines moralisches Ansehen, welches durch den Ruf der Wundermacht noch erhöht wurde; selbst die Großen und Mächtigen nahten sich ihm nicht ohne Scheu und Befangenheit, und er wußte ihnen gegenüber seine moralische

---

[1]) Sylvester schreibt an Abt Odilo und die Cluniaceser: Vestris nos sanctissimis omni tempore committimus orationibus, et ut accipere dignemini, fidelibus exoramus petitionibus, quia in quocunque noster valuerit status, nullo modo vester defectum sentiet profectus. Migne tom. 139, p. 283 (Aus Mabillon Annal. tom. IV, p. 143).

Unabhängigkeit in würdigster Weise zu behaupten. Als man ihn zum Bischof von Rossano machen wollte, siedelte er in das lateinische Italien über und begab sich nach Montecassino, von dessen Abte er sich und seinen Gefährten einen Wohnsitz in der Nähe des Klosters erbat (Vallilucium). Nach 15 Jahren siedelte er aus Unmuth über die allmälich in Cassino einreißende Verweltlichung nach Gaeta über, wo er fortan verblieb, um von da seine mächtigen Weckrufe und Mahnungen nach allen Richtungen an das Volk, sowie an die Großen und Mächtigen ergehen zu lassen. Er starb als ein Greis von 95 Jahren († 1005), während der um ein Jahr früher geborne Romuald das gottgesegnete Alter von 120 Jahren erreichte. Mit beiden Männern kam auch der junge Otto in Berührung; bei Nilus hielt er sich um die Zeit von Gregor's V Tode auf, in Romualds Nähe brachte er jene traurigen obenerwähnten Wochen zu, die seinem letzten Zuge gegen das von ihm abgefallene Rom vorausgiengen. Otto hatte ihn auf seinem ersten Römerzuge kennen gelernt; er war ihm dazumal als derjenige Mann bezeichnet worden, der geeignet wäre, das Kloster Classe in Ravenna zu reformiren. Romuald nahm nach langer Weigerung die ihm angetragene Abtswürde an, legte sie aber, da seine ernste Strenge die Widerspenstigkeit der Mönche reizte, alsbald wieder in die Hände des Kaisers zurück. Statt dessen gründete er auf der Insel Pereum bei Ravenna ein Musterkloster, welches auserlesenste Männer der Kirche jener Zeit in sich aufnahm, darunter jene Missionäre der östlichen Slavenländer, die wir unten näher kennen lernen werden. Romuald schickte selbst zu einer derartigen Missionsreise sich an, kehrte aber auf des Papstes Befehl wieder um, und widmete die noch übrige Zeit seines Lebens der Reform und Stiftung von Klöstern in Italien. Die bedeutendste unter diesen späteren Schöpfungen ist Camaldoli, welche für Italien eine ähnliche Bedeutung erlangte, wie Clugny für die jenseits der Alpen gelegenen Länder. Romualds Wirken führte zwar nicht unmittelbar eine sittliche Reform des italienischen Gesammtklerus herbei, half aber die Möglichkeit derselben vorbereiten und trug wesentlich mit dazu bei, die allwärts vorhandenen Keime des Besseren lebendig zu erhalten. Damit wurde dem nachfolgenden entschiedenen Eingreifen des reformirten Papstthums in die verderbten Zustände der Kirche der Weg geebnet und die Aufgabe erleichtert.

Der gefeierte Missionär dieses Zeitalters war der Böhme Adalbert der Heilige, einem der edelsten Geschlechter seiner Heimath entstammt, und mittelbar selbst dem deutschen Kaiserhause verwandt. Ursprünglich hieß er Woytiech; Adalbert wurde er später nach dem ersten Bischof von Magdeburg genannt, woselbst er unter Orthrik's Leitung seine Jugendbildung erhielt. Nach Böhmen zurückgekehrt wurde er zum Priester geweiht; die innere Erweckung aber wurde in seiner Seele bewirkt durch den sterbenden Prager Bischof Thietmar, dessen demüthige Selbstanklage über die geringen Erfolge seiner schwierigen Amtswirksamkeit aus dem bis dahin sorglos unbefangenen Adalbert einen zerknirschten Büßer machte. Adalbert wurde (a. 983) Nachfolger jenes ersten Prager Bischofes, und gab seine innere Umwandlung eben so sehr durch offenkundige ascetische Strenge gegen sich selbst, als auch durch entschiedene Bekämpfung der sittlichen Mißstände des nur langsam und widerwillig an die christliche Zucht sich gewöhnenden Volkes kund, worüber er bald in schwere Kämpfe mit den Mächtigen des Landes gerieth. An der Möglichkeit eines gedeihlichen Wirkens verzweifelnd verließ er nach sechs Jahren heimlich das Land, und wollte mit Zustimmung des Papstes nach Jerusalem pilgern, gab aber dieses Vorhaben auf, und gedachte sich in Vallelucc dem heiligen Nilus anzuschließen, der ihn aber an seinen Bruder, den uns schon bekannten römischen Abt Leo wies. In Rom also, im Kloster der HH. Bonifacius und Alexius, legten Adalbert und sein Halbbruder Gaudentius die Klostergelübde ab. Drei Jahre verlebte Adalbert innerlich tief beglückt im Kloster; da nöthigte ihn ein bestimmter Befehl des Papstes, nach Prag zurückzukehren (992), um die mittlerweile völlig in Verfall gerathene kirchliche Lebensordnung seines Vaterlandes wieder neu herzustellen. Er überzeugte sich aber neuerdings, daß in einer Wirksamkeit auf dem Prager Bischofsstuhle für ihn kein Trost zu finden sei; auch Ungarn, wo er ähnliche Zustände eines verderbten halbheidnischen Christenthums vorfand, schien ihm kein geeigneter Boden für ein priesterliches Wirken. So kehrte er

### Der heilige Adalbert von Böhmen.

denn wieder in sein geliebtes Kloster in Rom zurück, und versah in demselben zeitweilig die Stelle des als päpstlicher Legat nach Deutschland gesendeten Abtes Leo.[1]) Als Willigis, in dessen Metropolitanverband damals das Bisthum Prag gehörte, als Begleiter Otto's III auf dessen erstem Römerzuge nach Rom kam, drang er abermals auf Adalberts Rückkehr zu dem verlassenen Bischofssitz; Gregor V befahl ihm die Rückkehr, nur für den Fall, daß die Böhmen ihn nicht aufnehmen wollten, sollte ihm gestattet sein, als Glaubensbote zu den Heiden zu gehen. Adalbert zog im Gefolge des Kaisers nach Deutschland, und trat während dieses Zuges in ein näheres Verhältniß zu Otto, das stets inniger wurde, so daß der Kaiser ihn kaum von seiner Seite lassen wollte, und sich endlich nur mit Schmerz von ihm trennte. Adalbert nahm seinen Weg nach Polen zu Herzog Boleslav, ließ aber in Böhmen anfragen, ob man ihn aufnehmen wolle. Da die von Adalbert erwünschte abweisende Antwort eintraf, unternahm er mit Boleslavs Unterstützung eine Wanderung zu einzelnen, von demselben theilweise unterworfenen Stämmen am Meere, den Pommern und Preußen, begleitet von Gaudentius und einem anderen Priester, Namens Benedict. Das von Adalbert gewählte Arbeitsfeld war für sein heiliges Unternehmen noch nicht vorbereitet; er fand nach mühevollen Wanderungen den Martyrtod, seine beiden Genossen wurden eingekerkert, erlangten aber später wieder die Freiheit. Dem in Rom weilenden Freunde Adalberts, Johannes Capanarius, wurde der Martyrtod desselben durch ein Gesicht kundgethan, und eben so auch dem heiligen Nilus geoffenbart. Otto III wurde durch dieses Ereigniß auf das Tiefste ergriffen, und die im J. 999 von ihm vorgenommenen strengen Büßungen scheinen zum weitaus größten Theile durch die Erinnerung an den verklärten Freund hervorgerufen worden zu sein; ein Kloster, das er auf Romualds Bitten a. 1000 auf Pereum errichtete, wurde nach dem Namen des verklärten Adalbert benannt und erhielt die Bestimmung, Missionäre für Polen und Ungarn zu bilden.

---
[1]) Aus der Zeit dieses seines zweiten Aufenthaltes im Alexiuskloster zu Rom datirt seine Homilia in Natale S. Alexii confessoris. Aus den Bollandisten abgedruckt bei Migne tom. 137, p. 895 ff.

### Der Heidenbekehrer Bruno von Querfurt.

In die Fußtapfen Adalberts trat Bruno von Querfurt, ein Seitenverwandter des sächsischen Königshauses, der bei der Firmung den Namen Bonifacius erhielt, Domherr in Magdeburg wurde, und durch seine Aufnahme in die königliche Capelle (Kanzlei) den Weg zu den höchsten Ehrenstellen offen hatte. Auf dem ersten Römerzuge Otto's III kam er im Gefolge desselben nach Rom, besuchte das Alexiuskloster, in welchem Adalbert dazumal sich aufhielt, und wurde von den Eindrücken, die er daselbst in sich aufnahm, so gefesselt, daß er gleichfalls demselben angehören wollte. Er trat sonach in dasselbe um jene Zeit, als es Adalbert auf höheres Geheiß verlassen mußte. Ein paar Jahre später schloß er sich mit zwei Mönchen desselben Klosters, Benedict und Johann, und einem Sohne des Polenherzogs dem heiligen Romuald an, um nach Pereum überzusiedeln, und in das zu Adalberts Andenken errichtete Kloster einzuziehen. Als Herzog Boleslav von Otto Missionäre für sein Volk verlangte, wendete sich der Kaiser an sein Kloster in Pereum; Johann und Benedict folgten augenblicklich dem ergangenen Rufe, Bruno-Bonifacius steckte sich ein weitergehendes Ziel, dessen Verfolgung sich einige Zeit verschob. Er wanderte barfuß nach Rom, wurde vom Papste Sylvester zum Erzbischof unter den Heiden ernannt, und empfing die Sendung nicht blos für Polen, sondern auch für die östlich davon gelegenen Länder, welchen er ein zweiter Bonifacius werden wollte. Als er nach Deutschland kam (a. 1004), war ein Krieg zwischen König Heinrich II und Herzog Boleslav entbrannt, daher ihm Heinrich rieth, vorläufig in Deutschland zu bleiben, zugleich aber durch den Erzbischof Tagino von Magdeburg die bischöfliche Weihe ertheilen ließ, womit die unverkennbare Absicht ausgedrückt war, die von Bruno-Bonifacius in den östlichen Ländern zu gründenden kirchlichen Stiftungen vom Erzstift Magdeburg als Metropole abhängig zu machen. Bruno wollte indeß nicht unthätig das Ende eines Krieges von unbestimmter Dauer abwarten, sondern begab sich nach kurzer Rast zunächst nach Ungarn, woselbst er Adalberts Freunde aufsuchte und namentlich mit Rabla engere Verbindung knüpfte. Da sich ihm in Ungarn kein geeigneter Wirkungskreis darbot, zog er a. 1007 weiter gegen Osten über Kiew, dessen

Großfürst sich der griechischen Kirche angeschlossen hatte, an den untern Don zu den Petschenzen, einem wilden und grausamen Volke, bis zu dessen Gränzmarken der Großfürst selber ihm das Geleite gab. Es gelang ihm unter drohendsten Gefahren das Unglaubliche, das wilde Volk für das Christenthum zu gewinnen, wobei freilich seine Rolle als Friedensvermittler zwischen den Petschenzen und dem Großfürsten sich hilfreich erwies. Er ließ einen seiner Gefährten als Bischof bei ihnen, und begab sich nunmehr nach Polen zu Boleslaw, der ihn trotzdem, daß er in einen neuen Krieg mit Heinrich verwickelt war, freundlichst empfing. Von Polen aus sandte er einen seiner Gefährten, den er zum Bischofe weihte, mit mehreren Begleitern als Missionär zu den Schweden, und hatte an Heinrich II. den glücklichsten Erfolg dieser Sendung zu melden. Er wollte nunmehr das Werk seines Lebens durch die Bekehrung jenes Volkes krönen, unter welchem sein verklärter Freund Adalbert als Blutzeuge geendet hatte; es war jedoch nicht der Wille der Vorsehung, daß ihm dieses Werk gelinge. Zudem unternahm er es unter den ungünstigsten Umständen, während nämlich Heinrich mit Boleslav noch immer im Kriege lag. Er durchzog das Preußenland, um an den östlichen Gränzen desselben mit seinen Gefährten auf dieselbe Weise, wie einst Adalbert zu enden; dem Herzog Boleslav gelang einzig, ihre unbestatteten Leichen mit schwerem Gelde von den Preußen einzulösen.

# Sechstes Capitel.

Die rechtliche und disciplinäre Ordnung und die verfassungsmäßigen Zustände der abendländischen Kirche in Gerberts Jahrhundert.

Die Erzählung der beiden vorausgehenden Abschnitte hat bereits dargelegt, daß die im Aufsteigen begriffene Macht des Pontificats in den innerkirchlichen Verhältnissen sich unmittelbarer und durchgreifender zur Geltung brachte, als im neunten Jahrhundert. In der Angelegenheit Arnulphs von Rheims wurde von vorne herein dem Papste das Recht der richterlichen Entscheidung zuerkannt, und das Vorgehen der französischen Bischöfe gegen Arnulph nur dadurch gerechtfertiget oder entschuldiget, daß eine von Rom ausgehende Entscheidung vergeblich abgewartet worden sei. Arnulph von Orleans, der Wortführer der königlichen Partei zieh nicht etwa die von den strengkirchlichen Mitgliedern der Synode ad S. Basolum angezogenen pseudoisidorischen Decretalen der Unächtheit, sondern beschränkte sich darauf, die bloß relative Geltung der angeführten Gesetzstellen zu erweisen, was er theils durch Berufung auf andere, davon Verschiedenes aussagende Stellen und Rechtsaussprüche, theils durch Reflexionen allgemeinerer Art, die sich in einen Protest gegen ein absolutistisches und entsittlichtes Willkürregiment der päpstlichen Curie zuspitzten, zu erweisen suchte. Diese Haltung Arnulphs und seiner Genossen gab nun auch schon die Schwäche des von ihnen eingenommenen Standpunktes kund; die Discrepanz der vorliegenden kirchengesetzlichen Bestimmungen bewies, daß die kirchliche Rechtsbildung in einem lebendigen Fluß begriffen sei, und daß neben den überlieferten geschriebenen Gesetzen

Der Gandesheimer Streit.

auch lebendige gesetzbildende Factoren in der Kirche vorhanden seien, unter welchen sich der päpstliche Wille nun einmal unbestreitbar als der mächtigere erwies. Die Machtüberlegenheit des Papstes über die ihm widerstrebenden Bischöfe wurde durch die kirchliche Zeitstimmung begünstigt; die auf sittliche Reform des Klerus, dringenden Elemente der Kirche suchten ihren Halt im Papstthum, das allein im Stande war, die in allen besseren lebendigen Reformgedanken mit durchgreifender Entschiedenheit zur allgemeinen Geltung zu bringen.

Die entschiedenere Betonung und das unmittelbarere Eingreifen der päpstlichen Machtvollkommenheit in die kirchlichen Ordnungen der Länder und Reiche des Abendlandes that natürlich den Metropoliten und Primaten derselben Eintrag, während umgekehrt die Suffraganbischöfe hiedurch zu einem höheren Grade von Selbständigkeit gelangten, indem sie den Metropoliten gegenüber im Papste eine Stütze zu finden hoffen durften, und jedenfalls in ein unmittelbareres Verhältniß zu demselben traten. Einen Beleg für dieses modificirte Verhältniß zwischen Bischöfen und Metropoliten bietet der oben schon berührte Gandersheimer Streit, in welchem sich der Fall darbietet, daß ein deutscher Bischof gegen seinen Metropoliten und ersten Kirchenfürsten des Reiches beim Papste Schutz für sein Recht suchte. Die Sache, um die es sich handelte, betraf allerdings nicht das Subordinationsverhältniß des Hildesheimer Bischofes zum Mainzer Erzbischofe, sondern vielmehr einen territorialen Gränzstreit von ziemlich untergeordnetem Belange; es fragte sich nämlich, welchem Bischof in dem auf der Gränze des Mainzer und Hildesheimer Kirchensprengels gelegenen Frauenkloster Gandersheim die bischöfliche Jurisdiction zustehe, dem Mainzer Erzbischofe, oder dem Bischof von Hildesheim. Willigis gerieth darüber mit zwei Hildesheimer Bischöfen in Streit; das erste Mal, als er sich um die Einkleidung der Prinzessin Sophie, Schwester Otto's III handelte, verglich er sich unter Vermittlung der Kaiserin Theophano mit dem Hildesheimer Bischof Osdag dahin, daß beide Kirchenfürsten zusammen die Einweihung der Prinzessin zur Nonne vornahmen. Das zweite Mal aber, als es sich (a. 1000) um die Einweihung der neugebauten Kirche des Klosters handelte, wollte der damalige Hildesheimer Bischof Bernward, Osdags Nachfolger nicht nachgeben, und wendete sich nach Vorausgang zweier ärgerlicher Auftritte, die im Kloster selber zwischen beiden streitenden Parteien vorgefallen waren, unmittelbar nach Rom, ohne sich um die von Willigis zur Entscheidung der streitigen Angelegenheit einberufene Synode zu kümmern, deren Beschlüße von Papst Sylvester auf einer römischen Synode (1. Febr. 1001) für nichtig erklärt wurden. Der Papst erkannte dem Hildesheimer Bischof feierlich die ihm bestrittene Jurisdiction über Gandersheim zu, und sendete den Cardinalpriester Friedrich, einen jungen aus Sachsen gebürtigen Geistlichen nach Deutschland, um auf einer nach Pöhlde berufenen Synode der sächsischen Bischöfe, auf welcher die päpstliche Entscheidung promulgirt werden sollte, zu präsidiren. Friedrich wurde von dem größeren Theile der deutschen Bischöfe unfreundlich aufgenommen; es kam zu stürmischen Scenen, Friedrich erklärte den Mainzer Erzbischof für zeitweilig seines Amtes enthoben, lud ihn und alle sächsischen Bischöfe vor ein demnächst in Italien abzuhaltendes Concil, und trat die Rückreise nach Italien an. Der weitere Verfolg der Sache wurde durch die Auflehnung der Römer gegen Kaiser Otto und die damit zusammenhängenden Wirren in's Stocken gebracht; auch hatte Willigis einen großen Theil der deutschen Bischöfe auf seiner Seite, so daß ein durchgreifendes Handeln gegen ihn auch hiedurch erschwert war. Ueberdieß erfolgte bald darauf des Kaisers Tod, und die unmittelbar danach eintretenden Ereignisse und Wirren drängten die Sache in den Hintergrund, bis a. 1007 Willigis, welcher Bernward für die noch unsichere Sache des neuen deutschen Königs Heinrich II zu gewinnen trachtete, freiwillig seinen Ansprüchen auf die Jurisdiction über Gandersheim entsagte. Derselbe Streit lebte nochmals auf zwischen Godhard von Altaich, der nach Bernwards Tode Bischof von Hildesheim wurde und Aribo, Willigis mittelbarem Nachfolger (1021—1031), der nebenbei auch durch die von ihm veranlaßten Beschlüße der Provinzialsynode von Seligenstadt (a. 1022) gegen den Zug der Zeit sich zu stemmen, und den päpstlichen Machtbefugnissen gegenüber die Rechte der Metropolitanhoheit zur wirksamen Geltung zu bringen versuchte. Seine hierauf abzielenden Bestrebungen waren indeß trotz der glänzenden Machtstellung, die er vorübergehend einnahm, eben so erfolglos, wie die Wiederaufnahme des Gandersheimer Streites, an dessen günstigen Entscheid er nach dem Fehlschlagen ungleich größerer Pläne seine letzte Kraft setzte, und als er auch hierin unterlag, gebrochen sein irdisches Dasein endete, das er mit einer Romfahrt beschloß.

Unter den Unterzeichnern der Seligenstädter Beschlüße findet sich auch der Name des frommen Burchard von Worms († 1025), welcher der Kirche seiner Zeit ein aus den dazumal vorhandenen kirchlichen Rechtsquellen zusammengestelltes kirchliches Gesetzbuch in 20 Büchern hinterließ. Die Seligenstädter Beschlüße sind als Anhang beigefügt; das Werk lag also um die Zeit jener Synode bereits vollendet vor. An dem Zustandekommen desselben hatte nach der Angabe Sigberts von Gembloux Burchards einstmaliger Lehrer Olbert von Laubes, später Abt in Gembloux beträchtlichen Antheil; den Anstoß zur Abfassung des Werkes gab sein Freund, der Probst des Wormser Domstiftes Brunicho, der auf das bringende Bedürfniß einer derartigen Unterweisung für die Geistlichkeit des Wormser Bisthums hinwies.[1]) Wir lernen aus dem Werke die gesammte äußere Kirchenordnung damaliger Zeit kennen — den Kirchendienst, Gottesdienst, die hierarchische Ordnung und Verfassung, das kirchliche Buß- und Gerichtswesen; das letzte Buch (Buch XX) ist lehrhaft dogmatischen Inhaltes, und enthält eine charakteristische Auswahl von Lehrstücken des kirchlichen Glaubens und Bekenntnisses, die durch längere und kürzere Stellen aus den Vätern und Lehrern der abendländischen Kirche beleuchtet werden. Als Quellen und Hilfsmittel des Werkes werden am Schluße der Vorrede namhaft gemacht die heiligen Schriften des A. T. und N. T., die Canones Apostolorum, die Werke des Gregorius Magnus und der drei anderen Kirchenlehrer des Abendlandes, ingleichen des Basilius des Großen, Benedict's und Isidors, die

---

[1]) Burchard selbst sagt in der Widmungsrede an Brunicho: Hunc meum laborem nemo ut collectitium aspernetur. Corte coëgit sacrarum in immensum Scripturarum diffusa amplitudo, nec non nostrorum negligentia, et inscitia sacerdotum, in hoc genere desudare, in quo colligere quidem licitum fuit, canones vero soli mihi sancire illicitum ..... Etiamsi nostrae provinciae limites non exierit, nihil omnino aegre feremus, modo nostrorum ministrorum manibus teratur.

Sammlungen von Beschlüßen der transmarinischen, deutschen, gallischen und spanischen Concilien, das Corpus canonum, die Decrete der Päpste, und drei Pönitentialbücher, das römische zusammt jenen Theodors und Beda's. Die Hauptquelle Burchards war indeß eine schon bestehende kirchliche Gesetzessammlung in 12 Büchern, die bloß handschriftlich vorhanden, aus dem Ende des neunten Jahrhunderts stammt, und eine Dedication an den Mailänder Erzbischof Anselm (888—979) vorweist; auch aus Regino nahm Burchards Einiges, namentlich in Bezug auf dasjenige, was jener aus den Capitularien und aus Hraban angeführt hatte, nur daß in Burchard Werk solchen Stücken in der Ueberschrift der Name irgend eines Papstes oder Concils vorgesetzt ist. Wie Burchards Sammlung vorausgegangene Werke ähnlicher Art zu ihrer Unterlage hat,[1]) so ist sie selbst wieder in Verbindung mit anderen, namentlich mit Anselms Sammlungen die Unterlage nachfolgender Zusammenstellungen von kirchlichen Gesetzen geworden, worüber des Näheren auf die rechtsgeschichtlichen Untersuchungen der Ballerini, Theiners, Wasserschlebens zu verweisen ist.[2]) Burchards Werk beginnt mit den Sätzen, daß Petrus der Zeit nach der erste Empfänger der priestlichen Binde- und Lösegewalt gewesen sei, daß die Fülle derselben in ihm geeinigt sei und deßhalb die causae majores vor seinen Richterstuhl zu bringen seien. So steht er, der Inhaber des ersten Bischofssitzes, über den übrigen Bischöfen, welche die Nachfolger der Apostel, gleichwie die Priester die Nachfolger der 70 Jünger des Herrn sind. Die Bischofswahl soll im Zusammenwirken von Klerus, Volk und Provinzialbischöfen vor sich gehen, und muß die Zustimmung des Metropoliten haben; die Ordination des erwählten Bischofes durch die Provinzialbischöfe wird auctoritate apostolica vollzogen. Provinzialsynoden sollen regelmäßig gehalten werden; ein Metropolit, der zwei Jahre verstreichen ließe, ohne eine Provinzialsynode zu berufen, würde

---

[1]) Unter diesen ist neben der Collectio Anselmo dedicata auch noch die Canonensammlung Regino's hervorzuheben. Burchard's Abhängigkeit von diesen seinen beiden Vorgängern darf indeß nicht über Gebühr betont werden; es ist nachgewiesen worden, daß nahezu die Hälfte des Inhaltes seines Werkes bei den erwähnten Vormännern sich nicht findet. Vgl. Maaßen in der Münchener krit. Vierteljahrsschrift Bd. V, Hft. 2, S. 190 ff.

[2]) Vgl. Walters Kirchenrecht (13. Aufl.), § 100.

sich auf die Dauer eines Jahres der Befugniß, das Meßopfer darzubringen, verlustig machen. Alle Bischöfe der Provinz sind schuldig, auf der Synode zu erscheinen, und dürfen sich vor Abschluß derselben nicht eigenmächtig entfernen; ohne Entschuldigung Abwesende verfallen der kirchlichen Ahndung. Lassen sie ein von einem päpstlichen Legaten präsidirtes Concil unbesucht, so untersagt ihnen dieser die Darbringung des Meßopfers, bis sie nach Rom gereist und daselbst durch den Papst von ihrer Schuld losgesprochen worden sind. Der Metropolit darf über Angelegenheiten der Bischöfe seiner Provinz nur unter Zuziehung sämmtlicher Bischöfe der Provinz verhandeln und entscheiden, sowie umgekehrt diese in den Angelegenheiten, die nicht ihre eigenen Diöcesen betreffen, nicht ohne den Metropoliten urtheilen und entscheiden dürfen. Ein seines Sitzes beraubter und vergewaltigter Bischof muß eher restituirt werden und nach der Restitution mindestens ein Jahr lang sein Amt ungestört ausüben können, ehe gegen ihn ein kanonisches Gerichtsverfahren eingeleitet werden kann; angeklagten Bischöfen darf die Appellation an den päpstlichen Stuhl nicht verwehrt werden. Eine vom Papste cassirte Verurtheilung eines Bischofes darf durch die Provinzialbischöfe nicht angetastet werden, ohne daß sie selbst hieburch der Kirchengemeinschaft verlustig würden.

Diese Sätze werden hinreichen, das zu Burchards Zeit geltende und allgemein anerkannte öffentliche Recht, soweit es die hierarchische Ordnung und Verfassung innerhalb der Kirche betrifft, zu charakterisiren. In Bezug auf das Verhältniß der kirchlichen Personen zu den weltlichen ist der Grundsatz hervorzuheben, daß Aussagen von Laien gegen Kleriker vor kirchlichen Gerichten nicht gelten sollen, daß ein Bischof von seiner Heerde nicht gerügt werden dürfe, es wäre denn, daß er vom rechten Glauben abgekommen sei; daß Klagesachen der Kleriker nicht vor ein Laiengericht gebracht werden dürfen, und keine Verurtheilung eines Klerikers giltig sei, die nicht von seinem rechtmäßigen Richter über ihn ausgesprochen worden.[1] Wer eine gegen einen Kleriker vor Gericht angebrachte

---

[1] In Bezug auf Criminalvergehen der Kleriker findet sich Lib. II, c. 199 folgendes durch einen Synodalspruch anbefohlenes Gottesurtheil angeführt: Si episcopo aut presbytero causa criminalis: homocidium, adul-

schwere Beschuldigung nicht beweisen kann, verfällt der Excommunication, mit welcher das von ihm zum Gegenstande der Klage gemachte schwere Vergehen bedroht ist. Von den Büchern III—XIX befaßt sich das dritte mit den kirchlichen Vorschriften über Kirchengebäude, Begräbnißstätten, Opfer, Zehnten, das vierte und fünfte mit der Spendung der Taufe, Firmung und Eucharistie; vom sechsten Buche bis zum zehnten wird von den Kirchenbußen gehandelt, welche für verschiedene Arten grober Verfehlungen und Verbrechen: Todschlag und Mord in allen seinen erschwerenden Qualificationen, Blutschande, Bruch der Klostergelübde, Mädchenraub, Concubinate und illegitime Ehen, Zauberei, Wahrsagerei u. s. w., Störungen des öffentlichen Friedens, Verschwörungen u. s. w. festgestellt sind.[1]) Das eilfte Buch handelt von der Excommunication und den Excommunicirten, und gibt Formulare und Verhaltungsregeln sowol für die Verhängung derselben als auch für die Wiederaufnahme der Gebannten in die Kirche; ferner wird in demselben Buche von Diebstahl, Raub, Kirchenraub, Brandlegung, Grabschändung u. s. w. gehandelt, im nächstfolgenden Buche von Schwur und Meineid. Das dreizehnte und vierzehnte Buch sprechen von kirchlichen Fasten, von dem schweren Aergerniß der Trinkgelage, besonders in geistlichen Häusern und Gemeinschaften. Das fünfzehnte Buch handelt von den Pflichten der weltlichen Großen und Herrscher, das sechzehnte Buch vom geistlichen Gerichtsverfahren, das siebzehnte von den verschiedenen Arten der Unzuchtsünden und deren kirchlicher Büßung, das achtzehnte Buch von den Pönitenten auf dem Sterbebette. Das neunzehnte Buch, das auch Corrector oder Medicus betitelt wird, bespricht im Allgemeinen die priesterliche Amtsverwaltung im kirchlichen Beicht- und Bußwesen unter eingehender Bezugnahme auf die Mannigfaltigkeit der vorkommenden Fälle und auf die individuellen Dispositionen der Pönitenten.

terium et maleficium reputatum fuerit, in singulis Missam tractare debet et Secretam publice dicere et communicare, et de singulis sibi reputatis innocentem se ostendere. Quod si non fecerit, quinquennio a limitibus ecclesiae extraneus habeatur (Ex conc. Wormac., c. 8).

[1]) Eine kurzgefaßte Angabe kanonischer Strafen und Bußen für die der Kirchenbuße unterworfenen Versündigungen der Laien findet sich unter den Werken des Fulbert von Chartres (Migne tom. 141, p. 339) unter dem Titel: De vitiis capitalibus in zwei Abschnitten: 1) De poenitentia laicorum; 2) de poenitentia mulierum.

## Abbo's Collectio Canonum.

Eine andere kirchliche Gesetzessammlung von weit geringerem Umfange aus diesem Zeitalter ist jene Abbo's von Fleury, die aus 52 Capiteln bestehend sich auf bestimmte, dem persönlichen Interesse des Verfassers besonders naheliegende Einzelheiten beschränkt und uns in Abbo den Mann der strengkirchlichen Reformpartei jener Zeit erkennen läßt. Abbo verfaßte diese seine Arbeit a. 996, und dedicirte sie den Königen Hugo und Robert von Frankreich; Mabillon, der sie zuerst im Drucke veröffentlichte, führt zu ihrem Lobe an, daß sie die unterschobenen Canones der pseudoisidorischen Fiction bei Seite läßt. Die Haupttendenz der Schrift ist, den Schutz des französischen Königsthums gegen die Vergewaltigungen der kirchlichen Ordnung durch die weltlichen Großen anzugehen; Abbo sieht unstreitig die Befestigung der Königsmacht in Frankreich als ein gemeinsames Interesse der Kirche und des Reiches an, und insinuirt den beiden Königen, daß die Beschützung der kirchlichen Ordnung gegen die gesetzlose Willkür der Großen im wohlverstandenen Interesse des Königsthum liege. Bemerkenswerth ist die in c. 8 enthaltene Auseinandersetzung über die Relativität der kirchlichen Geltung der Canones, die durch bestimmte temporäre Verhältnisse und Bedürfnisse in's Dasein gerufen, den durch veränderte Umstände und Verhältnisse nahegelegten und geforderten Modificationen unterliegen. Die Nothwendigkeit und Berechtigung derselben beweise sich von selber durch die Thatsache, daß über eine und dieselbe Sache verschieden lautende, ja einander wiedersprechende Concilienbeschlüße vorliegen. Ganz besonders ist ihm um den Flor der Klöster als der Centralstätten des kirchlichen Geistes und Andachtslebens, als der Horte des geistigen Bildungslebens seiner Zeit zu thun; daher die Wahrung ihrer Rechte und Besitzthümer, die Abwendung störender Eingriffe in die Wohlordnung ihrer Disciplin ein Gegenstand seiner besonderen Bitten und Wünsche an die französischen Könige ist. Aebte, Bischöfe, Könige werden von ihm hinsichtlich ihrer Berufsaufgaben in Eine Kategorie gestellt (c. 4); die Träger dieser drei Würden werden durch Wahl erkoren, die selbstverständlich darum statt hat, um den Besten, Weisesten, Würdigsten für das Amt zu gewinnen. Die Anfeindungen, welchen er sich ausgesetzt sieht — erklärt er in einer seiner Collectio canonum vorausgegangenen Schutzschrift an die Könige[1]) — haben ihn darum getroffen, weil er, wie insgemein für das Beste der Kirche und des bürgerlichen Gemeinwesens, so insbesondere auch für die Integrität und das Gedeihen der Klöster eingestanden sei.[2]) Eben diese letztere Schrift charakterisirt aber auch in sonstiger Beziehung seine gesammte kirchlich-politische Anschauungsweise. Er unterscheidet drei Stände: den Nährstand, Wehrstand, geistlichen Stand. Die beiden ersteren dienen mittelbar und unmittelbar den Zwecken der Kirche, deren specifische Organe die Kleriker sind. Zu den Klerikern will er die Träger der niederen Weihen unterhalb des Diakonats nicht mehr gerechnet wissen, da ihnen die Ehe gestattet ist. Den Mönchen weist er um ihrer Weltentsagung willen eine bevorzugte Stellung zu, durch welche sie wenigstens relativ über den übrigen Klerikern stehen; sie repräsentiren ihm den Stand der nach evangelischer Vollkommenheit Strebenden. Für die Kirche fordert er Freiheit und Unabhängigkeit; sie kann niemand als Christo gehören, nicht einmal die Päpste können sie ihr Eigenthum oder ihr Besitzthum nennen. Es ist anstößig und widersinnig, einzelnen Kirchen besondere Herren und Eigenthümer zuzugestehen; man pflegt da sophistisch zu unterscheiden zwischen dem Altar, welcher dem Bischof gehöre, und dem Kirchengebäude, das einen weltlichen Herrn zum Eigenthümer haben könne, als ob Altar und Gotteshaus nicht ein unzertrennliches Ganzes bildeten! Diese Unterscheidung dient aber rein nur simonistischen Zwecken; Laien verkaufen Bisthümer, und simonistische Bischöfe rechnen darauf, durch den Ertrag ihrer bischöflichen Weihehandlungen den simonistischen Kaufpreis wieder hereinzubringen.[3]) Der Gedanke, daß die Kirche keinen anderen

---

[1]) Apologeticus ad Hugonem et Rodbertum reges Francorum.
[2]) Nec aliud contra me murmurant, nisi quod monachorum senatum salvum esse volui ... (O. c.)
[3]) Dasselbe wird in dem, Sylvester II zugeschriebenen Sermo de informatione episcoporum gerügt: Et videas in ecclesia passim sacerdotes, quos non merita sed pecuniae provexerunt, nugacem et indoctum, sacerdotalem arripuisse gradum; quos si percunctari fideliter velis, quis eos praefecerit sacerdotes, respondent mox et dicunt: Ab archiepiscopo sum nuper ordinatus episcopus, centumque solidos dedi ut episcopalem gradum mihi conferret; quos si minime dedissem, hodie episcopus non fuissem. Unde melius est mihi aurum de locello minuere, quam tantum sacerdotium perdere. Aurum dedi et episcopatum accepi; quod tamen

Herrn und Eigenthümer als Christum habe, und deßhalb ein Bisthum weder von einem geistlichen, noch von einem weltlichen Herrn um Geld verhandelt werden könne, wird von Abbo auch in einem Briefe an den Abt Bernhard von Beaulieu ausgesprochen,[1]) der, als der Graf Wilhelm von Toulouse für das Bisthum Cahors eine bestimmte Summe von ihm verlangte, und nicht minder auch der Erzbischof von Bourges eine ähnliche Forderung stellte, an seinen gewesenen Lehrer Abbo die Frage richtete, was im gegebenen Falle zu thun sei.

Es ist sehr erklärlich, daß die französischen Bischöfe dem freimüthigen Tadler ihres Verhaltens nicht sonderlich hold waren. Zu seinen persönlichen Gegnern gehörte Arnulph von Orleans, in dessen Bisthumssprengel das Kloster Fleury lag, und dessen Beschwerden über Abbo am Königshofe zum nicht geringen Theile die Vertheidigungsschrift des Letzteren provocirt hatten. Abbo war in ein engstes Verhältniß zu den Cluniacensern getreten, welche einen möglichsten Grad der Unabhängigkeit von den Bischöfen anstrebten, da das Unterordnungsverhältniß der Klöster unter die Bischöfe von den letzteren oft genug zum geistlichen und zeitlichen Schaden der Klöster ausgebeutet worden war. Vergebens bemühte sich Arnulph — erzählt Abbo's Biograph[2]) — den die Freiheit seines Klosters sorgfältig hütenden Abt durch Vorhalt von Vernunftgründen und kirchlichen Canones zur Nachgiebigkeit zu bewegen, und faßte durch Abbo's Widerstand gereizt eine tiefe Abneigung gegen ihn. Leute aus der Umgebung des Bischofes glaubten diesem einen angenehmen Dienst zu erweisen, als sie gelegentlich einmal den zum Martinsfeste nach Tours ziehenden Abt nächtlicher Weile überfielen, und Leute aus dem Gefolge desselben sogar tödtlich verwundeten. Arnulph, der sich dessen schämte, was in seinem Namen verübt worden war, führte die Schuldigen Abbo vor, auf daß er sie züchtigen lasse; der fromme Abt indeß lehnte Arnulphs Anerbieten ab. In seiner Vertheidigungsschrift an die

si feliciter vivo, recepturum illico non diffido. Ordino presbyterium et accipio aurum; facio diaconum et accipio argenti multitudinem, et de aliis nihilominus ordinibus singulis et do abbatibus benedicendis et ecclesiis pecuniae quaestus profligare confido. — Aehnliches bei Petrus Damiani Epistt. I, 13 (ad Alexandr. 11).

[1]) Vgl. Aymoini Vita S. Abbonis, c. 10.
[2]) O. c., c. 8.

Könige erwähnte Abbo, daß jene nächtlichen Angreifer zwar vom Primas-Erzbischof Sevin von Sens und Bischof Odo von Chartres excommunicirt worden wären, aber von Arnulph keine Ahndung erfahren hätten; es scheint also, daß dieser erst in Folge der Mißbilligung jener That Abbo das erwähnte Anerbieten machte. Abbo entnimmt von seinen freundlichen Beziehungen zu Sevin und Odo einen Beweisgrund, um eine andere gegen ihn erhobene Anklage zu entkräften. Die französischen Bischöfe hatten sich[1]) zu St. Denys versammelt, um über die Zehnten zu berathen, welche sie den Klöstern und weltlichen Herren entreißen und an sich ziehen wollten. Das Vorhaben der Bischöfe erregte, kaum kund geworden, bei den in ihren bisherigen Rechten Bedrohten solche Erbitterung, daß die Bischofsversammlung, auf welcher auch Abbo zugegen war, mit Gewalt gesprengt wurde, und einzelne Bischöfe, darunter Sevin, Thätlichkeiten kaum entgiengen. Abbo's Feinde beschuldigten ihn, er hätte diesen Tumult angestiftet; er erwiedert, Sevins Mißhandlung sei der thatsächliche Beweis dafür, daß der Tumult, durch welchen er selber eben so wie die Bischöfe überrascht worden, nicht von ihm angestiftet worden sein könne. Abbo begnügte sich nicht, sich vor den Königen zu rechtfertigen, sondern benützte die ihm in der Angelegenheit Arnulphs von Rheims aufgetragene Legation an Papst Gregor V als Gelegenheit, einen päpstlichen Freibrief für sein Kloster dem Bischof von Orleans gegenüber zu erlangen.[2]) Der Papst gieng auf Abbo's Begehren ein, und bestimmte, daß der Bischof fortan nur wenn er eingeladen würde, das Kloster Fleury zu betreten habe, und daß dieses selbst für den Fall, als über ganz Italien das Interdict verhängt würde, von demselben ausgenommen sein solle. Ein Interdict stand aber dazumal für den Fall bevor, daß König Hugo in der Rheimser Angelegenheit nachzugeben sich weigern sollte. Auszeichnungen und Vergünstigungen ähnlicher Art ließ Gregor V fast um dieselbe Zeit dem Martinskloster in Tours angedeihen,[3]) dem das von den Päpsten Adeodat und Nikolaus I verliehene

---
[1]) Siehe O. c., c. 9.
[2]) O. c., c. 12.
[3]) Gregorii V Papae Bulla pro Monasterio S. Martini Turonensi. Migne tom. 137, p. 907 ff.

Rechte bestätiget wird, den Bischof von Tours zu wählen, welcher sofort ohne Weigerung und Zögerung von den örtlich nächsten Bischöfen geweiht werden muß. Dem Metropoliten ist es verwehrt, in den dem Kloster gehörigen Kirchen bischöfliche Weihehandlungen zu verrichten, und überhaupt steht die bischöfliche Jurisdiction über dieselben einzig dem vom Kloster gewählten Bischof zu, der im Einvernehmen mit dem Abte zu handeln hat. Dieser Letztere muß auch bei Streitigkeiten der Provinzialbischöfe mit dem Bischof von Tours beigezogen werden; gelingt ihm die Vermittelung nicht, so tritt unmittelbar der Papst als Richter ein. Papst Sylvester reactivirte in einem besonderen Erlasse[1]) die einstmals bestandene Immunität des Klosters Lorsch, kraft welcher dasselbe einzig dem Papste und dem Landesherrn unterthan sein sollte.

Die Klöster stellten nicht nur ihre geistlichen Gerechtsame, sondern auch ihren zeitlichen Besitz unter den Schutz des Papstes. Wie Abbo[2]) für sein eigenes und für ein demselben benachbartes Kloster den Schutz Gregors V nachsuchte, so ertheilt dieser einer Reihe anderer Klöster in Frankreich, Deutschland und Italien Schutzbriefe, durch welche denselben die Integrität ihres Besitzes mit dem Machtmittel des unbefugten Besitzstörern angedrohten päpstlichen Bannes gewährleistet wird.[3]) Dem Kloster Clugny werden seine geistlichen Rechte und zeitlichen Besitzthümer vom Papst Gregor im vollsten Umfange bestätiget. Unter Sylvesters II päpstlichen Erlässen finden sich solche, theils den zeitlichen Besitz, theils geistliche Rechte betreffende Schutzbriefe für das vom Grafen Aribo errichtete St. Lambertskloster in Seben, für das Fuldaer Kloster, für das Kloster Vizelay im Autuner Bisthumssprengel, für die vereinigten Klöster Stablo und Malmundarium, für das Kloster zu Burgulius in der Diöcese Angers, für das Kloster Leno im Brescianischen. Der dem Cluniacenser Abte Odilo ausgefertigte Schutzbrief Gregors enthält eine umständliche Aufzählung aller zu Clugny gehörigen Klöster, Zellen (kleine Klöster), Kirchen und Güter; die demselben zugestandenen geistlichen Rechte sind die

---

[1]) Privilegium Silvestri II Papae de libertate Laureshamensis coenobii. Abgedr. bei Olleris, p. 161.
[2]) Vgl. Abbonis Ep. 1 (ad Gregor V), Migne tom. 139, p. 410 ff.
[3]) Vgl. Gregor's V hierauf bezügliche Briefe Migne 137, p. 902—938.

einer vollkommenen Exemtion von der bischöflichen Gewalt. Kein Bischof darf ohne Erlaubniß des Abtes in Clugny bischöfliche Weihehandlungen verrichten; der von den Mönchen gewählte Abt der Cluniacenser kann sich den Bischof, von welchem er consecrirt werden soll, selbst wählen; ähnlich verhält es sich mit den zum Priesterthum zu befördernden Mönchen, für welche der Abt den die Weihe ertheilenden Bischof nach seinem Ermessen wählt. An denselben Odilo richtete auch Sylvester II ein Schreiben, um auf die Frage zu antworten, was von den bischöflichen Weihehandlungen eines Cluniacensermönches zu halten sei, der vordem Bischof gewesen, und auf Ersuchen anderer Bischöfe und mit Gestattung des Cluniacenser Abtes mehrere Kleriker weihte. Sylvester anerkennt diese Weihen als zulässig, und gestattet den durch jenen Mönch geweihten Klerikern die Ausübung der Weihehandlungen, welche dem ihnen ertheilten Weihecharakter entsprechen, verbietet ihnen jedoch die Anstrebung eines höheren Weihegrades, gleichwie auch jenem Mönch=Bischof die weitere Ertheilung von Weihen untersagt ist. In dem Schutzbriefe für das Kloster Seben legt Sylvester II demselben eine jährliche Abgabe von 12 Solidi an den päpstlichen Stuhl auf. Auch in dem Privilegiumsbriefe an das Kloster Fulda thut er für Erweiterung der päpstlichen Machtbefugniße einen Schritt vorwärts, wenn er bestimmt, daß der neugewählte Fuldaer Abt seine Consecration unmittelbar vom Papste selber zu erbitten habe.

Die auszeichnenden Bevorzugungen des nach der strengen Regel reformirten Mönchthums waren Acte der Anerkennung für die wichtigen Dienste, die es der Sache der Kirche und der christlichen Gesellschaft in jenem Jahrhundert leistete und auch weiterhin noch leisten sollte. Wie auf dem Continent, so wurde auch in England die Regeneration der daselbst unter den Wirren der Däneneinfälle fast völlig verfallenen Kirchenzucht mit Hilfe des regenerirten Mönchthums in's Werk gesetzt; der Mann, der diesem Werke oblag war Dunstan, der zunächst als Abt von Glastonbury (seit a. 943), später als Erzbischof von Canterbury (seit a. 959) mit unbeugsamer Kraft und Strenge die Ziele seines kirchlichen und patriotischen Eifers verfolgte und in der That auch erfolg-

Dunstan als Reformator der Kirche Englands.

reich anstrebte. Männer von gleicher Gesinnung, und ihm wirksam unter die Arme greifend, waren Odo von Canterbury, Dunstans mittelbarer Vorgänger auf dem erzbischöflichen Stuhle, und dessen Neffe Oswald, Dunstans Nachfolger im Bisthum Worcester, später Erzbischof von York, ferner Dunstans Schüler Aethelwold, Abt in Abingdon, dann Bischof von Winchester. Odo, Dunstan, Oswald hatten im Kloster Fleury, woselbst sich jeder von ihnen einige Zeit aufgehalten hatte, in Grundsätze erlernt, deren Durchführung in ihrer englischen Heimath sie sich zur Lebensaufgabe machten; es war sonach die von Clugny ausgegangene Kloster- und Kirchenreform, welche sie auf englischen Boden verpflanzten. Die Klosterreform bestand in Einführung der strengen Benedictinerregel nach Cluniacensischer Auslegung; Dunstan war als Abt von Glastonbury der Erste, der hiefür in England wirkte,[1]) aber auch harten Wiederstand gegen seine Strenge zu brechen hatte. Nachdem er Erzbischof und Primas von England geworden war, war er durch die Gunst des ihm unbedingt vertrauenden Königs Eadgar in die Lage gesetzt, seine reformatorischen Pläne im weitesten Umfang zu verfolgen, und die Reform und Neuerrichtung von Klöstern in großem Maßstab zu betreiben; er trug auch Sorge, daß es an der nöthigen wissenschaftlichen Bildung in denselben nicht fehle, und rief zu diesem Zwecke geschickte Mönche aus Fleury und Gent herbei. Dazumal war es, daß Abbo von Fleury auf zwei Jahre nach England kam, und die verfallene Klosterschule in Ramsay wieder herstellte. Hand in Hand mit der Reform des Klosterwesens gieng die Beseitigung der Laienäbte und der verheiratheten Kleriker, welche von ihren Ehefrauen sich nicht trennen wollten. Der schärffte Gegner letzterer war der Bischof Oswald, nach welchem auch ein Gesetz, das König Eadgar gegen sie erließ († a. 964), Oswaldeslaw hieß.[2]) Ein Schüler Aethelwold's, der berühmte Aelfrik, einer der ausgezeichnetsten Lehrer Englands, und als solcher von Aethelwold an die bischöfliche Kirche von Winchester herbeigezogen, entwarf auf Wunsch seines Freundes Wulfsin, Bischofes von Sherburn eine Reihe von Canones,[3]) in welchen

---

[1]) Vgl. hierüber Dunstans Schrift: Regularis concordia anglicae nationis monachorum sanctimoniliumque. Migne 137, p. 475 ff.
[2]) Abgedr. bei Migne tom. 138, p. 486 ff.
[3]) Abgedr. bei Migne 139, p. 1469—1476.

die den Säcularklerus betreffenden Reformgedanken der damaligen Leiter und Regeneratoren der englischen Kirche niedergelegt sind. Verbot der Priesterehen, der Trunkenheit, der Verrichtung geistlicher Berufshandlungen gegen Bezahlung, des Betriebes von Handelsgeschäften, Dringen auf geistlichen Anstand, auf Reinlichkeit und Ordnung in der Kirche bilden den Hauptinhalt dieser Canones; es wird ferner verlangt, daß nur derjenige Priesterthumscandidat geweiht werden könne, der sich darüber ausweist, die für einen Meßpriester (presbyter missalis) nöthigen Bücher: Psalterium, Epistelbuch, Evangelienbuch, Meßbuch, die Libros Canticorum, das Enchiridion (vermuthlich Agende), das Passionale, Pönitentiale und Lectionarium, und zwar alle diese Bücher in correct geschriebenen Exemplaren, zu besitzen. Als Unterhalt soll den Meßpriestern das Drittel der Zehnten jener Kirchen, an welchen sie angestellt sind, zugewiesen sein. Zur Charakteristik der Reformgedanken jener Männer dient es, wenn in dem Vorworte zu der obenerwähnten Concordia regularis Dunstans, das übrigens von anderer Hand herrührt, des auf einer Synode zu Winchester (vermuthlich 969) gefaßten Beschlußes gedacht wird, zufolge dessen an allen Bischofssitzen, wo Mönchsklöster sind, die Bischöfe gleich den Aebten aus den Mönchen hervorgehen und auf dieselbe Weise wie die Aebte, nämlich von den Mönchen unter nachfolgender Zustimmung und Bestätigung durch den König gewählt werden sollten. Damit war eben nur gesagt, daß die Reform der Kirche einzig von dem reformirten und auf seine strenge Regel zurückgeführten Mönchthum erwartet werde. Dasselbe leuchtet aus dem Beschluße der großen englischen Synode a. 969 hervor, daß Weltgeistliche, welche von ihren Ehefrauen sich nicht trennen wollen, an allen Kirchen durch Mönche ersetzt werden sollen.

Dunstans Wirksamkeit beschränkte sich nicht auf den inneren Bereich der Kirche, sondern war auf eine Regeneration und Hebung des gesammten nationalen Lebens gerichtet. Von dieser Seite wurde sie auch von den ihm gewogenen Königen Englands Eadmund (941—946), Eadred (946—955) und Eadgar (956—975) gewürdiget, die alle recht wol erkannten, daß gegenüber den gesetzlosen Ungebundenheiten der angelsächsischen Edlen und der auf sie sich stützenden laxen Partei des Klerus das Durchgreifen der Maßnahme des strengen und eifrigen Dunstan und seiner Freunde das nothwendige Mittel zur Herstellung geordneter Zustände und zur Hebung der durch jenes ungebundene Treiben schwer geschädigten Wohlfahrt des Reiches sei.[1]) Dunstan nahm nicht Anstand, die strengen Gebote der Kirchenzucht auch gegen Mächtige in Anwendung zu bringen; selbst die Könige schonte er nicht als unerbittlicher Wächter der strengen Zucht und Sitte. Dieß hatte im Besonderen Eadgars älterer Bruder Eadwi zu erfahren, der seinem Oheim Eadred in der königlichen Würde folgen sollte. Eadwi hatte sich mit Aethilgive vermählt, die mit ihm verwandt war und überdieß einer der strengkirchlichen Reform=partei feindselig gesinnten Familie angehörte. Die strengkirchliche Partei wollte den König den Einflüßen des von ihm geliebten Weibes entreißen; eine am Krönungstage vorgefallene Scene führte einen unheilbaren Bruch herbei. Dunstan, damals Abt, mußte sich der Rache der durch ihn beleidigten Königin durch die Flucht entziehen; aber nach seiner Flucht brach offene Empörung aus, der größte Theil des Reiches fiel von Eadwi ab, Erzbischof Odo erklärte die Ehe als ungiltig und ließ Aethelgive gewaltsam von Eadwi trennen. So waren mit einem Male Beide gestürzt, und büßten den Versuch eines Widerstandes gegen das über sie Ergangene mit ihrem Leben. Eadgar, der an seines Bruders Stelle zum König ausgerufen worden war, rief Dunstan zurück und erhob ihn dazumal zum Bischof von Worcester, wies ihm nebenbei noch das Bisthum London zu; binnen Kurzem aber ver=tauschte Dunstan beide Bisthümer mit dem erzbischöflichen Stuhle von Canterbury. Er war der einflußreichste Rathgeber des Königs, und die Wohlordnung und Blüthe des Reiches unter Eadgar ist wol größtentheils auf Rechnung der vom König befolgten Rath=schläge Dunstans zu setzen. Dieser war aber keineswegs gewillt, die sittlichen Schwächen des ihm vertrauensvoll ergebenen Herrschers zu schonen; da der König sich einmal hatte beigehen laßen, eine edle Jungfrau, die im Kloster erzogen worden war, zu schwächen,

---

[1]) Eine Reihe hieher bezüglicher, die kirchliche Ordnung und Wohl-ordnung betreffender Erläße und Anordnungen Eadmunds und Eadgars bei **Migne** tom. 138, p. 480—520.

bewog ihn Dunstan, eine freiwillige siebenjährige Buße auf sich zu nehmen. Auf der großen Synode von a. 969 fand sich einer der vornehmsten Edlen als Büßer ein, welchen Dunstan mit dem Banne belegt hatte, weil er von einer wegen des nahen Verwandtschaftsgrades unzulässigen Ehe nicht hatte lassen wollen; Dunstan hielt sein Verdammungsurtheil über diese Ehe nicht bloß gegen den König, sondern selbst gegen den Papst aufrecht, welchen jener vornehme Edle für die Indulgirung seiner Ehe zu gewinnen gewußt hatte.

Die beiden Hauptpuncte der Kirchendisciplin, auf deren strenge Exsequirung dazumal im Interesse der Ehre, Freiheit und Wohlfahrt der Kirche Alles ankam, waren die Abschaffung der Simonie und der Priesterehen. Der erstere der beiden Puncte war bereits von Papst Sylvester in seinem Sermo de informatione episcoporum nachdrücklich zur Sprache gebracht worden;[1] er faßt indeß die Sache noch nicht von ihrer kirchlich-politischen Seite, sondern nur von der religiös-ethischen, und beschränkt sich auf die mit Geld bezahlte Ertheilung der Weihen. Er bezeichnet den auf diesem Wege erlangten Empfang der Weihen als einen Aussatz, welcher von den simonistisch Geweihten auch auf jene übertragen wird, welche von ihnen gleichfalls wieder um Geld geweiht werden. Er hebt den inneren Widerspruch eines solchen Schachers hervor, der sich selbst schon dem Sprachgefühle jedes Kirchenmannes nahelegen sollte; denn das Object der Weihespendung, die Gratia ist ja sprachlich wurzelverwandt mit gratis, verträgt es demnach nicht, um Geld geboten zu werden, muß also unentgeltlich gespendet werden. Es ist kein Zweifel, daß Sylvester hiebei in erster Linie die italienischen Kirchenverhältnisse im Auge hat. Aber freilich war gerade in Italien am wenigsten sobald auf eine Abhilfe des so scharf von ihm getadelten Uebels zu hoffen, da unter den nächsten Nachfolgern Sylvesters selber einige durch Symonie sich befleckten. Der Bruder Benedict's VIII, der Consul und Senator Romanus verschaffte sich durch reichlich aus-

---

[1] Sollte diese Mahnrede auch nicht wirklich Sylvester II zum Verfasser haben, so ist sie doch der Gesinnungsausdruck aller Besseren seiner Zeit, und die in ihm ausgesprochenen Gedanken eigneten sich gar wohl auch für den Mund eines Papstes, wie Sylvester war.

geftreutes Gold die Papftwürde (1024), die er als Johann XIX innehatte; um seine Schulden bezahlen zu können, verkaufte er die geiftlichen Würden. Sein Neffe und Nachfolger Benedict IX (1033), als sittenloser Jüngling dem Johann XII ähnlich, verkaufte, nachdem ihn seines ärgerlichen Treibens wegen das Volk zweimal verjagt hatte, seine Würde an Johann XX, um diesen dem ihm substituirten Sylvester III entgegenzustellen; mit dem Gelde aber, das ihm dieser Handel eintrug, besoldete er Truppen, die ihm selber wieder auf den päpftlichen Thron verhalfen. So hatte also Rom gleichzeitig drei Päpfte, die auch verblieben, als Benedict IX sich das Papfttum abermals von Johannes Gratianus, einem sonst unbescholtenen und bei den Römern in moralischem Ansehen stehenden Priester abkaufen ließ. Johannes Gratianus, der eigentlich nur, um den ärgerlichen Wirren ein Ende zu machen, sich bereit hatte finden laffen, den Benedict mit Geld zu befriedigen, nahm den päpftlichen Stuhl als Gregor VI ein (1044), und regierte anderthalb Jahre mit Weisheit und theilweisem Erfolg; der römische Adel aber, der mit dieser Wendung der Dinge nicht zufrieden war, hob neuerdings Benedict auf den Schild, so daß die Besseren das einzige Mittel, den schmachvollen Zerrüttungen der römischen Kirche abzuhelfen, einzig in einem thatkräftigen Eingreifen des Kaisers sahen. Der von ihnen herbeigerufene Kaiser Heinrich III berief eine Synode nach Sutri (1046), auf welcher zunächst Sylvester III wegen Simonie abgesetzt wurde, während über Benedicts Person, als eines evident unrechtmäßigen Usurpators gar nicht verhandelt wurde; Gregor VI trat freiwillig ab mit dem Bekenntniß, nur aus Rückficht auf die Nothlage des Papftthums sich zu dem vorerwähnten Abkommen mit Benedict verftanden zu haben. So wurde denn abermals, wie einst durch Otto III zuerft ein Deutscher und dann ein Franzose, so jetzt wieder durch Heinrich III ein Deutscher unter den Namen Clemens II auf den päpftlichen Stuhl erhoben, und nach ihm noch drei andere (Damasus II, Leo IX, Victor II), die alle, soweit es ihnen gegönnt war, um die Hebung der damaligen kirchlichen Nothstände, zunächst der Simonie, bemüht waren.

Diesen reformfreundlichen Päpften bot sich als Helfer ein

Mann an, welcher für seine Zeit dieselbe Bedeutung hatte, wie
Romuald in der Zeit der Ottonen; auch trat er zu Kaiser
Heinrich III in ein Verhältniß, welches jenem Romualds zu
Otto III ähnlich war.[1]) Dieser Mann ist Petrus Damiani,
welcher in seinem dreißigsten Lebensjahre der Welt entsagt und
auf die Ehren und Erfolge eines in seiner Vaterstadt Ravenna
ausgeübten Lehramtes verzichtet hatte, um als Eremit und Ascet
nach Romualds Beispiel die Wege der Heiligkeit zu wandeln und
für die Regeneration der Kirche zu wirken. Er trat aus seiner
Abgeschiedenheit zum ersten Male wieder hervor, als Gregor VI
den päpstlichen Stuhl innehatte; er richtete an diesen ein Schreiben,[2])
in welchem er das Pontificat desselben als den Anfang einer
besseren Zeit begrüßte, und speziell die Abschaffung des Grundübels
der damaligen Kirchenzustände, der Simonie erhoffte.[3]) Um aber
das Uebel beim Kopfe zu fassen, müsse mit Beseitigung des lasterhaften Bischofes von Pesaro der Anfang gemacht werden. Als er
sah, daß Gregor dem Kampfe gegen die Uebelstände der römischen
und italienischen Kirche nicht gewachsen sei, erkannte er mit so
vielen Anderen ein entschiedenes Eingreifen Heinrich's III in die
römischen Kirchenverhältnisse als das einzig mögliche Rettungs-
mittel, und feiert die Maßnahmen desselben als die Thaten eines
neuen Josias und Constantinus (Bekämpfers des Arianismus),

---

[1]) Vgl. die Stelle eines Briefes des Petrus Damiani an Heinrich III:
Redeat ad memoriam domini regis, quia, cum apud monasterium Classis
a vobis discessurus essem, dixistis mihi: Noveris procul dubio, quia isti,
pro quo me rogas, quandoque veniam exhibebo, et quidquid circa
illum misericorditer egero, pro amore Christi et tua charitate certis-
sime faciam. Petr. Damiani Epistt. VII, 1 (ad Henric. Imp)
[2]) Petr. Damian. Epistt. I, 1.
[3]) Vere enim Deus — schreibt Damiani in dem erwähnten Briefe
an Gregor VI — sicut scriptum est, mutat tempora et transfert regna.
Vere quod per prophetam suum multo ante praedixit, nunc teste mundo
mirabiliter adimplevit: „Quia dominatur Excelsus in regno hominum,
et sui voluerit, ipse dat illud" (Dan. 4). Laetentur ergo coeli et exultet
terra, et antiquum sui juris privilegium se recepisse sancta gratuletur
ecclesia. Conteratur jam milleforme caput venenati serpentis; cesset
commercium perversae negotiationis; nullam jam monetam falsarius
Simon in ecclesia fabricet, nulla Giezi praesente providi doctoris absen-
tia furtiva dona reportet. Jam columba revertatur ad arcam, et viren-
tibus olivae foliis pacem nuntiet redditam terris. Reparetur nunc aure-
um apostolorum saeculum, et praesidente vestra prudentia ecclesiastica
refloreat disciplina.

vergleicht ihn mit David, dem Besieger Goliaths.¹) Dieses Lob gilt Heinrich als dem Bekämpfer der simonistischen Häresie; denn Simonianismus und Nikolaitismus (fleischliche Weltlust des Klerus) wurden von der damaligen strengen Reformpartei als die herrschenden Häresien des Zeitalters bezeichnet. Aus einem Briefe des Petrus Damiani an Papst Clemens II²) geht hervor, daß ihn Heinrich dem Papste als Rathgeber empfohlen hatte; er stand auch zu den nachfolgenden deutschen Päpsten Leo IX und Victor II in Beziehung, ließ sich aber doch erst durch Stephan X den ersten gegenkaiserlichen Papst, dessen Wahl nach Heinrich's III Tode durchgesetzt worden war, bewegen, aus seiner Abgeschiedenheit persönlich herauszutreten, und nach Rom zu kommen, woselbst ihm trotz seines Widerstrebens das Bisthum von Ostia, und damit zugleich der oberste Rang im Cardinalscollegium übertragen wurde. Auf seinen noch weiteren Lebenswegen, die über die Epoche der sogenannten deutschen Päpste hinausreichen, haben wir ihm hier nicht zu folgen. Mit Heinrich's III Tode schließt die durch den ersten der sächsischen Ottonen inaugurirte kirchengeschichtliche Epoche ab, in deren Mitte Sylvesters II Pontificat fällt, und das damalige Verhältniß zwischen Papstthum und Kaiserthum repräsentirt; Petrus Damiani aber steht uns als kirchlicher Schriftsteller am Ausgange einer Epoche, die wir durch Ratherius von Verona eingeleitet sahen, er zeigt uns zugleich die Kirche bei der energischen Durchsetzung jener kirchendisciplinären Forderungen angelangt, deren heillose Mißachtung Ratherius zum ersten Male zum Gegenstande lautester Klagen gemacht hatte.

Man darf übrigens getrost sagen, daß Petrus Damiani als Sittenrichter an Strenge und Schärfe Rather nicht nur nicht nachsteht, sondern ihn sogar überbietet, wie er ihm auch an moralischer Selbstständigkeit und Unabhängigkeit weitaus überlegen ist, und darum eine Wirksamkeit üben konnte, zu welcher Rather nicht berufen war. Petrus Damiani verbreitete sich in seinen zahlreichen Schriften und Abhandlungen über alle Gegenstände der geistlichen Disciplin, eifert aber gegen nichts strenger, als gegen die Unenthaltsamkeit der Kleriker, in welcher er das zweite

---

¹) Opusc. 6, c. 36.
²) Epistt. I, 3.

große Hauptübel der Kirche seiner Zeit erblickt. Unter seinen
Schriften sind mehrere speziell diesem Gegenstande gewidmet;[1])
eine derselben ist an Papst Nikolaus II, eine zweite an den
Turiner Bischof Kunibert, die dritte an die Markgräfin Adelheid
von Susa, eine letzte an den Archipresbyter der Lateranensischen
Kirche Petrus gerichtet. Petrus Damiani verweist Priesterehe und
außerehelichen Umgang geistlicher Personen in eine und dieselbe
Kategorie, indem er die Ehe mit dem Priesteramte schlechthin
unverträglich findet und denjenigen, der nach einem Weibe begehrt,
zum Priester untauglich erklärt. Seine feurigen Declamationen
gegen den Frevel priesterlicher Unenthaltsamkeit sind in allegorische
Ausdeutungen alttestamentlicher Geschichten eingekleidet. Der Archetyp
aller Kämpfer gegen jene moralische Pest ist ihm Pinehas, dessen
Eifer gegen den Greuel der Vermischung des Zambri mit der
Midianitin Cozbi von Gott mit der Verleihung eines unsterblichen
Priesterthums belohnt worden ist; denn in Elias, der im feurigen
Wagen gen Himmel fuhr, ist kein anderer als Pinehas zu
erkennen.[2]) Er warnte den Papst Nikolaus sowie den Archipres=
byter Petrus, daß sie nicht durch schonende Nachsicht gegen
unenthaltsame Kleriker das Gericht Heli's auf sich herabrufen.
Der Typus der unenthaltsamen Kleriker ist ihm der Bastard
Abimelech, Jerobaals Sohn, der seine 72 rechtmäßig gebornen
Brüder hinschlachtete; diese 72 legitim erzeugten Brüder sind
aber die ächten gottgesendeten Verkünder des Evangeliums, wie
aus Luk. 10, 1 zu ersehen. Als ein Stylmuster zürnender Kraft=
sprache ist seine Apostrophe an die pellices clericorum[3]) nachzulesen.
Dem Papste Leo IX händigte er einen Liber gomorrhianus[4])
ein, rücksichtlich dessen der sehr erklärliche Zweifel rege geworden

---

[1]) Siehe Petr. Dam. Opuscc. 17. 18. (Opusc. 18 ist eine Zusam=
menfügung aus drei Schriften Damiani's an den Archipresbyter Petrus,
an den Bischof Kunibert und an die Markgräfin Adelheid.

[2]) Notandum autem, quia sicut in chronicis suis solertissimus
Beda testatur, ab egressu filiorum Israel ex Aegypto usque ad Eliae
in coeli culmen ascensum sexcentorum viginti annorum supputari calculus invenitur. Jure ergo, qui moechis repentinam intulit caedem,
annosae vitae sortitus est longitudinem; quique in terris divini zeli
ardore est succensus, congruenter est equis igneis elevatus in coelum.
Opusc. 17, c. 1.

[3]) Opusc. 18, c. 7.
[4]) Opusc. 7.

ist, ob nicht Damiani in seinem heiligen Eifer sich zu unstatthaften Verallgemeinerungen seltener und außergewöhnlicher Vorkommnisse habe hinreißen lassen. Bemerkenswerth ist in diesem Büchlein seine Beschwerde über Fälschungen in gewissen Pönitentialbüchern, welche für derlei unglückselige Gefallene, wie sie in dem Büchlein geschildert werden, viel zu milde Bußen ansetzen; er zürnt, daß man die laxen Bußbestimmungen, durch welche derartige Sünder zum vermessenen Vertrauen auf Gottes Barmherzigkeit ermuntert werden, mit den Namen der vornehmsten kanonistischen Autoritäten, eines Theodor, eines Poenitentiale Romanum, der Canones Apostolorum zu decken suche. Papst Alexander II glaubte aus naheliegenden Gründen der Verbreitung des Liber gomorrhianus Einhalt thun zu sollen, was den rücksichtslos strengen Damiani unfreundlich berührte. Er klagt in einem Briefe an diesen Papst[1]) gemeinhin über völlige Evacuation der Bußdisciplin, deren Geboten man sich durch alle möglichen Entschuldigungsgründe zu entziehen suche; er beklagt dieß um so mehr, da die Gegenwart in ihrer zügellosen Ungebundenheit dem Verderben entgegentreibe, und das geweissagte Auftreten des Antichrist beschleunige. Gula, Libido, Avaritia seien die herrschenden Mächte der Zeit; die ganze Welt sei ihnen unterthan. Was Damiani zur Erhärtung dieses seines Urtheiles über seine Zeit beibringt, kann nicht als Charakteristik eines bestimmten Zeitalters genommen werden, sondern ist einfach nur Schilderung der sittlichen Zustände des gefallenen Geschlechtes; wenn er z. B. klagt, daß der menschliche Zeugungstrieb durch die Lustbegier geleitet werde und deßhalb auch dann noch, wenn bereits die Empfängniß erfolgt sei, eine Befriedigung begehre, so ist dieß etwas Gemeinmenschliches, rücksichtlich dessen erst noch genauer festzustellen wäre, in wie weit und in welcher Beziehung es als etwas Sündliches anzusehen sei.

Petrus Damiani war selbstverständlich ein strenger Hüter des christlichen Ehegesetzes, und wurde als solcher vom Papste Alexander II nach Deutschland geschickt, um den jungen Heinrich IV von dem sträflichen Vorhaben, seiner Gemahlin sich zu entledigen abzumahnen. Bei Damiani traten in diesem Falle neben der

---

[1]) Epistt. I, 15.

maßgebenden Rücksicht auf das christliche Gesetz auch noch Rücksichten auf die beiden Mütter des jungen Königs und seiner Gattin hinzu; Bertha war die Tochter jener Markgräfin Adelheid, als deren Freund wir Damiani bereits kennen gelernt haben; nicht minder stand er in nahen Beziehungen zu Heinrich's IV Mutter Agnes, die als Wittwe bei ihm Trost und Rath gesucht hatte.[1]) Es läßt sich denken, daß sich Damiani seines Auftrages mit dem größten Eifer entledigte; schon der Umstand, daß man ihn mit der Entrichtung dieser Angelegenheit betraute, reichte hin, das frivole Project, zu dessen Unterstützung in eigennütziger Absicht sich der Erzbischof Sigfried von Mainz hergegeben hatte, als aussichtslos erscheinen zu lassen.

Von Petrus Damiani, der sich in seinen zahlreichen Schriften über das Gesammtgebiet der Kirchendisciplin verbreitete, ist im Voraus anzunehmen, daß es bei ihm auch nicht an Erörterungen über die kanonische Ehedisciplin fehlen werde. Solche Erörterungen liegen in seinen Schriften de parentelae gradibus[2]) und de tempore celebrandi nuptias[3]) vor. In der ersteren der beiden Schriften handelt es sich um die kanonische Zählungsweise der Verwandtschaftsgrade gegenüber jener des römischen Civilrechtes. In der zweiten der genannten Schriften bekämpft er die Meinung Jener, welche behaupten, daß die in der Fastenzeit geschlossenen Ehen giltig seien; da solche Ehen nicht durch eine öffentliche Erklärung, die einzig in der Kirche und vor Organen der Kirche geschehen kann, geschlossen werden können,[4]) so müßte der Concubitus als wesentliche Form der Eheschließung genommen werden, wogegen

---

[1]) Wie hoch Petrus Damiani die kaiserliche Wittwe ehrte, ist aus seinem Opusc. 56 (de fluxa mundi gloria et saeculi despectione) zu ersehen, welches an sie als Pilgerin zum heiligen Grabe gerichtet ist. Scuto bonae voluntatis Dei coronatae Agneti imperatrici Petrus peccator monachus servitutem — sind die Eingangsworte der Schrift, woran sich ein Vergleich der Kaiserwittwe mit der Königin von Saba anschließt, indem auch sie einen König Salomo, aber nicht den irdisch menschlichen, sondern dessen höheres, himmlisch- göttliches Urbild aufzusuchen ausgegangen sei, nicht in Pomp und Pracht, sondern als andächtige Beterin und fromme Büßerin.

[2]) Opusc. 8 (Ad Joannem episcopum Caesenatensem et DD. Archidiaconum Ravennatem).

[3]) Opusc. 41 (Ad religiosos Faventinae ecclesiae clericos).

[4]) Vgl. Gratian. Decret. Pars II, Causa 30, qu. 2. — Burchard. Lib. IX, c. 3.

sich das sittliche Gefühl und christliche Glaubensbewußtsein Damiani's empört. War doch auch der keusche Bund der heiligen Jungfrau mit Joseph eine wirkliche Ehe; Ambrosius sagt: non virginitatis ereptio, sed conjugii testificatio nuptiarum celebratio declaratur. Damiani findet die von ihm bekämpfte Ansicht mit der ganzen dazumal geltenden Theorie des kirchlichen Sacramentes unvereinbar; die außer der gesetzlichen Zeit vorgenommene Ertheilung kirchlicher Weihen ist nicht nur selber ungiltig, sondern auch ein Hinderniß nachträglicher giltiger Weihung; die Spendung der Taufe und Firmung außerhalb der gesetzlichen Zeit wirkt nicht ein Sacrament, sondern causirt ein Sacrilegium.

Unter den Männern, welche den reformfreundlichen Päpsten rathend zur Seite standen, darf schließlich der Cardinal Humbert nicht unerwähnt bleiben, der ein Lothringer von Geburt, und ursprünglich dem St. Mansuetuskloster bei Toul angehörig, die Freundschaft des Bischofes von Toul, des nachmaligen Papstes Leo IX erwarb. Dieser nahm ihn nach seiner Erhebung auf den päpstlichen Stuhl mit sich nach Italien, um ihn zunächst zum Erzbischof von Sicilien, bald darauf aber zum Cardinal der römischen Kirche und Bischof von Silva Candida zu ernennen. Ueber die Rolle, welche ihm in den eben dazumal wieder auf= lebenden Streitigkeiten der abendländischen Kirche mit der byzanti= nischen Patriarchalkirche zufiel, haben wir an einem anderen Orte berichtet;[1]) ebenso werden wir auf ihn als Vertreter der kirchlichen Rechtgläubigkeit bezüglich einer anderen tiefeinschneidenden Lehrfrage im nächsten Abschnitte zurückkommen. Hier haben wir seine aus= führliche Schrift gegen die Simonie zu erwähnen,[2]) deren Abfassung zufolge der von Martene gegebenen Nachweisungen[3]) zwischen die Jahre 1057 und 1060 fällt. Humbert erklärt die Simonie nicht bloß als Häresie, sondern als die böseste und verworfenste aller Häresien, weit schlimmer als der Arianismus; daher die Ordi= nationsacte simonistischer Bischöfe keine Weiheacte, sondern Sacri= legien seien, welche die Unreinheit des Ordinators auf die von ihm Geweihten übergehen machen, und diesen die Verpflichtung

---

[1]) Vgl. meine Gesch. d. apol. u. polem. Lit. Bd. III, S. 86 f, 142 f., 166.
[2]) Adverbus Simoniacos Libri III. Siehe Migne tom 143, p. 1005—1212.
[3]) Siehe Migne a. a O. p. 1005 f.

auferlegen, sich einer kirchlichen Büßung zur Reinigung und Sühne zu unterwerfen, ohne daß sie jedoch weiter noch zum Empfange oder zur Ausübung kirchlicher Weiheämter zugelassen werden könnten. Dasselbe gilt von dem auf simonistischem Wege erlangten Bischofscharakter, welchen Humbert als null und nichtig ansieht; es sei undenkbar, daß auf einem so schmählichen Wege die Weihegnade des bischöflichen Amtes erlangt werden könne.[1]) Humbert sucht dieß aus den Ansprüchen der alten Kirchenlehre, Päpste und Synoden zu erweisen, wobei er sich allerdings auf ein Verfahren schlußweiser Folgerungen angewiesen sieht, die zum Schutze der kirchlichen Ordnung getroffenen Vorkehrungen als Entscheidungen über die objective Giltigkeit oder Ungiltigkeit des Weiheactes betrachtet, und diese ausschließlich von der subjectiven Würdigkeit des Empfängers abhängig macht, also das dogmatisch-kirchliche Moment mit dem ethischen confundirt. Man ersieht hieraus, was uns auch sonst in der kirchlichen Literatur dieses Zeitraums öfter entgegentritt, daß die Theorie des kirchlichen Sacramentes dazumal noch nicht durchgebildet war, wozu es eben erst in den Werken der theologischen Summisten kam;[2]) jene Vehemenz aber, mit welcher Humbert gegen die Simonie eifert, hat ihren Grund in dem Bestreben, der Kirche zu jener moralischen Unab-

---

[1]) Multifariam docemur pretio gratiam non acquiri sed lepram. Et audet quis contra hiscere et gannire sibi aut cuilibet posse dari ab hujusmodi leprosis scil. Simoniacis aliquam sanctorum ordinum, quam non habent, gratiam, et non potius solam, quam acceperunt et habent, lepram?

[2]) Das Richtige findet sich indeß bezüglich der sacramentalen Giltigkeit der simonistisch ertheilten Bischofsweihe bereits bei Fulbert von Chartres, welcher, von seinem Metropoliten Leuthrik von Sens befragt, wie es mit einem Geistlichen zu halten sei, der bei einem fremden Bischof die Priesterweihe durch eine Geldspende erworben habe, ausdrücklich sagt, daß eine Reordination eben so wenig angehe als eine Wiedertaufe. Der simonistisch Geweihte habe nach vorausgegangener Degradation sich einer zweijährigen Buße zu unterwerfen; postea — fügt Fulbert hinzu — si digno poenituerit, restauretur.... Depositum non reordinabitis, sed reddetis ei suos gradus per instrumenta et per vestimenta, quae ad ipsos gradus pertinent, ita dicendo: Reddo tibi gratiam ostiarii etc. In nomine Patris et Filii et Spir. S. Amen. Novissime autem benedictione laetificabis eum sic concludendo: Benedicto Dei Patris, et Filii et Spiritus Sancti super te descendat, ut sis confirmatus in ordine sacerdotali, et offeras hostias placabiles pro peccatis et offensionibus populi omnipotenti Deo, cui est honor et gloria in saecula saeculorum. Amen. Fulbert. Ep. 13.

hängigkeit und Freiheit zu verhelfen, die so lange nicht zu erringen war, als ein simonistischer Klerus im Bunde mit weltlichen Gewalthabern und in entehrender Abhängigkeit von denselben die Kirchenämter innehatte. Er zollte den Maßnahmen Heinrich's III zur Ausrottung des simonistischen Gräuels vollkommenste Anerkennung, beklagt den vorzeitigen Tod desselben, und tröstet sich mit dem Gedanken, daß er schon wegen des Eifers, mit welchem er die Pest der Simonie zu verscheuchen mit wenigstens theilweisem Erfolg bemüht gewesen, bereits die Krone des ewigen Lebens erlangt haben möchte. Anders lautet sein Urtheil über Heinrich I von Frankreich, den simonistischen Verderber der französischen Kirche, den er als Tyrann und Antichrist bezeichnet, und welchem er, falls er sich nicht bessere, die ewige Verdammniß in Aussicht zu stellen nicht Anstand nimmt. Wir werden in den folgenden Abschnitten auf Heinrich's I Verhalten in kirchlichen Fragen und Angelegenheiten einzugehen Anlaß finden.

# Siebentes Capitel.

**Pflege der lehrhaften Theologie in Gerberts Zeitalter und Gerberts Antheil hieran; die ascetische, homiletische und exegetische Literatur dieses Zeitraums.**

~~~~~~

Schon die kurzen Angaben am Schluße des vorigen Capitels sind geeignet, zu bekunden, wie unentwickelt die kirchliche Dogmatik noch um die Mitte des eilften Jahrhunderts war; das Zeitalter gieng ganz und gar in praktisch-kirchlichen Fragen auf, und kannte mit Ausnahme des hin und wieder bereits sich anmeldenden Wiederauflebens gnostisch-manichäischer Irrthümer keine anderen Häresien als jene der Simonie und des Nikolaitismus d. i. der Unenthaltsamkeit der Kleriker. Systematische Zusammenstellungen des kirchlichen Lehrbegriffes fehlen in dieser Periode völlig; von einzelnen Lehrpuncten des kirchlichen Bekenntnisses wurde während der ganzen Epoche von Rather bis Petrus Damiani nur die kirchliche Abendmalslehre öfter besprochen, und erst bei Damiani stoßen wir auf den Beginn einer Erörterung verschiedener Puncte und Fragen des kirchlichen Bekenntnisses, wozu unter Anderem auch die damals wieder auflebende Controverse mit den schismatischen Griechen Anlaß gab.

Eine ungefähre Vorstellung über den kirchlich dogmatischen Gedankenkreis und Bewußtseinsinhalt der Epoche c. a. 1000 gibt das XX Buch der Decreta Burchardi, welches in 110 Capiteln eine Zusammenstellung des kirchlichen Lehrbegriffes aus Aussprüchen der vornehmsten Zeugen der kirchlichen Lehrtradition gibt. Den Beginn machen Sätze und Aussprüche über die kirchlichen Lehren vom Wesen des Menschen, Sündenfall und Wiederherstellung, Gnade und Vorherbestimmung zusammt den mit letzterer zusammenhängenden Lehrpuncten der Gotteslehre (Capp. 1—39); sodann folgt eine in derselben Weise gegebene Exposition der Lehre über Engel und Teufel (Capp. 40—55); den weitaus größten Theil des Buches nehmen die daran noch sich schließenden Aussprüche und Lehren über die jenseitige Welt (Himmel, Hölle, Fegefeuer) und über die letzten Dinge (Capp. 56—110) ein. Die angezogenen Lehrauctoritäten sind Augustinus, Gregor d. Gr., Isidor, neben ihnen bezüglich einiger besonderer Puncte auch Papst Cölestin I, Ambrosius, Fulgentius. Aus Gennadius de dogmatibus ecclesiasticis ist die von Burchard für augustinisch gehaltene Stelle von der Körperlichkeit alles Geschaffenen nebst anderen den Wesensdualismus des Menschen betreffenden Aeußerungen entlehnt. Der weitaus größere Theil der Citate ist aus Gregors Dialogen und Moralien[1]) geschöpft; Gregor ist ihm der Gewährsmann für fast alle Hauptpuncte des kirchlichen Lehrsystems, und der Habitus seines Denkens durch die in diesen Entlehnungen ausgeprägte Auffassungs- und Denkweise bestimmt. Nach Gregor ist Isidor am öftesten citirt, und manches Lehrstück in den Ausdrücken dieses kirchlichen Lehrers formulirt. Man kann also getrost sagen, die lehrhafte Darstellung des kirchlichen Glaubens und Bekenntnisses stand in Burchards Zeit einfach auf dem Standpuncte des Zeitalters Gregors und Isidors.

Soweit dieser sehr unentwickelte Stand kirchlich-dogmatischer Lehrexposition in der ersten Hälfte des eilften Jahrhunderts in Betracht kommt, möchte nichts hindern, die unter Alcuins Opera

---

[1]) Gregors Schriften waren Lieblingsbücher der geistlichen Kreise; demzufolge wurden auch Auszüge und Florilegien aus denselben veranstaltet. Ein Auszug Odo's von Clugny aus Gregors Moralia in Job liegt gedruckt vor in der Bibliotheca PP. Lugdun. Tom. XVII (wiederabgedr. bei Migne tom 133, p. 105—512); von dem Scholasticus Adalbert von Metz (c. a. 965) existirt handschriftlich ein Florilegium aus Gregors Moralien (die Vorrede dazu abgedr. bei Migne tom. 136, p. 1309 ff) Von Alulf, einem Mönche des Martinsklosters zu Tornai (c. a. 1092) erübrigt ein sogenanntes Gregoriale, eine Zusammentragung der Erklärungen Gregors über die Schriften des N. T. Wie hoch Gregors Werke in der angelsächsischen Kirche gehalten, und daß einzelne derselben bereits im 9. Jahrhundert in's Angelsächsische übersetzt wurden, ist bekannt; als Uebersetzer der IV Libri Dialogorum wird auch Aelfric von Canterbury genannt. Seinem Vorgänger Sigerik war Gregors Regula pastoralis von Elfwerd, Abt von Glastonbury auf das Angelegentlichste empfohlen worden. Vgl. Elfwerd's ep. ad Sigericum in Stubbs' Memorials of saint Dunstan (London, 1874) p. 400 ff.

dubia verwiesene Confessio fidei, welche durch den Jesuiten Chifflet an's Licht gezogen und ebirt wurde,[1]) dieser Epoche zuzuweisen, wozu auch der compilatorische Charakter der Schrift ganz stimmen würde. In die Form erbaulicher Betrachtung, stellenweise nach dem Muster der Confessionen Augustins geradezu in Gebetsform gekleidet, stützt sie sich zum großen Theile auf die Schrift des Gennadius de dogmatibus ecclesiasticis, welche dazumal für augustinisch galt, und auf die Confessio des Pelagius, welche für ein Werk des Hieronymus gehalten wurde; nebstbei werden selbstverständlich Gregor d. G. und Isidor, öfter auch Alcuin benützt, dessen Confesso SS. Trinitatis man überhaupt, was Anlage und Partition der von Chifflet edirten Confessio betrifft, für das Vorbild derselben anzusehen haben dürfte, nur daß in der Nachbildung zu den drei Theilen, in welche Alcuins Arbeit zerfällt, ein vierter de corpore et sanguine Domini hinzutritt.[2]) Von den vorausgehenden drei Theilen handelt der erste de Deo uno et trino, der zweite de Verbo incarnato (fast nur erbaulichen Inhaltes), der dritte: iterum de Deo trino et uno, de Christo ac de aliis plerisque ecclesiasticis dogmatibus. Dieser Theil ist es, in welchem die Confessio Pelagii und Gennad. de dogm. eccl. benützt werden, während der erste Theil wörtlich mit dem pseudoaugustinischen Speculum übereinstimmt, der zweite Theil aber an mehreren Stellen in den gleichfalls pseudoaugustinischen Meditationes nachklingt, welche vom Abte Johann von Fischbachau für Heinrich's III Wittwe, die Kaiserin Agnes zusammengestellt worden sind. Da in den Meditationes auch das Speculum benützt, der dem Speculum entsprechende erste Theil der Confessio aber unverkennbar Bestandtheil eines größeren Ganzen ist,[3]) so rückt

---

[1]) Alcuini Confessio fidei suae. Dijon, 1656. (Abgedr. bei Migne tom. 101, p. 1027—1097). Im Manuscripte, welches Chifflet edirte, lautet der Titel: Albini confessio fidei. Der Herausgeber bemerkt, daß dieser Titel von einer späteren Hand aufgetragen worden sei an der Stelle eines früheren mit Mennig aufgetragenen, von welchem nur noch einige Spuren kenntlich waren.
[2]) Auf Inhalt und Fassung dieses vierten Theiles suchte Daille seine Behauptung, daß die Schrift in die Zeit nach Berengar zu setzen sei, vornehmlich zu stützen.
[3]) Vgl. den Anfang des zweiten Theiles der Confessio: Superiori quidem sermunculo confessionis fidei mei .... confessus sum omnipotentiam majestatis tuae et majestatem omnipotentiae tuae; nunc autem, qualiter humano generi in fine saeculorum subvenire dignatus es, puro corde et ore catholico confiteor.

hiemit die Confessio fidei, in der dieses größere Ganze vorliegt, der Zeit nach jedenfalls hinter beide Schriften zurück, und muß spätestens schon im Anfange des 11. Jahrhunderts vorhanden gewesen sein. Ob sie bis in's neunte Jahrhundert zurückzuverlegen sei, wird sich so leicht nicht entscheiden lassen; nur so viel wird wol ganz sicher anzunehmen sein, daß der in der Confessio unverkennbar berücksichtigte und benützte Alcuin[1]) nicht selber der Verfasser der Schrift sein könne. Beachtenswerth ist ferner, daß Mabillon, der aus diplomatischen Gründen die Schrift dem Karolingischen Zeitalter zuzuweisen sich gedrungen fand,[2]) außer Alcuin keinen Autor ausfindig zu machen wußte, welchem die Schrift nach Ton und Haltung derselben zugewiesen werden könnte; während anderseits der eklektisch compilatorische Charakter in Verbindung mit dem erbaulichen Tone auf Stimmungen und Verhältnisse hinweist, welche mit der Anfangszeit des 11. Jahrhunderts besser harmoniren möchten, als mit der Karolingischen Zeit. Allerdings enthält die Confessio fidei trotz ihrer meditativen Haltung fast eben so viel Theologie als Alcuins Confessio de fide SS. Trinitatis, aber nur insofern sie Sammelschrift ist; auch muß man zweifeln, ob der Plan des Ganzen schon anfänglich vor der Seele des Verfassers gestanden, wenn man sieht, daß er am Anfange des dritten Theiles eigentlich wieder von vorne beginnt, so wie auch der vierte Theil, der etwas in Alcuin's Confessio nicht Behandeltes vorführt, sich gewißer Maßen nur als Nachtrag von etwas, was um der Vollständigkeit willen gleichfalls nicht übersehen werden dürfe, einführt.[3]) Hiebei kommt es vor, daß eine ausführliche Stelle des zweiten Theiles wörtlich nocheinmal im vierten Theile wiederholt wird.[4]) Der dritte Theil bildet eigentlich ein auf sich selber stehendes Ganzes, nämlich eine

---

[1]) Die Gebetsform der Confessio bringt es mit sich, daß in derselben im Besonderen auch Alcuins Liber Sacramentorum (vgl. über denselben unf. Schrift über Alcuin S. 196 ff) öfter wiederklingt.
[2]) Vgl. das am Schluße der hierauf bezüglichen Disquisitio Mabillons (Migne 101, p. 1003 ff) angefügte Testimonium de Boeriani codicis antiquitate, welches von A. Faure, Garnier, le Comte, du Cange, Valesius, Baluze, Cotelier, de Launoy unterzeichnet ist.
[3]) Vgl. hierüber den Schluß des dritten Theiles als Uebergang zum Inhalt des vierten.
[4]) Vgl. Conf. fid. IV, 12 mit II, 6.

dogmatische Erläuterung des apostolischen Symbolum mit Rücksicht auf die vier Haupttheile desselben: die Lehren von Gott, Christus, Kirche und ewigem Leben oder Vollendung der Creatur, namentlich der rationalen Creatur in Gott, was dem Verfasser Anlaß gibt, auch seine Angelologie, Anthropologie, Hamartiologie und Charitologie kurz auseinanderzusetzen. Der vierte Theil erscheint als Anhang des dritten, wie der zweite als Abschluß des ersten. Und so legt sich schließlich die Vermuthung nahe, daß der dritte und vierte Theil das Werk eines vom Verfasser des ersten und zweiten Theiles verschiedenen Autors seien. Wir können bei diesem Anlaße nicht umhin, die wechselseitige Aufeinanderbeziehung des dritten Theiles der Confessio fidei und des von Gerbert bei seinem Antritte des Rheimser Erzbisthums abgelegten Glaubensbekenntnißes[1] bemerklich zu machen. Diese Aufeinanderbeziehung stellt sich in dem beiden Schriften gemeinsamen Bekenntnißinhalte und in der beiderseits fast paralellen Aufeinanderfolge der Materien dar, so daß sich die Arbeit des Verfassers der Confessio wie ein Commentar zum Bekenntniß Gerberts ausnimmt. Wie Gerbert spricht der Verfasser des dritten Theiles der Confessio zuerst von der Trinität, sodann von der Incarnation des Gottmenschen, von Geburt, Leiden und Tod, Auferstehung, Himmelfahrt und Wiederkunft Christi. Wie dann weiter Gerbert mit unverkennbarer Beziehung auf manichäische Doctrinen die Einheit beider Testamente bekennt, den Teufel durch eigene Schuld bösegeworden erklärt, die moralische Güte der Ehe vertritt, und für die sittliche Zulässigkeit der Wiederverheirathung eintritt, so finden wir dieß Alles auch im dritten Theile der Confesso fidei wieder.[2] Beiderseits sind diese Lehrpuncte mit der Lehre von der Auferstehung des Fleisches in Verbindung gebracht. Der Confessor bekennt mit Gerbert die Lehre von der Nachlassung aller Sünden durch die Taufe, von der Möglichkeit der Erlangung der Vergebung für alle nach der Taufe begangenen Sünden innerhalb der katholischen Kirche, außerhalb welcher es kein Heil gibt. Wie Gerbert die Taufe speziell als Tilgungsmittel der von Adam vererbten Sünde hervorhebt, so widmet auch der Confessor in seiner Auseinandersetzung der kirchlichen Anthropologie der

---

[1]) Gerbert Ep. 187; siehe Oben S. 90.f.
[2]) Conf. fid. III, 34—36.

der sogenannten Confessio Albini.

Sünde Adams und ihren Folgen eine besondere Auseinandersetzung, die ihm als Unterlage für seine charitologischen Ausführungen dient. Auch dasjenige, was von ihm über die Grundlagen des kirchlichen Rechtes und der kirchlichen Ordnung gesagt wird,[1]) steht mit den aus Gerberts Rheimser Epoche uns bekannten Anschauungen desselben im Einklang. Was in der Kirche Geltung hat — sagt der Confessor — kann auf Grund einer dreifachen Auctorität festgehalten werden, entweder auf Grund der heiligen Schrift, oder der allgemeinen kirchlichen Ueberlieferung, oder endlich besonderer Gewohnheiten und Anordnungen nach Verschiedenheit der besonderen örtlichen Verhältnisse oder spezieller kirchlicher Institutionen. Wenn an einem späteren Orte neben Schrift und allgemeiner Ueberlieferung speziell auch noch die päpstlichen Decrete und die von der römischen Kirche anerkannten Concilien gleichsam nachträglich hervorgehoben werden,[2]) so entspricht dieß jenem Uebergangszeitalter, welches Gerbert in sich selbst durchlebte; der Context der angeführten Stelle zeigt deutlich, wie das Papstthum hauptsächlich als Hort der kirchlichen Reformbestrebungen neben Schrift und Ueberlieferung als besonderer dritter Factor gewichtig hervortritt, und im Bewußtsein der Zeitgenossen seine Machtvollkommenheit zu Geltung bringt. Alle diese Momente berücksichtiget, glauben wir in Bestimmung der Abfassungszeit der Confessio, und insonderheit des dritten und vierten Theiles derselben nicht allzuweit hinter den Anfang des 11. Jahrhunderts zurückgreifen zu sollen. Lag doch auch Mabillon und seinen Freunden Daille gegenüber nur daran, zu erhärten, daß die Schrift, welche den katholischen Lehrbegriff der Eucharistie unzweideutig vorträgt, nicht erst in die Zeit nach Berengar falle. Der Umstand, daß die beiden ersten Theile derselben erst in der zweiten Hälfte des 11. Jahrhunderts bemerkt und verwerthet zu werden beginnen, spricht gleichfalls dafür, daß dieselben, und mit ihnen die beiden letzteren Theile, wofern sie schon Anfangs ein Ganzes gebildet haben sollten, nicht allzuviel früher entstanden seien. Auch würde, wenn die Confessio fidei noch der Karolingischen Zeit angehörte, der

---

[1]) Conf. fid. III, 27.
[2]) O. c. III, 36: Nec non et decreta Pontificum et Concilia illa, quae ecclesia Romana suscipit et laudat, quia universalis ecclesiae documentum et tutamen sunt, ego veneror.

Epoche, in deren Mitte Gerbert steht, eine das gesammte kirchliche Glaubenssystem umfassende Lehrdarstellung völlig abgehen, was doch fast unglaublich scheint.

Für eine derartige Lehrdarstellung darf nicht der um die Mitte des eilften Jahrhunderts entstandene Liber de tribus quaestionibus des Mönches Othlo von St. Emmeran in Regensburg gelten,[1]) auf dessen Person im folgenden Abschnitte des Näheren die Rede kommen wird. Jene Schrift ist bloß ein aus einem subjectiven Bedürfniß Othlos hervorgegangner Versuch, sich den Lauf der menschlichen Dinge zurechtzulegen, den er sich zuletzt nicht anders als unter Recurs auf die Idee eines zugleich gerechten und barmherzigen Gottes klar zu machen weiß, an welchen man deßhalb auch glauben müsse. Wenn er schließlich auf die kirchliche Dreieinigkeitslehre als Unterlage der biblisch-christlichen Heils- und Gnadenlehre zu sprechen kommt, so weist er ausdrücklich die dialektisch-scholastische Verständigung darüber zurück,[2]) und gibt den aus der Zahlenlehre und Musik, Welt- und Körperlehre geschöpften Beleuchtungen des göttlichen Urternars den Vorzug. Ja er entwickelt ein ganzes System der mystisch-biblischen Zahlenlehre, und sieht in dem göttlichen Ternar die Urharmonie des Seins, welche sich in allem Seienden reflectirt, und welcher alles in der Entwickelung Begriffene, somit auch der Mensch sich zu verähnlichen hat.[3])

Eine theologisch-dogmatische Auseinandersetzung kirchlicher Glaubenslehren findet sich, von der neuerdings ausbrechenden Polemik gegen die griechischen Schismatiker, und von den Verhandlungen über die Abendmahlslehre abgesehen, während des ganzen von

---

[1]) Abgedr. bei Migne tom. 146, p. 61—136.

[2]) Peritos dico magis illos — sagt er im Prologe seiner Schrift — qui in S. Scriptura, queun qui in dialectica sunt instructi. Nam dialecticos quosdam ita simplices inveni, ut omnia sacrae Scripturae dicta juxta dialecticae auctoritatem constrindenda esse decernerent, magisque Boetio quam sacris scriptoribus in plurimis dictis crederent. Unde et euudem Boetium secuti me reprehendebant, quod personae nomen alicui, nisi substantiae rationali adscriberem. Quae reprehensio si justa est, justum est etiam ut alia nomina et verba, quae in literis sacris inveniuntur aliter posita quam dialectica docet, reprehendantur, ut substantia, species, genus, sentire et habere, aliaque plura.

[3]) Eine Zusammenfassung aller triadischen Reflexe der göttlichen Urharmonie am Schluße des Liber de trib. quaestt., p. 133 ff.

diesem Buche umfaßten Zeitraumes einzig bei Petrus Damiani,[1]) und auch da mit einem starkmystischen antischolastischen Zuge durchsetzt, wie sich zunächst schon bei seiner Gotteslehre zeigt. Damiani setzt die allgemeine Gotteslehre in seiner Schrift über die göttliche Allmacht auseinander,[2]) die schon durch ihren Titel ihre Tendenz verräth: Gott kann das Geschehene ungeschehen machen. Damit will Damiani den bei Hieronymus gelesenen Satz widerlegen: Cum omnia possit Deus, suscitare virginem non potest post ruinam. Damiani's Freund, der Abt Desiderius hatte in der Vertheidigung dieses Satzes gegen Damiani so weit nachgegeben, daß er zugestand, Gott könne das von Hieronymus als unmöglich Bezeichnete deßhalb nicht, weil er es nicht wolle. Dieß fand aber Damiani verfehlt, weil daraus folgen würde, daß Gott alles dasjenige, was er nicht wolle (z. B. daß es heute regne) auch nicht machen oder bewirken könne. Das Nichtkönnen gilt von Gott nur in dem Sinne, in welchem das Nichtverstehen oder Nichtwissen von ihm gilt, nämlich in Bezug auf das Böse; er kann das Böse nicht thun und versteht es nicht zu thun. Eine Geschwächte aber wieder zu einer Jungfrau zu machen, fällt unter die Kategorie desjenigen göttlichen Thuns, durch welches Gott den durch eigene Schuld der Sterblichkeit anheimgefallenen Menschen wieder zur Unsterblichkeit erhebt. Damit ist freilich noch nicht der Kernpunct der Frage erlediget, die darauf hinausgeht, ob Gott machen könne, daß etwas, was wirklich geschehen ist, gar nicht geschehen sei. Damiani hat hierauf eine doppelte Antwort in Bereitschaft. Erstlich besteht er auf dem Satze, daß nur das etwas ist, was Gott thut; was nicht durch ihn geschehen ist, ist nichts. Wenn also einstmals Menschen Rom erbaut haben, so ist diese Erbauung als Menschenwerk nichts, mithin das Factum jenes einstmaligen Erbauens metaphysisch genommen so gut wie nicht vorhanden. Weiter aber behauptet er, daß die Gott aufgenöthigte Unmöglichkeit, Geschehenes ungeschehen zu machen consequent auch Unmöglichkeiten anderer Art, die sich auf das Gegenwärtige und Zukünftige beziehen, involviren würde. Weil das gegenwärtig

---

[1]) Hieher gehören Damiani's Opusc. 1. 2. 3. 6. 30. 36. 38.
[2]) Opusc. 30: De divina omnipotentia in reparatione corruptae et factis infectis reddendis. Dem Abte Desiderius von Monte Casino gewidmet.

Seiende ist oder das künftig Seiende sein wird, darum sei es für Gott nothwendig, und es stünde nicht in seiner Macht, es abzuwenden; aus der Thatsache eines gegenwärtigen oder künftigen Regnens würde also folgen, daß Gott dieses gegenwärtige oder zukünftige Regnen geschehen lassen müsse. Da nun ein solches Dafürhalten ganz gewiß widersinnig und blasphemisch ist, so folgt daraus, daß auch der Satz, Gott könne Geschehenes nicht ungeschehen machen, gleichfalls verwerflich ist. Die Täuschung welcher man sich bei Annahme jenes Satzes hingibt, beruht darin, daß man die rein subjective Geltung gewisser logischer Functionen, mittelst welcher man sich etwas empirisch Gegebenes im Denken klar macht, verkennend, mittelst derselben Mysterien der übersinnlichen Welt aufklären will, die nun einmal für uns Menschen im Leben dieser Zeit Geheimnisse sind und bleiben. Damit war aber freilich die Möglichkeit einer Glaubenswissenschaft preisgegeben, daher die hier auseinandergesetzte Ansicht Damiani's von den theologischen Summisten des 12. und 13. Jahrhunderts ausdrücklich zurückgewiesen wurde.[1]) Wir sehen in Damiani jene Denkart repräsentirt, welche uns bereits im Bruder des heiligen Nilus, dem römischen Abte Leo entgegengetreten ist; es ist die schärfste Opposition gegen jede Art von Rationalismus, der unvermittelte Supranaturalismus und Supramundanismus, für welchen es keine andere objective Wahrheit des höheren Erkennens als jene der gläubigen Intuition gibt. Die richtige Consequenz jener Sätze und Anschauungen, auf welche Damiani seinen Protest gegen den bemängelten Satz des heiligen Hieronymus stützt, wäre eigentlich ein completer Akosmismus; inconsequent ist es, bei der bloßen Behauptung der Nichtigkeit des Bösen stehen zu bleiben,[2]) weil, wenn nicht bis zur Behauptung der völligen Nichtigkeit des Weltlichen als solchen vorgeschritten wird, die Thatsächlichkeiten des weltlichen Geschehens, soweit sie nicht böse oder vom Bösen

---

[1]) Vgl. meine Schrift über Thom. Ag. 1, S. 806, Anm. 2.
[2]) In malis — sagt Damiani — utcunque videri potest haec confusionis alternitas, quae certe videntur esse, et non sunt, et ideo quasi sunt et non sunt. Sunt quidem in superficie coloris, non autem in judicio veritatis; quanquam et ipsis malis non possumus hanc diversitatem exacte concedere, ut simul sint et non sint, quia videntur esse, sed non sunt, atque ideo verius dicuntur semper non esse, quam esse et non esse. O. c., c. 9.

sind, mittelbar oder unmittelbar durch Gott selbst gewirkt sind, und somit die Behauptung, daß Gott sie ungeschehen machen könne, die Möglichkeit eines Widerspruches des göttlichen Handelns mit sich selber involvirt. Diese Möglichkeit wird auch dadurch nicht beseitigt, daß Damiani das supranaturale Wirken Gottes als ein Wirken contra naturam faßt, und die hierin liegende Anstößigkeit dadurch zu beseitigen sucht, daß für die Natur der Dinge selber wieder eine Natur gesucht werden müsse, die keine andere, als der souveraine göttliche Machtwille als eigentliche natura naturae sein könne. Denn wenn das von ihm als contra naturam seiend Zugestandene zugleich auch contra rationem ist, so ist damit jeder vernünftigen Begründung der Glaubensgewißheit der Boden entzogen, die doch sicher auf dem Nachweise einer rationalen Congruenz zwischen der natürlichen und übernatürlichen Ordnung zu fußen hat. Damiani freilich sucht seinerseits das contra naturam selbst durch Belege aus der natürlichen Weltkunde zu erhärten,[1]) und führt allerlei Arcana, Curiositäten und Fabeleien damaliger Weltkunde an, unter welchen selbst jene von einer indischen Insel, auf welcher die Vögel auf den Bäumen wachsen, nicht fehlt. Auch das Dogma von der Schöpfung der Welt aus Nichts gehört ihm unter die Wahrheiten, die contra naturam sind, gemäß dem von ihm citirten Ausspruche des Aristoteles: Ex nihilo nihil fit. Was läge da näher, als das Schöpfungsdogma als irrational zu verwerfen? Nach Damiani aber hat man aus der Bibel die göttliche Widerlegung natürlicher Denknothwendigkeiten zu lernen. Der brennende Dornbusch, der sich im Feuer nicht verzehrt, der wasserspendende Fels in der Wüste u. s. w. sind ihm die göttliche Thaten, durch welche die absolute Geltung natürlicher Denknöthigungen widerlegt werde; in Wahrheit sind sie Auf= forderungen, sich über den Begriff des Wunders und seines Ver= hältnisses zur gegebenen natürlichen Wirklichkeit genauere Rechen= schaft zu geben.

Von der natürlichen Gotteslehre auf die geoffenbarte, auf die Dreieinigkeitslehre und Christologie übergehend, sind wir unter nebenhergehender Erwähnung zweier kurzer Auslegungen des Symbolum Apostolicum und Symbolum Athanasianum durch

---

[1]) O. c., c. 11.

Bruno von Würzburg[1]) abermals an Petrus Damiani als den fast einzigen dogmatischen Schriftsteller dieser Epoche angewiesen. Dem von Damiani aus den alttestamentlichen Schriften geführten Beweis für die Wahrheit des christlichen Dreieinigkeitsglaubens und die Gottessohnschaft des Erlösers Christus[2]) tritt eine Auslegung Fulberts von Chartres über 1 Mos. 49, 10 zur Seite,[3]) die den Zweck verfolgt, in dem unter König Herodes gebornen Sohne der Jungfrau den durch die erwähnte Stelle geweissagten Messias der Juden zu erweisen. Damiani's Schrift de fide catholica ad Ambrosium[4]) enthält die Ausführung der kirchlich-dogmatischen Lehre über die göttliche Dreieinigkeit und die gottmenschliche Person des Erlösers Christus unter Bezugnahme auf die durch die dogmatischen Bestimmungen des kirchlichen Bekenntnisses abgewiesenen häretischen Irrthümer der älteren christlichen Jahrhunderte. Auch die Lehre vom Ausgange des heiligen Geistes wird in dieser Schrift berührt, und nebstdem in einer anderen kleinen Abhandlung[5]) erörtert. Die biblische Beweisführung stützt sich darauf, daß der heilige Geist, wie er Geist des Vaters heißt, so auch Geist Christi genannt werde, und von Christus oder im Namen Christi gesendet wird. In Bezug auf die Aussagen des Nicenum, des heil. Hieronymus, des Papstes Leo III, daß der heilige Geist vom Vater ausgehe, wird bemerkt, daß hiedurch ein Ausgehen vom Sohne nicht ausgeschlossen werde, welches nicht nur von den angesehensten Lehrer der abendländischen Kirche, sondern auch von Athanasius und Cyrillus Alexandrinus gelehrt werde.

Ueber die den Gebieten der Kosmologie und Anthropologie angehörigen Lehrpuncte des kirchlichen Bekenntnisses, über Schöpfung, Engel, Mensch, Sündenfall, Erlösung, Gnade, Erwählung, Vorherbestimmung u. s. w. hat man in diesem Zeitalter keine Lehrexpositionen zu suchen; wir sahen oben bei Burchard, wo man über diese Puncte jene Auskünfte suchte, welche dem Nachdenken über die genannten Gegenstände genügten. Zum Betriebe einer

---

[1]) Abgedr. bei Migne tom. 142, p. 557—568.
[2]) Opusc. 2: Antilogus adversus Judaeos ad Honestum virum clarissimum.
[3]) Tractatus contra Judaeos. Migne tom. 141, p. 315 ff.
[4]) Opusc. 1.
[5]) Opusc. 38.

rationellen Weltlehre als Unterlage für die kirchliche Glaubens=
lehre fand man damals noch nicht die nöthige Zeit und ermangelte
auch zum großen Theile noch der nöthigen Hilfsmittel; Männer
wie Damiani, welcher sich wirklich viel mit Studium und Lectüre
beschäftiget hatte, ließen derartige Studien grundsätzlich hinter
sich liegen.[1]) Man war weit mehr mit Gedanken über das Jen=
seits als mit Erforschung des Diesseits beschäftiget; und die dem
Diesseits zugewendeten Gedanken bezogen sich weit mehr auf
praktische Angelegenheiten und Verhältnisse, als auf theoretische
Untersuchungen über das Wesen der Dinge und des Menschen.
Statt anthropologischer Forschung beschäftigte man sich mit Moral
und Ascetik, statt weltlicher Gelehrsamkeit suchte man die Wege
des gottseligen Lebens, die Allgegenwart der Kirche im Leben
lenkte die Gedanken auf die ewigen Dinge des Himmels, dessen
Segnungen für das Zeitliche und Irdische in den mystischen Weihe=
gnaden der Kirche dargeboten waren. Nach dem heiligen Kreuze
Christi, nach der heiligen Jungfrau und den heiligen Engeln, sagt
Damiani,[2]) gibt es auf Erden und im Himmel nichts Größeres
und Erhabeneres als die Kirche, aus welcher die Quellen der
göttlichen Segnungen über die ganze Erde ausströmen. Es gibt
aber zwölf solcher kirchlicher Segensströme, die in den zwölf
Sacramenten der Kirche gegeben sind. Diese Sacramente sind
jene der Taufe, der Firmung, der Krankenölung, der Bischofs=
weihe, die Salbung des Königs, die Einweihung der Kirche, die
Beicht, das Sacrament der Kanoniker, das Sacrament der
Mönche, der Eremiten, der Nonnen, das Sacrament der Ehe.
Man erkennt leicht, in welchem Sinne hier das Wort Sacrament

---

[1]) Vgl. Damiani's Aeußerungen in Opusc. 11, c. 1: Platonem la-
tentis naturae secreta rimantem respuo, planetarum circulis metas
astrorumque meatibus calculos affigentem, cuncta etiam sphaerici orbis
climata radio distinguentem Pythagoram parvipendo; Nicomacho quoque tritum ephemeridibus digitos abdico; Euclidem perplexis geometri-
calium figurarum studiis incurvum aeque declino; cunctos saue rhetores
cum suis syllogismis st sophisticis cavillationibus indignos hac quaestione decerno. Tremant gymnici suam jugiter amore sapientiae nuditatem;
quaerant peripatetici latentem in profundo puteo veritatem. Ego sum-
mam a te quaero veritatem, illam videlicet, quae de terra orta est,
jam non in puteo ignobiliter latitantem, sed omni manifestatam mundo,
perpetua in coelis majestate regnantem.

[2]) Sermo 69.

gebraucht ist, und daß es sich hier darum handelt, zu zeigen, wie alle Personen, Stände und Rangclassen der christlich-kirchlichen Gesellschaft von der obersten bis zur untersten herab in das Weiheleben der Kirche hineingerückt sind, und durch die Weihung der Kirche zur gottwolgefälligen Erfüllung ihres christlichen Erdenberufes initiirt werden sollen. Unter einem anderen Gesichtspunct hebt Damiani die drei Sacramente der Taufe, Eucharistie und Firmung als vornehmste Sacramente der Kirche hervor,[1]) deren zwei: Eucharistie und Priesterweihe, in der vorerwähnten Zwölfzahl gar nicht erscheinen, weil es sich daselbst nicht um die objectiv gegebenen Gnadengüter der Kirche als solche, sondern um die Initiation und Weihe der besonderen christlichen Berufsthätigkeiten handelte. In Bezug auf jene drei Hauptsacramente oder Grundsacramente der Kirche handelt es sich für Damiani darum, die von der subjectiven moralischen Beschaffenheit ihrer Spender und Vollbringer unabhängige Giltigkeit derselben zu vertreten. Es ist ihm nämlich darum zu thun, zu erweisen, daß der Bestand der Kirche als gottgestifteter Heilsanstalt nicht von der moralischen Würdigkeit ihrer menschlichen Organe abhängig sei, so daß der Gläubige durch einen lasterhaften Priester um die sacramentalen Gnaden der Kirche betrogen werden könnte. Hinsichtlich der Taufe verweist Damiani auf Augustinus, hinsichtlich des Altarsacramentes auf Paschasius als diejenigen, welche die von der moralischen Würdigkeit der menschlichen Organe der kirchlichen Weihethätigkeit unabhängige Giltigkeit der genannten Sacramente erwiesen hätten; was von diesen erwiesen ist, müsse auch vom Sacramentum Ordinis gelten, und wird von Damiani demnach in Bezug auf die von simonistischen Bischöfen vollzogenen Ordinationen aufrecht erhalten. Unter seinen Beweisen hiefür kommt auch dieser vor, daß mehrere fromme Männer seiner Zeit, die von simonistischen Bischöfen zu Priestern geweiht worden waren, nach ihrem Tode durch Wunder verherrlichet worden seien.[2]) Er mißbilligt daher das Verhalten der Florentiner, die ihrem der Simonie verdächtigen Bischof den kirchlichen Gehorsam kündigen wollten,[3]) und hat strenge Worte gegen gewiße florentinische Mönche, welche die Ungiltigkeit aller

---

[1]) Opusc. 6, c. 9.
[2]) Opusc. 6, c. 29.
[3]) Opusc. 30.

sacramentalen Weihehandlungen dieses Bischofes behaupteten. Uebrigens bekennt sich Damiani ohne Umschweif zu dem Satze, daß man durch Vertheilung von Almosen an Arme mehr geistlichen Segen zu schaffen vermöge, als durch Gebete und Oblationen, die man durch irdisch und fleischlich gesinnte Priester darbringen lasse.[1]) Er erhärtet diese Ansicht durch das Zeugniß eines achtbaren Mannes, der ihm Folgendes mittheilte: Eine Wittwe setzte großes Zutrauen in einen Priester, schickte ihm daher öfter Geschenke mit der Bitte, daß er für ihren verstorbenen Gatten beten möge. Der Priester aber war geizig, und gab der Dienerin, welche ihm diese Gaben zu überbringen pflegte, niemals auch nur das geringste Geschenk. Diese war natürlich gegen den Priester ziemlich verdrossen gestimmt; da sie nun wieder einmal, wo sie selber vom Hunger geplagt war, dem Priester ein gekochtes Huhn, einen Aschenkuchen und eine Flasche Wein zu überbringen hatte, suchte sie auf dem Wege zu ihm einen abseits gelegenen Ort, wo sie das zu Ueberbringende selbst genoß, sodann aber sich auf die Kniee niederwarf, und Gott für die Stärkung und Erquickung ihres Leibes dankend zugleich das Gebet zum Himmel emporsendete, Gott möge auch die Seele des verstorbenen Gatten ihrer Herrin im Paradiese erquicken. Nachts darauf erschien dieser der Wittwe, und dankte ihr für die ihm am letzten Tage durch sie gewordene Erquickung; auf die Frage der Wittwe, ob er erst jetzt und nicht schon früher erquickt worden sei, gestand er, bis zum gestrigen Tage vom Gefühle des ungestillten Hungers gequält gewesen zu sein. Die Wittwe dachte am nächsten Morgen über diese nächtliche Erscheinung näher nach, und suchte dem Grunde der ihr gewordenen Mittheilungen auf die Spur zu kommen. Sie befragte demnach die Dienerin ernst und strenge über das bisher Geschehene, die nach mancherlei Ausflüchten nicht umhin konnte, ihr Thun der Herrin einzugestehen. Das Factum habe sich mit Blitzeseile unter dem Volke verbreitet; und gemeinhin halte man dafür, es sei besser, Almosen zu spenden als Oblationen an fleischlich gesinnte Priester zu senden.

Diese Erzählung Damiani's ist in mehr als einer Beziehung charakteristisch; unter Anderem auch dadurch, daß sie das gläubige

---
[1]) Opusc. 33.

Volk als berufenen Corrector eines von den Bahnen sittlicher Exemplarität abirrenden Klerus anerkennt. Dieses Princip wurde in den nachfolgenden Kämpfen für die Freiheit der Kirche auch praktisch als Druckmittel gegen Simonisten und verweltlichte Geistliche verwerthet. Daß damit der objectiven Geltung und Bedeutung des kirchlichen Supranaturalismus nichts vergeben werden wollte, braucht nicht besonders gesagt zu werden. Nach Damiani gereichen die im Meßopfer für die Verstorbenen dargebrachten Gebete und Suffragien auch Lebenden, die man irrig für Verstorbene hält, zur übernatürlichen Erquickung. Ein Steinbrecher oder Bergmann, der unglücklicherweise verschüttet wurde, blieb an dem Orte, wo er durch die Verschüttung verschlossen gehalten wurde, ein ganzes Jahr am Leben, weil er täglich wunderbar erquickt wurde; die Erquickung bestand aber, wie sich nachträglich herausstellte, darin, daß seine Gattin, die ihn für todt hielt, täglich für ihn das Meßopfer darbringen ließ; nur an einem einzigen Tage während der ganzen Zeit seines Eingeschlossenseins im Berge wurde er vom Hunger gequält, und dieß war jener Tag, an welchem seine Gattin wegen allzurauher winterlicher Witterung den Kirchenbesuch unterlassen hatte.

Die mittelalterliche legendarische Behandlung der Lehre von den Intercessionen und kirchlichen Suffragien für die Verstorbenen wurde durch Gregor d. Gr. inaugurirt, aus dessen Dialogen[1]) Burchard in das letzte Buch seiner Decreta[2]) zwei Erzählungen verwandten Inhaltes mit der eben aus Damiani mitgetheilten aufgenommen hat. Auch verschiedene andere Erzählungen Damiani's[3]) lassen sich nach Ton und Inhalt mit den in Gregors Dialogen enthaltenen Erzählungen paralellisiren; es ist hier wie dort derselbe wunderglänbige, von visionären Kunden aus der jenseitigen Welt erfüllte Denk- und Vorstellungsinhalt, in dessen Gebilden der im kirchlichen Sinne aufgefaßte Zusammenhang zwischen der diesseitigen und jenseitigen Welt eine concrete Gestaltung und Veranschaulichung seiner selbst zu gewinnen trachtet. Die Vorstellungen vom jenseitigen Loose der Seelen, von Fegefeuer, Himmel und

---

[1]) Vgl. Greg. Dial. IV, 57.
[2]) Decret. XX, 56. 57.
[3]) Vgl. in Besonderen Opusc. 34: De variis miraculosis narrationibus, addita simili disputatione de variis apparitionibus et miraculis.

Hölle, vom Tage des Gerichtes liegen überhaupt dem religiösen Volksbewußtsein am nächsten, und mußten insbesondere in rauhen stürmischen Zeiten, in welchen die in klösterlicher oder eremitischer Weltabgeschiedenheit gepflogene Betrachtung der ewigen Dinge als die höchste, ja einzige Zuflucht trost= und erbauungsbedürftiger Seelen erschien, mit üppigen Wuchertrieben legendarischen Stoff produciren, in welchem der kirchlich gläubige und sittliche Sinn sich sein Genügen schuf, und mit den Bildern und Gestalten der Dinge, in welchen der innere Mensch geistig lebte, sich umspann. Je ärmer und freudloser die äußere Gegenwart, je begränzter der Blick in die irdische Erfahrungswelt war, um so reicher und voller mußte sich da die überirdische Wunderwelt aufthun, in deren Vorgängen die durch die Sünde getrübte Ordnung der zeit= lichen Dinge vorläufig wenigstens relativ sich zurecht zu stellen schien, und dem religiösen Ahnungstriebe des Gemüthes die begehrte Befrie= digung zu Theil wurde. Dazu kam noch, daß gegen Ende des ersten Jahrtausends der christlichen Aera die Gemüther durch die Vermu= thung der Nähe des Weltendes in Spannung erhalten wurden; in der hieburch erzeugten Stimmung war das geheimnißvolle Jenseits den Gedanken der Menschen unmittelbar nahegerückt, was nicht wenig dazu beitragen mußte, den Glauben an's Wunderbare zu steigern. Man war da der außerordentlichsten Dinge gewärtig, welchen gegenüber der natürliche Zusammenhang und Gang der Dinge zur untergeordnetsten Bedeutung herabsank.

Der Glaube an die Nähe des Weltendes ist durch Urkunden aus dem 10. Jahrhundert vielfältig bezeugt. Eine Menge von Schenkungen waren durch diesen Glauben motivirt; er wurde, wie Abbo von Fleury in seiner oben erwähnten Vertheidigungsschrift an König Robert erwähnt, von den Kanzeln herab verkündiget, und fand weithin Verbreitung. Nachdem das Jahr 1000 ohne auffallendes Ereigniß vorübergegangen war, wurde zehn Jahre später die Christenheit durch die Nachricht von der Einnahme Jerusalems durch die Türken erschüttert; kein Wunder, daß Viele in diesem Ereigniß den Anfang jener schrecklichen Dinge sahen, durch welche die Endkatastrophe des irdischen Zeitdaseins einge= leitet werden soll. Als im J. 1033 eine furchtbare Hungersnoth wüthete, erinnerte man sich, daß dieses Jahr das tausendste seit Christi Tod sei, und so erwartete man, daß nunmehr alle über das Weltende geweissagten Dinge unaufschieblich eintreten würden.

Es erübrigen aus dieser Epoche keine Commentare über die Apokalypse; indeß läßt sich annehmen, daß die wissenschaftlich gebildeten Vertreter des kirchlichen Gedankens damaliger Zeit die in Volkskreisen verbreitete Erwartung nicht nur nicht theilten, sondern auch bekämpften. Abbo von Fleury bemerkt in seiner obenerwähnten Schutzschrift, daß er noch als junger Mann das in einer Pariser Kirche von der Kanzel herab verkündete Kommen des Antichrist nach dem Jahre 1000 p. Chr. nach Kräften bekämpft und aus dem Evangelium, aus der Apokalypse und aus dem Buche Daniel zu widerlegen sich bemüht habe; nicht minder habe er auf Geheiß seines Abtes Richard eine demselben aus Lothringen zugesendete Schrift bekämpft, in welcher die Nähe des Weltendes in Aussicht gestellt war. Blicken wir nun auf die Aeußerungen der angesehensten Lehrer der unmittelbar vorausgegangenen Jahrhunderte zurück, deren Autoritäten gewiß auch für das zehnte und eilfte Jahrhundert maßgebend waren, so finden wir bei Beda[1]) den Ausspruch, daß sich das sechste Weltalter, in welchem wir seit Christi Kommen stehen, nicht gleich den vorausgegangenen fünf Weltaltern durch eine bestimmte Zahl von Jahren oder Generationen in seiner Dauer bestimmen lasse. Nach Remigius von Auxerre[2]) bedeuten die in Apok. 20, 2. 6 erwähnten 1000 Jahre als runde Zahl und symbolische Zahl die Vollzahl der Zeiten, die von Christus bis zum Weltende verfließen werden; der Gedanke, die Zahl 1000 im Literalsinne zu verstehen, ist durch diese Art von Deutung schlechthin ausgeschlossen. Die Schriftausleger des 9. und 10. Jahrhunderts sind wol darin einig, daß mit dem Kommen des Antichrist auch das Weltende heranrücke; aber wann dieser kommen werde, wissen sie nicht zu sagen. Remigius und Atto von Vercelli sagen beide in ihren Commentaren zum zweiten Thessalonicenserbriefe, daß er dann kommen werde, wenn das römische Reich gefallen sei; dieß sei aber — fügt Remigius bei — nicht so zu verstehen, als ob er unmittelbar

---

[1]) Ep. 3 (ad Plegwinum).
[2]) Comm. in Apocal.

nach dem Sturze des römischen Reiches erscheinen müsse. Er werde eben zu jener Zeit, die Gott nach seinem unerforschlichen Rathe beschlossen habe, auftreten. Noch räthselhafter und unbestimmter gestaltete sich die Zeit seines Erscheinens durch die Charakteristik seiner Person. Er soll, wie Remigius angibt, in Babylon aus dem jüdischen Stamme der Daniten geboren werden (1 Mos. 49, 17), von da nach Jerusalem kommen, sich beschneiden lassen, und sich den Juden als den erwarteten Messias vorstellen; er wird den von den Römern zerstörten Tempel in Jerusalem wieder aufbauen, und in demselben als Afterbild des wahren Christus sich verehren lassen.[1]) Atto verlegt den Schauplatz seines Auftretens nach Westen, und läßt ihn daselbst die Römerherrschaft zertrümmern. Man ersieht hieraus, wie unbestimmt und unsicher die Vorstellungen waren, welche man sich über die Verboten des Weltendes bildete; nur so viel leuchtet aus dem Angeführten hervor, daß die Ereignisse um a. 1000 nicht so beschaffen waren, daß sie auf die aus dem zweiten Thessalonicenserbrief eruirte Charakteristik der Zeiten des Antichrist gepaßt hätten.

In der Mitte des 10. Jahrhunderts wurde auf Wunsch der Schwester Otto's I Gerberga, Gemalin des Königs Ludwig Outremer eine besondere Schrift über den Antichrist von Abso, dem uns schon bekannten Freunde Gerberts und Abt zu Moutier-en-Der abgefaßt,[2]) welche die eben angeführten Angaben weiter ausmalte, aber die Zeit seines Kommens gleichfalls ungewiß ließ. Er sagt, wenn die bezügliche Stelle in seiner Schrift wirklich von ihm herrührt,[3]) der Antichrist werde erscheinen, wenn der letzte der Frankenkönige, der zugleich römischer Kaiser sein wird, seine Herrschaft freiwillig nach vorausgegangener Bekehrung der Juden niedergelegt haben wird. Dieser letzte Kaiser wird der herrlichste aus allen sein, den Götzendienst in der ganzen Welt ausrotten, alle Völker zur Annahme der Taufe vermögen, und wenn er die ihm beschiedene Aufgabe vollendet hat, nach Jerusalem kommen, um daselbst sterbend sein Reich Gott und Christo zu übergeben; sein Grab wird daselbst

---

[1]) Diese Auffassung des Antichrist hatte sich aus der patristischen Exegese auf das Mittelalter vererbt. Vgl. Döllinger Christ. u. Kirche i. d. Zeit der Grundlegung (2. Aufl.) S. 430 ff.
[2]) Unter Alcuins Werke aufgenommen bei Migne tom. 101, p. 1291 ff.
[3]) Sie fehlt in einer der Handschriften. Siehe O. c., p. 1295, Anm. a.

herrlich sein. Sofort nach seinem Tode werden Elias und Henoch
erscheinen, um die Menschen ihrer Zeit gegen die Verführung
durch den Antichrist zu rüsten. Sodann wird dieser selber erscheinen,
und die beiden ihm entgegenwirkenden Wahrheitszeugen tödten.
Der Antichrist wird schon seiner Herkunft nach ganz und gar ein
Mann der Sünde sein; denn er wird der Sohn eines grausamsten
Lüstlings und einer unreinsten Buhlerin, somit ganz und gar in
Sünde empfangen sein. Während er noch ungeboren im Mutterschooße ruht, wird der Teufel in ihn fahren, und ihn sich zu
eigen nehmen; ja der Teufel wird die eigentliche Ursache seiner
Erzeugung sein, sein menschlicher Vater nur als Organ des Teufels die vom letzteren ganz und gar erfüllte und eingenommene
Teufelsbraut befruchten. In Babylon geboren und erzogen wird
er daselbst von Zauberern und Wahrsagern in allen teuflischen
Künsten unterwiesen werden, sodann nach Jerusalem kommen, um
daselbst sein Reich aufzurichten. In Allem das nachäffende Gegenbild Christi darstellend wird er, wenn er die Herrschaft an sich
gerissen hat, Boten in alle Welt aussenden, um die Völker zum
Glauben an ihn zu bekehren, die Bekenner Christi aber wird er
durch 1260 Tage auf das fürchterlichste bedrängen, bis ihn selbst
die Glanzerscheinung des als Weltenrichter kommenden Christus
in den Staub hinstreckt. Dieser gewöhnlichen Meinung über das
Ende des Antichrist fügt Adso noch eine andere abweichende bei,
die er augenscheinlich deßhalb bevorzugt, weil sie eine noch weitere
Hinausschiebung des Weltendes ermöglichet. Nicht Christus selber,
sondern der Erzengel Michael wird den Antichrist tödten, und
zwar auf dem Oelberge, also an jener Stätte, an welcher Christus
zum Himmel fuhr. Nach der Vernichtung des Antichrist muß den
von ihm Verführten eine 40tägige Frist zur Umkehr und Buße
gegönnt werden; es ist fraglich, ob selbst dann, wenn diese Frist
verstrichen ist, der Gerichtstag schon da sei, dessen Eintritt dem
unerforschlichen Beschlusse Gottes vorbehalten ist.

Damiani kommt auf dieses eschatologische Thema öfter als
einmal zu sprechen,[1] und ist im Allgemeinen geneigt, die Endkatastrophe der irdischen Zeitlichkeit sich ziemlich nahe zu denken,

---

[1] Opusc. 59. — Opusc. 37. b, dub. 2. — Opusc. 50, c. 7.

wie wir weiter unten noch des Näheren sehen werden. Den Mönch Adam, der über den Antichrist und den Tag des Gerichtes an ihn Fragen gestellt hatte, verweist er auf Augustin de civitate Dei, auf die Erklärung des Hieronymus zu Daniel so wie auf die vorhandenen Commentare zur Apokalypse, gibt aber doch selber sehr bestimmte Andeutungen über seine eigene Auffassung der Sache. Dieser zufolge wird seiner Zeit der Antichrist auf dem Oelberge thronend $3^{1}/_{2}$ Jahre herrschen, und nachdem er den Henoch und Elias getödtet, selber auch durch das feurige Schwert des Erzengel Michael gerichtet werden. Dann werden noch 45 Tage bis zur Wiederkunft Christi übrig bleiben; während dieser Zeit werden die Gerechten Buße thun und auf Christi Kommen sich vorbereiten, die Bösen aber wie in den Tagen Noes gottvergessen dahinlebend für das Gericht völlig reif werden. In den letzten 15 Tagen werden 15 große Zeichen, furchtbare und schreckende Erscheinungen in der elementaren Natur, in Meer, Luft, Erde das Nahen des großen schrecklichen Tages verkünden und alles Lebendige mit Angst und Entsetzen erfüllen; am 15. Tage wird in der allgemeinen Auflösung der Natur die letzte Menschengeneration, die noch auf Erden lebt, hinsterben, um mit allen bereits verstorbenen Menschen zum Gerichte aufzustehen. Damiani beruft sich in der Schilderei der letzten irdischen Schreckenstage auf das bei Hieronymus Gefundene; aus sich selber aber weiß er eindringliche Schilderungen[1]) von den seelischen Nöthen des mit dem Tode ringenden Menschen, von den Qualen der Verworfenen so wie von den Freuden der himmlischen Seligkeit zu schöpfen, und nachdrucksvoll für die Zwecke sittlicher Mahnung zu verwerthen.

Das kirchliche Abendmalsdogma ist, wie schon erwähnt, der einzige Gegenstand der kirchlichen Glaubenslehre, der während des von diesem Buche umfaßten Zeitraumes mehrfach erörtert wurde. Ratherius bekämpft in einem Briefe an einen seiner Bekannten[2]) die bei demselben vermuthete figürliche Ausdeutung des Dogma. Wie Christus zu Kana das Wasser in wirklichen Wein verwandelte, so hat er auch beim letzten Abendmal Brot und Wein wirklich und wahrhaft in sein Fleisch und Blut verwandelt, sei es auch,

---

[1]) Opusc. 50, capp. 6. 12. 15,
[2]) Rather. Epistt., Ep. 1 (ad Patricium).

daß die Sinne des Gesichtes und Geschmackes diesem Verwandlungs-
acte nicht Zeugniß geben. Geben uns dieselben doch auch kein
Zeugniß von der Thatsache, daß der Mensch, wie er leibt und
lebt, von Gott aus dem Staube der Erde gebildet worden ist,
in welchen er im Tode in der That auch wieder zurückkehrt. Wie
der Lehm, aus welchem Adam gebildet worden, im Menschen wahrhaft Leibsubstanz ist, so ist das Brot, das in der christlichen
Abendmahlsfeier consecrirt wird, wahrhaft Christi Leib. Diese
Thatsache kann übrigens als Mysterium nicht mit dem Verstande
begriffen werden, und entzieht sich als heilige Glaubenswahrheit
einer vorwitzigen Anzweifelung.

Ausführlicher als Rather, aber in demselben Geiste, ergeht
sich über diesen Gegenstand der der zweiten Hälfte des 10. Jahrhunderts angehörige Abt Gezo von Tortona in einer aus 70
Capiteln bestehenden Schrift de corpore et sanguine Christi,[1]) 
deren Ausführungen sich nach der eigenen Angabe des Verfassers
mit jenen des Paschasius Radbertus völlig decken, oder denselben
nachgebildet sind. Er stützt sich auf dieselben patristischen Auctoritäten wie Radbertus, Radberts Schrift ad Placidum[2]) hat er,
wie er selbst sagt, in seine eigene ganz hineingenommen. Der
Grundgedanke derselben ist die durch den eucharistischen Genuß
vermittelte reale Einigung des Menschen mit Gott. Die dogmatisch-
speculative Unterlage für die Ausführung dieses Grundgedankens
ist aus Hilarius geschöpft, dessen Anschauungen wir unten durch
Gerberts Analyse derselben näher kennen lernen werden. Das von
Gezo aus Eigenem Gelieferte beschränkt sich auf Mahnungen zum
würdigen Empfange des Sacramentes und die Mittheilung von
Wundergeschichten, durch welche die Präsenz Christi im Sacramente
als Thatsache sinnlicher Erfahrung erprobt werden soll; einige
dieser Geschichten sind aber gleichfalls älteren Ursprunges, und
theils aus Gregors Dialogen, theils aus des Paulus Diaconus
Vita Gregorii entlehnt.

Von weit größerer Bedeutung als Gezo's Schrift ist jene
Gerberts de corpore et sanguine Domini,[3]) die sich zur Aufgabe

---
[1]) Siehe Migne tom. 137, p. 371—406.
[2]) Vgl. meine Schrift über Alcuin S. 175 ff.
[3]) Anderen gilt diese Schrift nach des ersten Herausgebers Mabillon
Vermuthung als eine Arbeit des Heriger von Laubes.

setzt, zu ermitteln, ob und in welchem Sinne man den eucharistischen Leib von jenem, der aus der Jungfrau geboren und an's Kreuz geschlagen worden, verschieden erachten dürfe. Die von Gerbert gegebene Lösung lautet dahin, daß der sacramentale Leib Christi naturaliter derselbe wie der gekreuzigte Leib, specialiter aber von demselben zu unterscheiden sei. Eigentlich habe man von einem dreifachen Leibe Christi zu sprechen, von seinem ursprünglichen Leibe, in welchem er auf Erden wandelte, vom eucharistischen und von dem durch die Glieder der Kirche constituirten mystischen Leibe Christi. Der eucharistische Leib constituirt das proportionale Mittel- und Bindeglied zwischen dem ursprünglichen und dem mystischen Leibe Christi, der ja eben in Kraft des eucharistischen Leibes als Mediums der vollkommenen Hineinnahme in die reale Lebensgemeinschaft mit Christus vollkommene Wahrheit werden soll. Gerbert formulirt das durch den eucharistischen Leib vermittelte Verhältniß der Kirche zu Christus in folgenden zwei Sätzen: Christus inconsumtibilis, invescibilis dat Eucharistiam sumendam, vescendam datam ex ipo; Ecclesia (quae est) corpus ejus, sumens, vescens accipit ab ipso datam (scil. eucharistiam.) Nachstehendes Schema verdeutlicht die Aufeinanderbeziehung der einander entsprechenden Termini beider Sätze:

| Christus | Eucharistiam | Ecclesia |
|---|---|---|
| Inconsumtibilis | Sumendam | Sumens |
| Invescibilis | Vescendam | Vescens |
| Dat | Datam | Accipit |
| Ab ipso | Ex ipso | Corpus ejus. |

Da die Eucharistie gleich dem aus der Jungfrau gebornen Leibe naturalis caro Christi ist, so ist sie das geeignete Mittel, auch den Leib, dessen Haupt Christus ist, Christo connatural zu machen. So findet Gerbert in der Zweckbeziehung der Eucharistie auf die Auswirkung und Vollendung jenes mystischen Leibes, dessen Haupt Christus ist, das geeignete Mittel zur Erweisung der Richtigkeit der von Paschasius Radbertus entwickelten Abendmalstheorie. Dieser gegenüber kommen Heribald von Auxerre und Hrabanus Maurus schlimm weg, die von Gerbert des Stercoranismus beschuldiget werden, womit nichts anderes gesagt sein will, als daß sie Gerbert des Nichtglaubens an die Wesensverwandlung der Abendmalselemente zieh. Uebrigens ist auch bei Gerbert der dogmatische Begriff der Wesensverwandlung noch nicht weiter entwickelt, als bei den Theologen des 9. Jahrhunderts; beim Hinweise der von ihm bekämpften Gegner auf Matth. 15, 17 weiß er nichts Anderes entgegenzustellen, als daß diese Stelle außer der gewöhlichen Auslegung auch noch eine andere zulasse,[1]) die eine Exemtion der eucharistischen Speise von dem animalischen Verdauungsprocesse möglich mache. Diese Exemtion bringt Gerbert mit der Lehre von der zukünftigen Auferstehung zur Glorie in Verbindung,[2]) sofern die Leiblichkeit der würdigen Empfänger in jener geistlichen Nahrung sich die Kraft der Unvergänglichkeit aneignet. Gerbert bezieht sich in der Ausführung seiner Gedanken wiederholt auf einen Sapiens quidam, der kein anderer, als der Verfasser jenes Briefes ist, welcher als Epistola Rabani ad Egilonem in die Migne'sche Gesammtausgabe der Werke Hrabans aufgenommen ist.[3]) Der Umstand, daß Gerbert, welcher den Inhalt dieses Briefes fast ganz seiner eigenen Schrift einverleibte, über Hraban so strenge urtheilt, beweist, daß er diesen nicht als Verfasser des von ihm benützten Briefes kannte, was immerhin von einiger Bedeutung für die Entscheidung über die muthmaßliche Urheberschaft Hraban's sein dürfte.

Dieselbe Idee von der realen Immanenz des menschgewordenen Sohnes Gottes in den Erlösten und Geheiligten durch die Eucharistie finden wir auch bei Fulbert von Chartres ausgesprochen,[4]) welcher Trinität, Taufe und Eucharistie als die drei Hauptmysterien des christlichen Glaubens erkennt. Die Trinität bespricht er nur von Seite ihrer unlöslichen Verknüpfung mit der Christologie, und diese letztere von Seite ihrer Beziehung auf die

---

[1]) Gerbert bemerkt in Bezug auf das Omne. quod intrat in os etc., die Stelle sei nicht im Sinne Jener auszulegen: qui putant, Christum categorizasse (d. h. der betreffende Satz sei kein allgemein bejahendes Urtheil im stricten Sinne).
[2]) Cujus potenti virtute panis iste communis, quem quotidie sumimus, cum sit candidus, mutatur intra nos in colorem sanguineum vel alium humorem fluidum, ipsius potentia caro et sanguis ejus sumpta non in noxios et superfluos humores, sed in carne vere resuscitanda debet reservari conformata (De corp. et sang. Dom., c. 9).
[3]) Migne tom. 112, p. 1510.
[4]) Fulbert. Epistt., ep. 1 in Migne's Patrol. lat. tom. 141 ep. 5.

Erlösungslehre oder in Bezug auf die Gnade der Erneuerung und Vollendung, die uns im menschgewordenen Gottessohn zu Theil geworden sind und durch die Sacramente der Taufe und Eucharistie zugewendet werden sollen. Das Gemeinsame der genannten drei Hauptmysterien ist, daß uns in ihnen (Menschwerdung, Taufe, Eucharistie) unter sinnlich faßbarer Hülle Göttliches geboten wird. Der Wirkende im Taufsacramente ist nicht etwa der menschliche Spender, sondern Christus, der in den Sacramenten seines Leibes und Blutes sich selbst als geistliche Nahrung anbietet, um den Act der Aneignung des Menschlichen durch das Göttliche, der in der Incarnation sich vollzog, in der Vereinigung der gläubigen Empfänger des Sacramentes mit Christus abbildlich sich wiederholen zu lassen. Die Incarnation verbürgt auch die Möglichkeit der wesenhaften Gegenwart Christi in den Abendmalselementen, die in Kraft dieser Gegenwart innerlich zu dem werden, als was sie äußerlich nicht erscheinen. Fulbert hält in Bezug auf das Wesen der Eucharistie vorzugsweise den Begriff der geistlichen Nahrung fest,[1]) durch welche die Empfänger des Sacramentes Christo assimilirt und die wiedergeborne Menschennatur mit der Kraft des göttlichen Lebens durchdrungen werden soll. Die der Nahrung beigelegte Wirkung aber indicirt durch sich selbst den göttlichen Inhalt der Nahrung, der übrigens von Fulbert auch mit ausdrücklichen Worten afferirt wird. Wenn es des ewigen Gottessohnes nicht unwürdig war, in den Schooß der Jungfrau einzugehen und aus derselben einen leidensfähigen Leib anzunehmen, warum sollte er nicht auch in die reinen unentweihten Abendmalselemente[2]) eingehen können, um sie innerlich in seinen Leib umzubilden?[3]) Demzufolge spricht er[4]) auch ausdrücklich von einer Umgießung (transfusio) des vom Bischof und vom Presbyter consecrirten eucharistischen Brotes in den Einen Leib Christi, der, obschon an

---

[1]) Vgl. auch Fulbert ep. 2 (bei Migne ep. 3).
[2]) Virgines creatas nennt sie Fulbert ep. 1; in ep. 2 nennt er den eucharistischen Leib Christi verum Christi corpus .... de materiali et virginali creatura consecratum.
[3]) Quid indignum Deo judicari potest, qui uterum Virginis subiit, si virginibus creatis infunditur? Quae licet simplicis naturae paulo ante praeferat imaginem. postmodum coelestis, ubi sanctificatione inspirata majestas vera diffunditur, ut quae substantia panis et vini apparebat exterius, jam corpus Christi et sanguis fiat interius. Ep. 1.
[4]) Ep. 2.

vielen Orten und auf vielen Altären hervorgebracht, doch allerorten als derselbe gegenwärtig, und als sacramentaler Leib nur beziehungsweise (quodammodo) von dem aus der Jungfrau gebornen Leibe verschieden sei. Der eine wie der andere Leib sei auf denselben Werkmeister, den heiligen Geist zurückzuführen, der beide zur Substanz eines wahrhaften Fleisches gemacht habe und mache.

Fulbert, ein Schüler Gerberts, hatte in Chartres, woselbst er später als Bischof wirkte (1007—1029), eine blühende Schule gegründet, aus welcher eine Reihe bedeutender Männer hervorgieng. Adelmann von Brixen, gleichfalls daselbst gebildet, nennt ihn den ehrwürdigen Socrates der Franken, und hebt[1]) unter seinen Schülern hervor den in Musik, Philosophie, Medicin ausgezeichneten Hildegar, den Musiker Sigo, den Grammatiker Reginald von Tours, die Lehrer Lambert und Engelbert, deren ersterer in Paris, letzterer in Orleans wirkte, Girard der eine Reise in's heilige Land unternahm, Walter von Burgund, der von unersättlichem Wissensdurst getrieben alle berühmten Schulen seiner Zeit aufsuchte, Reginbald von Köln. Zu diesen kommen weiter noch Angilram Abt von St. Riquier, Olbert von Gemblour, Domnus von Mont-Majeur, Hugo von Langres, Berengar von Tours. Letzterer, welcher c. a. 1040 Vorsteher der Domschule zu Tours wurde, und als Lehrer bedeutenden Ruf erlangte, regte den im 9. Jahrhundert geführten Abendmalsstreit auf's Neue an, und erklärte der Abendmalslehre des Paschasius Radbertus gegenüber jene des Ratramnus und Scotus Erigena als die kirchlich berechtigte. Er äußerte sich anfangs über diesen Gegenstand im engeren Freundeskreise. Sein Freund Adelmann, dazumal Scholasticus in Lüttich, suchte ihn durch wiederholten schonungsvoll freundlichen Zuspruch von seiner Ansicht abzubringen;[2]) der Bischof Hugo von Langres trat der Erste mit einer besonderen Schrift gegen ihn auf. Dieß Alles geschah, während Papst Leo IX noch Bischof in Toul war. Daraus erklärt sich, daß Leo bereits im ersten Jahre seines Pontificates von Berengars Denkweise unterrichtet war;

---

[1]) Vgl. Adelmanns: Versus Alphabetici de viris illustribus sui temporis. Aus Mabillon's Analectis abgedr. bei Migne tom. 143, p. 1295 ff.
[2]) Ein Fragment seiner Schrift: De eucharistiae Sacramento ad Berengarium epistola, abgedr. bei Migne 143, p. 1290.

und im nächstfolgenden Jahre (1050) wurde letzterer bereits auf einer römischen Synode verurtheilt. Den Anstoß dazu gab Lanfranc, dazumal Prior von Bec und bis dahin Berengars Freund, der durch einen ohne sein Zuthun in Rom bekannt gewordenen Brief Berengars an ihn sich compromittirt fühlte. Da Berengar ungehört verurtheilt worden war, so wurde in demselben Jahre eine neue Synode nach Vercelli ausgeschrieben und Berengar dahin vorgeladen. Auf seiner Reise dahin ließ ihn König Heinrich I zu Paris in den Kerker werfen; in Vercelli wurde abermals in seiner Abwesenheit verhandelt, und auf Lanfrancs Anregung das Buch des Ratramnus zerrissen. Die Fürsprache des mächtigen Grafen Gaufrid von Anjou befreite Berengar aus seiner Kerkerhaft; unter dem Schutze seines Gönners entzog er sich der Vorforderung zu einer a. 1051 durch König Heinrich veranlaßten Synode in Paris. Im J. 1054 kam Cardinal Hildebrand, ein Gönner Berengars nach Frankreich, und suchte zu Gunsten desselben zu vermitteln; auf der Synode zu Tours gab man sich zufrieden mit der Erklärung Berengars, daß Brot und Wein nach der Consecration Christi Leib und Blut seien. Im J. 1059 wurde Berengars Sache in Rom verhandelt, und ihm daselbst durch Cardinal Humbert die Anerkennung des Bekenntnisses abgefordert, daß Brot und Wein nach der Consecration nicht bloß ein Sacrament, sondern der wahrhafte Leib und das wahrhafte Blut Christi seien, und Christi Leib in Wahrheit von den Händen der Priester gefaßt, gebrochen und mit den Zähnen zermalmt werde. Von seinen Gegnern gedrängt, warf sich Berengar erschüttert zu Boden, und gab seine Vertheidigungsschrift, eine Sammlung von Schriftstellen, den Flammen Preis. Tief gebeugt und gramerfüllt, aber keineswegs bekehrt gieng er nach Frankreich zurück, und vertheidigte noch einmal seine alte Lehre; Hildebrand, inzwischen Papst geworden, versagte ihm auch noch jetzt seine Theilnahme nicht, und ließ ihn nach Rom kommen (a. 1078), um die Controverse zu einem für Berengar tröstlichen Abschluße zu bringen. Da er aber seinen Gönner zum Zeugen seiner eigenen Lehre machen wollte, so mußte er abermals Widerruf leisten, und kam mit einem Schutzbrief des Papstes versehen wieder nach Frankreich zurück, woselbst er

a. 1088 starb.¹) — Der Umstand, daß Hildebrand als Cardinal und Papst dem Berengar einen möglichsten Grad von Schonung angedeihen ließ, ist nicht einzig aus der Achtung gegen ihn und aus weiser Mäßigung zu erklären, sondern deutet darauf hin, daß das Controversobject innerhalb der Gränzen der kirchlichen Gläubigkeit wirklich noch eine disputable Seite darbot. Die Unterscheidung zwischen dem im Himmel thronenden und dem eucharistischen Leibe Christi ließ, wie wir im Vorhergehenden sahen, bis auf einen gewißen Grad auch Berengars Lehrer Fulbert zu; und es handelte sich nur darum, in welchem Sinne und bis zu welchem Grade dieselbe zugelaßen werden könne. Nicht bis dahin, daß die Eucharistie zu einem bloßen Zeichen oder Schatten des wirklichen Leibes Christi herabgesetzt werde, sagten Berengar's Gegner,²) die ihm diese Ansicht beilegten. Berengar seinerseits sträubte sich gegen die sachliche Identität des Sacramentes und der res Sacramenti, die er als Kapharnaitismus auffaßte. Daher die allerdings hart klingende Formel, zu deren Anerkennung ihn Humbert drängte, und deren Annahme Berengar als ein an seiner vernünftigen und vernunftnothwendigen Auffassung der Sache begangener Verrath quälte. Hugo von Langres, der zuerst gegen ihn schrieb,³) wirft ihm vor, daß er die Wesensverwandlung der Abendmalselemente läugne, und den gekreuzigten Leib Christi als einen intellectuellen Leib erkläre. Mit Letzterem ist ganz richtig ein bezeichnender Punct der Berengar'schen Abendmalslehre getroffen, der in der That, wie zu Ratramnus, so auch zu Scotus Erigena sich bekannte, ja auch

¹) Vgl. betreffs des Biographischen Sudendorf, Berengarius Turonensis, oder eine Sammlung der ihn betreffenden Briefe. Hamburg und Gotha, 1850.

²) Und auch Fulbert selbst. Vgl. das seinen Sermones als Sermo 8 eingeschaltete Fragment bei Migne 141, p. 334 ff. Die später entstandene Legende läßt den sterbenden Fulbert Berengars Häresie prophetisch vorausschauen. Berengarius plane — erzählt Wilhelm von Malmesbury (Gest. Angl. III) — quantumvis ipse sententiam correxerit, omnes quos ex totis terris depravarat, convertere nequivit. Quod episcopum Carnotensem Fulbertum, quem Domini mater olim aegrotum lacte mamillarum suarum visa fuit sanare, praedixisse ajunt. Nam cum in extremis positum multi visitarent, et aedium capacitas vix confluentibus sufficeret, ille nutu oppositas catervas oculo rimatus Berengarium, nisu quo valuit expellendum censuit, protestatus immanem draconem prope eum consistere, multosque ad eum sequendum blandiente manu et illice anhelitu corrumpere.

³) Siehe Migne tom. 142, p. 1326 ff.

die Schrift des Ratramnus für eine Arbeit Erigena's hielt. Aus der von Berengar behaupteten Intellectualität des eucharistischen Leibes Christi folgert Hugo, daß demselben Brot und Wein auch nach der Consecration zum allgemeinen Aergerniß der Kirche Brot und Wein bleiben müssen; der Leib Christi ist als intellectueller etwas bloß Hinzugedachtes, was als bloß Gedachtes gar nicht real vorhanden ist. Man könnte immerhin noch annehmen, daß Hugo Berengar mißverstehe, wenn er diesen die spirituelle Präsenz des Leibes Christi zu einer rein gedachten herabsetzen läßt; indeß läßt sich, wie wir weiter sehen werden, diese Folgerung aus den Prämissen Berengars nicht abweisen, er hat sie selbst gezogen. Das Sacrament des Leibes und Blutes, fährt Hugo fort, soll bloß durch die Macht des Heiles mit dem aus der Jungfrau gebornen Christus Eins sein; damit werde die Eucharistie in dieselbe Kategorie mit dem Taufwasser gestellt, und als etwas an sich völlig Unwirksames hingestellt. Es bleibt nichts anderes übrig, als entweder eine Wesensverwandlung zuzugeben, oder die Heilskraft des Sacramentes und damit das Sacrament selber einfach zu läugnen. Wer die Möglichkeit der Wesensverwandlung im Sacramente bestreitet, müßte auch das zu Kana gewirkte Wunder der Verwandlung von Wasser in Wein läugnen. Berengar stößt sich daran, daß der Leib Christi durch den Genuß zermalmt werden solle; er wird so wenig alterirt, als die Luft durch einen fliegenden Pfeil, oder das Feuer durch welches ein Gegenstand hindurchfährt. Berengar sagt, daß nach der Ansicht seiner Gegner der Leib Christi durch die täglichen vielen Consecrationen tagtäglich vermehrt und vergrößert werden müßte; er wird indeß so wenig vermehrt, als das Oel im Kruge der Wittwe zu Sarepta durch täglichen Gebrauch gemindert wurde. Wir stehen hier eben vor einem unbegreiflichen Wunder der göttlichen Allmacht, das wir nicht fassen können, sondern gläubig verehren sollen.

Weitere Schriften gegen Berengar sind jene Lanfranc's von Bec, des Abtes Durand von Troarne, des Bischofes Guitmund von Aversa, des Alger von Lüttich. Durand von Troarne[1] beginnt seine Abhandlung mit der Bemerkung, daß Berengar,

---

[1] Liber de corpore et sanguine Christi contra Berengarium ejusque sectatores. Abgedr. bei Migne tom. 149, p. 1375—1424.

indem er den eucharistischen Leib Christi für eine bloße Aehnlichkeit und figürliche Repräsentation des wahrhaften Leibes Christi erklärt, den Begriff des heilswirkenden Sacramentes aufhebe, die eucharistische Nahrung jeder anderen sinnlichen-irdischen Leibesnahrung gleichstelle und auch demselben physischen Processe unterworfen sein lasse, und sich durch dieses Alles mit den ausdrücklichsten und unzweideutigsten Worten des Herrn bei Joh. 6, 52 ff., so wie mit den Einsetzungs= worten des Abendmales in Widerspruch setze. Der Sinn, in welchem die Kirche die Aussprüche Christi über die uns im Sacramente gebotene Heilsnahrung verstand, ist uns durch die heiligen Lehrer der Kirche bezeugt. Hilarius erklärt, daß wie das Wort wahrhaft Fleisch geworden, so auch in der Eucharistie uns wahrhaft Christi Leib geboten werde; diese Parallele zwischen der Incarnation und Eucharistie involvirt durch sich selbst, daß Christus im Sacramente eben so wesenhaft gegenwärtig sei, wie die Gottheit in der sicht= baren Erscheinung Christi sich leibhaft darstellte. Ambrosius hebt den Unterschied zwischen dem Manna in der Wüste und dem eucharistischen Leibe Christi hervor; jenes habe, selber corruptibel, die Väter in der Wüste nicht vor dem Todesloose zu schützen vermocht, dieses aber sei unvergänglich und verleihe den Genießenden unvergängliches Leben. Er bezeichnet es als ein Brot, dessen Natur durch die Consecration umgewandelt sei; die Umwandlung sei durch das Wort der göttlichen Allmacht bewirkt, die, wenn sie das Nichtseiende in's Dasein rufen konnte, auch das Existirende in Anderes zu verwandeln im Stande sein wird. Widerholt nennt Ambrosius das eucharistische Brot den Leib Christi, und bezeichnet diesen als eine vom Himmel gebotene Nahrung; mit bezeichnenden Worten unterscheidet er ihn von den Broten, durch deren wunder= bare Vervielfältigung Christus die Hungernden sättigte, hält ihn also nicht gleichfalls für ein Brot. Er spricht vielmehr offen und unzweideutig aus, daß dasjenige, was vor der Consecration Brot war, nach derselben Christi Leib ist; nur könne dieser nicht unter der sinnlichen Gestalt eines blutigen Fleisches geboten werden, weil hiedurch das heilige Gottesmal in ein Schauspiel des Entsetzens verwandelt würde. Hieraus erhellt, in welchem Sinne es gemeint sei, wenn Ambrosius sagt, daß in der Eucharistie carnis et sanguinis similitudo, non autem species geschaut werde, wobei wol nebstdem auch die Aehnlichkeit der Wirkungen des nährenden Brotes und stärkenden Weines mit den in höherer Ordnung von der eucharistischen Nahrung zu erwartenden Wirkungen in's Auge gefaßt ist. Mit Rücksicht auf diese Wirkungen nennt Augustinus in seiner Auslegung der Oratio Dominica die Eucharistie das überwesentliche Brot, das in Folge der Consecration nicht mehr Brot sei, sondern nach seinem wahrhaften Wesen Leib, nämlich Leib Christi zu nennen sei. Die bei den Vätern vorkommenden Ausdrücke Figura, Similitudo, auf welche sich Berengar beruft, erklären sich hinlänglich aus dem Umstande, daß Christus nur einmal gelitten hat, also sein Opferleib und sein Opferblut nicht unzählige Male auf's Neue als continuirliche Fortsetzung und Fortdauer eines wirklichen Leidens und Sterbens sich darstellen läßt. Wenn der Ausdruck Figura durch sich allein schon die substanziale Jndentität des eucharistischen Christus mit dem himmlisch verklärten Christus ausschlösse, so müßte durch Hebr. 1, 3 (Figura substantiae ejus) auch die Consubstanzialität des göttlichen Sohnes mit dem Vater ausgeschlossen sein. Ambrosius gebraucht den Ausdruck Figura da, wo er von einer Nachbildung des Handelns Christi beim letzten Abendmale durch den die heiligen Geheimnisse feiernden Priester spricht. Der Ausdruck Similitudo wird von ihm gebraucht in einer Antwort auf die Einwendung: Speciem non video. Ambrosius erwiedert: Sed similitudinem habet, um anzudeuten, daß die Similitudo des sinnlich Geschauten mit dem unschaubar Vorhandenen den schuldigen Glauben an die wirkliche Präsenz des Letzteren erleichtere. Daß das mittelst des Glaubens im Sacramente Erkannte denselben Christus, der einst für uns sich opferte, nur unter einer anderer Darstellungsform darbiete, spricht Augustinus wiederholt auf das Entschiedenste aus; so unter Anderem, wenn er von den entgegengesetzten Wirkungen der heiligen Opferthat Christi auf seine einstmaligen Verfolger und auf die jetzigen gläubigen Empfänger seines Leibes spricht: „Die Kreuziger Christi versanken im Begehen ihrer Unthat in seelische Finsterniß, die gläubigen Nießer des Fleisches und Blutes des Gekreuzigten werden innerlich erleuchtet und geklärt." Die

Gläubigen, sagt er ferner, trinken das Blut, welches Christi Verfolger vergossen haben. Also denkt sich Augustinus den Strom dieses Blutes in die Eucharistie hinübergeleitet. In seiner Psalmenauslegung[1]) zieht er 1 Sam. 21, 13 herbei, wo er nach dem ihm vorliegenden lateinischen Bibeltexte von David liest: Ferebatur in manibus suis;[2]) er knüpft daran die Bemerkung, daß der Wortlaut dieser Stelle, wenn sie auf David bezogen werde, eine Unmöglichkeit in sich schließe, aber in Christus, der beim letzten Abendmal seinen Leib seinen Jüngern reichte, sich vollkommenst bewahrheite. Daraus folgt abermals, daß in der von Christus eingesetzten eucharistischen Feier wahrhaft Christi Leib und Blut dargeboten werde. In diesen Gaben des Lebens — lehrt Augustinus weiter — gibt Christus, der das ewige Leben ist, sich selbst, um den Empfängern die Nahrung des ewigen Lebens zu spenden. Daraus folgt, daß die Eucharistie nicht mit einer irdischen Leibesnahrung zu vergleichen ist, in deren Kategorie sie nach Berengars Anschauungen fallen müßte. Berengars Abendmalslehre widerlegt sich durch die Redeweisen der Väter über den Consecrationsact; Ambrosius spricht von einer Transfiguratio der Abendmalselemente in Christi Fleisch und Blut, Augustinus und mit ihm Beda von einer Translatio, Eusebius Emisenus von einer Conversio und von einem Transitus. Gregor d. Gr. sagt, daß der zur Rechten des göttlichen Vaters Thronende während der liturgischen Feier von den Händen des am Altare opfernden Priesters gehalten werde. Der Papst und Kirchenlehrer Leo sagt, daß dasjenige, dessen Vorhandensein der Christ im Glauben anerkannt, von seinen Lippen berührt und in seinen Mund aufgenommen werde. Als Lehrzeugen aus der fränkischen Kirche werden speziell noch Amalarius, Paschasius Radbertus, Hincmar von Rheims, Fulbert von Chartres hervorgehoben. Daran schließen sich letztlich noch Erzählungen von wunderbaren Beglaubigungen der Wahrheit der kirchlichen Abendmalslehre; öfter als ein Mal geschah es, daß die consecrirte Hostie, um Zweifler zu überführen, als Fleisch erschien oder statt derselben

---

[1]) Sermo 2 in Psalm. 33.
[2]) Der berichtigte Text der Vulgata lautet: Collabebatur inter manus eorum. — Auch in Gerberts Schrift de corp. et sang. Dom., c. 8 wird jene Stelle angezogen und in gleicher Weise erklärt.

der Jesusknabe sich zeigte; ein Judenknabe, der in kirchlicher Unbefangenheit seinem ungläubigen Vater seinen Glauben an das Sacrament bekannte und zur Strafe dafür in einen brennenden Ofen gestoßen wurde, blieb daselbst unversehrt, weil die mit dem Jesuskinde erscheinende heilige Jungfrau ihren Mantel über ihn breitete.

Ungefähr dieselben Aussprüche der Kirchenlehrer, auf welche Durand Berengar verweist, werden auch im dritten Buche der Schrift Guitmunds, auf welche wir unten noch zurückkommen werden, angeführt und erörtert. Lanfranc[1]) geht auf spezielle Untersuchung der von Berengar zu seinen Gunsten gedeuteten Aussprüche von Kirchenvätern ein. Berengar legt dem heil. Ambrosius unter, gesagt zu haben, Brot und Wein würden, ohne aufzuhören was sie seien, in etwas Anderes verwandelt; Lanfranc meint, daß der heil. Ambrosius einen solchen Widersinn, der sich selbst aufhebt, gar nicht habe vorbringen können. Berengar beruft sich ferner auf eine bei Augustinus vorkommende Definition des Sacramentes, ohne sie jedoch vollinhaltlich oder nach ihrem durch den Context bedingten Sinne wiederzugeben; namentlich läßt er unbeachtet, daß dieselbe auf den von Augustinus betonten Gegensatz zwischen dem äußeren blutigen Opfer des jüdischen Gottesdienstes und dem inneren Herzensopfer Bezug habe, also den eigentlichen dogmatischen Begriff des Sacramentes gar nicht in's Auge fasse. Aus Augustins Brief ad Bonifacium bringt Berengar mehrere Stellen bei, um sich dieselben in seiner Weise zurechtzulegen und nach seiner Anschauung zu deuten oder umzudeuten; so wenn Augustinus die Sacramente als similitudines rerum, quarum Sacramenta sunt, bezeichnet, oder das Sacrament des Leibes und Blutes Christi secundum quemdam modum Leib und Blut Christi nennt, und von Christus sagt, daß er in se ipso Einmal geopfert worden sei. Im Allgemeinen behauptet Berengar, daß die Ausdrücke species, similitudo, figura, signum, mysterium, sacramentum Relationsbezeichnungen seien, durch welche das Bezogene von dem, worauf es bezogen wird, unterschieden werde. Er beachtet nicht, daß die Ausdrücke: Species, Similitudo, sich

---

[1]) De corpore et sanguine Domini adversus Berengarium liber.

nicht auf die Eucharistie als solche, sondern auf dasjenige beziehen, woraus durch die liturgische Consecration Leib und Blut Christi hervorgebracht worden sind, und was demzufolge ein wesenhaft Anderes geworden ist, als es früher war. Berengar meint freilich, daß in den Sätzen: Dieses Brot ist mein Leib, dieser Wein ist mein Blut, Brot und Wein als fortdauerndes Subject der Prädicatsaussage gedacht werden müssen, weil, wenn das Subject nicht mehr vorhanden wäre, das Prädicat keinen Träger hätte. Dieß ist jedoch reine Sophisterei; jene Sätze wollen nicht sagen, was Brot und Wein seien, sondern wozu sie während des Consecrationsactes würden. Eben so falsch ist Berengars Logik in seinen Behauptung, daß nur zwei Aussagen über die Eucharistie möglich seien; entweder: Brot und Wein seien bloß Sacramente, oder: sie seien bloß der wahrhafte Leib und das wahrhafte Blut des Herrn. Die letztere Behauptung wird nämlich von gar niemand aufgestellt, und ist nur eine von Berengar ersonnene Alternative, deren Unmöglichkeit den ersteren von Berengar vertretenen Satz als denknothwendig erscheinen lassen soll. Die Formel, welche Berengar auf Geheiß des Papstes Nikolaus II beschwören mußte, lautete vielmehr, daß Brot und Wein nach der Consecration nicht bloß Sacrament, sondern zugleich auch wahrhaft Leib und Blut des Herrn seien. Die Unmöglichkeit eines Zusammenbestehens beider Sätze: Brot und Wein sind Sacramente, Brot und Wein sind Leib und Blut des Herrn, vermag Berengar nicht zu erweisen; er behauptet fälschlich, daß der eine Satz den anderen aufhebe (oder beide Sätze nur unter Voraussetzung einer Impanation vereinbar seien).

Lanfranc hat vielleicht des Guten zu viel gethan, wenn er, mit dem Angeführten sich nicht begnügend, Berengar dialektisch aus dem Sattel heben wollte. Er hatte nachgewiesen, daß Berengars Einwendung gegen ein angeblich subjectloses Prädicat formalistische Logisterei sei, welche das Wesen der Sache nicht treffe. Wenn er nun selber auf den Denkstandpunct des Gegners sich stellt, um ihn gewißer Maßen auf seinem eigenen Boden zu schlagen,[1])

---

[1]) Alio adhuc argumento — bemerkt Lafranc O. c., c. 8 gegen Berengar — probare contendis panem vinumque post consecrationem in principalibus permanere essentiis, dicens: „Non enim constare poterit

so begegnet es ihm allerdings, daß er, die Worte seines Gegners unrichtig verstehend, sie auch auf ungeeignete Weise bekämpft,[1]) und ihm demzufolge die Möglichkeit einer Gegenrede übrig läßt, die wir in der uns erhalten gebliebenen Gegenschrift Berengars[2]) lesen. Aber eben diese Gegenrede Berengars beweist, daß ein von speculativen Anschauungen völlig abgelöstes formal empirisches Denken in Dingen, welche über die gemeine Wirklichkeit hinausgreifen, nicht ausreicht; wenn er sich nebstbei beharrlich auf die Nothwendigkeit eines Subjectes als Trägers der die consecrirten Abendmahlselemente betreffenden Aussagen steift,[3]) so übersieht er, daß dieser Träger in demjenigen, was zum Sacramente geworden, hiedurch aber aufgehört hat zu sein, was es vor der Consecration war, wirklich vorhanden ist. Man hat eben Sacrament und res Sacramenti zu unterscheiden; für das irdisch-sinnliche Auge ist in der That das sichtbare Sacrament der Träger und die Unterlage

---

affirmatio omnis. parte subruta." Ad cujus rei probationem non oportuit inferri particularem negationem, qua de praesenti quaestione nihil colligitur, sed universalem potius, per quam enunciatur, nulla affirmatio constare poterit parte subruta. Age enim particularis sit negatio tua, non omnis affirmatio constare poterit parte subruta; rursus assumtio tua: „Panis et vinum solummodo sunt sacramentum, vel panis et vinum solummodo sunt verum Christi corpus et sanguis," utrumque affirmatio est. His duabus particularibus praecedentibus, poterisne regulariter concludere, parte subruta, ea non posse constare? Absit. In nulla quippe syllogismorum figura praecedentibus duabus particularibus consequenter infertur conclusio ulla. Male igitur eam collocasti.

[1]) Prantl Gesch. d. Log. II, S. 75, Anm. 308.

[2]) De sacra coena adv. Lanfrancum Liber posterior (ed. A. F. et F. Th. Vischer. Berlin, 1834) S. 107: Repetito dico, quicunque negat post consecrationem superesse panem et vinum in mensa dominica, et tamen nobis harum quamcunque concedit enunciationum (die oben erwähnten Alternativen), ipse se subvertit, ipse sibi necessario contrarius existit. V. g., qui totum animal dedit, omni mihi hominem ratione donavit, qui totam mihi dominum convincitur donavisse, nulla mihi fundamentum probatur ratione non dedisse.... Cum habeat subjectum terminum quaelibet propositionum, quod est panis et vinum, praedicatum alia propositio: „sunt verum Christi corpus et sanguis" quocunque se vertat, qui cujuscunque trium enunciationum totum mihi concesserit, partem totius non concessisse non potuit.

[3]) O. c., p. 111: Sententia erat: Omnis affirmatio constare non poterit parte subruta. Hoc si subvertere posses, constans mihi nihilum reliquisses. Quod male syllogismum collocaverim, moras facis, circa rem ipsam nec transeunter agis. Res autem ipsa haec erat: Omnis affirmatio non constabit parte subruta; qui dedit totum, necessario partem dedit, totum propositionem, praedicatum vel subjectum propositionis terminum accipi oportere. His omissis artis verba adhibes, de arte loqueris, qui me reprehendis verba artis posuisse praedicatum et subjectum.

des theophanischen Wesens der Eucharistie.¹) — Berengars Auftreten hatte unter seinen Zeitgenossen eine ziemlich tiefgehende Bewegung hervorgerufen, und nur erst allmälich wichen Viele, die ihm zugestimmt hatten oder zuzustimmen geneigt gewesen waren, von ihm zurück. Guitmund von Aversa, dessen Schrift²) gegen Berengar wir bereits oben erwähnten, reducirt die Meinungsschattirungen der um Berengar sich gruppirenden Parteigenossen auf vier Classen. Alle eigentlichen Berengarianer halten an dem Hauptsatze fest, daß nach der Consecration eben so wie vorher Brot und Wein vorhanden seien, spalten sich aber dadurch in zwei Parteien, daß die einen die Eucharistie ausschließlich für ein schattenhaftes Symbol des Leibes Christi nehmen, während andere, darunter Berengar selbst, sich zur Lehre von der Impanation bekennen. Wieder Andere, die bereits zu den Gegnern Berengars zählen, aber gleichwol wider den kirchlichen Lehrbegriff verstoßen, vertreten den Widersinn einer theilweisen Verwandlung des Weines und Brotes. Endlich giebt es auch Einige, welche zwar die Wesensverwandlung bekennen, nebenbei aber behaupten daß sich den unwürdigen Empfängern Leib und Blut des Herrn wieder in Brot und Wein zurückverwandle. Die stricten Berengarianer stützen ihre Grundbehauptung auf den Satz, daß die Natur eines Dinges eine Verwandlung seines Wesens nicht vertrage. Guitmund beruft sich diesem Satze gegenüber auf die göttliche Allmacht, von welcher, wie das Sein, auch die bestimmte Art zu sein abhängt; er glaubt, daß auch die Berengarianer gegen die göttliche Allmacht

---

¹) Bei Prantl a. a. O. heißt es: „Die Verurtheilung der Abendmalslehre des Berengarismus enthielt zugleich eine Verurtheilung jener Logik in sich, welche auf die subjective Kraft des menschlichen Denkens sich stützend in den menschlichen Sprachausdrücken den festen Gehalt begrifflicher Allgemeinheit erblicken konnte." Dieser feste Gehalt begrifflicher Allgemeinheit ist nun bekanntlich auch durch die Ergebnisse der neueren naturwissenschaftlichen Forschung sehr unsicher geworden. Der Darwinismus hat die Wandelbarkeit der Objecte der menschlichen Wortbezeichnungen für das neuzeitliche Bewußtsein sehr energisch zur Geltung gebracht. Das menschliche Sachdenken brauchte aber nicht auf die Entdeckungen des Darwinismus zu warten, um einzusehen, daß das Brot seiner Natur nach disponirt ist, in Anderes überzugehen, und daß es, wofern es nicht als Aliment diese seine natürliche Bestimmung erfüllt, durch Deterioration und Corruption zu etwas Anderem wird.

²) De corporis et sanguinis Christi veritate in eucharistia libri III. Interlocutoribus ipso Guitmundo et Rogerio, Benedictini instituti confratribus.

Einsprache zu thun nicht gewillt sein werden. Es würde sich also nur darum handeln, ob Gott jene von den Berengarianern perhorrescirte Seinswandlung wolle oder nicht wollen könne. Sie glauben in der That, er könne sie nicht wollen, weil er nicht zugeben könne, daß Christus von den Zähnen der Gläubigen zermalmt werde. Allein dieses angebliche Zermalmtwerden bedeutet für den eucharistischen Christus nur ein leidenloses Berührtwerden, an welchem sich derjenige, der an den Leidenstod des Sohnes Gottes glaubt, doch gewiß nicht wird stoßen wollen. Der eucharistische Leib Christi ist leidenlos und untheilbar; er ist auf Tausenden von Altären als derselbe gegenwärtig und nur in demjenigen Sinne vervielfältigt, als ein zu Vielen gesprochenes Wort vielfältig recipirt wird, während es in Wahrheit nur Eines ist, und als dieses Eine zu allen es Vernehmenden ganz und ungetheilt gelangt. Nicht anders verhält es sich mit der Vielheit der Theile, in welche eine consecrirte Hostie zerbrochen werden kann; nicht Christi Leib wird dadurch gebrochen und getheilt, er ist in jedem Theile als derselbe und als ganzer vorhanden. Außer der eucharistischen Wandlung giebt es noch drei andere, welche die Berengarianer nicht läugnen: die Wandlung aus dem Nichts in's Sein, aus dem Sein in's Nichts, aus dem Einen in's Andere durch einen natürlichen Proceß (z. B. bei der Speise) oder durch ein Wunder (Verwandlung des Stabes Mosis in eine Schlange). Von diesen drei Wandlungen sind die ersten zwei gewiß am schwersten zu fassen, während die dritte, die als natürlicher Vorgang Gegenstand der gemeinen Erfahrung ist, der eucharistischen Wandlung am verwandtesten ist; warum soll also gerade letztere für undenkbar gelten? Zudem ist sie die für uns allerheilsamste, ohne welche die übrigen Arten der Wandlungen uns nur dem Verderben Preis geben würden. Guitmund stellt diese vier Arten der Wandlung in Paralelle mit vier Arten der menschlichen Generation. Die erste derselben ist die Entstehung Adams ohne Vater und Mutter, die zweite die Entstehung des Weibes aus dem Manne (Eva), die dritte die Abkunft von einem menschlichen Vater und einer menschlichen Mutter, die vierte die Geburt aus einer Jungfrau-Mutter, die dem gesammten Geschlechte zum Heil und zur Rettung geworden ist. Die Beziehung dieser letzten Art von Generation auf die letzterwähnte Art der Mutationen ist nach Guitmunds Dafürhalten augenfällig;[1]) schon oben trafen wir auf einen ähnlichen Gedanken bei Fulbert, den wir von den jungfräulichen Elementen oder Substraten des im Abendmale sich vollziehenden Wandlungsactes sprechen hörten. Zu einer ideellen Apprehension des mysteriösen Wesens der Eucharistie sehen wir freilich noch keinen der Gegner Berengars vorgedrungen; sie beschränken sich Alle mehr oder weniger darauf, das gemeinkirchliche Bekenntniß als das alleinberechtigte gegen Berengars Aufstellungen zu vertheidigen, durch Congruenzgründe zu erläutern und die Einwendungen Berengars als unzulässig und verfehlt abzuweisen. Daß diese Abweisungen allezeit ausreichend seien, kann immerhin bezweifelt werden; Guitmund giebt keine vollkommen genügende Antwort auf Berengars Bemerkung, daß die consecrirte Hostie bei längerer Aufbewahrung dem Verderben unterliege, von Thieren verzehrt werden könne u. s. w.; und der Grund der Ungenüge liegt augenscheinlich darin, daß ihm die Unterscheidung zwischen innerem Wesen und äußeren Accidenzen des eucharistischen Brotes noch nicht geläufig ist. Er verirrt sich so weit, die an der sinnlichen Erscheinung des Sacramentes vor sich gehenden Corruptionsprozesse geradezu zu läugnen, und dieselben bloß als einen Schein hinzustellen, den Gott zur Strafe des Unglaubens oder zur Züchtigung der Nachlässigkeiten in Betreuung des aufbewahrten Sacramentes zulasse. Die kirchlichen Theologen jener Zeit entbehrten noch einer Ontologie und Metaphysik, die ihnen den Rückhalt gegen die Einwendungen eines empiristisch-formalistischen Denkens geboten hätte; sie vermochten daher dieselben nur mit strengsten Verweisungen auf die Nothwendigkeit und Pflicht des Glaubens zu erwidern. Indeß reichte auch die abstract formalisirende Ontologie und Metaphysik der später folgenden aristotelischen Scholastiker nicht aus, den

---

[1]) Quare hanc quartam mutationem — heißt es am Schluße des ersten Buches der Schrift Guitmunds — non deberet addere Deus ob medelam hominum, qui quartam generationem addidit ob reparationem salutis eorum, ut sicut ille summe bonus cuncta bona in creaturis, quae fore in eis decebat, siue invidia esse voluit, ita quoque mira varietatis pulchritudine nullus generationis modus decens deesset hominibus, nullus mutandi modus competens deesset rebus.

ideellen Wesensbegriff des Sacramentes zu vermitteln; dieser ist einzig im Eingehen auf die individuell=concrete Beschaffenheit der Abendmalselemente zu gewinnen, und ist in die Anschauungen einer christlich=philosophischen Kosmologie und Naturanschauung verwoben, zu deren Ausgestaltung dazumal noch alle Beding= ungen fehlten.[1])

Uebrigens wurde der Unterschied zwischen Substanz und Accidenzen von Berengar selber gelegentlich zur Sprache gebracht, freilich in einer ganz eigenthümlichen Weise und seltsamer Anwendung, die denn abermals zeigt, daß Logik und Grammatik für sich allein, und noch dazu in solcher Handhabung, noch keinen philosophisch geschulten Dialektiker machen. Augustinus zieht in seiner Auslegung des 98. Psalmes die Stelle Joh. 6, 64 herbei, und wiedergiebt den Sinn der daselbst enthaltenen Worte Christi commentirend: Non hoc corpus quod videtis manducaturi estis, nec bibituri illum sanguinem, quem fusuri sunt qui me crucifigent. Berengar folgert, wie Guitmund gehört zu haben versichert, aus den Worten: non hoc corpus, non illum sanguinem, daß auf dem Altar über= haupt nicht Christi Leib und Blut, sondern nur das Bild und der Schatten Beider vorhanden sei, weil das Wort hoc als Pronomen die Substanz ohne Qualität bezeichne, so daß also jene Worte Augustins die Möglichkeit eines anders gearteten Leibes, als der gekreuzigte Leib Christi war, ausschlößen. Guitmund unterläßt natürlich nicht, diese ihm zu Ohren gekommene Inter= pretation der Worte Augustins auf's Schärfste zu rügen; er erklärt sie als ein Gebahren, das durch allbekannte Lehren und Aussprüche der Grammatiker und Dialektiker verurtheilt werde. Die Grammatiker sagen ausdrücklich, daß im Gebrauche der Redefiguren die ausschließliche Beziehung bestimmter Redetheile auf bestimmte ontologische Kategorien sich nicht festhalten lasse; die Dialektiker beziehen die Aussagen über Identität und Diversität der Dinge nicht bloß auf die Substanzen, sondern auch auf die denselben

---

[1]) Im Gedankenzusammenhange Guitmunds erklärt sich diese Anschau= ungsweise wol daraus, daß ihm der eucharistische Leib Christi mit jenem des himmlisch verklärten Christus fast schlechthin zusammenfiel. Darin offen= bart sich aber eine Lücke, welche in Guitmunds theologischer Verständigung über das Wesen des eucharistischen Christus klafft, und dieselbe unzureichend erscheinen läßt.

inhärirenden Qualitäten. In der gewöhnlichen Umgangssprache präge sich die unlösliche Verbindung von Substanz und Qualität unwillkürlich und nothwendig aus, wenn man z. B. sagt: „Dieser oder Jener ist nicht, der er einst war" u. s. w. Berengar habe aber überdieß bei seiner Deutung der angeführten Stelle auch dadurch verstoßen, daß er von anderen unzweideutig lautenden Stellen Augustins, die jene Deutung ausschließen, völlig abstrahirte, weil ihm eben nicht um die wahre Meinung Augustins, sondern nur um eine Stützung seiner eigenen Meinungen durch Augustins Auctorität zu thun war.

Die abschließende Erörterung der durch Berengars Auftreten hervorgerufenen Streitfrage gehört dem Anfange des 12. Jahrhunderts an, und liegt in der von Alger von Lüttich abgefaßten Schrift de Sacramentis corporis et sanguinis Dominici in drei Büchern vor. Der Inhalt des dritten Buches, der sich über die von der subjectiven Würdigkeit des Priesters unabhängige Giltigkeit und Wirksamkeit der Sacramente verbreitet, hat auf die ketzerischen Irrthümer der dazumal auftauchenden Secten der Waldenser u. s. w. Bezug, und liegt demzufolge außer dem Bereiche der mit Berengar verhandelten Streitfrage; wir beschränken uns auf letztere, und wollen hier in angemessener Kürze Algers Polemik gegen die Läugner der Wesensverwandlung wiedergeben. Wir treffen bei Alger zum ersten Male auf eine bestimmte und ausdrückliche Auseinanderhaltung des Sacramentum und der res Sacramenti, der sinnesfälligen Accidenzen der consecrirten Abendmalselemente und des inneren Wesens oder der unsichtbaren Substanz des in Christi Leib und Blut verwandelten Brotes und Weines. Die eucharistische Gegenwart Christi nach Analogie der Incarnation als Impanation zu fassen, erklärt Alger als widersinnig, da der ewige Gottessohn zwar wahrhaft Mensch werden konnte, eine Brotwerdung in demselben eigentlichen Sinne von ihm auszusagen aber barer Widersinn wäre. Er hat im Schooße der Jungfrau mit der Menschengestalt auch das Wesen des Menschen angenommen, in der Eucharistie aber nimmt er zwar die Gestalt und Erscheinung des Brotes (als Hülle) an, das Wesen des Brotes aber verwandelt er in die Wesenheit seines eigenen Leibes. Hier wäre, wenn auf eine tiefer greifende sachliche Verständigung eingegangen werden wollte, allerdings beizufügen gewesen, daß das Eingehen des himmlisch verklärten Christus in die durch ihre Zubereitung zu menschlichem Genuße aller natürlichen Vitalität beraubten Abendmahlselemente eine andere Art von Verbindung, als das Aufgehen des Wesens von Brot und Wein in der übernatürlichen und himmlisch verklärten Leiblichkeit Christi gar nicht zulasse, daß diese in ihrer supereminenten Vitalität und Virtualität jene Elemente absolut zu einem bloßen Medium der mysteriösen Selbstdarstellung Christi für das unverklärte irdische Sinnenauge herabsetzen müsse; daß überhaupt keine im kosmischen Range unter dem Menschen stehende geschöpfliche Subsistenz eine unmittelbare spezifische Verbindung mit Göttlichen ohne Verlust ihres inneren Eigenwesens vertrage, weil allem geschöpflichen Sein unter dem Menschen der Charakter der Selbstigkeit abgeht, am allermeisten aber demjenigen, was als zubereitete Nahrung die natürliche Bestimmung hat, in Anderes überzugehen und demselben assimilirt zu werden. Alger, der seine Erörterungen durchgehends auf Grund der Aussprüche der von Berengar angezogenen großen Kirchenlehrer vornimmt, begnügt sich damit, mit den Mitteln logisch-formaler Ratiocination die Unzuläßigkeit einer Impanation aufzuzeigen. Wenn man den Satz: Corpus Christi est veritas et figura, in demselben Sinne ausdeuten wolle, wie jenen: Homo est corpus et anima, so sehe man die durchgängige Verschiedenheit der Aussage in beiden grammatisch einander gleichenden Sätzen. Veritas und Figura sind nicht in demselben Sinne wie Corpus und Anima zu einem persönlichen Ganzen geeiniget, sondern werden in äquivokem Sinne vom Leibe Christi ausgesagt, nahezu so, wie das Prädicat Mensch von einem lebendigen und von einem gemahlten Menschen aequivoce ausgesagt wird, obschon die Figura panis nähere Beziehung zum wahrhaften Leibe Christi hat, als das Gemälde einer Menschengestalt zu einem wirklichen Menschen. Die sinnlichen Accidenzen der Eucharistie sind keine Scheingebilde, sondern etwas wirklich und in Wahrheit Vorhandenes; dadurch unterscheidet sich das Abendmalsmysterium vom magischen Spucke, der auf Trug und Täuschung beruht. Eine derartige Auffassung will Alger vom Abendmal eben so ferne gehalten wissen, wie den durch die Impanation involvirten Widersinn, daß im Sacramente der Eucharistie substantive zwei von einander verschiedene Wesenheiten oder Wahrheiten (duae veritates) dargestellt seien, deren eine die andere in demselben Subjecte ausschließt. Die Ansicht, als ob die Wesenheit des Brotes und Weines in der Eucharistie dem himmlischen Leibe Christi auf dieselbe Art, wie die Nahrung dem irdischen Leibe Christi und anderer Menschen assimilirt wäre, wird von Alger als unstatthaft abgewiesen; die Leiblichkeit Christi erfährt durch die eucharistische Consecration keinen Zuwachs, und bedarf auch dessen nicht, weil sie in sich vollendet ist. Daraus wird wol der Schluß zu ziehen sein, daß man sich die eucharistische Präsenz Christi in Algers Sinne als reale Selbstsetzung des himmlisch verklärten Menschensohnes, der einst für uns litt und starb, in der Mitte der um den Altar versammelten christlichen Gemeinde zu denken habe. Die eucharistische Leiblichkeit Christi ist eine geistige und unsichtbare, nichts desto weniger aber wahrhaft substanziell; der supersubstanzialen Leiblichkeit Christi ist es möglich, zugleich im Himmel und auf dem christlichen Altare gegenwärtig zu sein. War doch auch beim letzten Abendmale seine Leiblichkeit nicht bloß in dem durch seine Körpergestalt ausgefüllten Raume, sondern auch in den von ihm dargereichten eucharistischen Gaben als ganze und volle vorhanden; und wie dazumal seine Gegenwart in jenen Gaben wunderbar gewirkt wurde, so wird sie jetzt auf dem christlichen Altar durch die göttliche Allmacht des über alle Creaturen erhöhten verklärten Menschensohnes gewirkt.[1])

Die Nießung des Sacramentes anbelangend unterscheidet Alger eine doppelte Nießung, die leibliche und die spirituelle. Leiblich wird das Sacrament auch von unwürdigen Empfängern genossen; spirituell aber nur von würdigen. Das leiblich genossene Sacrament unterliegt nicht dem körperlichen Verdauungsprozesse; die sinnlichen Qualitäten des eucharistischen Leibes Christi unter-

---

[1]) Quam enim omnipotentiam (caro Christi) ab eo, qui totus ubique est, reciperet, si ipsa, ubicunque vellet, substantialiter tota esse non posset? Vel in quo differt ab angelis, quibus est superexaltata, si non aliter, nisi de loco ad locum recedendo posset esse in coelo et in terra? Artificio humano molentis mola circuitus sui nimiam celeritatem stabilitatem esse mentitur. O. c. I, 14.

liegen wol einer Alteration, die zu einem nicht weiter zu erklärenden Verschwinden derselben führt. Dieses Verschwinden ist eben so unerklärlich, als das Fortbestehen der sinnlichen Accidenzen von Brot und Wein nach Wandlung der Substanzen von Brot und Wein in etwas von diesem Verschiedenes; es tritt da wunderbarer Weise ein Existere per se der ihres substanziellen Trägers beraubten sinnlichen Existenzen ein, das eben so, wie die Empfängniß der Jungfrau, einzig aus der göttlichen Allmacht erklärt werden kann. Man sagte von gegnerischer Seite, es könne geschehen und sei wirklich geschehen, daß einzelne Gläubige bloß vom eucharistischen Brote sich nährten; bei diesen könne das Object des leiblichen Verdauungs= und Ausscheidungsprocesses doch nur das eucharistische Brot gewesen sein. Alger bestreitet dieß, und behauptet, daß die Fortsetzung der natürlichen Digestionsverrichtungen im gegebenen Falle einem Wunder der göttlichen Allmacht zuzuschreiben sei, welche eine Schwächung des ohne natürliche Nahrung seine Digestionsverrichtungen fortsetzenden Leibes verhütete. Den Verderb der aufbewahrten Eucharistie durch Verwesung, Zersetzung, Fraß der Thiere erklärt er auf ähnliche Weise wie Guitmund, und stellt ihn in Eine Kategorie mit den Entehrungen, welchen einst der Leib des von seinen Feinden mißhandelten Christus preisgegeben war. Wir entnehmen hieraus, das Alger trotz seiner grundsätzlichen Unterscheidung von Substanz und Accidenz sich noch nicht zu jener Art von Lösung der beregten Schwierigkeiten entschließen konnte, zu welcher sich nach mancherlei später noch darüber geführten Verhandlungen die peripatetische Scholastik[1]) als der einzig zulässigen hingedrängt sah, die aber gleichfalls wieder beim Abgehen von der peripatetisch=scholastischen Metaphysik und Körperlehre einer Modification unterliegen mußte, und eine solche ohne Versehrung des kirchlich=dogmatischen Transsubstantiationsbegriffes in der That auch zuläßt.

Algers Denkbemühungen beschränkten sich, abgesehen von der Polemik gegen Berengar, auf Erklärung des eucharistischen Cultus als einer positiv gegebenen Institution. Er wirft vor Allem die Frage auf, wie die Einsetzung des eucharistischen Cultus

---

[1]) Vgl. meine Schrift über Thom. Aq. I, S. 705 f.

und Opfers mit der Idee des christlichen Geistdienstes (Joh. 4, 24) zu vereinbaren sei. Er findet die Antwort hierauf in unserem Bedürfniß, fortwährend wirksam an die erbarmende Huld der göttlichen Liebe erinnert zu werden. Wie unsere Abhängigkeit von äußeren Mitteln unserer irdischen Lebenserhaltung uns beständig an denjenigen mahnen soll, dem wir Dasein und Leben verdanken, so soll das Sacrament der Eucharistie als Unterpfand des ewigen Lebens in uns den Gedanken an denjenigen, in dessen Gnade wir zum ewigen Leben zu gelangen haben, stets gegenwärtig halten. Wir sind aber nicht reine Geistwesen, sondern zugleich auch Sinnenwesen, und darum von sinnefälligen Erregungsmitteln unseres Andachtslebens abhängig; die äußere Culthandlung ist als Ausdruck der inneren Herzensstimmung nicht etwas Aeußerliches, sondern der menschlich normale Ausdruck des inneren Andachtslebens und Weihelebens, zumal wir nicht bloß mit den Gedanken unseres Herzens und Geistes Gott dienen, sondern auch unsere äußeren sichtbaren Acte zu Erweisungen dieses Dienstes gestalten sollen. Fragt man weiter, weßhalb es Gott nicht genügte, die Eucharistie als bloßes Sacrament oder sichtbares Zeichen einer in demselben nicht enthaltenen unsichtbaren göttlichen Wirklichkeit einzusetzen, so ist gleichfalls die Antwort unschwer zu finden; der neutestamentliche Gottesdienst hätte in diesem Falle eben gar nichts vor dem alttestamentlichen voraus. Eben so wenig ist aber umgekehrt denkbar, daß Christi Leib ohne sacramentale Hülle geopfert und genossen werden könnte, was Alger unter Erwägung aller möglichen Modi einer derartigen eucharistischen Präsenz Christi darzulegen sich bemüht. Daraus folgert er, daß der im kirchlichen Culte verewigte Modus der eucharistischen Präsenz Christi der einzig angemessene sei. Der Grund aber, weßhalb die Kirche so sehr auf den Glauben an das eucharistische Sacrament bringt, ist nach Alger dieser, daß es das höhere Gegenbild und somit auch Antidot jener Frucht vom Erkenntnißbaume ist, deren lüsterner Genuß Adam und das ihm entstammte Geschlecht um den Frieden in Gott brachte und der Macht des Todes und Verderbens anheimgab. Indem Christus sich im Sacramente den Gläubigen als Nahrung zum ewigen Leben darbietet, ist er in höherem Sinne an die Stelle des paradiesischen Lebensbaumes getreten, der dem im Unschuldsstande verharrenden Geschlechte die leibliche Unsterblichkeit hätte vermitteln sollen. Unter den Gestalten des Brotes und Weines bietet sich Christus im Sacramente dar, weil Brot und Wein die passendsten Sinnbilder der geistlichen Lebensnahrung sind, und auch die Einverleibung der Gläubigen in Christus durch jene eucharistischen Gaben am besten gesinnbildet wird.[1]) Leib und Blut Christi werden unter zwei von einander verschiedenen Gestalten dargestellt mit Beziehung auf den Opfertod Christi, der sich im Vergießen des Blutes Christi vollzog; auch die Beziehung auf die zweifache Erlösung der Menschen an Seele und Leib soll durch die getrennten eucharistischen Gestalten ausgedrückt werden, unter deren jeder jedoch Christus ganz und ungetheilt gegenwärtig ist. Der gesammte liturgische Meßact ist als Erinnerungsfeier der Erlösungsthätigkeit Christi, seines Leidens und Todes zu verstehen, wie dieß von Alger in einem kleinen Aufsatze de sacrificio Missae[2]) an den Gebeten und den dieselben begleitenden priesterlichen Acten des Canon Missae nachgewiesen wird. Eine in's Sachliche eingehende Erklärung des Meßkanon giebt Petrus Damiani[3]) unter theilweiser Anlehnung an die Schrift des Florus über denselben Gegenstand und theilweisem Eingehen in die Fragen, die durch den Berengarischen Streit angeregt worden waren. Er sieht in den Abendmalselementen eine Trias, welche er mit der Dreieinheit des göttlichen Wesens und der Substanzdreiheit der gottmenschlichen Person Christi in Vergleich stellt.[4]) Die göttliche Dreieinheit constituirt Eine Wesenheit mit Ausschluß alles Accidentellen; in der gottmenschlichen Person Christi ist Substanz und Accidens zu unterscheiden, und Letzteres das an ersterer Haftende; im Abendmale wird die consecrirte Species zum Accidens herabgesetzt, welches Damiani als Forma dem Wesen d. i. dem Leibe Christi entgegengesetzt.[5])

---

[1]) Sicut panis ex multis granis, et vinum ex multis acinis, sic ecclesia ex variis personis colligitur. O. c. II, 5.
[2]) Abgedr. bei Migne tom. 180, p. 853 ff.
[3]) Expositio Canonis Missae. — Migne tom. 145, p. 880--892.
[4]) Sane natura Dei est Trinitas, videlicet Pater et Filius et Spiritus Sanctus. In hypostasi Filii est trinitas substantiarum, videlicet deitas, corpus et anima. In sacramento corporis Christi est trinitas specierum, videlicet panis, vinum et aqua.
[5]) Forma panis frangitur et atteritur, sed corpus Christi sumitur

Christus ist als Ganzer im ganzen Brote und in jedem Theile desselben gegenwärtig. Diese Auffassungsweise wird von Damiani der Ansicht Jener vorgezogen, nach deren Ansicht Christus als Ganzer in einzelnen Theilen des consecrirten Brotes erst nach der Theilung des Brotes zu sein anfängt. Gewisse andere Fragen will er grundsätzlich unberührt lassen.[1])

In einem der Briefe Fulberts von Chartres[2]) kommt ein eigenthümlicher liturgischer Brauch zur Sprache, welcher wenigstens in einigen Diöcesen Frankreichs, vielleicht auch anderwärts beobachtet wurde. Fulbert wurde von seinem Freunde Einard, der kurz vorher zum Priester geweiht worden war, befragt, was damit bedeutet werden solle, daß der Neomyst am Tage der Weihe von dem weihenden Bischof eine consecrirte Hostie empfange, von welcher er vierzig Tage hindurch einen Theil zu opfern und als sacramentale Communion zu genießen habe, bis am vierzigsten Tage der letzte Theil verbraucht sei. Fulbert wurde durch diese Anfrage an einen Vorfall erinnert, welcher ihm selber schon früher zum Anlaß geworden war, einen Bischof zu befragen, weßhalb man es darauf ankommen lasse, daß, wie in der That auch wirklich einmal geschah, der nicht sorgfältig genug aufbewahrte Rest der Hostie verloren gehe. Der Bischof rechtfertigte den kirchlichen Brauch durch verschiedene mystisch-allegorische und tropologische Ausdeutungen der neutestamentlichen und alttestamentlichen Schrift. Der Bischof, welcher die Hostie den Neomysten darreiche, repräsentire Christum, welcher nach der Auferstehung die Jünger

---

et comeditur, ea quae notant corruptionem ad formam panis referentes, ea vero quae notant acceptionem, ad corpus Christi..... Quod si forte secessus aut vomitus post solam Eucharistiae comestionem evenerit, in hoc species ad proprietatem sensui famulatur, quae quantum ad nos servat per omnia corruptibilis cibi similitudinem, sed quantum ad se non amittit inviolabilis corporis veritatem. Species quidem comeditur et maculatur, sed veritas nunquam corrumpitur aut coinquinatur. Siquando tale quid videris, nihil time illi, sed esto sollicitus tibi, ne tu forte laedaris, si male credideris.

[1]) Quaeritur utrum corpus dominicum sit locale, utrum faciat localem distantiam, utrum dici debeat quod jacet aut sedet aut stat; sed et alia multa circa praesentem articulum inquiri possent, quae melius intacta volo relinquere, quam temere definire; nam „bestia quae tetigerit montem, lapidabitur." Tutius est in talibus citra rationem subsistere quam ultra rationem excedere, ne forte, quod absit, ossa regis Idumaeae redigantur in cinerem.

[2]) Fulbert. Ep. 3.

Berno v. Reichenau als liturgischer Schriftsteller.

nicht bloß einmal, sondern vierzig Tage hindurch durch sein Erscheinen erfreute und mit ihnen aß; in den von den Neomysten durch vierzig Tage fortgesetzten Opferung und Sumtion der vom Bischof consecrirten Hostie komme zugleich auch die Einheit und Identität des vom Bischof und von den Presbytern verrichteten Opferactes zum angemessenen Ausdrucke. Der erwähnte liturgische Brauch habe sein Vorbild bereits in der altteftamentlichen Heilsgeschichte. Das Volk Gottes wurde durch vierzig Jahre in der Wüfte vom Manna ernährt, Moses aber, unter deffen Führung das Volk mit dieser Speise begnadet wurde, hatte siebenzig Aeltefte zur Seite, auf welche der Geift Mofis übergieng, so daß das Volk Gottes unter der gemeinsamen Leitung durch Mofes und die mit ihm geeinigten Aeltesten sich der Gnaden und Segnungen seines Gottes zu erfreuen hatte. Wie der vierzigjährigen Spendung des Manna die einmalige Schlachtung des Osterlammes vorausgieng, so der einmalige Opfertod Chrifti der vierzigtägigen Spendung des eucharistischen Leibes durch den wiedererstandenen Chriftus an die Jünger; und indem dieses Handeln Chrifti und das damit verbundene, während der Dauer von vierzig Tagen wiederholt erneuerte Empfangen der Jünger in dem beschriebenen Brauche sich abbildet, wird der durch das Handeln Chrifti erfüllten typischen Beziehung des altteftamentlichen Vorganges auf die neuteftamentliche Heilsgeschichte ein bleibender Ausdruck in der kirchlichen Liturgie geschaffen.

Unter den liturgischen Schriftstellern des 11. Jahrhunderts ist speziell der Abt Berno von Reichenau († 1048) hervorzuheben. Seine Schrift de officio Missae, im 16. und 17. Jahrhundert oftmals gedruckt,[1] schließt sich in Ton und Haltung an die an einem anderen Orte[2] besprochenen Arbeiten Amalars und Walafrids an. Berno geht mit Walafrid von der Thatsache aus, daß die Meßliturgie, wie sie zu seiner Zeit ausgebildet vorlag, erft allmälich im Laufe der Jahrhunderte sich ausgestaltet habe, wobei er sich zur Aufgabe setzt, die Entstehungszeit der einzelnen Theile

---

[1] Aus der Lyoner Bibliotheca Patrum abgedr. bei Migne tom. 142 unter dem Titel: Libellus de quibusdam rebus ad missae officium pertinentibus.
[2] Vgl. meine Schrift über Alcuin S. 224 f.

anzugeben. Er weiß, daß der Canon Missae durch wiederholte Zusätze seine spätere Gestalt erlangte, daß das Kyrie eleison aus der griechischen Liturgie herübergenommen sei, daß die Collecten verschiedene Verfasser haben, von Papst Gelasius angefangen bis auf Gregor d. Gr. herab. Er vermuthet, daß die ursprünglichen Epistelabschnitte ausschließlich aus den Paulinischen Briefen entnommen waren, und erst allmälich auch aus anderen neu= testamentlichen und alttestamentlichen Büchern Leseabschnitte entlehnt wurden; für den Ordner des Lectionars und Redactor des sogenannten Comes hält er den heiligen Hieronymus. Daß die Gradualien zusammt dem Alleluja seiner Zeit etwas Neues waren, schließt Berno aus dem anfänglichen Widerstande der spanischen Kirche gegen ihre Einführung. Das Agnus Dei rührt von Papst Sergius her; aus welcher Zeit der Offertoriumsanfang, das Dreimalheilig und die Antiphone nach der Communion stamme, weiß Berno nicht zu ermitteln. Sehr entschieden tritt er dafür ein, daß es den Presbytern gestattet sei, den Hymnus Gloria in excelsis nicht bloß am Osterfeste, sondern an jedem Sonntage und an den Gedächtnißtagen der Heiligen anzustimmen; er sieht nicht ein, weßhalb die Recitation desselben ein ausschließliches Vorrecht der Bischöfe sein solle, da sich in Cultsachen die Prärogative der Bischöfe nur auf die Vornahme bestimmter Weihe= handlungen, zu welchen der bischöfliche Ordo befähige, beziehen. Auch existirt nicht die mindeste Andeutung, daß Papst Gregor die Intonation dieses Hymnus den Presbytern untersagt oder die Väter dieselbe mißbilligt hätten. Die Berufung auf das römische Missale geht nicht an, da die spanische und gallische Kirche durch Jahrhunderte unangefochten ihre eigenen liturgischen Traditionen hatten; auch könnte man aus denselben die Recitation des Credo nach dem Evangelium beanstanden, indem auch dieses von den römischen Presbytern erst seit den Zeiten des Papstes Benedict VIII auf Andringen des Kaiser Heinrich II recitirt wird. Es währte indeß doch noch bis in's 12. Jahrhundert herab, ehe diese Streit= frage nach Berno's Wunsche entschieden und die Presbyter den Bischöfen gleichgestellt wurden. Ein anderes Streitthema, welches, wie Berno berichtet, während seines Aufenthaltes in Gallien lebhaft ventilirt wurde, war die Frage, ob es, wie eine Octave des Weihnachts= und Osterfestes, so auch des Pfingstfestes gebe; Berno entscheidet sich für die Bejahung dieser Frage wegen der Analogie der Pfingstwoche als Taufzeit mit der Osterwoche, die mit dem weißen Sonntage als Fest der Täuflinge abschließt. Weiter wurde in Berno's Zeitalter auch darüber controvertirt, ob, wenn das Weihnachtsfest auf einen Montag fällt, der vorausgehende Sonntag einzig als Vigilie des Festes zu betrachten sei und demnach von dem vierten Adventsonntag unterschieden werden müsse, oder ob jener Sonntag, der in die Vigilie des genannten Festes fällt, zugleich auch als vierter Adventsonntag zu betrachten sei. Berno, der diese Frage wiederholt behandelt,[1]) entscheidet sich gegen den vorerwähnten Liber comitis für die letztere Alternative auf Grund der Auctoritäten eines Gregor d. Gr. Beda, Amalar und seines Zeitgenossen Heriger von Laubes, der gleichfalls über diesen Gegenstand eine Homilie schrieb. Abgesehen von mystisch-allegorischen Gründen beruft sich Berno auch auf die Bestimmung des Nicänischen Concils, durch welche der Anfang der Adventzeit in die Gränze zwischen V Kal. Dec. und III Non. Dec. gewiesen ist. Auch in zwei anderen auf die Officia ecclesiastica bezüglichen Erörterungen tritt das kirchenkalendarische Interesse maßgebend in den Vordergrund; so zunächst in der Zeitbestimmung der Quatember-fasten.[2]) Für die Eruirung der Quatembersamstage wird die Regel gegeben, daß man den ersten dieser vier Samstage auf den ersten Samstag des März zu verlegen habe; von da an hat man 14 Wochen bis zum nächsten Quatembersamstage zu zählen; der dritte fällt auf den dritten Samstag des September, und von da an hat man 14 oder 13 Wochen bis zu den Quatemberfasten vor Weihnachten zu zählen. Die mystisch-allegorische Deutung der Quatemberfasten und der Fastendisciplin insgemein ist aus Amalarius[3]) entlehnt. Von kirchenkalendarischem Interesse ist ferner

---

[1]) De offio missae c. 4. — Ferner: Liber, qualiter adventus Domini celebretur quando Nativitas Domini feria secunda evenerit (dem Mainzer Erzbischof Aribo gewidmet) — Ratio generalis de initio adventus Domini secundum auctoritatem Hilarii episcopi.

[2]) Offic. miss. c. 7; und: Dialogus, qualiter quatnor temporum jejunia per sua sabbata sint observanda.

[3]) Eccl offic. III, 2. Vgl. meine Schrift über Alcuin S. 235 f.

die Frage,[1]) weßhalb der Ordner des Meßbuches (auctor officii) zwischen die Octave des Pfingstfestes und den Advent bloß 23 Officia, der Ordner des Lectionars aber 25 Lectionen gesetzt habe. Berno gibt die Lösung, daß letzterer die gewöhnlichen Jahre, in welchen Ostern früher zu fallen pflegt, ersterer aber die annos embolismales, in welchen das Gegentheil stattfand, zur Richtschnur genommen habe. Im Uebrigen bezieht sich die nähere Erörterung dieses Gegenstandes auf eine von der heutigen Gestaltung etwas abweichende Beschaffenheit und Anordnung des kirchlichen Officiums nach Pfingsten, welche in einem besonderen Abschnitte der Hauptschrift Berno's[2]) eine umständlichere Beleuchtung erfährt.

Auf gewisse Einzelheiten der Liturgie und des Officium divinum beziehen sich Damiani's Schriften De celebrandis vigiliis,[3]) Contra sedentes tempore divini officii,[4]) De horis canonicis[5]) und der Liber qui appellatur Dominus vobiscum[6]) woran sich weiter noch die Abhandlungen kirchendisciplinären Inhaltes de Quadragesima[7]) und de jejunio Sabbati[8]) anreihen. Das Charakteristische aller dieser Schriften Damiani's ist, daß in ihnen eine geistige Vertiefung des erörterten Gegenstandes angestrebt wird; es wird in ihnen eine Theologie des Cultus und des kirchlichen Andachtslebens dargeboten, die man als die seinem Denken eigenthümliche Form seines theologischen Bewußtseins zu bezeichnen berechtigt ist. Es liegt daher in jeder seiner Abhandlungen mehr, als der Titel derselben erwarten läßt; jede derselben ist ein Ausdruck seines mit dem gottgestifteten Kirchenthum und dessen Institutionen innigst verwachsenen mystisch=ascetischen Denkens, das auf dem Grunde unablässig gepflegter meditativer Schriftkunde und mannigfaltiger Belesenheit sich entfaltet. Man kann ihn ohne Bedenken als einen der begabtesten Schriftsteller seiner Zeit bezeichnen; jedenfalls ist er der salbungsvollste unter ihnen, und konnte in dieser Richtung erst im nächstfolgenden Jahrhundert

---

[1]) Offic. miss., c. 6.
[2]) Offic. miss., c. 5.
[3]) Opusc. 55.
[4]) Opusc. 39.
[5]) Opusc. 10.
[6]) Opusc. 11.
[7]) Opusc. 32.
[8]) Opusc. 54.

durch einen heiligen Bernhard überboten werden, der allerdings an Tiefe und lehrhafter Durchbildung einem Petrus Damiani entschieden überlegen ist.

Die moralisch-ascetische Literatur dieses Zeitraumes ist durch mancherlei Schriftwerke repräsentirt, deren Darstellungsformen für die Behandlung der christlichen Ethik in jenem Zeitalter bezeichnend sind. Der Metzer Scholasticus Adalbert, ein Zeitgenosse Gerberts, sammelte Flores ex Moralibus B. Gregorii Papae in Job, deren Vorrede Martene in seinen Anecdotis abdrucken ließ;[1]) auch Andere stellten Excerpte aus Gregors Schrift zusammen.[2]) Charakteristisch für seine Zeit ist der Ludus clericalis des Bischofes Wibold von Cambrai (c. a. 965),[3]) eine auf das Gebiet der Moral übertragene Nachahmung der Rhythmomachie, um deren genauere Erklärung sich die niederländischen Gelehrten G. Colvener und Boethius Epo, beide der Akademie zu Douai angehörig, bemüht haben. Wibold wollte durch dieses geistliche Spiel seine Geistlichen von profanen Spielen ablenken; es ist seinem Grundgedanken nach eine Art Würfelspiel, und die auf den Würfeln befindlichen Zahlen weisen auf entsprechende Nummern eines schematischen Verzeichnißes von 56 Tugenden hin, an deren Uebung die Spieler hindurch erinnert werden sollen. Die künstliche Einrichtung des Spieles, die in Wibolds Auseinandersetzung dargelegt ist, scheint bis jetzt noch nicht genügend aufgehellt zu sein; eine kurze Erklärung der Hauptsache ist in Leglay's Annotationes in Wiboldi ludum clericalem[4]) enthalten. Wir reihen daran die Schrift des Bischofes Bruno von Toul, nachmaligen Papstes Leo IX de conflictu virtutum ac vitiorum, die aus einem ursprünglich beabsichtigten Briefe an einen Jünger des heil. Benedict zu einer Abhandlung erwuchs, die, wie der Verfasser am Schluße angibt, in stillen Nachtstunden niedergeschrieben wurde. Es werden in ihr die Laster und die denselben entgegengesetzten Tugenden der Reihe nach redend vorgeführt; jeder einzelnen Tugend obliegt es, die Motive der Selbstbeschönigung des entgegengesetzten Lasters nieder-

---

[1]) Wiederabgedr. bei Migne tom. 136, p. 1309 f.
[2]) Siehe am a. O. Anm. 1.
[3]) Siehe Migne tom. 134, p. 1007 ff.
[4]) Migne tom. 134, p. 1013 ff.

zukämpfen, und auf dem Grunde der evangelischen Weisheit die wahre ächte Sitte und Weise zu denken und zu leben darzulegen. Inhalt und Stil der Schrift ist kraftvoll und nachdrucksvoll, die Aufzählung der mannigfachen vitia eine sehr eingehende, deßhalb auch die über die entgegengesetzten Tugenden gegebene Unterweisung gehaltreich; der systematischen Form entbehrend ist das Büchlein ein achtbarer Ausdruck des unmittelbaren christlich-moralischen Fühlens und Denkens.

Eine beträchtliche Zahl moralisch-ascetischer Schriften ist aus den Werken des Petrus Damiani zu verzeichnen. Sie sind theils allgemein moralischen Inhaltes, theils beziehen sie sich speziell auf die klerikale und monastische Disciplin. Schriften ersterer Art sind die Opuscula 9,[1]) 31,[2]) 40,[3]) 44,[4]) 45,[5]) 46,[6]) 47,[7]) 48,[8]) 53,[9]) 56,[10]) 58;[11]) Schriften der letzteren Art außer den schon oben besprochenen die Opuscula 12,[12]) 13,[13]) 14,[14]) 15,[15]) 17, 18,[16]) 22,[17]) 24,[18]) 27,[19]) 42,[20]) 43,[21]) 49,[22]) 50,[23]) 51,[24]) 52.[25]) Der allgemeine Charakter seiner sittlichen Anschauungen drückt sich in seiner Schrift de vera felicitate et sapientia aus,

[1]) De eleemosyna ad Mainardum episc.
[2]) Contra philargyriam et munerum cupiditatem.
[3]) De frenanda ira et simultatibus exstirpandis.
[4]) De decem Aegypti plagis atque Decalogo.
[5]) De sancta simplicitate scientiae inflanti anteponenda.
[6]) De ferenda aequanimiter correptione.
[7]) De castitate et mediis eam tuendi.
[8]) De spiritualibus deliciis.
[9]) De patientia et insectatione improborum.
[10]) De fluxa mundi gloria et saeculi despectione.
[11]) De vera felicitate ac sapientia.
[12]) Apologeticum de contemtu saeculi ad Albizonem eremitam et Petrum monachum.
[13]) De perfectione monachorum ad O., abbatem Pomposianum ejusque conventum.
[14]) De ordine eremitarum et facultatibus eremi fontis Avellani.
[15]) De suae congregationis institutis.
[16]) Vgl. über Opuscc. 17. 18 das oben im sechsten Capitel Beigebrachte.
[17]) Contra clericos aulicos, ut ad dignitates provehantur.
[18]) Contra clericos regulares proprietarios.
[19]) De communi vita canonicorum ad clericos Fanensis ecclesiae.
[20]) De fide Deo obstricta non fallenda.
[21]) De laude flagellorum, seu ut loquuntur disciplinae.
[22]) De perfecta monachi informatione.
[23]) Institutio monialis ad Blancam ex comitissa sanctimonialem.
[24]) De vita eremitica et probatis eremitis.
[25]) De bono religiosi status et variorum animantium tropologia.

die sich in Gegenüberstellungen der geistlichen und irdischen Weisheit, der himmlischen Weisheit und irdischen Klugheit, des kirchlich-ascetischen geistlichen Lebens und des gleichsam an eine Pflichtehe mit irdischen Geschäften geketteten Weltlebens ergeht. Die meisten Weltleute — bemerkt Damiani — vermögen aus einer gewissen Schwäche es nicht über sich zu bringen, dieses irdische Leben nach Gebühr geringzuschätzen (odire — sagt Damiani); so sollen sie sich denn wenigstens von einer ungeordneten Vorliebe für dasselbe frei zu erhalten suchen. Schon hieraus geht hervor, daß die Grundgedanken seiner moralischen Lehren die Erstrebung eines möglichst hohen Grades sittlicher Unabhängigkeit von irdisch-sinnlichen Begehrungen und Bedürfnißen, sowie die unbedingte, wo möglich ausschließliche Hingebung an die im unverfälschten christlichen Glaubensleben festgehaltenen Ziele jenseitiger Vollendung sind. Den höchsten Grad moralischer Vollendung sieht er im Mönchthum, sofern sich dieses durch ascetische Strenge zur sittlichen Ueberwindung der Welt befähiget; von den übrigen Klerikern fordert er, daß sie wenigstens durch vollkommene Ueberwindung weltlichen Sinnes sich der sittlichen Vollkommenheit des Mönchthums nähern. Den Gipfel der sittlichen Vollendung des Mönchthums erkennt er im Eremitenwesen, von welchem er wünschte, daß es regenerirend auf die Cönobiten wirken möge; er selbst hatte bei der Eremitengemeinde in Fonte Avellana jenen hohen Grad sittlicher Freiheit und Selbstbezwingung zu erstreben gesucht, in welchem er nicht bloß das persönliche Heil, sondern auch die Bedingung der für die damalige Lage geforderten Wirkungsfähigkeit des Mönchthums zur Regeneration der Kirche und christlichen Gesellschaft erkannte. Zur Klosterdisciplin rechnete er als spezielle Puncte strenges Fasten und Geißelung; er motivirt diese Disciplin durch Hinweisung darauf, daß der elende Erdenleib, der ein Sitz der Gelüste, dereinst den Würmern als Fraß dienen soll, es nicht anders verdiene, als daß man ihn auf's Strengste halte, und mit Christus, der für uns einst litt, sich verähnliche. Neben der strengen Ascese des Leibes, der strengen Disciplin des inneren Gedankenlebens hebt er aber wiederholt auch die Bedeutung und Nothwendigkeit der himmlischen Charitas hervor, ja er erklärt dieselbe als absolutes oberstes Gebot und alldurchherrschendes Motiv des sittlichen Handelns und Lebens, so daß die ganze strenge Selbstdisciplin des Mönches eigentlich nur auf die Ermöglichung eines ungetrübt reinen Waltens der Charitas abzielt. Man ersieht hieraus, daß er die Tugendmittellehre nicht äußerlich auffaßt, und daß ihm in seiner Strenge Herz und Gemüth nicht abgeht. Nebstbei fehlt es nicht an Absonderlichkeiten, wie z. B. in der Schrift de decem Aegypti plagis. Die Gebote des Dekalogs werden da gefaßt als Antidot gegen die Laster und Gelüste, die jeder Mensch, besonders aber der Mönch siegreich bewältigen soll, und die er mit den zehn Plagen Aegyptens paralellisirt. Die erste Plage, Verwandlung des Wassers in Blut (2 Mos. 7, 19) bedeutet die Verfinsterung und Erblindung des inneren Menschen im Abkommen von der Reinheit des wahren Glaubens, wofür das Antidot im ersten Gebote des Dekalogs sich findet. Die Plage der quakenden Frösche sinnbildet die Häretiker und Philosophen, deren trügerischen Reden das zweite Gebot als Heilmittel begegnet; die Plage der Stechmücken, das Gebrechen der ruhelosen irdisch gesinnten Geschäftigkeit welcher das Gebot der Sabbatheiligung entgegengesetzt ist u. s. w.

An die moralisch-ascetische Schriftstellerei schließt sich die homiletisch-erbauliche an, die in dem von diesem Buche umspannten Zeitraume durch Atto von Vercelli, Fulbert von Chartres, Odilo von Clugny, Petrus Damiani vertreten ist. Die achtzehn Sermones des Atto von Vercelli, deren einige von Mansi, alle zusammen von Mai[1]) edirt wurden, sind kurze Homilien auf verschiedene Feste des Kirchenjahres vom Advent angefangen bis zum Tage der Enthauptung des Johannes des Täufers, darunter auch eine Gedächtnißrede am Sterbetage des hl. Eusebius von Vercelli. Die Reden sind durchwegs schlicht, einfach und gemeinverständlich, zugleich auch von recht gefälliger Form in leichtem Flusse der Rede; hin und wieder taucht eine bemerkenswerthe Einzelheit auf, so in der Homilie am Feste der Ankündigung der Geburt des Täufers, woselbst von einem eigenthümlichen Mißbrauche, durch welchen dieses Fest entehrt wurde, die Rede ist.[2])

---

[1]) Scriptt. Vett. Coll. nov. VI, wiederabgedr. bei Migne tom. 134, p. 833 ff.
[2]) Cognoscat igitur prudentia vestra malam de tam gloriosa solemnitate crebris in locis inolevisse censuetudinem, ut quaedam mere-

Von Fulbert liegen mit Einschluß des oben erwähnten Fragmentes[1]) neun Sermones vor, darunter fünf auf Marienfeste; einer derselben (Sermo 6) handelt von der unbefleckten Empfängniß Mariä, die also da bereits als ein auf Wunsch frommer Verehrer Mariä gefeiertes Fest erscheint. Die 15 Sermones des Obilo von Clugny, welche sich auf die bedeutensten Kirchenfeste des Jahres beziehen, sind augenscheinlich an die ihm unterstehende Klostergemeinde gerichtet; sie sind etwas länger als jene Atto's und enthalten auch mehr Theologie als dieselben; in Bezug auf Stil und Ausdruck sind sie vorzüglich, aus Inhalt und Form spricht ein edler gebildeter Geist, in dessen Denken das theologisch-didaktische und mystisch-erbauliche Element sich harmonisch durchdringen. Eine ziemlich bedeutende Zahl von Sermonen erübriget von Petrus Damiani; sie beziehen sich auf die Hauptfeste des Kirchenjahres und auf verschiedene Heiligenfeste, woran sich weiter noch ein paar Sermones morales anschließen. Es ist indeß zweifelhaft, ob alle 75 Sermonen, welche der dem Kloster Monte Cassino angehörige Constantinus Cajetanus in seine, Papst Paul V gewidmete Ausgabe derselben aufgenommen hat, auch wirklich von Damiani herrühren; in der Venetianer Ausgabe der Werke Damiani's werden demselben nicht weniger als 19 Reden abgesprochen und dem Secretär des heil. Bernhard, Nikolaus von Clairvaux vindicirt. Nach unserem Dafürhalten hat Damiani's schriftstellerisches Verdienst durch diese Ausscheidung unächter Stücke keine Einbuße erlitten, da sich seine ächten Reden von den unächten nur zu ihrem Vortheile unterscheiden; sie sind, nach Inhalt und Form gewürdiget, in der That die reifsten und gefeiltesten Erzeugnisse der schriftstellerischen Muße Damiani's, und zeigen uns den Mann der uns in anderen seiner Schriften nicht selten durch seinen extremen Wunderglauben, durch die schiefe Stellung seines gläubigen Be-

---

triculae ecclesias et divina officia derelinquant, et passim per plateas et compita, fontes etiam et rura pernoctantes choros statuant, canticula componant, sortes deducant, et quidquid alicui evenire debeat in talibus simulent augurari. Quarum superstitio adeo gignit insaniam, ut herbas vel frondes baptizare praesumant, et exinde compatres vel commatres audeant vocitare, suisque domibus suspensas diu in postmodum quasi religionis causa studeant conservare (Serm. 13).

[1]) Siehe oben S. 170, Anm. 2.

wußtseins gegen die säculäre Bildung beirrt, nach der ächten lauteren Beschaffenheit seines christlichen Denkens und Fühlens. Wir dürfen seine Sermonen unbedenklich als die besten, aus jenem Zeitalter uns erhalten gebliebenen Denkmale erbaulicher Beredsamkeit ansehen; sie repräsentiren die Gestalt des christlich-theologischen Bewußtseins in jenem Stadium, wo es noch nicht in den mit dem Anbruch des 12. Jahrhunderts beginnenden Proceß denkhafter Selbstvermittelung eingegangen war.

Wie Petrus Damiani der hervorragendste Homilet seines Zeitalters ist, so gehört er auch zu den Wenigen, welche in dem von diesem Buche umspannten Zeitraume als Pfleger der exegetischen Theologie zu nennen sind. Außer ihm sind einzig nur Atto von Vercelli als Ausleger der Paulinischen Briefe, und Bruno von Würzburg als Erklärer der Psalmen und mehrerer biblisch-liturgischer Cantica zu erwähnen. Für Atto's Urheberschaft in Betreff des ihm zugeschriebenen Commentars über die Paulinen müssen wir uns auf die den Prolegomenis der Ausgabe seiner Werke[1]) von dem Herausgeber C. Burontius del Signore vorausgeschickten Nachweisungen[2]) berufen. Seinem Inhalte nach steht der Commentar auf derselben exegetischen Tradition, die wir bei Hrabanus Maurus kennen gelernt haben,[3]) dürfte auch wol die Bekanntschaft mit Hraban voraussetzen, da das von Atto Gesagte häufig genug dem Worte oder doch dem Sinne nach mit dem Texte der Erklärungen Hraban's zusammenstimmt. Die Einleitung Atto's in die Erklärung des Römerbriefes gleicht so ziemlich einer Copie der allgemeinen Einleitung Hraban's in seinen Commentar zu den Paulinen. Atto wirft die Frage auf, weßhalb der Römerbrief die erste Stelle unter den Paulinen einnehme, da er doch der Zeit nach nicht der erste sei; denn dieser soll der Hebräerbrief sein. Die Locirung des Römerbriefes muß entweder dem Range Roms als Welthauptstadt entsprechen, oder hat ihren Grund in einem anderen, der Reihenordnung der Briefe zu Grunde gelegten Principe, zufolge dessen die römischen Christen als die im Glauben Unvollkommensten zuerst, die Hebräer aber als die voll-

---

[1]) Vercelli 1768. — Procurante Carolo Burontio del Signore.
[2]) Wiederabgedr. bei Migne tom. 134.
[3]) Vgl. m. Schrift über Alcuin S. 155.

kommensten an die letzte Stelle kommen. Auf die Evangelien folgen die Briefe zur Ausmerzung der Gebrechen und Laster, die den in den Evangelien gelehrten Tugenden und Vollkommenheiten entgegen sind. Von den 14 Briefen Pauli sind zehn an Gemeinden, vier an Personen gerichtet; die zehn neutestamentlichen Kirchen verhalten sich zu den alttestamentlichen zehn Geboten, wie sich die Rettung vom ewigen Tode durch das Evangelium zu der Rettung aus der ägyptischen Knechtschaft verhält, die Vierzahl der an Personen gerichteten Briefe hat symbolisch-mystischen Bezug auf die Vierzahl der Evangelien. Das Angeführte reicht aus, kenntlich zu machen, daß Atto's Commentar ganz innerhalb seiner Zeit steht, und sein Werth nur in dem Grade des dem Verfasser zu Gebote stehenden kirchlich-theologischen Verständnisses gesucht werden kann. Er versucht dieses auf den Grund einer streng literalen Auslegung zu stellen; diese befindet sich aber noch im Stadium unmündiger Kindheit, wie gleich im erwähnten Proömium des Commentars zum Römerbriefe ersichtlich wird. Dort wird das Wort Epi-stola durch das lateinische Super-missa verdollmetscht, und der Sinn dieses Ausdruckes daraus erklärt, daß die neutestamentlichen Briefe auf Gesetz, Propheten und Evangelium als weitere Zugabe folgen. Zu den Worten Röm. 5, 14: Sed regnavit mors ab Adam usque ad Moysen, bemerkt Atto, daß Moses tropisch das Gesetz bedeute, und usque ad legem nicht auf den Anfang der Gesetzeszeit zu beziehen, sondern von der ganzen Dauer derselben bis auf Christus zu verstehen sei. Diese beiden Erklärungen über den Sinn des Wortes Epistola und über Röm. 5, 14 sind dieselben, wie bei Remigius von Auxerre, mit welchem wir Atto bereits oben in Bezug auf die Auslegung von 2 Thess. 2, 3ff. in Uebereinstimmung fanden; daher wir berechtigt sind, Atto's Auslegung der Paulinen in ein näheres Verhältniß zu jener des Remigius zu setzen, — ein Verhältniß, daß sich auch sonst vielfach bestätiget. Was z. B. Atto über die 1 Tim. 1, 4 erwähnten Fabulae et interminatae genealogiae bemerkt, ist in kürzerer Form ganz dasselbe, was auch im Commentar des Remigius zu lesen ist; die Erklärung des passivisch verstandenen Eph. 1, 23: Omnia in omnibus adimpletur wird beiderseits durch dasselbe Bild vom Herrscher, dem neue Reiche und Völker zufallen, erläutert.

### Bruno v. Würzburg als Exeget.

Ueber den Commentar Bruno's von Würzburg zu den Psalmen hat Denzinger in den Prolegomenis, welche dem in Migne's Patrologia latina[1]) abgedruckten Texte der Werke Bruno's vorausgeschickt sind, die bündigsten Aufschlüsse gegeben, auf welche wir hiemit verweisen. Bruno's Psalmenerklärung ist mit einer Einleitung versehen, die aus den bei Hieronymus, Cassiodor, Augustinus, Pseudo-Beda sich vorfindenden einleitenden Bemerkungen zum Psalterium zusammengetragen ist. Denselben compilatorischen Charakter trägt auch der Commentar selber an sich. Am meisten und häufigsten wird darin Cassiodors Psalmenerklärung reproducirt, nebstdem Augustinus, ferner Pseudo-Beda, jedoch nicht so sehr in der Auslegung, als in den Inhaltsangaben der einzelnen Psalmen; auch Gregor d. Gr. ist einige Male angezogen, endlich noch das Hieronymus zugeschriebene Breviarium in Psalmos benützt. Der in der Erklärung berücksichtigte lateinische Psalmentext ist jener der zweiten Hieronymianischen Revision (Psalterium Gallicanum) in jener Gestalt, welche derselbe in der angelsächsischen Kirche angenommen hatte, und in welcher er durch Bonifacius, Burchard u. A. auch in Deutschland verbreitet wurde. Die von Bruno erklärten biblischen Cantica des Officium divinum sind Jes. c. 12, Jes. c. 38 (Canticum Ezechiae), 1 Sam. c. 2 (Canticum Annae), 2 Mos. c. 15 (Canticum Moysi), Hab. c. 3, 5 Mos. c. 32 (Canticum Moysi), Dan c. 3 (Hymnus trium puerorum), Canticum Zachariae (Luk. 1, 68—79), Canticum Mariae (Luk. 1, 46—55), Canticum Simeonis (Luk. 2, 29—32). In der Erklärung der alttestamentlichen Cantica werden Hieronymus, Origenes, einmal auch Hraban reproducirt, in den neutestamentlichen Beda's Commentar zum Lucasevangelium als Hilfe herbeigezogen.

Mit Lectüre und Studium der heiligen Schrift war selbstverständlich auch Petrus Damiani lebenslang eifrigst beschäftigt; einer seiner Schüler hat sich bemüht, aus seinen verschiedenen Schriften eine Sammlung von Erklärungen über verschiedene Stellen der meisten Bücher des A. T. und N. T. zusammenzustellen.[2]) Unter

---
[1]) Tom. 142.
[2]) Testimonia N.T., quae de opusculis B. Petri Damiani quidam ex ejus discipulis excerpere curavit (Abgedr. bei Migne tom. 145, p. 891 ff). — Liber testimoniorum Veteris ac Novi Testamenti, quae de schedulis reverendi Petri Damiani quidam suus discipulus excerpere curavit (L. c. p. 987—1176).

seinen Opusculis sind einzelne speziell der Schrifterklärung gewidmet;[1]) sein Büchlein über die Frage vom Antichrist und Weltende haben wir bereits oben kennen gelernt. Von den mystisch-allegorischen Deutungen des Erzählungsinhaltes sind die meisten aus der exegetischen Tradition, wie sie in Beda's und Hrabans Auslegung der Genesis niedergelegt ist, nachzuweisen; auffallender Weise wird[2]) Ana (vgl. 1 Mof. 36, 24) wiederholt Onan genannt, während Hraban beide Namen unterscheidet; wenn Damiani eine doppelte Uebersetzung des von ihm gekannten Einen Namens gibt, die auf zwei von einander etymologisch verschiedene Namen hinweist,[3]) so muß angenommen werden, daß Damiani einen Vulgatatext vor sich hatte, in welchem der Name Ana durch falsche Schreibung dem vorerwähnten Namen gleichgemacht wurde, während die Kenntniß ihrer unterschiedlichen Bedeutung noch vorhanden blieb. Das Sechstagewerk der Genesis gestaltet sich in Damiani's pneumatischer Auslegung zur Darlegung des im Lichte der christlichen Wahrheit (fiat lux) erneuerten inneren Menschen bis zu seiner Vollendung in Gott, die als ein Ruhen Gottes im Menschen als Träger und Thron des ihm einwohnenden und ihn erfüllenden Höchsten gefaßt wird. Opusc. 37 enthält Antworten auf Fragen, welche der Casinenser Mönch und später Cardinal Albericus seinem Freunde Damiani über verschiedene ihm unverständliche Stellen der alttestamentlichen Bücher vorlegte, darunter Stellen wie 1 Sam. 13, 1; 2 Sam. 21, 19, deren für den damaligen Stand der Bibelkunde unlösliche textliche Schwierigkeiten Damiani durch moralisirende und typisirende Deutungen umgeht. Die Krethi und Plethi 2 Sam 8, 18 leitet er von den 70 Aeltesten (4 Mos. 16, 24) ab. Die von ihm versuchte Ausgleichung zwischen 2 Sam. 24, 24 und 1 Chron. 21, 25 wird dadurch bewerkstelliget, daß der in der ersten Stelle angegebene Kaufpreis blos auf die Rinder, die in der Parallelstelle der Chronik gar nicht erwähnt werden, bezogen wird. Die Stelle Klagel. 3, 38 erfährt eine eigenthüm-

---

[1]) Opusc. 37: De variis sacris quaestionibus. — Opusc. 59: De novissimis et Antichristo. — Opusc. 60: Expositio mystica historiarum libri Geneseos.
[2]) Opusc. 60, c. 29.
[3]) Dolor tristitiae eorum — Mussitatio vel murmuratio (vielleicht entsprechend der Hieronymianischen Uebersetzung von Ana — responsio).

liche christologische Deutung zufolge des Umstandes, daß der bezügliche Vers nicht, wie er soll, als Fragesatz, sondern als assertorischer Satz aufgefaßt wird. Ungleich richtiger hat Paschasius Radbertus in seinem Commentar über die Klagelieder diesen Vers verstanden, gleichwie auch Haymo Jes. 53, 9 viel natürlicher und ungezwungener als Petrus Damiani auslegt. Eine zureichende Erklärung wird über Weisheit 7, 2, woselbst von einem zehnmonatlichen Weilen des noch ungeborenen Menschen im Mutterschooße die Rede ist, gegeben. Der Schluß der Schrift gibt an, daß sie in dem ersten Jahre des dritten 532jährigen Paschazirkels d. i. im Jahre 1065 abgefaßt worden sei, also in einem Jahre, in welchem als dem Anfangsjahre des genannten Paschazirkels die Gedächtnißfeier des Todestages Christi in denselben Monat, auf denselben Monatstag und Wochentag mit demselben Concurrenten 5 falle, wie der Todestag Christi selber. Dieser Tag war der 14. Nisan, der im Todesjahr Christi auf den 25. März fiel, wie Victorinus von Aquitanien ganz richtig berechnet habe.[1])

Damiani sieht in dem Umstande, daß a. 1065 der Todestag Christi auf den 25. März fiel, eine Bestätigung der Richtigkeit der Angabe des Victorius über das Datum des Todestages Christi. Bei Dionysius Exiguus und Beda Venerabilis erscheint das von Damiani angegebene Datum als Osterdatum des Geburtsjahres Christi als Anfangsjahres des 532jährigen Dionysischen Cyclus. Heriger von Laubes[2]) unterzieht den Dionysischen Ostercyclus einer scharfen Kritik, und zeiht ihn des Widerspruches mit der evangelischen Erzählung. Läßt man nämlich den 532jährigen Cyclus mit jenem Jahre beginnen, welches Dionysius als Geburtsjahr Christi bezeichnet, so muß man das Todesjahr Christi in das 33. oder 34 Jahr dieses Cyclus verlegen. Im 34. Jahre

---

[1]) In dieser Angabe Damiani's liegt eine Verwechslung einer späteren Redaction des Calculus Victorii mit der ursprünglichen Redaction desselben vor, auf welche wir unten zurückkommen werden. Victorius hat den Todestag Christi nicht mit dem 14 Nisan indentificirt; wol aber weisen die unter Abbo's Namen gehenden Circuli decemnovales (siehe unten) für das Jahr 1065 VIII Kal. April und VI Kal. April als Daten des 14 Nisan und des Auferstehungstages, mithin eine Concidenz des Todestages mit dem 14 Nisan vor.

[2]) Herigeri Abbatis Laubiensis epistola ad quemdam Hugonem monachum (Migni 139, p. 1129 ff).

desselben fällt aber der 14. Nisan oder die Luna decimaquarta nicht auf einen Donnerstag, sondern auf einen Sonntag, und als Auferstehungstag ergäbe sich nicht der 17 Nisan, sondern die Luna vigesima prima. Im 33. Jahre fällt der 14. Nisan auf den 1. April, sind somit auch der Todestag und Auferstehungstag Christi in den April hineingerückt, während Christus, der an demselben Tage litt und starb, an welchem er im Schooße der Jungfrau empfangen worden war, nach Angabe des Evangeliums im März von der Jungfrau empfangen wurde, also auch sein Opfertod für die Menschheit in denselben Monat fällt. Von diesem Gedanken war zweifelsohne auch Petrus Damiani geleitet, wenn er den 25. März als Todestag des Herrn vertrat. Heriger nimmt aber den 23. März dafür, und bezeichnet das 42. Jahr des Dionysischen 532jährigen Zirkels als dasjenige, welches für das Todesjahr des Herrn und für das 34. Jahr nach seiner Geburt anzusetzen sei, so daß demnach Dionysius in Bestimmung des Geburtsjahres Christi um 8 Jahre zu weit rückwärts gegriffen hätte.[1]) Heriger will sich an die Autorität der Griechen, an das Nicänische Concil und Cyrillus Alexandrinus halten. Die alexandrinischen Rechner haben bereits zur Zeit der Siebziger-Uebersetzer eruirt, daß man die Aequinoctien und Solstitien nicht auf VIII Kal. April zu verlegen, sondern auf XII Kal. April anzusetzen habe; daraus folgt, daß das Frühlingsäquinoctium auf den 21. März falle, und daß die von der Nicänischen Synode gerügten Asiaten, welche den 25. März für das Datum desselben hielten, so wie die Lateiner, welche im Zusammenhange damit VIII Kal. Jan. für den Geburtstag des Herrn hielten, im Irrthum waren.[2]) Der 25. März war nicht der Sterbetag, sondern der Auferstehungstag des Herrn, der am 23. März, dem Tage der Erschaffung des ersten Menschen litt und starb, und aus seinem am Kreuze vergossenen Blute die Kirche als mystische Heilsgemeinschaft aus

---

[1]) Das Jahr 42 p. Chr. war bereits von Anianus, einem Zeitgenossen des Theophilus von Alexandrien als Todesjahr Christi bezeichnet worden, in welchem den Evangelien gemäß Luna XIX dem 25 März, und der Ostersonntag dem 29 März entspreche, somit der Todestag Christi auf den 27 März falle.

[2]) Daß im Zeitalter Herigers darüber gestritten wurde, ob man das Frühlingsäquinoctium auf den 21sten oder 25sten März anzusetzen habe, erwähnt auch Helperich Comput., c. 30.

sich hervorgehen machte, gleichwie Eva aus Adam hervorgieng. Der 21. März ist identisch mit dem vierten Schöpfungstage, an welchem die Sonne im Zeichen des Widders, der Mond in jenem der Wage stand; der 18. März aber, in welchem die Sonne in das Zeichen des Widders eintritt, entspricht dem ersten Schöpfungstage, und ist sonach der Geburtstag der Welt. Demnach zeigt sich die durch das Nicänum sanctionirte alexandrinische Rechnung im Einklange mit den in der heiligen Osterzeit sich reflectirenden Zeiten des göttlichen Schöpfungswerkes.[1]) Uebrigens will Heriger einer davon abweichenden Praxis nicht entgegentreten, die noch immer am 25. März als Aequinoctialtag festhalten will; nur darf sie sich nicht, wie neuerlichst versucht wurde, als die in der Wahrheit begründete hinstellen.[2]) Wenn das Fest Mariä Verkündigung durch die, auf einen der Tage von 21. bis 25. März fallenden Feiertage der heiligen Woche (coena Domini, Parasceve Sabbatum Sanctum, Ostersonntag) verlegt ist, so kann es anticipirt werden, daher es nicht nöthig ist, das bei den Spaniern aufgekommene Datum dieses Festes zu adoptiren; und geradezu unwahr ist es, dasselbe für das richtige Datum zu nehmen, trotzdem daß es Gerbert bevorwortete.[3])

Wie Heriger dem Dionysius vorwirft, das Geburtsjahr

---

[1]) Der 25. März ist der achte Tag in der Reihe der Tage, in welcher der 18. März als erster gezählt wird. Demnach hat der Ostertag, wenn er auf den 25. März fällt, sofern dieser, wie Heriger annimmt, das wahre Datum des Auferstehungstages Christi ist, noch eine ganz besondere Bedeutung, die von Helperich Comput. c. 32 hervorgehoben wird, und den Reflex der Schöpfungszeiten in der Entwicklung der geschichtlichen Weltzeiten hervorstellt: Resurrectionis ergo Dominicae gaudia nonnisi in Dominica die celebrare fas est, in serie temporum et prima et octava. Prima scil. die, quia in hac primam Dei creaturam factam legimus i. e. lucem. Octava autem, quia est post septimam, eo quod eadem resurrectio et primum in capite nostro ea die praecessit, et nostra omnium, qui sumus membra ejus, peractis sex aetatibus laborum et septima requietionis animarum, octava scil. aetate sit peragenda, quando ejusdem capitis vocem omnes, qui in monumentis sunt, audient et procedent.

[2]) Quod dictum adversus haeresim — bemerkt Heriger — quae nuper exorta est, valet plurimum, domno Gerberto illam ex concilio Toletano praerogante.

[3]) In einem gallischen Concil gegen Ende des 10. Jahrhundert heißt es: Ferebatur a quibusdam, Annunciationem Dominicam more Hispanorum XV Kal. Jan. irreprehensibiliter posse celebrari. Quid plura? Apud nos antiqua consuetudo, uti decebat, praevaluit. Mansi Concill. coll. XIX, p. 278 ff.

Christi unrichtig angesetzt zu haben, so erklärt sich auch Beda mit dem von Dionysius angenommenen ersten Jahre der christlichen Aera nicht einverstanden, und zwar aus demselben Grunde, den Heriger angiebt, daß nämlich im 34. Jahre der Dionysischen Aera nicht der durch die Evangelien indicirte Wochentag als Decima quarta luna erscheint, und zwischen diesem und dem Auferstehungstage Christi ein größerer Intervall statt hat, als die Evangelien gestatten.[1]) Er geht jedoch in der seinem Werke de temporum ratione angefügten Weltchronik nicht wie Heriger unter das von Dionysius angesetzte Geburtsjahr herab, sondern vielmehr hinter dieses zurück, und zwar, wie es scheint, um Ein Jahr, oder wie Smith annimmt, um zwei Jahre, und bezeichnet gemeinhin das J. 3952 der Welt als das Geburtsjahr Christi, das ihm mit a. 753 U. C., oder wie Smith annimmt, a. 752 U. C. zusammenfällt. Auf eine Zusammenordnung dieser chronologischen Angaben Beda's mit dem von ihm adoptirten System der Osterrechnung muß man bei ihm verzichten; man erkennt nur zu deutlich, daß er den von ihm angenommenen Cyclus nicht bis auf das von ihm angenommene Anfangsjahr der Welt zurückverfolgt habe, so nahe es immerhin gelegen gewesen wäre, die an sich höchst sinnigen Lieblingsideen der damaligen Zeit von dem durch bestimmte Constellationen zu bestimmenden Geburtstag der Schöpfung auch durch die Rechnung zu erproben. Wie Heriger, beklagt auch Abbo von Fleury,[2]) daß Beda nicht dazu gekommen sei, den augenfälligen Widerspruch der astronomisch-kalendarischen Daten des Dionysius über das Leidensjahr mit den evangelischen Angaben durch eine richtigere Rechnung zu ersetzen, sondern sich einfach damit begnügt habe, auf diesen Widerspruch hinzuweisen. Während nach den Angaben der Evangelien Jesus in der auf den 14 Nisan folgenden Nacht gefangengesetzt und am folgenden Tage (15 Nisan) gekreuziget wurde, schiebt Dionysius zwischen dem 14 Nisan und dem Todestage des Herrn einen Intervall von vier Tagen ein (XII Kal. April — VII Kal. April). Abbo entdeckte noch andere Beweise der Fehlerhaftigkeit des Dionysischen Ostercyclus. Der heil. Benedict von Nursia starb nach zuver-

---
[1]) Temp. rat., c. 47.
[2]) Praefatio in circulos B. Cyrilli et Dionysii Romani ac Bedae.

lässigsten Angaben an einem Charsamstag, der auf den 21. März fiel; man würde sich aber im Dionysischen Cyclus vergeblich um ein Jahr mit einem derartigen Datum des Charsamstags umsehen, welches als Todesjahr des nach a. 529 verstorbenen heiligen Benedictus genommen werden könnte. Durch Rechnung auf Grund der chronologischen Daten bei Eusebius und Hieronymus eruirte Abbo, daß das Geburtsjahr Christi um zwei oder drei Jahre hinter dem von Dionysius festgehaltenen Anfange der christlichen Aera zurückliege. Eben so ist ihm auf Grund der Bestimmungen des Nicänum gewiß, daß das Todesjahr Christi kein anderes sein könne, als ein solches, in welchem der 14 Nisan auf VIII Kal. April fällt, also das dreizehnte Jahr irgend eines 19jährigen Mondzirkels; und eben so passen die angegebenen Osterdaten des Todesjahres des heiligen Benedict nur auf das sechzehnte Jahr eines solchen Mondzirkels. Damit aber das Datum VIII Kal. April auf einen Donnerstag fallen könne, müssen 5 Concurrentes[1]) mit 7 Regulares[2]) zusammentreffen; und damit XII Kal. April (der Sterbetag des heil. Benedict) auf einen Samstag fallen könne, 3 Concurrentes mit 4 Regulares zusammentreffen. Das Todesjahr Benedicts fällt nach Abbos Angabe 497 Jahre nach dem Leidensjahre Christi. Wenn nun, wie Leo Ostiensis angibt, Benedict a. 543 starb, so würde das Todesjahr Christi in das Jahr 46 der christlichen Aera fallen, was wol zu der oben erwähnten Meinung Herigers über das Geburtsjahr Christi stimmen würde, aber mit Abbos Aeußerungen über diesen letzteren Punct, schlechthin unvereinbar ist. Abbo gibt eine Richtigstellung der ersten zwei Circuli decemnovales des ersten 532jährigen Cyclus, der nach der von Dionysius ihm gegebenen Gestalt vom Jahre 1 a. Chr. bis a. 531 p. Chr. reicht, und will, daß ein kundiger Rechner die Berichtigung der nachfolgenden Circuli selber vornehme. Nur läßt sich diese Arbeit nicht im Anschlusse an das unter Abbos Namen gedruckt Vorliegende vornehmen. Denn die in Migne's Abdrucke[3])

---

[1]) Unter der Zahl, welche die Concurrentes angibt, ist die Zahl des Wochentages, auf welchen der 24. März fällt, zu verstehen. Vgl. Beda Temp. rat, c. 51.

[2]) Ueber die Regulares vgl. meine Schrift über Alcuin S. 408.

[3]) Patrol. lat. tom. 90 (Opp. Bedae tom. I) p. 855 — im Anschluß an den daselbst p. 823 ff. unter den Opp. spur. abgedruckten Aufsatz Abbos

Mangel einer sicheren Chronologie des Lebens Jesu.

mitgetheilten Richtigstellungen der beiden ersten Circuli sind augenscheinlich nicht jene Abbos, da sie mit seinen Angaben nicht zusammen stimmen. Das Verfahren des Richtigstellers besteht darin, daß er den Dionysischen Cyclus mit dem Jahre 3 nach Christus beginnen läßt, somit die Osterdaten des Dionysius durchgängig einem späteren Jahre, z. B. jene des Jahres 1 a. Chr. dem Jahre 3 p. Chr., jene des Jahres 1 p. Chr. dem Jahre 4 p. Chr. zuweist. Unter den 38 Jahren der verbesserten beiden Cyclen ist kein einziges zu finden, dessen Osterdaten jenen, welche Abbo für das Leidenjahr Christi fordert, entsprächen. Die für a. 34 p. Chr. angesetzen Daten des 14 Nisan und des Auferstehungstages sind IX Kal. April und VI Kal. April.

Wenn Abbo sich für VIII Kal. April und V Kal. April als 14 Nisan und Prima post Sabbatum im Leidensjahre des Herrn entscheidet, so schließt er sich hierin an Victorius an, der gleichfalls den Auferstehungstag des Herrn auf den 28. März des Jahres 28 der christlichen Aera, des Anfangsjahres seines 532jährigen Osterzirkels verlegt, und den 25 und 28 März mit dem ersten und vierten Tage der Welterschaffung paralellifirt. Nach Hrabanus Maurus[1]) gab es drei verschiedene Ansichten über das Datum des Auferstehungstages Christi; einige nahmen den 25. März, andere den 27. März, wieder andere den 28. März dafür. Fiele der Auferstehungstag, wie die Aelteren angenommen haben, auf den 25. März, so wäre damit das fünfte Jahr des 19jährigen Cyclus gemeint, mit der Concurrentenzahl 7 und XI Kal. April als 14 Nisan. Ist der Auferstehungstag der 27. März gewesen, so bedeutet er das dreizehnte Jahr des gedachten Cyclus mit dem Concurrenten 5 und IX Kal. April als 14 Nisan. Wäre endlich der 28. März als Auferstehungstag zu nehmen, so fällt er in das zweite Jahr des 19jährigen Cyclus mit der Concurrenten-

zusammt den Dionysischen Cyclen. Die Verfasser der Hist. Litt. de la France (VII, p. 177) nehmen die Gesammtheit der, der Praefatio angeschlossenen Circuli für Abbo's selbsteigene Arbeit: Aimoin ajoute qu'Abbon dans la suite poussa encore son travail beaucoup plus loin, en dressant des cycles pour 1585 ans ou environ.... La notice qu'Aimoin nous en donne, rapprochée de l'ecrit sur le même sujet, imprimé au premier volume des oeuvres du Venerable Beda fait voir, que c'est l'ouvrage d'Abbon dont nous entreprenons de rendre compte etc.

[1]) De Computo, c. 87.

zahl 4 und VIII Kal. April als 14 Nisan. Mit diesen Angaben ist aber nichts anderes gesagt, als daß die bezeichneten zwei Tage, der 14 Nisan und der Auferstehungstag, in den achtundzwanzig Decemnovalzirkeln unter den angegebenen näheren Bestimmungen viermal möglich seien, weil wirklich jedes der drei (oder sechs) angegebenen Daten unter den angegebenen Bestimmungen im Laufe der 532jährigen Periode viermal erscheint.[1]) Wann die Auferstehung des Herrn wirklich stattgehabt habe, weiß Hraban nicht zu sagen, und läßt das historische Datum dieser Thatsache einfach dahingestellt sein; man dachte überhaupt nicht von ferne daran, den Osterzirkel zur Chronologie des Lebens Jesu in's Verhältniß zu setzen, und nähere Andeutungen zu geben, unter welchen Bedingungen er mit derselben vereinbar sein möchte. Wenn Hraban[2]) und Helperich[3]) angeben, der 19jährige römische Mondencyclus, welcher mit dem Januar beginnt, reiche mit seinen letzten Jahren noch in den ersten, mit dem Geburtsjahr Christi beginnenden 19jährigen jüdischen Mondcyclus des Dionysischen Osterzirkels hinein, so setzten sie die Uebereinstimmung desselben mit der Chronologie des Lebens Jesu einfach voraus, oder glauben wenigstens von der Frage über Uebereinstimmung oder Nichtübereinstimmung einfach wegsehen zu dürfen. Insofern darf man Abbo, so wenig er auch in die Sache Licht zu bringen wußte, wenigstens das Lob nicht versagen, um Abhilfe dieses Uebelstandes sich redlich bemüht zu haben.

Ueber die Dunkelheiten, mit welchen für jenes Zeitalter die urchristliche und altchristliche Zeit überhaupt noch bedeckt war, finden sich charakteristische Belege in den Fragen, deren Beantwortung Heriger in seinem obenerwähnten Briefe nach Erörterung der Paschafrage anregt, und als Gegenleistung von seinem Freunde Hugo zu erwarten scheint, wobei er allerdings in dem einen und anderen Falle überlieferte Irrthümer als solche theils erkennt, theils ahnt. So äußert er Bedenken gegen die Decretalbriefe, welche Jakobus der Alphäide und Clemens Romanus einander wechselseitig zugesendet haben sollen, während doch Clemens erst

---

[1]) Obschon die Daten in den oben erwähnten, Abbo zugeschriebenen Circulis in ein paar Fällen nicht genau zutreffen.
[2]) Comput., c. 78.
[3]) Comput, c. 29.

der dritte Nachfolger Petri gewesen sei, Jakobus aber bereits acht Jahre vor Petrus den Märtyrtod erlitten habe. Ferner wünscht er Aufschlüße darüber, wie es sich mit den ersten drei Bischöfen von Trier: Eucharius, Valerius, Maternus verhalte, welche noch von Petrus selber in jene Gegend abgesendet worden sein sollen.[1]) Ein weiteres Bedenken betrifft die Frage, wie Papst Xystus unter Decius das Martyrium erlitten haben könne, wenn andererseits Lucius und Stephanus die Vorgänger des Xystus unter den Nachfolgern des Decius, unter Gallus und Volusianus, oder Valerianus und Gallienus Blutzeugen geworden sein sollen. Auch durch die geschichtlich überlieferte Thatsache, daß Kaiser Constantin vor seinem Tode von dem arianisch gesinnten Eusebius von Niko= medien sich die Taufe spenden ließ, fühlt Heriger sich beunruhiget,[2]) und zieht es vor, den Papst Sylvester als den Vollzieher der Taufhandlung anzusehen. Eben so glaubt er der Nachricht, welche die Auffindung des heiligen Kreuzes vor die Bekehrung Constantins in die Zeit des Papstes Eusebius setzt, den Vorzug geben zu sollen vor jener, welche sie nach der Bekehrung unter Papst Sylvester geschehen läßt. Ganz richtig aber nimmt er an, daß der Tod des Arius nicht in die Zeit des alexandrinischen Bischofes Alexander, der acht Jahre vor Constantin starb, gefallen sein könne, wie die Historia tripartita erzähle, sondern in die Zeit zu verlegen sei, während welcher Athanasius der Vorkämpfer der Nicänischen Formel, als Exulant in Trier sich aufhielt. Eine Bearbeitung der altchristlichen Kirchengeschichte ist indeß in diesem Zeitraume nicht aufzuweisen; es wäre denn, daß man Flodoards Triumphi Christi, welche wir bereits an einem anderen Orte erwähnten,[3]) hieher rechnen wollte. Die kirchengeschichtliche Forschung

---

[1]) Uebrigens hat Heriger das Leben dieser drei Männer im ersten Buche (capp. 5—14) seiner im nächstfolgenden Capitel zu erwähnenden Gesta episcoporum Leodiensium ausführlich behandelt. Ueber die von ihm hiebei benützten Vorlagen vgl. Köpke in seinen Prolegomenis zu dem in die Monumenta Germaniae (tom. VII) aufgenommenen Texte dieser Gesta (wiederabgedr. in Migne's Patrolog. lat. tom. 139; siehe daselbst p. 971, not. 51). Bezüglich der neueren Untersuchungen über jene drei Männer vgl. Friedrich Kirchengesch. Deutschlands I, S. 68 ff.

[2]) Siehe die Lösung dieses Bedenkens bei Hefele Conc. Gesch. I, S. 480 f.

[3]) Siehe die Schrift über Alcuin u. s. Jahrh. S. 390 ff. — Die dem Karolingischen Zeitalter angehörige Historiae sacrae epitome Haymo's in zehn Büchern ist eine Zusammenstellung der Kirchengeschichte der ersten

Uebergang zum folgenden Capitel.

war nicht dem kirchlichen Alterthum der altrömischen Kaiserzeit, sondern den Zuständen der christlich germanischen Welt zugewendet, und mit der heimischen Landes- oder Reichsgeschichte verwachsen, wie der folgende Abschnitt des Nähren darzulegen bestimmt ist.

vier Jahrhunderte aus Josephus Flavius, Eusebius, Rufinus, aus der Historia tripartita, unter Beigabe vereinzelter Stellen aus anderen alten Kirchenschriftstellern (Clemens Alex., Tertullian, Augustinus); auch Orosius und Beda sind stellenweise benützt.

# Achtes Capitel.

Die Geschichtsliteratur und Epistolographie des
Zeitalters Gerberts.

~~~~~~~~

In der Vorführung der dem Zeitalter Gerberts angehörigen Geschichtsliteratur haben wir selbstverständlich mit jenen Werken zu beginnen, welche zur Person Gerberts in einer näheren oder allernächsten Beziehung stehen. Ein Vorgänger Gerberts auf dem Rheimser Bischofsstuhle, Hincmar, hatte als einer der Fortsetzer der Reichsannalen Einhards die Geschichte des westfränkischen Reiches von a. 861—882 aufgezeichnet,[1]) nach ihm der Rheimser Kleriker Flodoard[2]) die Geschichte der Rheimser Kirche bis a. 948 urkundlich zusammengestellt, und die von ihm selbst miterlebte Geschichte seiner Zeit in Annalen, die von a. 919 bis zu seinem Todesjahr (966) reichen, mit sachkundiger Treue verzeichnet. An diese seine beiden Vorgänger knüpft Gerberts Schüler Richer an, der durch seinen einstmaligen Lehrer veranlaßt wurde, die mit Flodoards Tode in's Stocken gerathene historiographische Thätigkeit des Rheimser Klerus vom Neuen wieder aufzunehmen, um sie in würdiger Weise weiter zu führen. Richer, der Sohn Rudolphs, eines Dienstmannes Ludwig's Outremer,[3]) gehörte seit seiner Jugend dem Remigiuskloster bei Rheims an, bildete sich unter Gerberts Leitung in dem Studium der artes liberales aus, neben welchen er selbstverständlich auch die zur theologischen Bildung eines Klerikers erforderlichen Kenntnisse zu erwerben nicht versäumte.

---

[1]) Vgl. die Schrift über Alcuin S. 344.
[2]) Vgl. über ihn: Alcuin S. 390 f.
[3]) Ueber das Biographische betreffs Richers siehe die seinem Geschichts=
werke von Pertz (Mon. Germ. SS. III) vorausgeschickte Notitia (wiederabgedr.
bei Migne tom. 138.

Später warf er sich mit allem Eifer auf das Studium der Arzneikunde, das er zu Chartres unter der Leitung eines mit den Schriften des Hippokrates, Galenus u. A. vertrauten Klerikers, des Mönches Heribrand betrieb. Nachdem Gerbert den erzbischöflichen Stuhl von Rheims bestiegen hatte, berief er Richer zu sich, um ihn mit jener Arbeit zu beauftragen, deren Aufgabe dieser, wie sein in vier Büchern vorliegendes Werk bekundet,[1]) als eine in Ton und Manier der altrömischen Historiker zu haltende Darstellung der Geschichte des ostfränkischen Reiches in den letzten hundert Jahren auffaßte. Er brachte die erste Partie seiner Arbeit, welche, Lib. I und Lib. II, 1—70 umfaßend, bis zum J. 948 reicht, in den Jahren 992—995 fertig; der übrige Theil des Werkes, den Zeitraum 948—995 umfaßend, kam in den Jahren 996—998 zu Stande. Richer beginnt sein Werk nach einer kurzen, Cäsars Einleitung in die Commentarios de bello gallico nachgebildeten Orientirung über Land und Bewohner Frankreichs dort, wo Hincmars Annalen enden, also mit der Erhebung Odo's von Paris zum König, dessen, so wie Karl's IV Regierung bis a. 920 aus bisher nicht aufgefundenen Quellenberichten zusammengestellt ist; einiges Wenige ist aus Flodoards Geschichte der Rheimser Kirche entlehnt. Für die nachfolgende Epoche a. 920—965 werden Flodoards Annalen und andere uns unbekannte Quellen benützt; von a. 966 an nähert er sich schon immer mehr der von ihm selbst miterlebten Zeit, zu deren Darstellung ihm Urkunden des Rheimser Archivs und Gerberts Historia concilii Remensis atque Mosomensis behilflich waren. Die Vorzüge und Mängel des Richer'schen Geschichtswerkes sind in den schon angeführten Charakteristiken desselben,[2]) so wie in den Anmerkungen, mit welchen der Herausgeber den Text desselben begleitet hat, hinlänglich beleuchtet; uns obliegt, den die Person Gerberts betreffenden Theil des Werkes etwas näher in's Auge zu fassen, wozu die Discrepanzen zwischen Richers Angaben und den anderweitig sichergestellten Sachverhalten

---

[1]) Historiarum Libri quatuor. Charakteristik dieses Werkes bei Wattenbach Deutschl. Gesch. QQ. I (3. Aufl.) S. 300 ff.; Giesebrecht Kaisergesch. I (4. Aufl.) S. 788. Vgl. auch Wilmans in Ranke's Jahrbüchern des deutschen Reiches II 1. Abth. S. 175 ff., 2. Abth. S. 175 ff.

[2]) Siehe vor. Anm.

sein Verhältniß zu Gerbert.

unabweislich auffordern.¹) Richer beginnt von Gerbert im dritten Buche zu sprechen,²) und führt die Erzählung des Lebenslaufes Gerberts ohne Unterbrechung bis zur Disputation zu Ravenna fort, nach welcher er Gerbert vom Kaiser reich beschenkt wieder nach Gallien zurückkehren läßt. Von da an verschwindet Gerbert aus der Geschichtserzählung Richers bis zur Erzählung der Absetzung des Erzbischofes Arnulph von Rheims, als dessen Nachfolger Gerbert kurz erwähnt wird,³) unter Verweisung auf Gerberts spätere Vertheidigungsschrift,⁴) die als ein Muster Ciceronianischer Eloquenz gepriesen, und später, bei der Berichterstattung über die von Rom aus angeregte Untersuchung und Prüfung des Verfahrens der französischen Bischöfe gegen Arnulph⁵) nach ihrem Wortlaute reproducirt wird.⁶) Mit der Erzählung der Vorgänge auf der Synode zu Mousson schließt Richers Werk; am Ende sind nur noch einige kurze Notizen über die nachfolgenden Ereignisse bis zu Gerberts Erhebung zum Erzbischof von Ravenna angefügt, die als Skizze einer von Richer beabsichtigten ausführlicheren Erzählung vorläufig von ihm hingeworfen sein mögen. Die Beziehungen Gerberts zum Hause der Ottonen läßt Richer völlig unberührt, nicht einmal die Verleihung der Abtei von Bobbio an Gerbert durch Otto II wird von ihm erwähnt, ja die Disputation Gerberts mit Orthric am Hofe Otto's II in die Zeit Otto's I verlegt und somit um volle zehn Jahre früher angesetzt; Otto III wäre bei seines Vaters Tode nach Richer bereits fünf Jahre alt gewesen. Wir können uns derlei Irrungen nur daraus erklären, daß Richer die außerfranzösischen Verhältnisse nur soweit kannte, als dadurch jene seines Vaterlandes berührt wurden; daß er ferner zu Gerbert nur zeitweilig, zuerst als Schüler, und dann später als Gerbert Erzbischof in Rheims war, in Beziehung stand, und in Gerberts persönliche Beziehungen nur einen unvollkommenen Einblick hatte. Uebrigens gibt er sich als einen treuen und dank-

---

¹) Auf das Verhältniß des Werkes Richers zu Gerberts Briefen wird weiter unten die Rede kommen.
²) O. c. III, 43—65.
³) O. c. III, 73.
⁴) Siehe Oben S.
⁵) O. c. IV, 95 ff.
⁶) O. c. IV, 101—105.

baren Schüler Gerberts zu erkennen, verfolgte vielleicht auch apologetische Zwecke zu Gunsten Gerberts in dessen Stellung gegenüber dem französischen Königsthum.[1]) Nicht minder gibt er sich, was nebenher bemerkt werden mag, auch als Zögling Heribrands zu erkennen, indem er sich an mehreren Stellen seines Werkes[2]) in einer fachmännischen Auseinandersetzung der Todeskrankheiten berühmter Zeitgenossen gefällt. Noch auf der letzten Seite der Handschrift seines Werkes ist an einer leeren Stelle von seiner Hand der Entwurf eines Briefes angefügt, der den Wunsch ausdrückt, ihm einen medicinischen Autor zusammt einem Buche de speciebus metallorum zu übersenden.[3])

Wie Richer zu Gerbert, so stand ein anderer Geschichtschreiber der Franken, Aimoin von Fleury, in spezieller Beziehung zu Abbo von Fleury, und gieng auf Geheiß desselben an die Abfassung seines Geschichtswerkes,[4]) welches die Geschichte der Franken bis zur Thronbesteigung Pippins führen sollte, jedoch unvollendet blieb und nicht über die Mitte des siebenten Jahrhunderts herabgeht, und mit der Erzählung der Stiftung des Klosters Fleury unter König Chlodwig II abschließt. Dem Werke ist auf besonderen Wunsch Abbos eine Beschreibung des alten Gallien und Germanien nach Julius Cäsar, Plinius und Orosius vorausgeschickt; Die Franken betrachtet er als Abkömmlinge der alten Trojaner, und läßt sie unter Antenors Führung zur See bis an die Mündung des Don, und weiter nach Pannonien gelangen; daselbst erbauten sie die Stadt Sicambria. Der Name Franken wurde ihnen vom Kaiser Valentinian beigelegt, welchen sie im Kampfe gegen die Alanen unterstützten. Die weitere Geschichte der Franken bis zum Tode Chlodwigs I bildet den Inhalt des ersten Buches, in welchem nebstbei auch von Theodorichs Herrschaft, von den Heiligen Fursens, Severinus, Benedict von Nursia die Rede ist. Ebenso werden in den folgenden drei Büchern der Geschichte der Merovinger auch

---

[1]) Vgl. hierüber Büdingers mehrerwähnte Schrift S. 79.
[2]) Hist. III, 96 (obitus Ottonis II); III, 109 (obitus Lotharii); IV, 94 (obitus Odonis).
[3]) Vgl. die Schlußanmerkung (n. 703) zu dem gedruckten Texte des Richer'schen Werkes; bei Migne 138, p. 170.
[4]) Historiae Francorum Libri quatuor. Aus Duchesne's Scriptt. Hist. Franc. tom. III wiederabgedr. bei Migne tom. 139, p. 627—797.

die gleichzeitigen Begebenheiten aus der Geschichte der Gothen, Longobarden, Briten, Angelsachsen eingewoben, und auf die oströmischen Kaiser, soweit sie handelnd in die Geschichte des Abendlandes eingreifen, Bezug genommen; die Kirchengeschichte und Heiligengeschichte ist selbstverständlich in jedem Buche mit einem entsprechenden Antheil bedacht. Das zweite Buch reicht bis zum Tode des Königs Clotar I, das dritte bis zu Clotar II herab, mit dessen Regierung das vierte Buch beginnt. Die Hauptquellen seiner Berichterstattung sind Gregor von Tours, Fredegars Auszug aus Gregors Werke, die Gesta Francorum, Gesta Dagoberti, Paulus Diaconus und einige Heiligenleben. Der sachliche Werth der Arbeit Aimoins ist nicht hoch zu veranschlagen; nicht nur ist, abgesehen von der allerdings guten Lateinität, den Anforderungen eines guten historischen Stiles in nichts entsprochen, sondern es fehlt auch selbst an der nöthigen Achtsamkeit in der Benützung der vorgelegenen Quellen, die übrigens niemals genannt werden; demzufolge kann es nicht überraschen, daß bereits von französischen Gelehrten des 16. und 17. Jahrhunderts eine Reihe von Fehlern in Aimoins Arbeit aufgewiesen wurde,[1]) deren Zahl für die kritisch sichtende Forschung nachfolgender Zeiten sich natürlich nur mehren konnte. Nicht günstiger stellt sich das Urtheil über die Gesta Francorum Rorico's aus dem Kloster Moissac bei Cahors,[2]) welche in drei Büchern einen kurzen Abriß der Geschichte der Franken bis zu Chlodwigs I Tode darbieten. Der Zweck beider Werke war sichtlich kein anderer als jener, die der Merovingerzeit angehörigen Darstellungen der Geschichte der Franken in reinere Sprachformen umzugießen, was von Aimoin ausdrücklich gesagt wird, bei Rorico aber in der etwas manierirten Einleitung und Darstellungsweise seiner Arbeit kenntlich genug hervortritt. Beider Arbeiten haben also streng genommen nur den Werth stilistischer Uebung, und sind Zeugniße des seit der Mitte des zehnten Jahrhunderts in den klösterlichen Schulen wieder neuauflebenden Betriebes der schönen Redekünste, wozu nebst anderen Gerbert einen so mächtigen Impuls gegeben hatte. Eine größere sachliche Bedeutung spricht, wenigstens

---

[1]) Vgl. hierüber die Angaben der Verfasser der Hist. litt. de la France VII, p. 218 f (Migne 139, p. 619 f).
[2]) Abgedr. bei Migne tom. 139, p. 589—618.

in ihrem letzten Theile, die aus drei Büchern bestehende Geschichte der Franken Ademars von Chabonnais[1]) an; das erste Buch wiedergibt die Geschichte der Franken unter den Merovingern nach den bekannten älteren Werken, das zweite erzählt die Geschichte Karls d. Gr., das dritte beginnt mit Ludwig dem Frommen, und führt die Geschichte des westfränkischen Theiles des gewesenen Karolingerreiches bis a. 1028 herab, mit besonderer Berücksichtigung Aquitaniens,[2]) für dessen Geschichte es demnach von nachfolgenden Historikern als Quelle benützt wurde. Die Darstellungsweise ist chronikartig, und enthält, da Ademar in Angoulême sich aufhielt, auch Verschiedenes über die Stadt und die Grafen von Angoulême; als denkwürdiges Ereigniß hat er unter Anderem aufgezeichnet, daß Abbo von Fleury, summae philosophiae vir, wie er ihn nennt,[3]) in seinem letzten Lebensjahre Angoulême durchreiste, kurz darauf von den Mönchen des Petrusklosters zu La Réole getödtet, sein Grab aber durch Wunder verherrlichet wurde.[4]) In kirchengeschichtlicher Beziehung sind Ademars Angaben über das Auftauchen des Manichäismus in Aquitanien c. a. 1029 bemerkenswerth,[5]) zu dessen Unterdrückung der Herzog Wilhelm die Berufung einer Synode der aquitanischen Bischöfe und Edlen für nöthig erachtete. Ein Anonymus aus der ersten Hälfte des

---

[1]) Historiarum Libri tres. Aus Mon. Germ. SS. IV abgedr. bei Migne 141, p. 9 ff.

[2]) Eine besondere Schrift widmete Ademar dem zu Limoges verehrten heiligen Martialis als Apostel Aquitaniens (Epistola de Apostolatu S. Martialis, bei Migne 141, p. 87 ff). Die Sendung des hl. Martialis nach Gallien durch den Apostel Petrus wurde allgemein angenommen; dieß genügte jedoch dem Localpatriotismus der Geistlichkeit von Limoges nicht, welche die Bezeichnung Apostel von Martialis im eigentlichsten Sinne verstanden wissen wollte. Martialis, einer der 70 Jünger des Herrn, sei in seiner Eigenschaft als Apostel oder vom Herrn selber designirter Bote des Evangeliums dem hl. Petrus als College zur Seite gestanden, und nicht auf dessen Befehl, sondern in Folge collegialen Uebereinkommens mit demselben nach Gallien gegangen. Die Frage wurde auf zwei Diöcesansynoden zu Limoges (a. 1028 u. 1031) verhandelt, und der Apostelcharakter des Martialis von Ademar gegen den Läugner desselben, den Prior Benedict aus dem lombardischen Kloster Clusa mit Vehemenz verfochten, welche sich bis zur Verketzerung des Gegners versties.

[3]) Hist. III, 39. — Auf diese ehrende Benennung stößt man bei Abbo's Zeitgenossen mehrmals. Vgl. Fulbert Ep. 2: Quanam te resalutatione digner, o sacer abba et o magne philosophe?

[4]) Aehnlich Rudolf. Glaber Hist. III, 13.

[5]) Hist. III, 59. 69.

eilften Jahrhunderts faßte auf Grund der Annales Senonenses[1]) eine dürftige Chronik des westfränkischen Reiches von der Schlacht bei Testri (687) bis a. 1015 ab, die auch in das gleichfalls sehr abgerissene Chronicon des Odorannus[2]) aufgenommen wurde. Odorannus zeigt sich in seiner kurzen Arbeit fast nur von der Erinnerung an den heiligen Savinianus, ersten Bischof von Sens durchdrungen, dessen Leib in der Kirche des Klosters, welchem Odorannus angehörte, hinterlegt war; daher er nur solche Ereignisse, die mit dem Gedächtniß dieses Heiligen zusammenhängen, etwas umständlicher bespricht. Ungenauigkeiten und Fehler in seinen Angaben sind bereits von Baronius und Le Cointe bemerklich gemacht worden.[3]) Von ungleich höherer Bedeutung sind die Libri tres de gestis Normanniae Ducum von Dudo, Decan zu St. Quentin,[4]) auf Wunsch des Normannenherzogs Richard I verfaßt, und dem Bischof Adalbero von Laon gewidmet. Das Werk enthält die Geschichte der vier Normannenfürsten Hasting, Rollo, Wilhelm und Richard; der Inhalt der Erzählung ist, soweit Dudo nicht als Mitlebender berichtet, aus mündlicher Ueberlegung geschöpft, in den Anfängen der Erzählung natürlich durchaus sagenhaft, aber auch in den nachfolgenden Partien nicht verläßlich, wie dieß von Waitz und Dümmler[5]) eingehend aufgezeigt worden ist. Dem Werke sind poetische Ansprachen und Ergüsse in verschiedenen Metris eingewoben; dem ersten Buche sind derartige Ansprachen an Richard's I gleichnamigen Sohn und Nachfolger, an Richards Bruder den Grafen Rudolph von Ibri und an den Erzbischof Robert von Rouen, gleichfalls einen Sohn Richard's I vorangestellt; aus den an den Grafen Rudolph gerichteten Versen ist zu entnehmen, daß die mündlichen Mittheilungen die Hauptquelle des geschriebenen Werkes waren. Der weitaus größte Theil desselben ist dem Leben und Wirken des Herzogs Richard († 1002) gewidmet, der dem Verfasser die Arbeit aufgetragen, aber bald nach Ertheilung

---

[1]) Annales S. Columbae Senonenses. Abgedr. in Mon. Germ. I, p. 102—109.
[2]) Aus Duchesne II, 636 wiederabgedr. bei Migne 142, p. 760—778.
[3]) Siehe hierüber bei Migne 142, p. 767.
[4]) Aus Duchesne's Hist. Normann. Scriptt. antiqq. abgedr. bei Migne 141, p. 607—758.
[5]) Vgl. Wattenbach Deutschl. Gesch. QQ. I, S. 305.

des Auftrages auch schon aus dem Leben geschieden war. Das Streben nach Zierlichkeit und Eleganz des Stiles hat Dudo mit anderen schon erwähnten Geschichtserzählern seiner Zeit gemein; daß er hiebei in Schönrednerei verfällt und der edlen Einfachheit entbehrt, ist auf Rechnung des in den damaligen Schulen herrschenden Tones zu setzen; der vorausgegangenen sprachlichen Ungelenkheit und Barbarei sich schämend, verfiel man leicht in das entgegengesetzte Extrem gedrechselter Phraseologie und schwülstiger Ueberladung. Indeß ist Dudo's Darstellung durchaus nicht abstoßend, sondern in ihrer Lebendigkeit vielfach sehr anziehend; man erkennt in ihm einen geschulten Nachahmer der Alten, dem Wohlredenheit und Erzählungsgeschick keineswegs abgesprochen werden kann.

Der Cluniacensermönch Rodulph Glaber ließ sich durch den Abt Odilo zur Abfassung einer allgemeinen Geschichte seiner Zeit bestimmen,[1]) welche von der Thronbesteigung des Hugo Cabet bis a. (1046) reicht, und trotz ihrer Formlosigkeit, Lückenhaftigkeit und mannigfacher Irrungen und Verstöße als unentbehrliche Quelle von anderwärts nicht überlieferten Nachrichten ihren Werth behauptet.[2]) Das erste Buch spricht nach einer einleitenden Abhandlung über die vier Weltalter, als deren letztes die christliche Weltzeit bezeichnet wird, von Rudolph von Burgund, Lothar von Francien, von den sächsischen Ottonen, sowie von den Raubeinfällen der Saracenen und Normannen zu Anfang des zehnten Jahrhunderts. Das zweite Buch erzählt von Hugo Capet, vom Bretonenherzog Conan und seinen Streitigkeiten mit Fulco von Angers; auch auf die gleichzeitigen Vorgänge in England und Schottland wird ein Blick geworfen. Daneben ist von Naturwundern, von einem weinenden Christusbilde, von simonistischen Unfugen, Feuersbrünsten, Hungersnöthen und Saraceneneinfällen, Auftauchen häretischer Tendenzen um das Jahr 1000 in Gallien und Italien die Rede. Eine ähnliche Mischung verschiedenartigster durch das Band der

---

[1]) Rodulfi Glabri Historiarum sui temporis Libri quinque. Zuerst in Duchesne's Hist. Franc. Scriptt. tom. IV abgedruckt. Kritisch revidirter Text des Werkes in Mon. Germ. SS. Tom. VII. Hieraus wiederabgedr. in Migne tom. 142, p. 611—698.

[2]) Kritische Würdigung des Werkes durch G. Waitz, in den Vorbemerkungen zum Texte der Mon. Germ.; von da hinübergenommen in Migne tom. 142, p. 609 ff.

der Geschichte seiner Zeit.

Gleichzeitigkeit zusammengehaltener Ereignisse und Vorgänge wird in den drei folgenden Büchern geboten, in welchem auch auf Ungarn, Constantinopel, Jerusalem Bezug genommen, der Abt Wilhelm des Benignusklosters zu Dijon gefeiert und das in der Person des Papstes Benedict IX der Christenheit gegebene Aergerniß wiederholt scharf gerügt wird. Wir erfahren, daß a. 1009 der Sultan von Babylon, angeblich auf Anstiften der Juden in Frankreich, die heilige Grabkirche in Jerusalem zerstört habe; das Jahr 1033 oder das tausendste Jahr nach Christi Tod wird als ein Jahr des Segens, des Friedens und heiliger Erneuerung der Kirche gepriesen, welches nebstdem zu massenhaften Wallfahrten nach Jerusalem Anlaß gegeben. Glaber unterläßt nicht, auch Kometenerscheinungen und Sonnenfinsternisse als Wahrzeichen göttlichen Zornes und Boten bedeutungsvoller Ereignisse zu verzeichnen, und mit den sonstigen Zeitereignissen in Verbindung zu bringen. In welcher Weise man außerordentliche Naturereignisse zu beurtheilen pflegte, bekundet eine mit Citaten aus Valerius Rufus, aus der Chronik des Eusebius, aus der Longobardengeschichte ausgestattete Antwort Gauzlins, Erzbischofes von Bourges an König Robert, der ihn über die Bedeutung eines an den Küsten Aquitaniens gefallenen Blutregens befragte.[1]) Gauzlin, Halbbruder Roberts, hatte früher dem Kloster Fleury angehört, und war ein Gönner des Mönches Helgaud, aus demselben Kloster, von welchem eine Biographie des Königs Robert[2]) vorhanden ist, ein Panegyricus auf die Christentugenden Roberts.

Auf Deutschland übergehend haben wir zuerst des Corveier Mönches Widukind Sachsengeschichte[3]) in drei Büchern zu nennen, welche nach Vorausschickung der Vorgeschichte der Sachsen die Regierungsgeschichte der beiden ersten Könige des sächsischen Hauses,

---

[1]) Beide Briefe bei Migne tom. 141, p. 935 ff. Fulbert von Chartres, welcher gleichfalls von König Robert über Ursache und Bedeutung dieses Naturereignisses befragt worden war, verweist (Ep. 80) auf eine Erzählung verwandten Inhaltes bei Gregor von Tours (Hist VI, 14), und deutet das Ereigniß gleichfalls im Sinne der allgemeinen religiösen Zeitmeinung.
[2]) Abgedr. bei Migne tom. 141, p. 909 ff. — Ueber Helgauds Person Migne 142, p. 1263 ff (aus Hist. litt. de la France VII, p. 405 ff).
[3]) Res gestae Saxonicae. Aus Mon. Germ. SS. Tom, III abgedr. bei Migne 137, p. 115 ff. Charakteristik dieses Werkes bei Wattenbach I, 243—246; Giesbrecht Kaisergesch. I (4. Aufl.) S. 780.

Heinrich I und Otto I zu schildern unternimmt. Das Werk ist der Tochter Otto's I, der Aebtissin Mathilde zu Quedlinburg gewidmet, an welche beim Beginne eines jeden Buches eine Ansprache gerichtet ist. Wibukind giebt sich in der Haltung seines Werkes durchwegs als einen Sohn seines Volkes kund, und feiert die beiden Herrscher nicht so sehr als deutsche Könige, denn vielmehr als Herrscher aus jenem Stamme, dem er selber angehört, und dessen Kraft und Ehre in dem machtgebietenden Walten derselben sich darstelle. Der weitaus größere Theil des Werkes beschäftigt sich mit Otto I, welchem das zweite und dritte Buch gewidmet sind; die Kaiserkrönung desselben bleibt, wie manches Andere in Otto's Regententhätigkeit, namentlich nach der kirchlichen Seite derselben, unerwähnt. Wenn er ihm den Titel Imperator beilegt, so geschieht dieß in Nachahmung der altrömischen Historiker, und bezieht sich auf den siegreichen Heerführer und mächtigen Gebietiger, dem ringsum die Völker gehorchen; ein Erneuerer glorreicher Zeiten bringt er auch Italien wieder zum Reiche, und beherrscht unter Gottes schützender Obhut die gesammte Christenheit. Die klösterliche Schulbildung des Erzählers der Gesta Saxonica zeigt sich in der halb dem Sallustius, halb der Vulgata nachgebildeten lateinischen Diction, welche mit der volksthümlich-germanischen Auffassung des Erzählungsstoffes sich nicht ganz harmonisch verschmelzen will.

Das Leben und Wirken des jüngeren Bruders Otto's I, des Erzbischofes Bruno von Köln hat seinen Darsteller in seinem Schüler Ruotger[1]) gefunden, dessen Vita Brunonis zu den besseren biographischen Arbeiten des Mittelalters gezählt wird, und in Bezug auf die Sprache die Schulung des Ottonischen Zeitalters verräth.

---

[1]) Aus Mon. Germ. SS. IV abgedr. bei Migne 134, p. 938—978. — Eine charakteristische Bruno betreffende Anecdote aus dem Munde des Klerikers Poppo, Bruders des Grafen Wilhelm von Weimar bei Thietmar Chron. II, 10: Is (Poppo) cum imperatori diu fideliter serviret, nimis infirmatur, et in extasi effectus, in montem excelsum ducitur, ubi civitatem magnam et pulchra ejus conspicatur aedificia. Inde perveniens ad turrim arduam laboriosos ejusdem scandit aggressus. In cujus summitate magna Christum cum sanctis omnibus sedentem videre promeruit. Ibi Brun archiepiscopus Coloniensis ob inanem philosophiae executionem a summo judice accusatur et a beato Paulo defensus iterum inthronizatur. Tunc iste vocatus simili de causa redarguitur, et supplici sanctorum intercessione suffultus talem audivit vocem: Post tres dies ad me veniens hanc, quam ego nunc tibi demonstro, cathedram possidebis.

### Das Chronicon Thietmars v. Merseburg.

Die Arbeiten Widukinds und Ruotgers, zusammt den Hersfeder, Hildesheimer und Quedlinburger Annalen,[1]) den Biographien der Königin Mathilde[2]) und Ulrichs von Augsburg[3]) liegen dem Chronicon Thietmars von Merseburg zu Grunde, der aus dem Geschlechte der Grafen von Walbeck stammend und mit den bedeutendsten Fürstenhäusern, selbst mit den Ottonen verwandt, seine Schulbildung im Kloster Bergen und in Magdeburg erhielt, und im J. 1009 Bischof von Merseburg wurde, († 1019). Thietmar wollte ursprünglich die Geschichte des Bisthums Merseburg schreiben, was ihn auf die Entstehung der Stadt Merseburg zurückführte. Die Gründung der Stadt sowol als des Bisthums konnte er nicht schreiben, ohne auf die Regierungs- und Familiengeschichte Heinrichs I und Otto's I einzugehen, die in den ersten zwei Büchern seines Werkes beschrieben wird. Das dritte handelt von den Zeiten Otto's II, das vierte reicht bis zum Tode Otto's III, die Bücher V—VIII behandeln die in die Zeiten Heinrich's II fallenden politischen und kirchengeschichtlichen Begebenheiten; unter letztere gehört die Wiederaufrichtung des Bisthums Merseburg (a. 1004) durch die Einsetzung Tagino's, des Vorgängers Thietmars in dasselbe. Die treuergebene kirchliche Gesinnung Thietmars macht sich kenntlich in seinem Schweigen über die Person des Papstes Johann XII, so wie in seiner nicht undeutlichen Mißbilligung des Verfahrens Otto's I mit Benedict V. In seiner Selbstschilderung (IV, 51) gibt er sich als einen vom Herzen demüthigen Mann zu erkennen, so wie auch sonst seine ungeschminkte Wahrheitsliebe allenthalben offen hervortritt. Den Mangel an historischer Kunst ersetzt er durch Reichhaltigkeit der Mittheilungen, die vom vierten Buche an den Werth des Selbsterlebten haben. Seine Diction wird als schwerfällig und überladen getadelt; übrigens gibt auch er seine Schulung in den Alten durch Einflechtung von Stellen aus Horaz, Lucanus, Juvenal, Persius, Virgil, Ovid, Martialis, Terentius, Ausonius, Statius, Makrobius, so wie seine Bekannt

---

[1]) Aus Mon. Germ. SS. III abgedr. bei Migne tom. 141, p. 443 ff.
[2]) S. Mathildis regina. Auctore anonymo. Bei Migne 135, p. 885 ff. Mon. Germ. IV, 282 ff.
[3]) Vita S. Udalrici auctore Gerardo presbytero, ejus familiari. Bei Migne 135, p. 1001 (aus Mabillon's Acta SS. ord. S. Bened. Saec. V) — Mon. Germ IV, 377 ff.

schaft mit den Schriften Augustins und Gregors d. Gr. zu erkennen. Auf Thietmars Chronik ist das noch erübrigende Fragment der Res gestae S. Henrici Imperatoris von Adelbold von Utrecht gebaut,[1]) der, wie er Eingangs versichert, auch gerne Otto's III Biographie geschrieben hätte, wenn ihm genauere Informationen zu Gebote gestanden wären. Die Regierungsgeschichte Konrad's II wurde von dessen Hofkaplan Wipo, welchen wir im folgenden Abschnitte auch noch als Poet werden kennen lernen, geschrieben.[2]) Ueber die Regierungszeit Heinrich's III sind die werthvollsten Mittheilungen in dem Chronicon des Reichenauer Mönches Hermann des Lahmen († 1054) niedergelegt,[3]) welches von seinem Schüler Berthold, der auch sein Leben beschrieb,[4]) bis zum Jahre 1066 fortgeführt wurde.[5]). Hermanns Chronicon greift bis auf den Beginn der christlichen Aera zurück, und erweitert sich, mit kurzen Angaben über die Ereignisse der einzelnen Jahre beginnend, allmälig zu einer etwas einläßlicheren Annalistik, bis es in die von ihm selbst miterlebte Zeit einmündet, die natürlich am ausführlichsten geschildert wird. Das Werk bietet einen annalistischen Abriß der Welt- und Kirchengeschichte seit Christi Geburt, und hat das Verdienst einer verständigen Auswahl und sorgfältigen Benützung der zu seiner Zeit vorhandenen Hilfsmittel. Seine Leistung half einem von seinen Zeitgenossen tiefgefühlten Bedürfniß ab, und erwarb sich auch für alle nachfolgenden Zeiten die Ehren wolverdienter Anerkennung und Würdigung; ein daraus angefertigter Auszug wurde die Unterlage anderer Annalen, und so griff das Werk auch den nachfolgenden Bemühungen um die Vermittlung der geschichtlichen Erinnerung an die Nachwelt fördernd unter die Arme.

Von Deutschland auf Italien übergehend, haben wir die beiden Chronica des Johannes Diaconus zu verzeichnen, das Chronicon Venetense[6]) und Chronicon Gradense.[7]) Johannes

---

[1]) Mon. Germ. SS. IV, 679—695 — Migne 140, p. 87 ff (nach Gretsers Text).
[2]) Mon. Germ. SS. XI, 243 ff. — Migne 142, p. 1218 ff.
[3]) Mon. Germ. V, 67 ff. — Migne 143, p. 55 ff (nach dem von Ussermann gelieferten Texte).
[4]) Abgedr. bei Migne 143, p. 25.
[5]) Siehe Migne 143, p. 263.
[6]) Mon. Germ. SS. VII, p. 4—38; Migne 139, p. 871 ff.
[7]) Migne 139, p. 939 ff.

### Johannes Venetus.

Diaconus[1]) war Secretär des Venetianer Dogen Petrus Urseolus, von welchem er öfter als einmal mit Gesandschaftsaufträgen an Otto III und Heinrich II betraut wurde; seine Zeit fällt sonach in das Ende des zehnten, und in den Anfang des eilften Jahrhunderts. Das Chronicon Venetense beginnt mit den Anfängen der Inselstadt Venedig, und führt die Geschichte des Venetianischen Gemeinwesens bis auf a. 1008 herab. Mit der Geschichte Venedigs ist auch, für den Anfang wenigstens, die Geschichte des Patriarchates von Aquileja und überhaupt die Geschichte Oberitaliens verschmolzen, und Paulus Diaconus die Hauptquelle. Nebstbei standen ihm die Verzeichniße der Venetianischen Herzoge und der Patriarchen von Aquileja nebst sonstigen archivalischen Aufzeichnungen seiner Heimathstadt zu Gebote, abgesehen von jenen Annalen und Legenden, deren Inhalt er für seine Arbeit verwendete. Der Hauptwerth derselben besteht in seinen Mittheilungen über dasjenige, was er selbst miterlebte, oder woran er als Mithandelnder betheiligt war. Seine Darstellungsweise ist einfach und klar; sein Latein enthält Eigenthümlichkeiten des Venetianischen Dialektes und läßt hin und wieder bereits die Anfänge des aus der lateinischen Sprache sich hervorbildenden Italienischen erkennen. Das Chronicon Gradense enthält die Geschichte des Patriarchates von Grado oder Neu-Aquileja, deren Text jedoch gegenwärtig nur zerstückt vorliegt, und von neueren Gelehrten aus mehreren einander ergänzenden Codices zu einem Ganzen zusammengefügt worden ist. Für die Papstgeschichte begnügte man sich in jener Zeit mit Auszügen aus den Gestis Pontificum[2]), deren einer, in seiner gegenwärtigen Gestalt vom Apostelfürsten Petrus bis Gregor II. reichend, Abbo von Fleury zum Verfasser hat;[3]) Abbo's Arbeit reichte weiter, der Rest derselben aber ist verloren gegangen.

Aus den Geschichten der Bisthümer und Abteien heben wir

---
[1]) Dieser Johannes Diaconus wird durch den Beisatz Venetus unterschieden von zwei anderen Männern gleichen Namens aus der zweiten Hälfte des neunten Jahrhunderts, dem Johannes Diac. Neapolitanus, dem Verfasser eines Chronicon episcoporum Neapolitanorum (in Muratori's Scriptt. rer. Ital. I, Ps. 2, p. 291—318) und mehreren Marthyrergeschichten — so wie von dem Johannes Diac. Romanus, der im Auftrage des Papstes Johann VIII eine Vita Gregorii Magni abfaßte.
[2]) Siehe die Schrift über Alcuin S. 209, Anm. 3.
[3]) Epitome de XCI Romanorum Pontificum vitis. Bei Migne 139, p. 535ff.

hervor die in Migne's patrologische Sammlung aufgenommenen Bisthumsgeschichten Herigers,[1]) Alperts von Metz[2]) und Anselms von Lüttich, des Fortsetzers der Arbeit Herigers, die Gesta Pontificum Cameracensium aus der Feder eines Ungenannten,[3]) Folcuins von Laubes Geschichte der Aebte seines Klosters.[4]) Folcuin, Herigers Vorgänger in der Abtwürde von Laubes, stammte aus einem vornehmen Geschlechte, das von einem jüngeren Sohne des Karolus Martellus abgeleitet wird,[5]) und war bereits im Kloster St. Bertin zum Betriebe geschichtlich archivalischer Studien angeleitet worden; durch den Lütticher Bischof Ebrachar zum Abte von Laubes erhoben wendete er seinen Fleiß der Erforschung dieses Klosters zu, dessen Gründer und erster Leiter der unter dem Merovinger Chlotar III durch den Bischof Autbert von Cambrai aus einem Räuber zu einem Büßer bekehrte Landelin war (c. a. 660). Folcuin benützte, wie aus seinen Angaben hervorgeht, nicht nur die in seinem Kloster sich vorfindenden Aufzeichnungen, sondern auch andere seinem Zwecke dienliche Schriften, die Werke Einhards, Flodoards, Ruotgers, die Biographien über die Aebte Ursmar und Ermin, deren erstere vom Abt Anso aus der Zeit Karls d. Gr. abgefaßt wurde. Folcuins Arbeit ist sonach als Versuch einer urkundlichen Geschichtsdarstellung achtenswerth, und bietet nebstbei in demjenigen, was er als Zeitgenosse und Mitlebender berichtet, dankenswerthe Mittheilungen, welche ergänzend in das von anderer Seite über das Gebiet des Lütticher Bisthums Berichtete eingreifen. Herigers Geschichte des Lütticher Bisthums reicht bis a. 667, und

---

[1]) Herigeri et Anselmi Gesta Episcoporum Tungrensium, Trajectensium et Leodiensium. (Siehe oben S. 209). Aus Mon. Germ. SS VII, p. 134 ff. abgedr. bei Migne tom. 139, p. 959 ff. und tom. 142, p. 725 ff. (Capp. 39 — 73: Vita Vasonis, als Fortsetzung u. Schluß der Arbeit Anselms).

[2]) De episcopis Metensibus Libellus, ein bloßes Bruchstück, welches a. 978—984 enthält. — Ferner: De diversitate temporum duo libri, Burchard von Worms gewidmet, worin über die Ereignisse und Vorgänge im Gebiete der Utrechter Diöcese in den ersten zwei Jahrzehnten des eilften Jahrhunderts berichtet wird. Beide Schriften aus Mon. Germ. SS. IV 696 ff. abgedr. bei Migne 140, p. 443 ff.

[3]) Aus Mon. Germ. Tom. VII abgedr. bei Migne 149, p. 1 ff.

[4]) De gestis Abbatum Laubiensium. Aus Mon. Germ. SS. IV, 52 ff. abgedr. bei Migne tom. 137. p. 541 ff.

[5]) Vorausgesetzt, daß der Abt Folcuin mit dem als Knabe im Kloster St. Bertin erzogenen und eingekleideten Folcuin identisch ist, was Mabillon in Abrede stellt. Vgl. die aus Mon. Germ. abgedruckte Verhandlung über diese Streitfrage bei Migne p. 543, Anm. 16.

schließt mit dem Tode des heiligen Remaclus, des Nachfolgers des heiligen Amandus auf dem Bischofsstuhle von Tongern-Utrecht, der unter Bischof Hubert a. 721 nach Lüttich verlegt wurde. In der von Anselm gelieferten Fortsetzung des Werkes ragen die Bischöfe Lambert († 709), Notker (972—1008) und Wazo (1041—1048) als vornehmste Zierden der Lütticher Kirche hervor; die beiden letzteren werden im Besonderen auch als Förderer des Unterrichtes und als ausgezeichnete Lehrer gepriesen. Notker war es, auf dessen Anregung Heriger an die Abfassung seiner Bisthumsgeschichte gieng; als Quellen dienten Heriger das Chronicon des Eusebius in der Hieronymianischen Uebersetzung, die von Rufinus übersetzte Kirchengeschichte des Eusebius, Jornandes, der Ravennatische Geograph, die Gesta Francorum, Einhards Leben Karls d. Gr., Bedas Martyrologium und Liber de Temporibus, eine Passio SS. Petri et Pauli Apostolorum, eine Vita Eucharii, Valerii et Materni[1]), sehr alte Gesta S. Servatii,[2]) eine gegen Ende des neunten Jahrhunderts abgefaßte Vita S. Lupi Trecensis, Baudemunds (c. a. 680) Vita S. Amandi, die Vitae S. Bavonis, S. Chlodulphi (abgefaßt um a. 960), Donat's Vita S. Trudonis (aus der zweiten Hälfte des achten Jahrhunderts), die ältere Vita S. Remacli, Hincmars Vita S. Remigii, Stephan's von Lüttich Vita S. Lamberti aus dem Anfange des zehnten Jahrhunderts. Außer diesen von ihm benützten Schriften kennt und nennt er verschiedene andere Werke und Urkunden historischen Inhaltes, und schöpft nebstdem auch aus der Ueberlieferung des Volksmundes, so daß ihm das verdiente Lob, einer der fleißigsten und achtsamsten Sammler und Bearbeiter geschichtlichen Stoffes gewesen zu sein, nicht versagt werden kann, wozu noch die an anderen seiner lothringischen Zeitgenossen rühmend hervorzuhebende Bekanntschaft mit den altrömischen classischen Autoren kommt; nur daß die Unsicherheit der sagenhaften Ueberlieferung seine Arbeitsmühe zum großen Theile unfruchtbar machte, und eine unpassende Nachahmung der Alten seiner kirchlich legendarischen Erzählung ein seltsames Gepräge aufdrückt. An Gelehrsamkeit steht ihm sein Fortsetzer Anselm nach, hat aber

---

[1]) Vgl. über dieselbe Köpke bei Migne 139, p. 971, Anm. 51.
[2]) Vgl. a. a. O. Anm. 51.

den Vortheil voraus, über Personen und Dinge zu schreiben, die seiner Kenntniß näher gerückt waren, und über welche er theils als mitlebender Zeitgenosse und Augenzeuge, theils auf Grund bester und verläßlichster Informationen berichten konnte. Dahin gehören die aus dem Lütticher Bisthumsarchiv geschöpften urkundlichen Nachrichten und die ihm zu Gebote stehenden Briefe Wazo's.[1]) Für die vorangegangenen Zeiten benützte er die Acta S. Theodardi, eine Vita S. Huberti aus dem achten Jahrhundert, Godescalc's und Stephans von Lüttich Vita S. Lamberti,[2]) Ruotgers Leben des Bruno von Köln, die Vita Balderici eines Lütticher Anonymus, Regino's Chronik und Folcuins Geschichte der Aebte von Laubes. Die Gesta Pontificum Cameracensium, die von ihrem ersten Herausgeber, dem belgischen Theologen Colvenerius dem Balderich von Dola zugeschrieben wurden, sind von Bethmann, der den Text derselben in den Mon. Germ. edirte und einleitete, einem Domherrn von Cambrai vindicirt worden, der auf Anregung des Bischofes Gerard I schrieb, und die ihm aufgetragene Arbeit bis in die letzteren Lebensjahre desselben († 1049) herabführte. Später kamen noch zwei Fortsetzer hinzu, in welchen die Regierungen der beiden nächsten Nachfolger Gerards I, der Bischöfe Lietbert († 1076) und Gerard II († 1092) behandelt wurden. Das Werk des ersten Bearbeiters besteht aus drei Büchern, deren erstes die Reihe der Bischöfe von Arras-Cambrai vom hl. Vebastus angefangen bis zum Tode Erluins, des Vorgängers Gerards I herabführt; das zweite ungleich kürzere Buch handelt von den Klöstern des Bisthumssprengels, das dritte von Gerard's I Amtsverwaltung bis a. 1044. Wenn der Verfasser selber im Eingange seiner schmucklosen Darstellung den Mangel an gefeilter Latinität entschuldigt, so entschädigt er dafür seinem Versprechen gemäß durch treue

---

[1]) Solcher Briefe werden in der Vita Vasonis (capp. 3. 23. 25. 27) vier mitgetheilt: 1. Ad Joannem Scholasticum, von Wazo als Vorstand der Lütticher Schule geschrieben. 2. Ad Henricum I Francorum regem (eine Abmahnung von der seitens des französischen Königs während des Römerzuges Kaisers Heinrich's III geplanten Ueberrumpelung Aachens). 3. Ad Rogerium episcopum Catalaunensem (über deren Inhalt an einem späteren Orte dieses Buches). 4. Ad Henricum Imperatorem (nach Clemens II Tode geschrieben, freimüthiges Gutachten über unbeirrte Freiheit der Papstwahl).

[2]) Stephans von Lüttich († 920) Vita S. Lamberti abgedr. bei Migne tom. 132, p. 643 ff.

fleißige Benützung eines reichen Quellenmateriales manigfacher Art. Gregor von Tours, die Gesta regum Francorum, Einhards Annalen sowie jene von St. Bedast, Hincmars Briefe und Flodoards Geschichte der Rheimser Kirche bilden die eine Abtheilung seiner Quellen und Hilfsmittel, eine andere die Verzeichnisse der Cambraier Bischöfe, so wie die Urkunden der Archive von Cambrai, Laubes, Marvilles. Dazu kommt ferner eine ganze Reihe von Biographien über Bedastus, Ursmar und Ermin, Autbert, Leobegar, Salvius, Gislenus,¹) Landelin, Amatus, Aicadrus, Hugo von Rouen, über Maxellendis, Adelgundis, Gudila; auch Wibold's oben S. 193 besprochene geistliche Alea wird dargelegt. Endlich waren ihm Gerards Briefe und mündliche Informationen eine ergiebige Quelle verläßlicher Berichterstattung. Unter den Bischöfen von Cambrai ragen nach dem hl. Bedastus, dessen Wirken unter Zugrundelegung der Schrift Alcuins über ihn geschildert wird, besonders hervor der heilige Gaugericus, Bedast's dritter Nachfolger, der den Bisthumssitz von Arras nach Cambrai verlegte, und der heilige Autbertus (seit a. 630), für welche beide Bischof Gerard eine besondere Verehrung hegte, daher er, ehe es zur Abfassung der Chronik des Bisthums kam, bereits die Abfassung von Biographien dieser beiden heiligen Bischöfe veranlaßt hatte. Jene über Gaugeric war dem Verfasser der Bisthumsgeschichte aufgetragen worden, und wurde ihm zu einer Vorarbeit für letztere.

Die urkundliche und legendarische Hagiobiographie nimmt, wie im Karolingischen Zeitalter, so auch in diesem Zeitraume einen breiten Raum ein; mit ihr stehen die Erzählungen von Translationen heiliger Leiber in Verbindung, deren kirchengeschichtliche und culturgeschichtliche Bedeutung schon an einem früheren Orte angedeutet worden ist. So stand z. B. die im J. 947 vorgenommene Translation des Leibes der heiligen Aebtissin Hunegunde († 650) aus der Gruft auf einen der Altäre des Nonnenklosters zu Humblieres in der Vermandois im Zusammenhange mit dem Bemühen der damaligen Aebtissin Berta, die gesunkene Zucht ihres Klosters zu heben.²) Da ihre Bemühungen fehlschlugen, so wurde das Nonnenkloster in ein Mönchskloster umgewandelt, und mit

---
¹) Nebst den nicht mehr vorhandenen Annales S. Gisleni (St. Ghislain).
²) Vgl. Mabillon Acta SS. Ord. S. Bened. Saec. V, p. 213.

Mönchen aus St. Remy besetzt, deren erster Vorsteher der mit ihnen gekommene Abt Berner war. Von diesem rührt die Erzählung von der Translation des Leibes der heiligen Hunegunde[1]) und höchstwahrscheinlich auch die Biographie dieser Heiligen[2]) her. Der Biograph des Johann von Gorze, der Abt Johann von St. Arnulph in Metz erzählt die dreimalige Translation des Leibes der hl. Globesinde[3]) († c. a. 610), unter Beigabe ihrer Lebensbeschreibung,[4]) soweit diese als Ueberarbeitung einer schon vorhandenen Schrift ihm zugeschrieben werden kann. Die Translationen des Leibes dieser heiligen Metzer Aebtissin stehen im Zusammenhange mit dem Bau oder Wiederaufbau von Kirchen, in welchen der heilige Leib hinterlegt werden sollte. Die Translationsgeschichte beschränkt sich übrigens nicht auf Erzählung der Wunder, durch welche die Ruhestätte der Heiligen verherrlichet wurde, sondern enthält auch eine kurze Geschichte der Metzer Bischöfe bis auf Adalbero I herab,[5]) unter welchem (a. 951) die dritte Translation stattfand. Adalberos Nachfolger Theodorich,[6]) ein Verwandter des sächsischen Kaiserhauses,[7]) sammelte während seines Aufenthaltes in Italien als Begleiter Otto's I an verschiedenen Orten heilige Leiber und Reliquien, deren Uebertragung nach Metz eine in seinem Auftrage abgefaßte Schrift erzählt.[8]) Die bereits von Abrevald[9]) beschriebene Translation des Leibes des heiligen Benedict von Monte Casino nach Fleury wurde von Aimoin von Fleury poetisch dargestellt,[10]) und dem kurzen Berichte Abrevalds

---

[1]) Abgedr. bei Migne 137, p. 65 ff.
[2]) A. a. O., p. 49 ff.
[3]) A. a. O., p. 217 ff.
[4]) A. a. O., p. 214.
[5]) Das Leben des Metzer Bischofes Adalbero II (984—1005) wurde von dem Mönche Constantin aus dem Kloster St. Symphorian bei Metz beschrieben (aus Mon. Germ. IV, 658 abgedr. bei Migne 139, p. 1552 ff); die Abfassungszeit fällt c. a. 1012. Dieser Constantin ist es, der später als Abt den Mönch Alpert zur Abfassung der oben erwähnten Geschichte der Metzer Bischöfe vermochte.
[6]) Näheres über ihn aus der Gallia christiana Tom. XIV bei Migne 137, p. 359 ff.
[7]) An ihn sind Gerberts Briefe Epp. 32. 33. 59 gerichtet.
[8]) Inventio Sanctorum a domno Theodorico ep. Metensi repertorum atque ad civitatem Metensem translatorum. Aus D'Acheny's Specileg. abgedr. bei Migne 137, p. 363 ff.
[9]) Siehe die Schrift über Alcuin S. 365, Anm. 2.
[10]) Siehe Migne 139, p. 798 ff.

über die in Frankreich gewirkten Wunder des transferirten Heiligen eine Fortsetzung in zwei Büchern angefügt[1]), die übrigens auch über die Geschichte des Klosters Fleury und die Geschichte Franciens unter den letzten Karolingern bemerkenswerthe Einzelheiten enthält. Der von Odorannus erzählten Translationsgeschichte[2]) liegt ein Besitzstreit zwischen dem Bischof von Sens und den Mönchen des Petrusklosters daselbst als Hauptinteresse der Berichterstattung zu Grunde. Die Gefahr eines von Seite der Normannen drohenden Ueberfalles zur Zeit Karls des Einfältigen bewog den damaligen Abt des außerhalb der Mauern von Sens befindlichen Petrusklosters, die Reliquien der im Titel der Schrift Odoranns genannten Heiligen in die Stadt übertragen zu lassen. Der Erzbischof Wilhelm wünschte, daß dieselben nicht in eine innerhalb der Stadt dem Kloster gehörige Kirche, sondern in seine Kathedrale übertragen würden, und wollte sie, nachdem die Normannennoth vorübergegangen war, nicht mehr herausgeben, bis daß drohende Wunderzeichen ihn zur Rückerstattung desselben vermochten. Die Erzählung welche mit der Auffindung der heiligen Leiber a. 847 beginnt, und Vieles über die an der Stätte ihrer Hinterlegung geschehenen Wunder mittheilt, ist von einer den Bischöfen von Sens nicht freundlichen Stimmung beseelt, reflectirt vielmehr das uns schon sattsam bekannte gespannte Verhältniß zwischen dem auf Clugny und Rom gestützten Mönchthum und einem Theile des Espicopates. Ihr geschichtlicher Werth besteht in den Mittheilungen über die der Reihe nach vorgeführten Erzbischöfe von Sens von dem erwähnten Wilhelm angefangen bis auf Odoranns Zeit herab;[3]) auch des Königs Robert zweite Gemalin Constantia wird in die Erzählung eingeführt als Verehrerin des heiligen Savinianus, der ihr im Traume erschienen war, um sie über die aus Anlaß einer Romreise Roberts befürchteten Machinationen ihrer Nebenbuhlerin Bertha zu beruhigen. An der, nachgehends durch Robert und Constantia veranlaßten feierlichen Erhebung und Trans-

---

[1]) De miraculis S. Benedicti libri duo. A. a. O., p. 801 ff.

[2]) Historia translationis SS. Salviniani, Potentiani sociorumque Martyrum in Senonense S. Petri coenobium. Aus Mabillon Acta SS. ord. S. Bened. abgedr. bei Migne 142, p. 777 ff.

[3]) In diesen Mittheilungen sind indeß die Annales S. Columbae Senouensis (708—1218) stark benützt.

lation des heiligen Savinian war Oboramus persönlich betheiliget, indem er die von der Königin bestellte kostbare Fassung der Reliquien anzufertigen hatte. Savinian wird als der Apostel des Senonensischen Galliens verehrt; als Verkünder des Christenthums in den übrigen Gegenden Galliens werden gefeiert: Photinus in Lyon, Throphimus in Arles, Paulus in Narbonne, Saturninus zu Toulouse, Austremonius in der Auvergne, Martialis in Limoges, Gratianus in Tours, Dionysius in Paris, Mansuetus in Toul, Julian in Mans. Das Andenken des nach damaliger Meinung vom Apostel Petrus nach Gallien gesendeten Mansuetus feierte Abso von Moustier en Der,[1]) Ademar von Chabonnais vertrat die Ehre des Apostolates des heiligen Martialis,[2]) Julians Leben schrieb (c. a. 996) der Abt Letald von Micy bei Orleans;[3]) der Scholasticus Bernard von Angers widmete seinem Lehrer Fulbert ein Buch über die Wunder der gallischen Jungfrau Fides, welche a. 303 zu Aginnum (Agenois) den Martyrtod erlitt.[4])

Als Bearbeiter der fränkisch-merovingischen Hagiobiographie seien im Besonderen noch genannt der Bischof Utho von Straßburg (950—965) als Verfasser eines Lebens des heiligen Arbogast, Straßburger Bischofes in der ersten Hälfte des 7. Jahrhunderts;[5]) Rather von Verona als Ueberarbeiter eines von ihm in Como aufgefundenen kurzen Lebensabrisses des hl. Ursmar, Bischofes und Abtes von Laubes (a. 689—713), dessen Biographie zuerst von Anso aufgezeichnet worden war. Ursmar war Schüler und Nachfolger des oben erwähnten Landelin, des Gründers von Laubes; Beider Leben wurde poetisch durch Heriger dargestellt,[6]) ein Stück der poetischen Vita Ursmari durch Mabillon veröffentlicht.[7]) Neben Landelin wird auch Landoald als Verbreiter des Christenthums in Belgien genannt, dessen Leben gleichfalls von Heriger auf den Wunsch Notkers von Lüttich beschrieben worden ist.[8]) Landoald

---

[1]) Vita S. Mansueti abgedr. bei Migne 137, p. 619 ff.
[2]) Vgl. oben S. 216, Anm. 2.
[3]) Siehe Migne 137, p. 793 ff (aus Mabillon Acta SS. ord. Bened).
[4]) Aus Mabillons Annales Bened. tom. IV Append. p. 703 abgedr. bei Migne 141, p. 127 ff.
[5]) Von Migne 134, p. 1001 abgedruckt aus Act. Sanct. Mens. Jun. Tom. V, p. 170 (sammt Vorbemerkungen über den Verfasser der Schrift).
[6]) Mabillon Acta SS. Ord. S. Bened. IV, 557.
[7]) Abgedr. bei Migne 139, p. 1125 ff.
[8]) Migne 139, p. 1110 (aus Acta SS. Mens. Mart. III, 19. März).

erscheint da als Gehilfe des hl. Amand, und Lehrer des hl. Lambert. Wie Letzteres in Zweifel gezogen wird, so wird Herigers weitere Angabe, daß Landoald nach Amands Weggange an seine Stelle getreten sei, von den Bollandisten schlechthin verworfen, da es feststehe, daß Amand von Utrecht den hl. Remaclus zum Nachfolger gehabt habe. Viele Wunder am Grabe Landoalds und seiner Genossen waren Ursache, daß ihre Leichen erhoben und über den Altären der Kirche, in der sie beigesetzt waren, erhöht wurden. Während der Normanneneinfälle c. a. 880 wurden sie geflüchtet und in die Erde vergraben, wo sie lange ruhten, bis endlich Graf Lanzo, der Besitzer jenes Grundes den Lütticher Bischof Ebrachar (Everaclus) um Translation der heiligen Leiber an ihren früheren Ort anging. Ein Nachtgesicht offenbarte der an einem Fußgeschwüre leidenden Gattin Lanzos, daß an der erwähnten Stelle die Leiber noch anderer Genossen Landoalds: Landrada, Adrianus und Julianus vergraben wären, und daß sie ihre Gesundheit erlangen werde, wenn den Leibern der Heiligen die ihnen gebührende Ehre zu Theil geworden sein würde. So wurden denn auch diese feierlich transferirt, die Kirche aber, in welcher sie nunmehr sämmtlich ruhten, von Lanzo freigebig ausgestattet. Nach dessen Tode wurden die hl. Leiber dem St. Bavosklofter in Gent zugesprochen, dessen Abt Womar bei dem Bischof Notker die Abfassung der Schrift Herigers anregte. Notker selber ist Verfasser einer Vita S. Remacli,[1] so wie einer Biographie des hl. Habelinus, eines Zeitgenossen des Remaclus, und Gründers des Klosters Celle an der Maas bei Dinant.[2] Von Heriger ist außerdem noch eine Vita S. Berlindis oder Bellindis zu nennen, einer zu Meerbecke in Brabant verehrten heiligen Nonne aus dem 7. Jahrhundert. Folcuin von Laubes schrieb ein Leben des dem 9. Jahrhundert angehörigen Folcuin, Bischofes zu Tornau in Flandern;[3] Abso von Monstier en Der eine Vita S. Frodeberti,[4] des Gründers eines Klosters auf der Seine-Insel bei Troyes (c. a. 650), ferner

---

[1] Siehe Migne 139, p. 1147 (abgedr. aus Surius Acta SS., 3. Sept). — Uebrigens ist diese Vita Remacli der Lütticher Bisthumsgeschichte Herigers einverleibt, und wird von Köpke als Werk desselben angesehen.
[2] Aus Mabillons Acta SS. ord. Bened. abgedr. bei Migne 139, p. 1141 ff.
[3] Migne 137, p. 530 ff. zusammt den Vorbemerkungen Mabillons.
[4] Aus Mabillons Acta SS. ord. Bened. abgedr. bei Migne 137, p. 599 ff.

eine Biographie des hl. Basolus aus der zweiten Hälfte des 6. Jahrhunderts,¹) des hl. Waldebert,²) dritten Abtes von Luxeu (c. a. 650), und seines Zöglings, des hl. Bercharius,³) Gründers eines Klosters in Hautvilliers und des Klosters Monstier en Der. In dieser letzteren Biographie, sowie in der Erzählung von der Translation des Leibes des hl. Basolus berührt sich Abso mit Floboards Geschichte der Rheimser Kirche; Bercharius stand in nahen Beziehungen zum Rheimser Bischof Nivardus, welcher an der Gründung des Klosters in Hautvilliers den Hauptantheil hatte. Letald von Micy schrieb ein Buch über die Wunder des hl. Maximin, eines Zeitgenossen Chlodwigs I und Gründers des Klosters Micy.⁴) Eine von Surius in den Actis Sanctorum 13. Dez. wiedergegebene Vita des Bischofes Autbert von Cambrai, eines Zeitgenossen des hl. Landelin, wird für gewöhnlich Fulbert von Chartres zugeschrieben.⁵)

Zu den Lebensbeschreibungen der Männer der Karolingischen und nachfolgenden Zeit herabrückend haben wir zuerst Odo von Clugny als Biographen des Grafen Gerald, des Stifters des Klosters von Aurillac zu nennen.⁶) Odo seinerseits erhielt alsbald einen Biographen in seinem Schüler Johannes, einem Römer von Geburt, welchen Odo a. 939 zu Rom kennen lernte, zum Eintritt in den Mönchsstand bewog und auch zeitweilig als Begleiter auf seinen Reisen zur Seite hatte. Die Mittheilungen dieses Johannes⁷) über Odo beschränken sich auf dasjenige, was er auf diesen Reisen aus Odo's Munde hörte oder als unmittel-

---

¹) Aus Mabillons Acta abgedr. bei Migne 137, p. 643 ff. — Daran schließt sich Abso's Libellus de translatione et miraculis S. Basoli Confessoris p. 659 ff. Die Translation hatte nach Wiederherstellung des verfallenen St. Basoluſklosters unter Hincmar von Rheims statt.
²) Aus Mabillons Acta abgedr. bei Migne 137, p. 687 ff.
³) Aus Mabillons Acta bei Migne 137, p. 667 ff.
⁴) Siehe Migne 137, p. 782 ff. (Aus Acta SS. Mens. Januar.Tom II.).
⁵) Migne 141, p. 355 ff.
⁶) De vita S. Geraldi Auriliacensis Comitis Libri IV. Aus der Bibliotheca Cluniacensis abgedr. bei Migne 133, p. 639 ff. Die unter Odo's Namen gehende Lebensbeschreibung Gregors von Tours (in Migne tom. 71 aufgenommen) rührt von einem nicht näher bekannten Verfasser aus dem 10. Jahrhundert her.
⁷) Vita S. Odonis Abbatis Cluniacensis scripta a Joanne monacho ejus discipulo. Aus Mabillons Acta SS. ord. Ben. Saec. V abgedr. bei Migne 133, p. 43 ff.

des zehnten u. eilften Jahrhunderts.

barer Augenzeuge wahrnahm; was er von anderen Odo nahestehenden Personen erfuhr, schließt er grundsätzlich aus, nur mit Hildebrand, dazumal Propst in Clugny, dessen Wahrheitsliebe er preist, macht er hierin eine Ausnahme. Diese Mangelhaftigkeit und Lückenhaftigkeit seiner Mittheilungen wird an ihm von einem zweiten späteren Biographen aus dem 12. Jahrhundert, dem Cluniacenser Mönche Nalgob[1]) streng gerügt, der überdieß die diffuse und confuse Darstellung und Schreibweise des Johannes tadelt; Johann's Arbeit entbehrte der nöthigen Controle, da sie in Salerno abgefaßt wurde und für die daselbst befindlichen Mönche bestimmt war.[2]) Odo's mittelbarem Nachfolger Majolus wurden biographische Darstellungen zu Theil von dem Cluniacenser Mönche Syrus, der seine Arbeit dem Abte Odilo widmete, sodann von Odilo selber, welcher sich indeß auf eine Charakteristik und preisende Verherrlichung der Persönlichkeit seines heiligen Vorgängers beschränkte.[3]) Die Schrift des Syrus,[4]) aus drei Büchern bestehend, bildet die Hauptunterlage der späteren Bearbeitungen des Lebens des hl. Majolus, unter welchen abermals jene des Nalgob und Mabillons Elogium historicum[5]) hervorzuheben sind. Odilo's Leben und Wirken wurde von seinem Schüler, dem Cluniacensermönche Jotsaldus ausführlich geschildert;[6]) Petrus Damiani unterzog Jotsalds Arbeit auf Wunsch des Abtes Hugo, des Nachfolgers Odilo's einer kürzenden Ueberarbeitung.[7]) Der den Cluniacensern innigst befreundete Abt Wilhelm von Dijon († 1031) fand einen Biographen an Rodulphus Glaber,[8]) der ihn als Klostergründer und Klosterreformator, Heiligen und Wunderthäter verherrlicht, und auch seine Beziehungen zu den hervorragendsten Zeitgenossen

---

[1]) S. Odonis altera. Von Mabillon aufgefunden und veröffentlicht; abgedr. bei Migne 133, p. 85 ff.
[2]) Eine kritische Zusammenstellung des Materiales einer Biographie Odos gibt Mabillon, dessen Elogium historicum S. Odonis bei Migne tom. 133, p. 1 sich abgedruckt findet.
[3]) De vita beati Majoli Abbatis libellus. Aus der Bibliotheca Cluniacensis abgedr. bei Migne 142, p. 943 ff.
[4]) Migne 137, p. 746 ff.
[5]) Aus Acta SS. ord. S. Bened. Sac. V abgedr. bei Migne tom. 137, p. 709 ff.
[6]) Veröffentlichet von Mabillon Acta SS. ord. S. Bened. Sac. VI.
[7]) Siehe Migne 144, p. 925 ff.
[8]) Vita S. Gulielmi Abbatis Divionensis, bei Migne 142, p. 698 ff.

kurz andeutet. Dem Klosterreformator Gerhard von Brogne im Lütticher Bisthumssprengel († 959), der als gereifter Mann der Welt entsagte, um im Kloster St. Denys die Anfangsgründe des Knabenunterrichtes zu erlernen und Mönch zu werden,[1]) wurde bald nach seinem Tode ein biographisches Denkmal gesetzt, dessen Ueberarbeitung durch einen Anonymus des 11. Jahrhunderts von Mabillon edirt worden ist.[2]) Aimoin beschrieb das Leben und Wirken seines Lehrers Abbo von Fleury,[3]) der von ihm als Martyr und Wunderthäter gefeiert wird. Eine Vita des durch das Prädicat „Ehrwürdig" ausgezeichneten Abtes Angelrannus von St. Riquier († 1045), welchen wir im folgenden Abschnitt als Dichter kennen lernen werden, ist der a. 1088 beendeten Chronik jenes Klosters von Hariulph einverleibt.[4])

Unter den Heiligen der angelsächsischen Kirche fand Eadmund, König der Ostangeln († 870), einen Biographen an Abbo von Fleury,[5]) der während seines Aufenthaltes in England zu Dunstan in nähere Beziehungen getreten war und aus dessen Munde nicht nur über den unglücklichen Kampf Eadmunds mit den dänischen Raubfürsten Inguar und Stubba zuverlässige Mittheilungen empfangen, sondern außerdem auch vieles Wunderbare über die Behütung, Auffindung und Reintegration des zerfleischten und verstümmelten Leichnams Eadmunds erfahren hatte. Abbo's Schrift ist Dunstan gewidmet, welcher sowie die ihm befreundeten zeitgenössischen Regeneratoren der englischen Kirche in der zweiten Hälfte des 10. Jahrhunderts gleichfalls bald nach ihrem Tode als Heilige der englischen Kirche verherrlichet wurden. Dunstan's Biographie wurde zunächst von Bridfert von Ramieres geschrieben;[6]) sie ist

---

[1]) Vgl. über ihn Wattenbach Deutschl. Gesch. DD. I, 281.
[2]) Vita S. Gerardi Broniensis. (Aus Mabillons Acta ord. S. Bened. Saec. V hinübergenommen in die Acta SS. Mens. Octob. Tom. II, p 300—320).
[3]) Siehe Migne 139, p. 387 ff.
[4]) Hariulphs Chron. Centul., abgedr. in D'Achery's Spicileg. II, 281 ff.; die darin enthaltene Vita Ven. Angelranni bei Mabillon VI, Ps. 1, p. 494 ff.
[5]) Vita S. Eadmundi Regis Anglorum et Martyris. Aus Surius Acta SS. 20 Nov. abgedr. bei Migne 139, p. 507 ff.
[6]) S. Dunstani Vita. Auctore B. presbytero coaevo et teste oculato. Aus Acta SS. Mens. Maj. Tom. IV, 19 Maji abgedr. bei Migne 139, p. 1423 ff. Surius gibt eine Vita S. Dunstani auctore Osberto, deren Abfassung in's Jahr 1020 verlegt wird, aber wörtlich mit jener Eadmers, des Schülers Anselm von Canterbury zusammenstimmt. Außerdem ist noch die

dem Erzbischof Aelfric von Canterbury gewidmet, und gehört nach Inhalt und Form jedenfalls zu den vorzüglicheren Erzeugnißen der damaligen historischen Literatur. Notizen über das Leben und Wirken Ethelwolds von Winchester wurden 20 Jahre nach dem Tode desselben von Aelfric, damals noch Mönch des Klosters Abingdon aufgezeichnet;[1]) die von Mabillon[2]) veröffentlichte Vita S. Ethelwoldi[3]) gilt dem Herausgeber als eine Arbeit des Wolstan von Winchester, deren Wilhelm von Malmesbury[4]) gedenkt; sie enthält am Schluße auch Nachrichten über die Erhebung und Translation seiner Leiche, sowie über die Wunder, die an der Stätte der transferirten Leiche sich ereigneten; auch sind zwei Hymnen sammt einer Festliturgie zur Verherrlichung des heiligen Ethelwold beigefügt. Die Vitae der beiden anderen, derselben Epoche angehörigen Reformatoren des englischen Kirchenwesens, Odo von Canterbury und Oswald von York wurden im nächstfolgenden Jahrhundert von Anselms Schüler Eadmer geschrieben. Osbern schrieb das Leben des Nachfolgers Aelfric's, des hl. Elpheg, seit a. 1006 Erzbischofes von Canterbury,[5]) welcher, ein unerschrockener Schützer seiner geistlichen Heerde, a. 1012 von dänischen Raubschaaren gefangen genommen wurde und unter den Streichen seiner Peiniger sein Leben als Martyrer endete.

Auf die diesem Zeitraume angehörigen Bearbeiter der deutschen Hagiobiographie übergehend, haben wir nochmals Odilo von Clugny zu nennen, welcher die Kaiserwittwe Adelheid als Heilige schilderte, und auch von Wundern, durch welche ihre Heiligkeit nach ihrem Tode offenbar wurde, berichtet.[6]) Der Leiter der Hildesheimer gleichfalls in die Acta Bollandiana aufgenommene Vita S. Dunstani von Osbernus, einem Freunde Lanfranc's, c. a. 1070 abgefaßt, zu erwähnen (abgedr. Migne 149, p. 370 ff.). Sämmtliche Vitae Dunstani in Stubb's Memorials of Saint Dunstan (London 1874), p. 3—353. Ebendas: Fragmenta ritualia de Dunstano, p. 440—457.

[1]) Nach Wharton Anglia Sacra I, 125 hätte diese Notiz von Aelfric dem Grammatiker, nachmaligen Erzbischof von York († 1051) zu gelten. Es ist jedoch die Frage, welchem der beiden Aelfrике das Cognomen Grammaticus zugetheilt worden sei.
[2]) Acta SS. Ord. S. Bened. V, p. 606 ff.
[3]) Siehe Migne 137, p. 79 ff.
[4]) Reg. Angl. II, 8.
[5]) Aus Mabillon Acta SS. org. Bened. Saec. VI, P. 1 abgedr. bei Migne 149, p. 371 ff.
[6]) Epitaphium Adelaidae Imperatricis. Aus Mon. Germ. SS. IV, 634 abgedr. bei Migne 142, p. 963 ff.

Domschule Thangmar von Hildesheim schrieb ein Leben seines Zöglings Bernward von Hildesheim († 1022), welchen er um einige Jahre überlebte.¹) Thangmars Arbeit ist eine ergiebige Quelle für die Zeitgeschichte von dazumal, und trifft an nicht wenigen Stellen mit den Hildesheimer Annalen zusammen, daher Pertz in ihm auch den Verfasser der letzteren vermuthet. Der Anhang de miraculis S. Bernwardi gehört dem folgenden Jahrhundert an. Das Leben und Wirken des Nachfolgers Bernwards, des Bischofes Godehard (1022—1038) fand einen Darsteller an Wolfhere, in welchem Wattenbach nebstbei den Fortsetzer der vorerwähnten Hildesheimer Annalen zu erkennen glaubt. Da er in seiner Biographie Godehards auch die frühere Wirksamkeit desselben als Abtes von Niederaltaich (996—1022) und als Klosterreformators schilderte, so hatte er Gelegenheit, in die Zustände der bereits von Thangmar beschriebenen Zeiten und Verhältnisse einzugehen, und nahm Vieles aus Thangmar in seine doppelte Bearbeitung der Vita Godehardi auf,²) deren letztere das erbauliche Verscheiden Godehards ausführlich schildert, und ihn bereits als gottbegnadeten, durch Wunder verherrlichten Heiligen darstellt. Die Nachrichten über Godehards frühere Epoche hatte er in Niederaltaich und in dem von Godehard reformirten Hersfeld gesammelt; den Anstoß zur Abfassung der Biographie hatte Godehards Neffe Ratmund, seit a. 1027 Abt von Niederaltaich gegeben. In dem gleichfalls von Godehard reformirten Kloster Tegernsee erhielt einer der fruchtbarsten Hagiographen des 11. Jahrhunderts seine Jugendbildung, der schon im vorigen Abschnitte besprochene Othlo, welcher sich der Reihe nach in Hersfeld, Würzburg, St. Emmeran, Regensburg und Fulda aufhielt, um schließlich nach St. Emmeran zurückzukehren und daselbst seine Tage zu beschließen.³) Von seinen hagiobiographischen Arbeiten liegen vor ein Leben des heiligen Wolfgang⁴) und des heiligen Bonifacius⁵) nebst einem von

¹) Vita S. Bernwardi episcopi Hildesheimensis, aus Mon. Germ. SS. IV bei Migne 140, p. 386 ff.
²) Beide Vitae Godehardi, die Vita prior und Vita posterior sind zum ersten Male von Pertz veröffentlicht worden: Mon. Germ. SS, XI, 165—218.
³) Ueber seine Lebensläufe vgl. B. Pez Thesaur Anecdot. Tom. III, p. X, wiederabgedr. in Migne 146, p. 1 ff.
⁴) Aus Mon. Germ. SS. IV, p. 524 ff. abgedr. bei Migne 146, p. 389 ff.
⁵) Migne tom. 89, p. 633 ff.

B. Pez[1]) mitgetheilten Fragmente eines Berichtes über die Translation der Gebeine des hl. Dionysius aus Frankreich nach St. Emmeran unter Kaiser Arnulph. Wir wissen indeß aus seinen eigenen Angaben, daß er nebstdem auch andere Heiligenleben verfaßte oder überarbeitete; so jenes des Nikolaus von Myra, des heiligen Alto, Gründers von Altenmünster, des hl. Magnus oder Magnoald, Schülers des hl. Gallus und Apostels des Algäues. Von geschichtlichem Werthe sind indeß sicher nur seine uns vorliegenden Arbeiten über Bonifacius und Wolfgang von Regensburg. Als Unterlage für die erstere der beiden Arbeiten dienten ihm die von ihm im Archive des Klosters zu Fulda aufgefundenen Briefe des hl. Bonifacius, welche Willibald in seine Biographie desselben nicht aufgenommen hatte; die Benützung dieser Briefe kehrt ihre Spitze gegen die den Klöstern und Mönchen minder freundlich gesinnten Bischöfe, auch für das durch die Bischöfe von Mainz und Würzburg beeinträchtigte Zehentrecht des Klosters Fulda tritt Othlo als Apologet ein. Die Vita S. Wolfkangi ist Ueberarbeitung einer schon vorliegenden Biographie, die Othlo nicht bloß stilistisch verbesserte, sondern auch in sachlicher Beziehung vielfach berichtigte. Als Correctiv diente ihm theils die mündliche Ueberlieferung, theils Arnolds von St. Emmeran Liber de memoria S. Emmerani.[2]) Arnold aus vornehmem Hause und mütterlicherseits ein Enkel des Grafen Berthold von Nordgau stand um jene Zeit, als Othlo in St. Emmeran das Mönchgewand nahm (a. 1032), dem Kloster als Propst vor,[3]) und hatte eine etwas bewegte Vergangenheit hinter

---

[1]) Thesaur. Anecdot. III, Ps. II, p. 399. Pez erweist in der Dissertatio isagogica dieses Bandes seiner Anecdota gegen Mabillon, daß das bezügliche Fragment wirklich von Othlo herrühre, und daß Othlo von der Thatsache der Translation des Leibes des hl. Dionysius nach St. Emmeran überzeugt war. Allein eben die Ueberzeugung von der Richtigkeit der Thatsache, daß Othlo der Verfasser der erwähnten Translationsgeschichte sei, weckte zuerst in Hansiz den Verdacht, daß Othlo an der trügerischen Erfindung der ganzen Translation und der damit zusammenhängenden Urkundenfälschung betheiligt gewesen sein möchte — ein Zweifel, der noch heute nicht völlig beseitigt ist.

[2]) Das Nähere hierüber in dem von Pertz der Vita S. Wolfkangi vorausgeschickten Monitum. Siehe Migne 146, p. 389 f.

[3]) In dieser seiner Eigenschaft als Propst besorgte Arnold dazumal im Auftrage seines Abtes Burchard die Anfertigung eines Verzeichnißes der Gerechtsamen und Einkommensquellen des Klosters St. Emmeran. Aus Pez Thes. Anecd. I, Ps. 3, p. 67 ff. abgedr. bei Migne 141, p. 1093 f.

sich, deren Erlebniße mit dem Beginne seiner Studien über die ältere Geschichte des Klosters zusammenhiengen. Er hatte nämlich den Entschluß gefaßt, ein altes, von dem Freisinger Bischof Aribo (764—784) abgefaßtes Leben des hl. Emmeran zu überarbeiten und in eine beßere stilistische Form umzugießen. Dieses Unternehmen erschien jedoch den Mönchen des Klosters als ein frevelhaftes Attentat auf die altehrwürdige Urkunde, und erregte einen solchen Unwillen gegen ihn, daß er sich genöthiget sah, das Kloster zu verlaßen. Er begab sich nach Magdeburg, und lernte daselbst den Vorsteher der Domschule Meginfred kennen, welchen er bewog, das ihm selber verwehrte Unternehmen auszuführen.[1]) Nach drei Jahren kehrte er nach Regensburg zurück (c. a. 1025); der neue Abt Burchard (s. a. 1030) händigte ihm die unvollendet zurückgelaßene Arbeit wieder ein, um sie zu Ende zu führen, und ihr als zweite Schrift einen Bericht über die Wunder des hl. Emmeran anzufügen.[2]) Die hierauf verwendeten Forschungen und Studien führten zu einer Erweiterung seines ursprünglichen Arbeitsplanes; er begann nunmehr seinen von Othlo benützten Liber de memoria S. Emmerani,[3]) der als die Hauptfrucht seiner Studien über die mit der Geschichte des Regensburger Bisthums verwachsene Geschichte des Klosters anzusehen ist. Das Buch handelt zunächst vom Bischof Wolfgang und dem ihm zur Seite wirkenden Abte Romuald, macht im weiteren Verlaufe auch mit Romualds Nachfolgern bis auf Burchard und Ulrich herab bekannt, und theilt nebstbei vielerlei anderes geschichtlich Merkwürdige mit, aber ohne Plan und Ordnung; dazu kommt noch, daß das Vielerlei der Notizen und Erzählungen in dialogischer Form geboten wird, wodurch das Buch noch formloser und diffuser gemacht wird. Arnold hatte zufolge seiner Herkunft, seiner Reisen und persönlichen Verbindungen Ge-

---

[1]) Meginfredi de vita et virtutibus B. Emmerani liber. Aus Canisii (ed. Basnage III, 87) Lectt. antiqq. abgedr. bei Migne 141, p. 969.
[2]) Der Liber miraculorum aus Mon. Germ. SS. IV, 543 ff. abgedr. bei Migne 141, p. 985 ff. Arnold setzt im Eingange dieser Schrift das Zeitalter des hl. Emmeran um ein Jahrhundert früher an als Aribo, und gab dadurch Anlaß, daß der Herzog Theudo, zu welchem Emmeran in Beziehung stand, unterschieden wurde von dem gleichnamigen Herzog, dem Zeitgenoßen des hl. Rupert. Vgl. hierüber Friedr. Blumberger im Archiv für österreich. Gesch. DD. X, S. 363 ff.
[3]) Migne 141, p. 1021—1090.

legenheit gehabt, Vielerlei zu sehen und zu hören, hatte auch in alten Geschichten gelesen, und bezeichnet sich selber in seinem Buche als einen Collectitius, welcher durch den mit ihm colloquirenden Ammonitius zur Mittheilung seines Schatzes gesammelten Historien und Notizen continuirlich angestachelt werden muß. Daß hiebei mancherlei Seltsames unterläuft, darf nicht Wunder nehmen, und entspricht der Denkart seiner Zeit und Umgebung, welche in Othlo's mystisch-ascetischen Schriften auf eine so charakteristische Weise sich ausprägt. Arnold behauptet, um nur Eines zu erwähnen, allen Ernstes, während seines Aufenthaltes in Pannonien den apokalyptischen Drachen in den Lüften schweben gesehen zu haben,[1]) und durch das Phänomen seines in die Länge einer Meile gestreckten Leibes gewaltig erschreckt worden zu sein, obschon er überzeugt gewesen sei, daß der letzte Gerichtstag zur Zeit bei weitem noch nicht bevorstehe. Den Studien Arnolds über den hl. Wolfgang und St. Emmeran geht aus der Feder seines Zeitgenossen Berno von Reichenau (1008—1048) ein Leben des hl. Ulrich von Augsburg zur Seite.[2]) Die Bekehrung der hl. Afra von Augsburg fand einen Darsteller in der fernen spanischen Mark an Oliva von Vich (seit 1017 Bischof von Vich), dessen Aufmerksamkeit auf die in Augsburg verehrte Heilige dadurch gelenkt wurde, daß ihr Bekehrer, der Bischof Narcissus († 297) zusammt seinem Begleiter dem Diakon Felix, in Girona das Martyrium erlitt.[3]) Zu bemerken ist, daß Oliva vom Martyrthum der hl. Afra, dem älteren ursprünglichen Bestandtheile der sie betreffenden kirchlichen Ueberlieferung[4]) nichts erwähnt, sondern sich ausschließlich an den später entstandenen Bericht über ihre Bekehrung hält; die Namen der Mutter und der drei Genossinnen Afra's sind aus Hilara, Digna, Eumenia, Euprepia verändert in Hilaria, Digna, Eunomia, Eutropia.

Unter den italienischen Hagiobiographen haben wir hervorzuheben den Bischof Gumpold von Mantua als Verfasser eines

---
[1]) A. a. O., p. 1040.
[2]) Migne 142, p. 1183. — Die a. a. O. p. 1175 abgedruckte Vita S. Meginradi († 861) wird von Mabillon gleichfalls Berno zugeschrieben.
[3]) Daher auch die Bekehrungsgeschichte der hl. Afra mit einer am Feste des hl. Narcissus gesprochenen Lobrede verbunden erscheint. Aus Florez España sagrada tom. 28, p. 265 ff. abgedr. Migne 142, S. 591 ff.
[4]) Siehe Friedrich Kirchengeschichte Deutschlands (Bamberg, 1867 f) Bd. I, S. 192 f. u. 427 f.

Lebens des hl. Wenceslaus, Herzogs von Böhmen. Diese Schrift[1]) wurde durch Otto II um die Zeit angeregt, als die Errichtung des Prager Bisthums im Zuge war, und ist die Unterlage fast aller nachfolgenden Biographien Wenzels geworden; nur der dem 11. Jahrhundert angehörige Laurentius Casinensis schrieb unabhängig von Gumpold,[2]) und beruft sich auf Mittheilungen, die er von einem Landsmann des Martyrers überkommen hatte. Johannes Capanarius, Abt des Alexiusklosters in Rom schrieb (a. 999) das Leben des ihm persönlich nahegestandenen hl. Adalbert von Prag;[3]) wenige Jahre später (1004) folgte die von Bruno von Querfurt während seines Aufenthaltes in Ungarn abgefaßte Biographie Adalberts.[4]) Das Leben und Wirken Romualds fand seinen Darsteller an dem ihm geistverwandten Petrus Damiani,[5]) der nebstdem auch auf Wunsch des Papstes Alexander II eine Schilderung zweier anderer, demselben Kreise angehörigen Männer aufzeichnete,[6]) des als Bischof von Eugubium verstorbenen Rudoph aus dem Geschlechte der Gabrielli († 1063), und des Dominicus Loricatus, eines Zöglings Damiani's († 1062). Dem Gebiete der altkirchlichen Hagiobiographie gehören drei kleine Schriften Damiani's an über den hl. Bischof Maurus von Cäsena, einen Neffen des Papstes Johann IV,[7]) über das Martyrium der hl. Jungfrauen Flora und Lucilla,[8]) welches in die Regierungszeit des Antoninus Pius verlegt wird, und eine erbauliche Betrachtung über die beiden Martyrer Marianus und Jakobus († 259), deren Leiber in der Kirche zu Eugubium aufbewahrt sind.

An das Gebiet der kirchlichen Hagiobiographie gränzt jenes der religiösen Selbstbiographie, in welchem sich der Geist der ersteren wiederspiegelt. Wir besitzen eine charakteristische Probe hie-

---

[1]) Aus Mon. Germ. SS. IV, 211 ff. abgedr. bei Migne 135, p. 819 ff.
[2]) Die Schrift des Laurentius abgedr. in Dudik's Iter Romanum I, 304—318.
[3]) Aus Mon. Germ. SS. IV, 574 ff. bei Migne 137, p. 859 ff. — Beigegeben sind von anderer Hand: Miracula S. Adalberti Martyris (Migne p. 889 ff).
[4]) Mon. Germ. IV, 596 ff.
[5]) Migne 144, p. 953—1008.
[6]) Migne 144, p. 1008 ff.
[7]) Migne 144, p. 946 ff. In dieser Schrift c. 3 wird die Belagerung der Stadt Cäsena durch Papst Sylvester II erwähnt.
[8]) Migne 144, S. 1025.

von in Othlo's Selbstbiographie,[1]) die uns das religiöse Gemüthsleben dieses Mannes und seiner Zeit enthüllt. In demselben ist allerdings auch die individuelle Eigenart des Autobiographen sehr entschieden ausgeprägt; gleichwol entspricht das mystisch-visionäre Wesen Othlos dem allgemeinen Zuge der Zeit, und mußte sich um so mehr hervordrängen, wo das ausschließlich auf meditatives Schriftstudium gestützte religiöse Denken durch keine lehrhafte Theologie disciplinirt war, sondern wie bei Othlo und vielen anderen unter seinen Zeitgenossen vornehmlich dem religiösen Erfahrungsleben angehörte. Aus dieser seiner subjectiven Gestimmtheit ist, wie er selbst sagt, seine gesammte Schriftstellerei herausgewachsen, die, soweit sie nicht historischen Inhaltes ist, fast nur religiöse Seelenerfahrungen und spirituelle Apprehensionen religiös-moralischer Wahrheiten zum Gegenstande hat. Die hiebei zu Tage tretende Gedankenproduction Othlo's ist übrigens keineswegs reich, ja sie nimmt sich im Vergleiche mit der markigen, phantasievollen und bilderreichen Ideenproduction eines Petrus Damiani geradezu dürftig aus, und ist im Ganzen nur Reproduction und Verarbeiten des Gehörten, Gelesenen und Gelernten. Er ist trotz aller Eigenart nichts weniger als ein origineller schöpferischer Geist, und das Pathos seiner Empfindungen in den Bereich der anerzogenen Anschauungen der klösterlichen ascetisch-beschaulichen Denkweise eingedämmt. Das Grundthema seiner moralisch-religiösen Reflexion ist ein sehr einfaches, und reducirt sich darauf, wie wir in Kraft der Gnade und göttlichen Erleuchtung durch aufrichtige Hingebung an Gott und seine heilige Wahrheit die Anfechtungen des Teufels überwinden lernen sollen. Er bekennt, durch diese Anfechtungen gar sehr gelitten zu haben; er kam soweit, sich selbst zu fragen, ob denn das in der heiligen Schrift gezeichnete Bild sittlicher Vollendung doch auch auf Wahrheit beruhe, ob überhaupt jene höhere spirituelle Ordnung, in welche unser Leben nach Anweisung der heiligen Schrift hineingebildet werden soll, wirklich bestehe, ja ob der überweltliche Gott, welchen diese Ordnung voraussetzt, in der That existire. Diese Zweifel wurzelten nicht etwa in einem abgezogenen metaphysischen Denken, dessen Wege Othlo überhaupt gar

---

[1] Othlonis libellus de suis tentationibus, varia fortuna et scriptis. (Aus Mabillon's Analectis abgedr. bei Migne 146, p. 29 ff.

nicht kannte, sondern in dem ihm so sehr auffallenden Widerspruche zwischen der gewöhnlichen Wirklichkeit, selbst innerhalb des geistlichen Standes, und zwischen jenen hohen Idealen des Lebens, mit welchen die heilige Schriftweisheit bekannt macht. Nicht durch ein methodisch geregeltes rationales Denken kam er über die Zweifel hinweg, sondern durch Gnade, Gebet und innere Erleuchtung gelangte er zu jener inneren Selbstberuhigung, die ihn über seine Zweifel hinweghob; eine innerlich vernommene geheimnißvolle Ansprache leitete ihn und führte ihn in den Wirren und Bedrängnißen seiner innerlichen Gemüthszustände zurecht. Er glaubte diese seine religiösen Seelenerfahrungen aufzeichnen zu sollen, da sie auch anderen Lesern der heiligen Schrift, die von denselben Zweifeln und Anfechtungen heimgesucht werden möchten, nützlich sein könnten. Auch seine sonstige religiös-moralische und mystisch-ascetische Schriftstellerei ist, wie er bekennt, durch dieses Motiv veranlaßt worden; man kann sie durch den Titel charakterisiren, welchen er seiner ersten Production dieser Art gab: De spirituali doctrina. Wir werden auf diese seine erste Schrift, die metrisch abgefaßt ist, im nächsten Abschnitte zurückkommen; hier wollen wir nur noch seine übrigen damit zusammenhängenden Schriften kurz beleuchten. Dahin gehört sein Liber visionum,[1]) aus 23 Abschnitten oder Visionen bestehend, deren einige Othlo selber erlebt, andere von Zeitgenoßen mitgetheilt überkommen hat; mehrere sind aus Beda's Kirchengeschichte entlehnt. Der Zweck ihrer Mittheilung ist, die in den Strudel irdischer Angelegenheiten und Zerstreuungen Hineingezogenen an den Ernst des Lebens, an die jenseitige Wirklichkeit und an jene höhere Welt und Wirklichkeit, welche hinter der zeitlich-irdischen sichtbaren Wirklichkeit steht, zu mahnen. Als schriftstellerisches Vorbild diente ihm hiebei, wie er selber angibt, das vierte Buch der Dialoge Gregors d. Gr. Bemerkt sei hier nebenhergehend, daß in diesen Visionen neben anderen Zeitgenoßen auch ein Kaiser Heinrich III „propter avaritiam," und die Kaiserin Theophano wegen der ihr zur Last gelegten Liebe zur Kleiderpracht nicht ganz gut wegkommen; indeß auch die böswilligen Widersacher des für die Ordnung im Reiche einstehenden Heinrich III erfahren ein strenges Gericht. An den Liber visionum reiht sich, gleichsam als

---

[1]) Migne 146, p. 341 ff.

und sonstige geistliche Schriften.

theoretische Lösung der durch diabolische Versuchungen in ihm einst erweckten Zweifel und Bedenken sein Liber de tribus quaestionibus. Diese drei Fragen, für Othlo die drei Haupt- und Grundfragen seines Nachdenkens über den Lauf der menschlichen Dinge und die sittliche Weltordnung,¹) werden näher bezeichnet durch den Beisatz: De divinae pietatis agnitione, judiciorum divinorum diversitate nec non de varia bene agendi facultate. Das in dialogischer Form abgefaßte dreigliedrige Buch läuft in eine apologetische Verherrlichung des christlich-kirchlichen Dreieinigkeitsglaubens aus, welcher Othlo die Unterlage seiner Lehre von der Weltharmonie darbietet; die gottgeordnete Harmonie auch in Ereignungen und Verhältnissen des irdisch-zeitlichen Menschendaseins zu erspüren, ist der Zweck und Zielpunct der im Liber de tribus quaestionibus angestellten Forschung, die er zu seiner und zu Anderer Beruhigung vorgenommen zu haben bekennt. Das alleinzige Mittel zur Gewinnung derselben ist ihm die Verchristlichung des praktischen Weltdenkens der Menschen; diese Verchristlichung soll schon in früher Jugend beginnen, und im Knabenunterrichte angebahnt werden. Zu einem derartigen Unternehmen bietet er seine Mitwirkung an in dem während seines Aufenthaltes in Fulda abgefaßten Liber Proverbiorum,²) welchen er den sogenannten Proverbien Seneca's d. i. einer aus Seneca's Werken zusammengestellten Sentenzensammlung, den Fabeln des Avianus und den Sittensprüchen Cato's als christliche Ergänzung zur Seite stellt. Der Liber Proverbiorum zerfällt in 20 Capitel, deren jedes eine Reihe von Sprüchen enthält; viele sind entweder direct aus der Bibel entnommen oder biblischen Sprüchen nachgebildet; der allgemeine Zweck des ganzen Buches ist, praktisch-christliche Lebenswahrheit und Weltweisheit in leichtfaßlichen Sprüchen dem Gedächtniß der Jugend einzuprägen. Nach seiner Wiederkehr nach St. Emmeran schrieb er seinen Liber de cursu spirituali,³) welcher die Wiedererweckung der echtchristlichen Gesinnung und Denkart im Gesammtleben der heillos krankenden christlichen Societät unter Personen des geistlichen und weltlichen Standes, geistlichen und weltlichen Gebietern bezweckte; verwandten

---
¹) Siehe oben Cap. VII. S. 150.
²) Migne 146, p. 299 ff.
³) Migne 146, p. 139 ff.

Inhaltes ist der kürzer gefaßte Liber de admonitione clericorum et laicorum.¹) Neue Gedanken sind indeß in beiden Schriften kaum zu finden; die moralisch=religiösen Erwägungen Othlos bewegen sich hier in demselben Gedankenkreise, wie im ersten Buche seines Libellus de tentationibus. Von Damiani's eindringlichen Kraft= reden unterscheiden sich Othlo's Auslassungen nicht nur durch einen geringeren Grad von Feuer und Phantasie, sondern auch durch den Mangel einer Beziehung auf bestimmte Personen und Ver= hältnisse, womit sie der unmittelbar treffenden Wirkung der Mahnworte Damiani's entbehren; auch läßt sich die Lebensstellung Othlo's, so bedeutend er immerhin über seine klösterliche Umgebung durch seine Begabung hervorragen mochte, nicht von ferne mit dem machtgebietenden Einflusse und moralischen Ansehen eines Petrus Damiani vergleichen, auf dessen Wort Hoch und Nieder horchte, Cardinäle, Päpste, Fürsten achteten, so daß er in der That der in der ganzen abendländischen Kirche anerkannte Lehrer und Mahner seines Zeitalters war.

An die biographische Literatur dieses Zeitraums schließt sich die an Aufschlüßen und Belehrungen mannigfacher Art nicht minder reiche Epistolographie desselben an. Nicht nur sind in dieser Art von Literatur mannigfache Thatsachen hinterlegt, deren Kenntniß für den Historiker von Belang ist, sondern es erschließt sich in derselben auch die Kenntniß vertrauterer Beziehungen zwischen den handelnden Persönlichkeiten des Zeitalters; es verlebendiget sich ferner in den Briefen dieser Persönlichkeiten das geschichtliche Bild derselben, sowie auch der Verhältnisse, innerhalb welcher sie lebten und wirkten. Dieß Alles gilt in eminenter Weise von Gerberts Briefen, der wichtigsten aller Briefsammlungen des in diesem Buche behandelten Zeitraums, auf deren Inhalt in Verbindung mit Richers Geschichtswerk nicht nur unsere Kenntniß von Gerberts Leben und Wirken in dessen Verflechtung mit der politischen und kirchlichen Geschichte seiner Zeit, sondern zum Theile auch die Kenntniß dieser Geschichte selber gestützt ist. Wir haben in den vorausgehenden Capiteln den Inhalt der Briefe Gerberts, so wie die Personen, an welche sie geschrieben waren, oder in deren Auf=

---

¹) Migne 146, p. 243 ff.

Gerberts Briefe; Sammlungen derselben.

trag sie theilweise abgefaßt wurden,¹) hinlänglich kennen gelernt. Hier handelt es sich um ein näheres Eingehen in die Geschichte der Sammlung dieser Briefe, so wie in die Untersuchungen, welche über die chronologische Reihenfolge derselben gepflogen worden sind, und von deren Resultaten theilweise auch die richtige Auffassung und chronologische Locirung verschiedener Einzelheiten in Gerberts Biographie abhängig ist. Die Veröffentlichung der Briefe Gerberts begann zu Anfang des 17. Jahrhunderts durch Joh. Masson,²) welcher a. 1611 nach einer in der Bibliothek seines Bruders Papirius Masson vorfindlichen Handschrift 161 Briefe edirte, nämlich einen an Ascellin von Laon, der später als Ep. 215 (an Adalbero von Laon gerichtet) Gerberts Briefen eingereiht wurde, und dann 160 Briefe in fortlaufender Ordnung (unter diesen Nr. 76—79 vier Grabschriften), welche weiter auch Andr. Du Chesne in seiner Ausgabe der Scriptores Francorum³) reproducirt, unter Hinzufügung eines Briefes an König Robert und 55 anderer durch Sirmond ihm mitgetheilter Briefe,⁴) wozu noch in einem späteren Bande seiner Sammlung⁵) der Anfang des Briefes an Wilderod von Straßburg⁶) kommt. Eine Fortsetzung dieses Briefes gab Marténe,⁷) der Gesammtinhalt desselben wurde zuerst in einer mit mehreren Zugaben versehenen Druckausgabe der von Gerbert bearbeiteten Absetzungsgeschichte Arnulphs von Rheims⁸) mitgetheilt, welche nebstdem auch die in beiden genannten Sammlungen nicht enthaltene Ep. 217 (an Seguin von Sens gerichtet) enthält. Die

---

¹) Die 41 Briefe Adalbero's von Rheims (Migne 137, p. 505—518) sind sämmtlich von Gerbert abgefaßt. Nur ist die darunter gesetzte Ep. 53 Gerberts an König Lothar nicht im Auftrage des Rheimser Adalbero, sondern des Adalbero von Verdun abgefaßt; siehe Olleris p. 407. Dafür theilt aber Olleris (p. 3) aus Labbe Concil. IX, 721 einen Brief des Rheimser Adalbero an Bischof Thetbald von Amiens mit, dessen Abfassung durch Gerbert er p. 483 theils durch die Zeitbestimmung desselben (a. 975), theils aus der Aehnlichkeit des Stiles mit jenem anderer verwandten Inhaltes zu erweisen sucht.
²) Vgl. Hock, Gerbert S. 189 ff. u. Olleris Oeuvr. de Gerbert p. I sqq.
³) Paris 1636 ff. Fol., Tom. II, p. 789—827.
⁴) L. c., p. 828—843.
⁵) Tom. IV, p. 114.
⁶) Ep. 218 (siehe Oben S. 92).
⁷) Ampliss. coll. Vet. Auct. I, p. 351 f.
⁸) Synodus ecclesiae Gallicanae habita Durcroti Remorum sub Hugone A. et Roberto Francorum rege. Frankfurt a. M. 1600.

Gallia christiana nova[1]) brachte einen Erlaß Gerberts an Theobard, Bischof von Puy, Baluze[2]) zwei ähnliche Schreiben an die Bischöfe Salla von Urgel und Odo von Girona; Labbe, Marténe, Mabillon brachten mehrere Privilegiumsbriefe Gerberts als Papst an verschiedene Aebte und Klöster,[3]) Baluze ein päpstliches Schreiben Gerberts an einen unbekannten Abt über eine Aufrage in Sachen des kirchlichen Rechtes[4]) u. s. w. Eine vollständige Zusammenstellung aller Erläße Sylvesters II aus verschiedenen Werken geben Migne[5]) und Olleris.[6]) Die erste Kenntniß des Briefes de Sphaerae constructione verdanken wir Mabillon, jene des Briefes an Adelbold B. Pez. Zwei Briefe, die bis dahin noch nicht in die Sammlungen der Briefe Gerberts aufgenommen waren, veröffentlichte zum ersten Male C. Höfler;[7]) in Folge der Aufnahme dieser beiden Stücke unter Gerberts Briefe zählt Olleris, Sylvesters II Erläße mit eingerechnet, 236 (wegen Ueberspringung der Nummer 58 irrthümlich 237) Stücke, während Migne deren nur 231 hat, wobei überdieß die oben erwähnten vier Epitaphien (Nr. 76—79) mitgezählt sind, so daß also Olleris im Ganzen um 9 Stücke mehr als Migne bietet.[8]) Diese sechs Stücke sind außer den eben erwähnten zwei Briefen, auf welche Höfler aufmerksam machte, ein Brief Adalbero's der mit Gerberts Biographie nicht zusammenhängt,[9]) ferner der aus einem Leydener Manuscripte von Olleris zum ersten Male

---

[1]) Tom. II, Append. p. 226. — Dasselbe Schreiben aus Mansi XIX, 244 bei Migne 139, p. 274.
[2]) Marca Hispanica. Append. 957—959. Beide Schreiben bei Migne 139, pp. 278. 281.
[3]) Migne 139, pp. 277. 279. 282. 283.
[4]) Migne 139, p. 284.
[5]) L. c. p. 270—286.
[6]) Oeuvres de Gerbert, p. 155—172 sammt Nachtrag p. 562. Dazu noch die nicht als Decreta pontificia behandelten Briefe Gerberts als Papstes (p. 145—154), welche bei Migne (vor. Anm.) mit den Decretis vermischt gegeben werden.
[7]) Gesch. d. deutschen Päpste I, 330. Abgedr. bei Olleris p. 150 u. 152.
[8]) Die Zählung der Briefe bei Migne ist diese, daß den 160 Briefen Massons jener an Constantinus Scholasticus als Ep. 161 angefügt wird, und sodann in fortlaufender Nummerirung bis Ep. 216 die weiteren 55 Briefe angeschlossen werden. Diese Zählung ist die als gemeingiltig recipirte Zählung Duchesne's. Die von Migne außer dieser Reihe beigebrachten Briefe an Seguin und Wilderod werden als Epp. 217. 218 citirt. (Brief an Wilderod vollständig bei Olleris p. 108—128). Die übrigen Briefe gehören dem Pontificate Sylvesters II an.
[9]) Siehe Oben S. 245, Anm. 1.

an's Licht gezogene Brief an den Mönch Adam,[1]) so wie ein anderer aus demselben Manuscripte mitgetheilter Brief an Adalbero von Verdun, welchen König Hugo anläßlich der nach Arnulphs Absetzung vorzunehmenden Neuwahl in Gerberts Interesse geschrieben haben soll,[2]) und endlich vier Erläße Sylvesters II, gerichtet an Linzo, Abt des Klosters Leno im Brescianischen Gebiete,[3]) an die Kirche von Vercelli,[4]) an den Bischof Wilderod von Straßburg,[5]) an das Kloster Lorsch.[6])

Zur gehörigen Verwerthung des in den Briefen Gerberts enthaltenen Schatzes geschichtlicher Belehrung war es vor Allem nothwendig, die richtige chronologische Reihenfolge derselben zu bestimmen. Schon Mabillon beschäftigte sich hiemit, und Bouquet[7]) reihte die Briefe nach den von Mabillon gegebenen Winken. Die von den französischen Benedictinern angenommene Chronologie der Briefe Gerberts[8]) hieng mit einer eigenartigen, durch die neuere Forschung als unrichtig erwiesenen Chronologie und Gruppirung der Ereignisse in Gerberts Leben zusammen. Man ließ Gerbert bereits a. 969 Abt zu Bobbio werden, 970 aus Bobbio vertrieben nach Rheims, von da 982 v. 983 zum zweiten Male nach Bobbio, und von Bobbio zum zweiten Male wieder 984 nach Rheims kommen und endlich schon 991 an den Ottonischen Hof berufen werden.[9]) Gegen diese Aufstellungen trat, wenn auch nicht als der erste, so doch unabhängig von zwei älteren französischen Gelehrten: Baluze und Fleury, die bereits auf Dasselbe gekommen waren, der vielverdiente Biograph Gerberts C. F. Hock auf, welcher erwies, daß Gerbert die Abtei Bobbio nicht von Otto I, sondern von Otto II, zugewiesen erhielt; dieser einzige Nachweis genügte, einzusehen, daß die von den französischen Benedictinern angenommene

---

[1]) Siehe Oben S. 76 Abgedr. bei Olleris p. 85 als Ep. 155.
[2]) Bei Olleris p. 97 als Ep. 176. — Vgl. dazu die Geschichtserzählung Olleris pag. CXXVII.
[3]) Siehe Olleris p. 156.
[4]) Olleris p. 158.
[5]) Olleris p. 159.
[6]) Olleris p. 161.
[7]) Recueil des historiens des Gaules et de la France, tom. IX et X.
[8]) Siehe Hist. litt. de la France VI, p. 559 ff. (nach Mabillon).
[9]) Das Nähere über die durch diese Annahmen bedingte Reihenfolge der Briefe bei Hock S. 194 ff. — Noch Barthelemy's Biographie über Gerbert ist von den Benedictinern abhängig. Gründe ihrer Annahmen sammt Widerlegung derselben bei Olleris 486 f.

Aufeinanderfolge völlig umgestellt werden müsse, wenn sie der chronologischen Folge der Ereignisse in Gerberts Lebensläufen entsprechen sollte. Roger Wilmans[1]) läßt den Verdiensten Hocks um die Chronologie der Briefe alle Ehre angedeihen, bedauert jedoch, daß er seine Untersuchungen auf die Briefe vor Otto's II Tod beschränkt, und in der Zeitbestimmung der übrigen sich größtentheils doch nur der älteren Tradition angeschlossen habe. Wilmans nahm demzufolge eine neue, auf alle Briefe Gerberts sich erstreckende Untersuchung vor,[2]) womit auch eine eingehende Prüfung des Geschichtswerkes Richers verbunden wird.[3]) Wilmans' Untersuchungen wurden mit Bezug auf den die Jahre 970—984 umfassenden Lebensabschnitt Gerberts von Büdinger weitergeführt; eine letzte eingehende Prüfung wurde sämmtlichen Briefen Gerberts schließlich von dem Herausgeber seiner Werke A. Olleris gewidmet.[4]) Olleris setzt als ersten in der Reihe der Briefe Gerberts jenen mehrerwähnten Brief an Thetbald von Amiens an, welchen er in das Jahr 975 verlegt; diesem läßt er vier Briefe an den Erzbischof Ekbert von Trier folgen,[5]) deren Abfassungszeit Wilmans für unbestimmbar hält, während sie Hock auf den Zeitraum 984—991 vertheilt. Zwei weitere Briefe an die Fratres Blandinenses bei Gent[6]) verlegt Olleris mit Bouquet in das Jahr 882 gegen Hock und Wilmans, den Brief hingegen an den Genter Abt Wido[7]) in das J. 887, in welchem derselbe zeitweilig auf die Abtei St. Bavo verzichten mußte, weil er jene des Klosters auf dem Berge Blandinum angenommen hatte. Nunmehr folgen bei Olleris sechzehn Briefe Gerberts als Abtes von Bobbio,[8]) in deren Bezeichnung er nur theilweise mit Hock und Wilmans zu-

---

[1]) In Ranke's Jahrbüchern des Deutschen Reiches II Bd. (Berlin 1840), 2. Abtheil. unter dem speziellen Titel: Jahrbücher des D. R. unter der Herrschaft König und Kaiser Otto's III.
[2]) A. a. O., S. 144—174; 186—188.
[3]) S. 175—186.
[4]) Oeuvres de Gerbert p. 483—562.
[5]) Epp. 104. 106. 109. 126.
[6]) Epp. 96. 105.
[7]) Ep. 36.
[8]) Epp. 10. 13. 7. 4. 2. 3. 1. 85. 12. 11. 21. 6. 5. 16. 23. 14. Von diesen Briefen läßt Wilmans nur zehn als Briefe aus Bobbio gelten, indem er Epp. 1—16 für die aus Bobbio geschriebenen Briefe nimmt. Hock zählt deren 28, verlegt aber gegen Wilmans Epp. 8. 13. vor den Aufenthalt in Bobbio.

der Briefe Gerberts.

fammentrifft. Von der Flucht Gerberts aus Bobbio bis zum März 984 zählt Olleris dreizehn Briefe,[1]) und von da b. i. vom Bruche zwischen Lothar und dem fächfischen Haufe bis zum Wormfer Frieden (19. Oct. 984) zweiunddreißig Briefe.[2]) Ein Hauptgrund der Differenz zwischen Olleris und feinen beiden Vorgängern Hock und Wilmans bezüglich der diefen Zeitraum betreffenden Briefe ist wol darin gelegen, daß Olleris mit Büdinger die Difputation Gerberts mit Orthric in das J. 980 verlegt, während Wilmans bei Hock die Verlegung derfelben in's J. 983 unbeanftändet gelten läßt. Dazu kommen aber freilich auch verfchiedene andere Differenzen, die auf eine abweichende Auffaffung verfchiedener einzelner Thatfächlichkeiten hinweifen, und zugleich auch die Schwierigkeiten einer vollkommen ficheren Beftimmung der Reihenfolge der Briefe erkennen laffen. Ep. 53 wird von Olleris mit Bouquet und Baluze gegen Wilmans dem Adalbero von Verdun vindicirt, in deffen Auftrage Gerbert an König Lothar gefchrieben habe, um demfelben die Unthunlichkeit der von ihm gewünfchten Niederreißung der das Klofter St. Paul bei Verdun umgebenden Mauern nahezulegen. Schon diefer Inhalt des Briefes beweife, daß er nicht in Rheims, fondern in Verdun abgefaßt worden fei; nicht Rheims, fondern Verdun war von Lothars Gegnern bedroht, ein Klofter St. Paul extra muros exiftirte bloß in Verdun, aber nicht in Rheims. Weiter folgert Olleris aus dem Inhalte des Briefes, daß derfelbe dazumal gefchrieben wurde, als König Lothar Herr der Stadt war, deren Bifchof Adalbero ihm den Treueid hatte fchwören müffen, nicht aber, nachdem fich der König in Folge des Abfalls des Bifchofes von ihm der Stadt mit Gewalt wieder hatte bemächtigen müffen, und der Bifchof geflohen war. Wilmans[3]) fei alfo in Bezug auf die Zeit und die Perfon desjenigen, in deffen Auftrag der Brief abgefaßt worden, im Irrthum, und faffe den Inhalt desfelben unrichtig auf. Diefer Brief in Verbindung mit mehreren

---
[1]) Epp. 42. 43. 30. 27. 34. 26. 22. 20. 35. 38. 31. 32. 33. Wilmans verlegt in die bezeichnete Epoche Epp. 17—47. Hock läßt die Reihe der Briefe nach der Rückkehr aus Bobbio mit Ep. 30) beginnen, und fo ziemlich in der durch Duchesne ihnen gegebenen Ordnung auseinanderfolgen.
[2]) Epp. 39. 53. 80. 41. 90. 54. 50. 47. 51. 49. 52. 57. 58. 48. 59. 60. 82. 25. 46. 45. 73. 24. 37. 166. 17. 62. 68. 67. 63. 55. 64. Nach Wilmans entfprechen diefer Epoche Epp. 47—64.
[3]) Vgl. Wilmans a. a. O., S. 155.

anderen zeitlich nahestehenden Briefen Gerberts wird von Olleris weiter benützt, um Richer's[1]) Erzählung von der in die Zeit von wenigen Wochen fallenten zweimaligen Eroberung der Stadt durch Lothar gegen Wilmans[2]) in Schutz zu nehmen; Richer habe sich hiebei bloß einige rhetorische Uebertreibungen zu Schulden kommen lassen. Unmittelbar auf diesen Brief läßt Olleris Ep. 80: Invectiva in Virudunensem ecclesiam folgen, von welcher Wilmans glaubt, daß sie besser in das J. 986 nach Lothars Tode passe, weil sich Verdun dazumal noch immer in den Händen der Franken befunden.[3]) Hier hat Olleris Bouquet und Hock[4]) auf seiner Seite; auch ist die Zurückverlegung des Briefes in die Zeit unmittelbar nach der Besitznahme Verduns durch Lothar psychologisch und sachlich besser motivirt. In diese Zeit verlegt Olleris weiter auch den in des Erzbischofes Adalbero Namen an die Kaiserin Theophano und ihren Sohn gerichteten Brief: Ep. 99, wobei er Baluze, Bouquet, Hock auf seiner Seite hat. Wilmans[5]) glaubt denselben in das Jahr 987 gegen das Ende der Regierung Ludwigs V, des letzten Karolingers verlegen zu sollen, und beruft sich hiefür auf Richer,[6]) welchem zufolge sich Adalbero nach Ludwigs V Tode vor König Hugo darüber zu verantworten hatte, daß er seiner Zeit den Einfall Otto's II in's Frankenreich begünstiget habe. Olleris folgert aus Gerberts Brief und aus der mit demselben durchaus sich nicht berührenden Angabe Richers, daß Adalbero sich zweimal zu verantworten hatte, das erste Mal vor König Lothar, das andere Mal vor dessen Sohn Ludwig; die erste Verantwortung falle auf den 27. März 984, die zweite auf den 21. Mai 987. Die erste Verantwortung betraf den Umstand, daß Adalbero von Rheims seinen Neffen Adalbero, dessen Verhalten während der vorerwähnten zeitweiligen französischen Besitznahme Verduns den Zorn Lothars erregt hatte, seiner Zeit erlaubt habe, das Bisthum Verdun anzunehmen, ohne Lothar über die Zulässigkeit einer solchen Erlaubniß vorher zu befragen. Adalberos Verantwortung hierüber

---

[1]) Hist. III, 101. 107.
[2]) Vgl. Wilmans a. a. O., S. 176 f.
[3]) Wilmans, S. 159.
[4]) Hock, Gerbert S. 70.
[5]) Wilmans a. a. O. S. 157 f.
[6]) Hist. IV, 5—7.

und über sein Verhalten zu der von Lothar geplanten Besitznahme Lothringens ist in Ep. 58 zu lesen.[1]) Die von Richer erwähnte Aufforderung Adalberos zur Verantwortung seines Verhaltens bezog sich auf Adalberos Beziehungen zum sächsischen Kaiserhofe, auf seine Zusammenkunft mit Otto II während des Einfalles desselben in Frankreich; Ludwigs Tod kam der angeordneten Verhandlung darüber zuvor, die sodann, da kein Ankläger sich fand, fallen gelassen wurde. Einen weiteren Beweis für die Richtigkeit seiner Location der Ep. 90. sieht Olleris in der genauen Zusammengehörigkeit der Epp. 90 und 52, deren letztere, gleichfalls an Theophano gerichtet, deutlich von der Stellung Adalberos gegenüber Lothar, und der gleichzeitigen Gefangenschaft der in Verdun von Lothar gefangen genommenen Verbündeten Adalbero's[2]) spricht. Zu dieser Gefangenschaft stehen gleichsam als fortlaufender Tagesbericht nach Olleris auch die weiteren hieher gehörigen Briefe Epp. 54. 50. 47. 51. 49. 57 in Beziehung. Die Epp. 25. 46. 45, welche Hock aus Bobbio geschrieben werden läßt, werden von Olleris in das Jahr 984 verlegt; für den ersten der genannten Briefe hat er Büdingers, für die anderen Wilmans' Zustimmung für sich. — Für die Zeit vom Wormser Frieden (19. Oct. 984) bis zum Tode Lothars (2. März 986) zählt Olleris neunzehn Briefe,[3]) deren unten angegebene Zahlen für sich allein schon seine starke Abweichung von den Annahmen Hock's[4]) und Wilmans'[5]) ersichtlich machen. In diese Epoche fällt eine Reise Gerberts nach Italien, der bei der Unerquicklichkeit der heimischen Zustände wieder von seiner Abtei Bobbio Besitz zu nehmen sucht. Epp. 84. 15. 19. 18. 83. 186 bereiten seine Rückkehr vor, Epp. 8. 40. 130 zeigen ihn auf der Reise begriffen, über die weiter in diese Epoche einbezogenen Briefe äußert sich Olleris größtentheils nur kurz und unbestimmt. Gerberts Absicht, von Bobbio wieder Besitz zu nehmen, wird auch von Hock aus den von ihm diesem Zeitraum zugewiesenen Briefen gefolgert; die von Wilmans auf diese Zeit bezogenen

---

[1]) Vgl. den ausführlichen Bericht bei Olleris p. LXXVI sq.
[2]) Siehe Oben S. 84.
[3]) Epp. 84. 15. 19. 18. 83. 168. 8. 40. 130. 66. 110. 99. 113. 127. 61. 118. 133. 94. 149.
[4]) Hock citirt SS. 71. 72. für diese Epoche namentlich Epp. 104. 106. 73. 74. 83—85. 72. 76.
[5]) Wilmans verweist in diese Epoche Epp. 65—71.

Briefe lassen natürlich die Annahme eines derartigen Vorhabens nicht zu. Ep. 8, an Erzbischof Adalbero gerichtet, welchen Wilmans der Zeit des Aufenthaltes Gerberts in Bobbio zuweist, Hock[1]) noch früher ansetzt, wird von Olleris mit Baluze in das J. 985 verlegt, zugleich aber als Beleg einer bloß zeitweiligen Abwesenheit Gerberts von Rheims genommen, da er die alsbaldige Zurückkunft Gerberts in Aussicht stelle.[2]) Die in dem Briefe erwähnten Claves librorum waren von Wilmans[3]) als Chiffernschrift verstanden, und diese Annahme durch Belege aus anderen Briefen unterstützt worden. Olleris hält es für natürlicher, den betreffenden Ausdruck in wörtlichem Sinne zu nehmen, und an Schlüßel zu denken, welche zur Eröffnung kostbarer, mit Schlößern versehener Bücher dienten; die aus anderen Briefen beigebrachten Beweisgründe läßt er nicht gelten. Die von Wilmans aus der oben erwähnten Ep. 53 angezogenen Worte: Epistola . . . . . ignota impressione, signis incognitis werden von Olleris auf unkenntliches Siegel und ungewohnte Handschrift bezogen. Die wirklichen Buchstabenchiffern in Epp. 122. 128[4]) hat Olleris in dem von ihm zu Rathe gezogenen Leydener Codex nicht gefunden, und zweifelt überhaupt, ob die in anderen Codices vorfindlichen Zeichen jenen der ältesten Manuscripte entsprechen. — In die Epoche vom Tode Lothars (2 März 986) bis zum Tode Ludwigs V (21 Mai 987) reiht Olleris neunundzwanzig Briefe ein,[5]) welche nach rückwärts und vorwärts über die von Hock[6]) und Wilmans[7]) festgestellten Zahlengränzen hinausgreifen. Die Ep. 181, welche von Wilmans in die Zeit nach der Lossagung Gerberts von Arnulph verlegt, und zugleich als

---

[1]) Hock, Gerbert S. 63.
[2]) Bei Bouquet X, 274 heißt es mit Bezug auf Ep. 8: Gerbertum ab Adalberone Romam fuisse missum pro Mosomensis coenobii nova institutione (vgl. Oben S. 40 ) suspicatur Mabillonius.
[3]) Wilmans a. a. O., S. 142.
[4]) Die in Ep. 128 (an Theophano) vorkommenden Buchstaben: D. Q. V. M. H. E. waren seiner Zeit schon als Baluze gedeutet worden: Dominam quondam vestram matrem Hemmae. Diese Deutung scheint durch Ep. 119, einen von Emma an dieselbe Theophano gerichteten Klagebrief außer Zweifel gesetzt zu sein.
[5]) Epp. 72. 74. 108. 71. 75. 181. 86. 101. 144. 103. 100. 117. 207. 182. 97. 98. 29. 93. 102. 140. 114. 129. 131. 91. 146. 141. 92. 176. 116.
[6]) Hock (Gerbert S. 72—74) citirt als die dem bezeichneten Zeitraum entsprechenden Briefe Epp. 72. 74—76. 91. 94. 97—101. 103. 119.
[7]) Epp 72—103.

der Briefe Gerberts.

ein Beleg seiner unzuverlässigen Gesinnung und seines ehrgeizigen Strebens genommen wird, wird von Olleris in das J. 986, in die Zeit vor dem Ausgleichungsvertrage zu Remiremont (17 Juni 986) verlegt,[1]) und aus seinem Bestreben, einen dauernden Frieden herbeiführen zu helfen, erklärt. Damit werden weiter auch Epp. 86. 101. 144. 103 in Verbindung gebracht. Die Ep. 117, eine Bitte der französischen Bischöfe an Theophano, Gerbert ein vacantes Bisthum zu verleihen, wird von Hock[2]) in das Jahr 988 verlegt, und als Wunsch, Gerbert zum Nachfolger des verstorbenen Adalbero von Rheims zu ernennen, aufgefaßt. Schon Wilmans[3]) bemerkte hiezu, es sei undenkbar, daß Gerbert, als dessen ehrgeizigen Wunschesausdruck er jenen Brief nimmt, unter den damaligen Verhältnissen das Erzbisthum in Rheims, der Metropole Frankreichs, sich habe von Theophano erbitten wollen; und Olleris tritt Wilmans' Ansicht bei mit der Bemerkung, daß Hugo Capet einen solchen Schritt nimmer geduldet haben würde. Es müsse sich demnach um ein an den Gränzen Deutschlands gelegenes Bisthum gehandelt haben und der Brief vor Adalbero's Tod geschrieben worden sein. Olleris läßt den Brief durch Adalbero selber veranlaßt sein, und nimmt ihn als Ausfluß väterlicher Liebe und Freundschaft für Gerbert; er hebt weiter auch richtig hervor, daß der Brief an ein Adalbero von Theophano in dieser Angelegenheit schon früher gemachtes Versprechen mahne, dessen Erfüllung sowol durch die treue Hingebung Gerberts an das Kaiserhaus, als auch durch die Vertreibung Gerberts aus Bobbio nahegelegt sei. Leider wird der freundliche Eindruck dieser sachgetreuen Auffassung durch die Deutung zerstört, welche Olleris der an Ep. 117 von ihm zunächst angereihten Ep. 207 gibt. Der Brief ist nach seiner Ansicht an den nach dem Frieden von Remiremont restituirten Bischof Adalbero von Verdun gerichtet; Gerbert wünsche ihm, und in der Hoffnung eines baldigst zu erlangenden Bisthums zugleich auch sich selber Glück. So versteht Olleris die Aeußerung Gerberts, nach Beseitigung der ihn in seiner Doppelstellung zu dem französischen und deutschen Herrscherhause so hart bedrängenden Wirren und Zerwürfnisse zwischen

---

[1]) Wilmans a. a. O., S. 172.
[2]) Hock, Gerbert S. 80.
[3]) Wilmans a. a. O., S. 161, Anm. 1.

beiden Häusern endlich einmal festen Boden unter seinen Füßen zu fühlen.[1]) — In die Zeit vom Regierungsantritte des Königs Hugo Capet (1 Juni 987) bis zum Tode des Erzbischofes Adalbero (23 Jän. 989) verlegt Olleris einunddreißig Briefe;[2]) Hock rechnet hieher einen Theil der Briefe von Ep. 107— Ep. 166, unter ausdrücklicher Ausscheidung mehrerer, deren einige er vor den bezeichneten Zeitraum, andere aber nach demselben setzt,[3]) während Wilmans[4]) insgemein Epp. 103—150 als die demselben angehörigen Briefe nimmt. Olleris ist mit Wilmans darin einverstanden, daß Ep. 150 der erste sei, in welchem des Todes des Erzbischofes Adalbero Erwähnung gethan werde, weicht aber von Hock und Wilmans in Bezug auf das Todesjahr Adalberos ab. Während nämlich der 23. Januar einmüthig als Todestag desselben angegeben wird, halten sich Hock und Wilmans an das in der Gallia christiana angegebene J. 988 als Todesjahr, während Pertz mit Richer a. 990 dafür nahm; Olleris hingegen spricht sich mit Mabillon und mit der Hist. litt. de la France für a. 989 aus. Richers Angabe erklärt Olleris als unmöglich, weil nach Gerberts Angaben zwischen Adalberos Tod und der im Juli 991 gehaltenen Synode zu St. Basle ungefähr 26 Monate verstrichen. Aus Ep. 142 beweist er, daß Adalbero bei der an einem 1 Oct. stattgehabten Wahl Abbos zum Abte von Fleury noch intervenirte; da nun Abbo, welcher sechzehn Jahre Abt war, a. 1004 starb, so muß Adalbero am 1 Oct. 988, an welchem Tage Abbo zum Abte gewählt wurde, noch gelebt haben. Mit der späteren Ansetzung des Todesjahres Adalberos ist natürlich auch eine veränderte Zeitbestimmung jener Briefe verbunden, welche auf Ereignisse vor und nach dem Tode Adalbero's Bezug haben. Dahin rechnet Olleris eine zweimalige Belagerung Laons durch die Truppen Hugo Capet's, deren eine in das J. 988, die andere in das J. 989 fällt. Hiebei sucht Olleris auch die von

---

[1]) Laudo et glorifico misericordias et miserationes ejus cum in vobis tum in me, quem peregrinum totoque ut ita dicam orbe profugum quandoque requiescere jussit certaque consistere terra. Ep. 207.
[2]) Epp. 44. 137. 138. 65. 56. 69. 134. 107. 112. 111. 120. 119. 123. 122. 115. 132. 70. 81. 88. 89. 87 95. 142. 192. 148. 136. 124. 135. 125. 147. 143.
[3]) Vgl. Hock, Gerbert S. 192 und SS. 74—77.
[4]) Wilmans a. a. O., S. 160 ff.

der Briefe Gerberts.

Richer¹) erzählte, von Wilmans²) in Abrede gestellte Thatsache eines zweimaligen Angriffes Hugo's auf das von Karl von Lothringen besetzte Laon aus Gerberts Briefen zu erhärten; in Ep. 135 ist von einer vorläufigen Einstellung der bereits begonnenen Belagerung die Rede, und die Erneuerung derselben im nächsten Frühjahr wird nicht bloß durch Richer berichtet, sondern in Bezug auf die Einzelheiten ihres von Richer erzählten Verlaufes auch durch Ep. 121 bestätiget. Die beiden Belagerungen vertheilen sich auf die Jahre 988 und 989; Wilmans, der die von ihm angenommene einmalige Belagerung in das Jahr 987 verlegt, verstößt gegen die in Hugo's Auftrage a. 987 an den Markgrafen Borel geschriebene Ep. 112, in welcher Hugo sagt, daß sein Reich im tiefsten Frieden sich befinde, daß er im nächsten Jahre nach Aquitanien abgehen werde, und daselbst der Ankunft Borels entgegensehe. So hätte Hugo nicht schreiben können, wenn er einen Kriegszug gegen Karl von Lothringen geplant hätte. Auf Ep. 112 läßt Olleris unmittelbar Ep. 111, die Werbung Hugo's um die Hand einer griechischen Prinzessin für seinen Sohn Robert folgen, eine Thatsache, um die wir nur durch Gerberts Briefe wissen. — Der Epoche vom Tode Adalbero's bis zur Erhebung Gerberts zum Erzbischof von Rheims werden von Olleris achtundzwanzig Briefe zugewiesen;³) Hock, welcher eine beträchtliche Zahl von den Epp. 6—31 hieher bezieht, zählt 47 Briefe,⁴) Wilmans⁵) verweist Epp. 162—186 in diesen Zeitraum. Das Hauptinteresse concentrirt sich während dieser Epoche auf das Verhalten Gerberts in der Situation, die für ihn durch seines Erzbischofes Arnulph und Karls von Lothringen Verhalten gegenüber Hugo Capet herbeigeführt worden war. Die Vorwürfe über treulosen Gesinnungswechsel aus Motiven des Ehrgeizes und persönlichen Interesses knüpfen sich hauptsächlich an die Briefe Gerberts aus dieser Periode. Wenn Wilmans zur

---
¹) Hist. IV, 19. 21.
²) Wilmans a. a. O., S. 161 ff.
³) Epp. 150. 162. 164. 167. 163. 152. 151. 123. 121. 183. 169. 170. 173. 174. 175. 139. 172. 171. 185. 179. 214. 180. 165. 177. 178. 184, zusammt zwei bis dahin ungedruckten, aus einem Leydener MSS. producirten Briefen, welche nach der von Olleris angenommenen Zählung als Epp. 155. 176 aufgeführt sind. Ueber den ersten derselben (ad Fratrem Adam) siehe Oben S. 247.
⁴) Hock, Gerbert S. 192.
⁵) Wilmans a. a. O., S. 167 ff.

Begründung dieses seines Urtheiles über Gerbert auch noch die zu Lebzeiten Adalberos an Herzog Karl gerichtete Ep. 115 herbeizieht, die als Warnung desselben einen Verrath an Hugo involviren soll, so muß wol vor Allem bemerkt werden, daß das von Wilmans angenommene Dienstverhältniß Gerberts zu Hugo nicht bestand, am allerwenigsten zu Lebzeiten Adalberos, dessen Vertrauter und Geheimschreiber Gerbert war; auch war jener Brief Gerberts an Karl nur ein wohlgemeinter Rath, die Sache nicht auf's Aeußerste zu treiben, und damit sich selbst alle Aussichten in eine bessere Zukunft zu zerstören. Daran scheint nicht zu zweifeln zu sein, daß Adalbero und mit ihm Gerbert die Erhebung Hugos auf den französischen Königsthron mit dem Gefühle der Ergebung in's Unvermeidliche aufgenommen hatten, und Gerbert eine Wendung der Dinge zu Gunsten des letzten legitimen Sproßen des Karolingischen Hauses, der zudem auch zum deutschen Hofe in näherer Beziehung stand, nicht für unmöglich hielt. Daraus erklärt sich, daß er einige Zeit auch mit Arnulph von Rheims gemeinsame Sache machen konnte; gleichwie aber Adalbero im pflichtgemäßen Hinblick auf die Ruhe und Wohlordnung der öffentlichen Verhältnisse ein Zusammengehen mit Herzog Karl als unmöglich erkannte, so wurde auch Gerbert trotz seiner anfänglichen Willfährigkeit gegen den mit Karl verwandten und verbündeten Nachfolger Adalberos angesichts des rohen Auftretens und Gebahrens beider zu einer entschiedenen Lossagung von der Sache derselben hingedrängt, in welche er durch seine persönliche Lebensstellung hineingezogen worden war. Sagt er uns doch selber in einem seiner Briefe aus dieser Zeit (Ep. 160), daß er, wofern es nur ausführbar gewesen wäre, nach Adalberos Tode gerne nach Italien gegangen wäre, um von seiner Abtei Besitz zu nehmen, und dem Studium und den klösterlichen Uebungen sich ungetheilt zu widmen. An der Aufrichtigkeit dieser Versicherungen zu zweifeln, liegt kein Grund vor; eben so wenig läßt sich die Schwierigkeit der Verhältnisse verkennen, von welchen sich völlig loszulösen Gerbert kaum möglich war, es wäre denn, daß er sich entschlossen hätte, als Mönch irgend eines Klosters sich für immer aus der Welt zurückzuziehen. Ob für ihn ein solcher Schritt völliger Weltentsagung dazumal angezeigt war, wagen wir

nicht zu entscheiden; wir glauben, daß er durch denselben gegen
die ihm gewordenen Gaben sich verfehlt und den ihm gewordenen
Berufe untreu geworden wäre. Wol aber gestehen wir gerne zu,
daß die Schule der Erfahrungen, durch welche sein Geist und
Charakter zur vollkommenen Reife geläutert werden sollte, für
ihn dazumal noch nicht zu Ende war; er war darauf angewiesen,
seine Zeit und sein Jahrhundert thätig mitzuleben, um in der
einflußreichen Theilnahme an den Vorgängen derselben bestimmend
in sie einzugreifen, und durch die mit dieser Theilnahme verbundenen
Erlebnisse und Erfahrungen zu jener Umsicht und Klarheit zu
gelangen, welche sein auf höchste Ziele gerichteter energischer Geist
und Wille verlangte und bedurfte.[1] — Uber die noch folgenden
Briefe Gerberts bis zum Antritte seines Pontificates können wir
uns kurz fassen. Olleris rechnet in die Epoche 991—995 vier-
undzwanzig Briefe;[2] er stimmt hierin im Ganzen mit Hock
überein bis auf zwei Briefe,[3] welche Hock in die Zeit vor dem
Rheimser Episcopat Gerberts verlegt.[4] Vom Rheimser Concil
(995) bis zum Antritte des Pontificates zählt Olleris vierzehn

---

[1] Wilmans (a. a. O., S. 171) hält Ep. 172 für ein Schreiben des
durch Gerbert sicher gemachten Erzbischofes Arnulph an Gerbert; Olleris
hält dieß für unwahrscheinlich, und scheint dieselbe gleich Ep. 139 für ein
von Gerbert im Dienste Arnulphs abgefaßtes Schreiben nehmen zu wollen.
Das einzige Sichere ist, daß in beiden Briefen für Karl von Lothringen Partei genommen, und derselbe als legitimer Erbe Ludwig's V angesehen wird. Derselben Ueberzeugung wird in Ep. 161 Ausdruck gegeben,
welche nach Olleris an Adalbero von Laon gerichtet ist. — Die schwersten
Anschuldigungen gegen Gerbert werden von Wilmans (S. 172) aus Ep. 181
abgeleitet, in welcher Gerbert zu erkennen gebe, daß er sich von Arnulph
und Otto III losgesagt, für diese Lossagung aber auch seinen entsprechenden
Lohn (nämlich das Erzbisthum Rheims) sich ausbedungen habe. Olleris erklärt diese Ausdeutung für völlig verfehlt, und verlegt den Brief in die
Zeit vor dem Vertrage von Remiremont; der Inhalt des Briefes bekundet
den Wunsch, einen dauerhaften Frieden zwischen Frankreich und Deutschland
zu erzielen. Die Wunschäußerung des Briefstellers, der im Namen eines
Anderen schreibt, an den ungenannten Adressaten betrifft nicht einen „Lohn",
sondern eine unverzügliche Antwort.
[2] Epp. 186. 187. 219. 199. 202. 201. 204. 203. 197. 200. 205.
208. 145. 211. 209. 193. 218. 195. 206. 217. 212. 194. 196. 159. Die Ep.
159 ist jener oben (Cap. 4) erwähnte, an die Gemalin Hugos gerichtete Brief
Gerberts, mit welchem Ep. 160 zusammenhängt, vielleicht sogar ein Stück
bildet, wie Masson, Bignier und Baronius in der That angenommen haben.
[3] Epp. 145. 211.
[4] Hock, Gerbert SS. 79. 92. — Umgekehrt setzt Olleris Ep. 159 in
die Zeit vor der Synode von Mouson und Rheims, während Hock sie derselben nachfolgen läßt.

Briefe,[1]) rücksichtlich deren er die Schwierigkeit einer genauen chrono=
logischen Rangirung eingesteht; die Schwierigkeit rühre daher, daß
man nicht wisse, um welche Zeit Gerbert wieder in nähere Beziehungen
zum sächsischen Kaiserhause getreten sei. Hock läßt Epp. 153. 154,
die Einladung Otto's III an Gerbert sammt dessen Erwiederung
vor der Synode von Mouson geschrieben sein; Wilmans, der diese
beiden Briefe später als Hock ansetzt (a. 996), stimmt wenigstens
darin mit ihm überein, daß er in ihnen den Anfang der erneuerten
Beziehungen zwischen Gerbert und dem deutschen Herrscherhause
erkennt. Olleris meint, es lasse sich nicht ermitteln, wie und auf
welchem Wege sich die Wiederannäherung Gerberts an den deutschen
Hof gemacht habe, erkennt aber in Ep. 157 einen Beweis für die
Thatsache, daß Gerbert a. 996 Zeuge der Kaiserkrönung Otto's III
gewesen sei, da der hierauf bezügliche Brief Otto's an seine Groß=
mutter Adelheid von Gerberts Hand geschrieben ist. Epp. 188
und 190 reden von erfolgreichen kriegerischen Unternehmungen
Otto's; Wilmans und Olleris verzichten darauf, zu sagen, welche
Unternehmungen gemeint seien. Ep. 153 wird von Olleris als
freundlich ermuthigende Antwort auf die Klagen Gerberts in
Epp. 189 und 191 genommen; von da an sei Gerbert in unzer=
trennlicher Beziehung zum Kaiserhause gestanden, und der Beginn
dessen spreche sich in Ep. 154, in der Erwiederung Gerberts auf
Otto's huldreichen Brief aus. Ep. 155 gebe sich durch seinen
ganzen Inhalt als Brief Ottos an Papst Gregor zu erkennen,
sei also fälschlich als Brief des Kaisers an Gerbert aufgefaßt
worden. Als letzter Brief Gerberts vor Antritt des Pontificates
erscheint bei Olleris sachgemäß Ep. 210, an die Kaiserwittwe
Adelheid gerichtet, welcher Gerbert als Erzbischof von Ravenna
seinen geistlichen Schutz gegen böswillige Friedensbrecher und Ver=
gewaltiger ihres Besitzes in dankbarer Treue und pflichtgemäßer
Rücksicht auf die Obliegenheiten seines bischöflichen Amtes zusagt.

Die Schilderung, welche Gerbert in diesem letzten Briefe an
die Kaiserwittwe von seinen körperlichen Zuständen gibt, sind
geeignet, das innigste Mitgefühl für ihn zu erwecken. Adelheid
hatte ihn eingeladen, zu ihr zu kommen; Gerbert legt ihr dar,

---

[1]) Epp. 198. 213. 157. 188. 190. 189. 191. 153. 154. 155. 156. 160. 9. 210.

daß dieß, so freudig er sonst ihren Wünschen willfahren würde, für ihn eine unmögliche Sache sei. Er ist an's Krankenlager gefesselt, seine vorgerückten Lebensjahre mahnen ihn an das möglicher Weise nahe bevorstehende Ende seiner irdischen Tage.[1]) Inmitten dieser Leidenszustände ist die von dem hohen Herrscherhause ihm während seines vielbewegten Lebens so vielfach zu Theil gewordene vertrauensvolle Huld der leuchtende Stern seiner irdischen Tage; die rohe und verbrecherische Unbill, über welche die hohe Herrin bei ihm klagte, hat ihm schmerzliche Thränen gekostet, so daß seine kranken Augen darüber fast das Licht verloren. Diese Kundgebung des Mitgefühles und Werbung um Mitgefühl galt der langjährigen Gönnerin, die unter allen damaligen Zeitgenossen seine älteste Freundin war; an diese hatte er sich vertrauensvoll in der Zeit schlimmster Bedrängnisse als Rheimser Erzbischof gewendet,[2]) so wie er umgekehrt früher schon nach Otto's II Tode sie seiner immerwährenden Treue versichert,[3]) und als hilfreicher Mittler zwischen ihr und ihrer unglücklichen Tochter Schmerz und Leid Beider getheilt hatte.[4]) Diese nahen Beziehungen Gerberts zu Adelheid waren wol auch Ursache, daß der junge Otto III die Nachricht von seiner Krönung zum Kaiser durch Gerbert[5]) an sie gelangen ließ. Als der Vertraute und treuergebene Freund der Mutter Otto's III, der Kaiserwittwe Theophano erscheint er in dem, theils in eigenem, theils in Adalberos Namen geführten Briefwechsel mit derselben während der Zeit der Invasion Lothars in Lothringen,[6]) und die während derselben betriebene eifrige Wahrnehmung der Interessen der kaiserlichen Familie mußte eine vorausgegangene Mißstimmung gegen Gerbert, die aus nicht aufgehellten Ursachen zeitweilig die beiden kaiserlichen Frauen beherrscht zu haben scheint,[7]) alsbald wieder beseitigen. Er konnte in einem Briefe

---

[1]) Transierunt enim dies mei, o dulsis Domina et gloriosa, senectus mea mihi diem minatur ultimum. Latera pleuresis ($πλευρῖτις$) occupat, tinniunt aures, distillant oculi, totumque corpus continuis depungitur stimulis. Totus hic annus me in lecto a doloribus decumbentem vidit, et nunc vix resurgentem recidivi dolores alternis praecipitant diebus. Ep. 210.
[2]) Ep. 206.
[3]) Ep. 20.
[4]) Epp. 75. 97. 128.
[5]) Ep. 157.
[6]) Epp. 52. 86. 90. 103. 119.
[7]) Vgl. Epp. 6. 20.

an Otto III mit vollem Rechte sagen, daß er gleichsam durch drei Generationen, d. h. unter den drei Regierungen der drei aufeinanderfolgenden Ottonen dem kaiserlichen Hause mit aufrichtiger Hingebung stets zugethan geblieben sei, und diese Hingebung in gefahrvollen Momenten bewährt habe.[1]) Daß er einige Zeit als Secretär des Königs Hugo erscheint,[2]) erklärt sich aus der von Abalbero nach dem Tode Ludwig's V genommenen politischen Stellung, und aus dem Verhältniß Gerberts zu dem neuen Königshause als gewesener Lehrer Roberts, des Sohnes Hugos. Mit den Neigungen seines Herzens stand er unstreitig mehr auf Seiten des Ottonenhauses, wie auch sein Verhalten in den unheilvollen Entwickelungen, in welche er durch Abalberos Nachfolger Arnulph hineingezogen worden war, unverkennbar bekundet. Eher könnte man fragen, ob er nicht durch die vom französischen Königshause begünstigte Annahme des Rheimser Bisthums sich zu einem falschen Schritte habe drängen lassen. Er selbst hat ihn später als Inhaber des Stuhles Petri wenigstens indirect als solchen zugestanden, wenn er seinen Vorgänger Arnulph in das demselben einst durch König Hugo abgedrungene Erzbisthum wiedereinsetzte. Freilich erscheint diese Wiedereinsetzung in Sylvesters Bulle ausschließlich als ein Act apostolischer Machtvollkommenheit, der als solcher keinen Rückschluß auf die rechtliche Beschaffenheit des früher Geschehenen gestattet, vielmehr nur dem nunmehr Würdigen das zuerkennt, was dem einst nach seinem eigenen Geständniß Unwürdigen entrissen worden war. Auch konnte Gerbert in seinem Gewissen der Gründe manche finden, welche ihn von einer sittlichen Schuld in der Annahme der auf seine Person sich vereinigenden Wahl des französischen Episcopates frei sprachen. Wir finden, wo nicht die Rechtfertigung, so doch die Erklärung seines damaligen Handelns in den gegebenen Verhältnissen, welchen entrissen zu werden, er sich vergeblich gesehnt hatte. Was er selbst zur Rechtfertigung seines Handelns anführen zu dürfen glaubte, hat er in seinem Briefe

---

[1]) Tribus, ut ita dicam, saeculi aetatibus vobis, patri, avo inter hostes et tela fidem paratissimam exhibui, meam quantulamquamque personam regibus furentibus, populis insanientibus pro vestra salute opposui. Ep. 181.
[2]) Vgl. die in Hugo's Auftrage geschriebenen Briefe Gerberts: Epp. 107. 111. 112. 120. 178.

Selbstcharakteristik Gerberts durch seine Briefe.

an den Bischof Wilderod in Straßburg entwickelt, welchen er gleichsam als Repräsentanten des kirchlichen Bewußtseins im Wege vertraulicher Anfrage zu Rath zieht, und zugleich um Vertheidigung seiner Person und seines Handelns vor den Bischöfen und dem Könige Deutschlands angeht. Seine Rechtfertigung reducirt sich auf die aus dem früher Erzählten bekannten Puncte, daß Arnulph das Erzbisthum durch selbsteigene und von ihm eingestandene sittliche Schuld verwirkt, Rom 18 Monate keine Antwort auf den Bericht über die Synode von Senlis gegeben habe, und Gerbert ohne sein Zuthun an Arnulphs Stelle gesetzt worden sei. In Bezug auf Rom will Gerberts Beweisführung nicht ganz klappen; denn mit dem von ihm zugestandenen Einspruchsrechte des römischen Stuhles verträgt sich nicht die Berufung auf das ältere kirchliche Recht, welchem gemäß nach Gerberts Darlegung Rom das Vorgehen auf der Synode zu St. Basle einfach nur billigen, nicht aber reprobiren hätte können.[1]) Der richtige Sinn seiner hierauf bezüglichen Ausführungen wäre demnach der, daß Rom durch Bekanntgebung der Concilsbeschlüsse die geziemende Rücksicht und Ehre erwiesen worden sei, und ein Einspruch gegen das Vorgehen der Synode billiger Weise gar nicht habe erwartet werden können. Damit wurde das oberstrichterliche Amt des Papstes in Frage gestellt, und die Giltigkeit seiner Entscheidungen von dem Gewissen und Urtheile der gallischen Bischöfe abhängig gemacht. Und eben dieß war es, was man in Rom zu keiner Zeit, weder dazumal, noch auch zu Zeiten Hincmars gelten lassen wollte, aus dessen Opusculum LV Capitulorum[2]) Gerbert weitläufige Auszüge bringt. Gerbert konnte seinerseits mit Grund die damalige Gebundenheit und Schwäche des römischen Stuhles beklagen, dessen Inhaber ihren gewaltigen Aufgaben augenscheinlich nicht gewachsen waren; wenn er sich bis zu den

---

[1]) Damberger (synchronistische Gesch. d. Kirche u. Welt V, 415 ff.) hegt ernstliche Bedenken gegen die Zuverlässigkeit der Acten der Synode von St. Basle, und führt insgemein Klage über den verderbten Zustand, in welchem Gerberts Schriften der Nachwelt überliefert worden seien. Daß zu einer solchen Beschwerde gegründeter Anlaß vorliege, leidet keinen Zweifel. So bietet z. B. um nur Eins zu erwähnen, die oben S. 51, Anm. 3 erwähnte Einleitung in Gerberts Schrift de Rationali geradezu unlösliche Schwierigkeiten. Daß aber Gerbert in eine schiefe Stellung sich verwickelt hatte, ist eben so gewiß, und durch keine skeptischen Bedenken gegen die Zuverlässigkeit der hierüber vorliegenden schriftlichen Belege zu beseitigen.

[2]) Siehe unsere Schrift über Alcuin u. s. Jahrh., S. 302.

schwersten Anklagen gegen den römischen Stuhl versteigt, und von demselben an Christus apellirt,¹) so wurde er durch das baldigst folgende Pontificat Gregors V eines Besseren belehrt, und schon das Erscheinen des Abtes Leo konnte ihn belehren, daß in der nächsten Nähe des römischen Stuhles die Kräfte und Strebungen des Geistes kirchlicher Erneuerung nicht schlummerten, so unsympathisch ihn auch die eben nicht feinen oder rücksichtsvollen Redewendungen Leos berühren mochten. Umgekehrt darf man es auch Gerbert nicht zum Schlimmen rechnen, wenn sich seine Gedanken unter den Eindrücken, die er aus den Vorgängen des kirchlichen Zeitlebens in sich aufnahm, von der in der geschichtlichen Wirklichkeit gegebenen Kirche zur überzeitlichen, unvergänglichen Idee der Kirche als letztem Hoffnungsanker hinwendeten. Das Hinausgreifen über das in der Wirklichkeit Gegebene zur Idee des Wirklichen ist von jeher der lebendige Motor des Fortschrittes zum Besseren gewesen; nur scheint es, daß Gerbert zufolge seiner Verflechtung in die Angelegenheiten der weltlichen Politik die schon zu seiner Zeit in Kraft der ascetisch-innerlichen Sammlung von Innen heraus sich vollziehende Erneuerung des kirchlichen Geistes und Lebens nicht gebührend beachtete, oder jedenfalls die natürlichen praktischen Ziele derselben, wie sie im Laufe des eilften Jahrhunderts immer sichtlicher hervortraten, noch nicht klar überschaute. Hierin steht er, wie hoch und kühn er sonst über die Mehrzahl seiner Zeitgenossen hinausragt, innerhalb der Gränzen seiner Zeit; und erst da, als er die Höhe des Pontificates erstiegen hatte, mochte sich ihm ein bis dahin ungeahnter Ausblick in die Zukunft eröffnet haben; es möchte ihm vielleicht auch schon die Gestalt eines Gregor VII am Horizont seiner prophetischen Fernsicht sich gezeigt, und riesenhoch über die locale Machtherrlichkeit eines Hincmar emporsteigend erschienen sein.

Der spätere, durch die Erfahrungen seines ereignißreichen Lebens umgestimmte Gerbert ist uns größtentheils nur aus seinen

---

¹) Una salus hominis o Christe tu es. Ipsa Roma omnium ecclesiarum hactenus habita mater bonis maledicere, malis benedicere fertur, et quibus nec ave dicendum est, communicare tuamque legem zelantes damnare, abutendo ligandi et solvendi potestate a te accepta; cum apud te non sententia sacerdotum, sed reorum vita quaeratur, nec possit hominis esse impium justificare justumque damnare (Ep. ad Wilderod).

Handlungen und aus den Berichten Anderer bekannt; die in seinen Briefen niedergelegte Selbstcharakteristik reicht kaum über die Rheimser Katastrophe hinaus. Die Zahl der Briefe nach a. 995 ist eine sehr geringe; Olleris verlegt in die Zeit zwischen a. 995 und dem Antritte des Pontificates Sylvesters II bloß vierzehn Briefe, von deren Zahl überdieß drei Briefe Otto's abzuziehen sind; die wichtigeren unter den übrigen haben wir bereits oben kennen gelernt. Die Briefe vor dieser Zeit aber, welche, einige wenige ausgenommen, fast sämmtlich in die Jahre 983—995 fallen, geben ein reiches und belebtes Bild der vielseitigen Beziehungen, welche Gerbert theils in Adalbero's, theils in eigenem Namen unterhielt. Wir haben den Inhalt dieser Beziehungen zur Genüge kennen gelernt aus dem, was über die briefliche Correspondenz Gerberts nicht bloß an dieser Stelle, wo von der chronologischen Rangirung der Briefe die Rede war, sondern im Verlaufe des ganzen Buches und insbesondere auch am Schluße des zweiten Capitels beigebracht worden ist. Unter den Personen, mit welchen er, außer jenen des sächsischen Kaiserhauses und Kaiserhofes brieflich verkehrte, treten als die bedeutendsten in den Vordergrund Gerald[1] und Raimund von Aurillac,[2] Adalbero von Rheims,[3] Ekbert von Trier,[4] Notker von Lüttich,[5] Adalbero von Verdun,[6] Willigis von Mainz,[7] Dietrich von Metz,[8] Beatrix von Lothringen,[9] Karl von Lothringen,[10] Seguin von Sens,[11] Arnulph von Orleans,[12] Majolus von Clugny,[13] Constantin von Fleury;[14] dieser letztere zusammt Rainard von Bobbio,[15] Airard von Aurillac,[16]

---
[1] Epp. 16. 17. 35. 46. 71.
[2] Epp. 45. 91. 170.
[3] Epp. 8. 61. 93. 94. 102. 147.
[4] Epp. 13. 16. 38. 54. 55. 56. 69. 74. 100. 101. 104. 106. 108. 109. 114. 121. 126. 135. 164. 175. 179.
[5] Epp. 30. 39. 42. 43. 49. 66. 67. 195.
[6] Epp. 41. 47. 151. 171. 180.
[7] Epp. 27. 34.
[8] Epp. 32. 33. 59.
[9] Epp. 62. 63. 64.
[10] Epp. 31. 115. 122.
[11] Epp. 107. 217.
[12] Epp. 193. 212.
[13] Epp. 70. 88.
[14] Epp. 87. 142. 161.
[15] Epp. 19. 130. 168.
[16] Ep. 7, nebst regelmäßigen Grüßen an ihn in den Briefen an Gerald und Raimund.

dem römischen Diakon Stephan,[1]) Adso von Monstier en Der,[2]) Ebrard von Tours,[3]) Romulph von Sens[4]) und Thetmar von Mainz[5]) erscheinen im brieflichen Verkehre Gerberts als Mittler in Geschäften der Büchererwerbung, von welchen auch einmal in einem aus Italien an Abalbero von Rheims geschriebenen Briefe die Rede ist, während die übrigen Briefe an Abalbero nebst der Mehrzahl der anderen so eben erwähnten auf die durch König Lothar und Herzog Karl veranlaßten Wirren und Verwickelungen sich beziehen. Für die genauere Kenntniß dieser Wirren sind demnach Gerberts Briefe als eine der belangreichsten Geschichtsquellen zu betrachten, und verhelfen zu einer recht anschaulichen Vorstellung von den Vorgängen nach Otto's II Tode und den an denselben betheiligten Persönlichkeiten. Der Charakter und Einfluß des edlen und gewiegten Abalbero von Rheims tritt da im vollen Gewichte seiner Bedeutung hervor; wir sehen, wie er gleich anfangs darauf hinarbeitet, den Erzbischof Ekbert von Trier in Lothringen zur festen Stütze der wankenden Treue gegen das Ottonische Haus zu machen,[6]) und auch der freundschaftlichen Ergebenheit Lothars und Ludwigs gegen dasselbe sich zu versichern trachtete.[7]) Er ladet Willigis von Mainz zum einträchtigen Zusammenwirken mit ihm für die Sicherstellung der Herrschaft des Ottonenhauses gegen die Widersacher desselben ein,[8]) und betraut den Abt Ayrard von St. Thierry bei Rheims mit mündlichen Aufträgen an ihn[9]) zur genaueren Verabredung und Feststellung des gemeinsamen Handelns. Inmitten dieser Verhandlungen treten bereits die Anzeichen der ausbrechenden Wirren hervor. Dietrich von Metz schreibt einen zürnenden Brief an Karl von Lothringen,[10]) welchen er der Untreue gegen Otto III, der Vergewaltigung des Bischofes Abalbero von Laon, der schmähsüchtigen Verunglimpfung der Königin Emma und selbst des Erzbischofes von Rheims bezichtiget. Der bei allen

---

[1]) Epp. 40. 72.
[2]) Ep. 82.
[3]) Ep. 44.
[4]) Epp. 116. 174. 177.
[5]) Ep. 123.
[6]) Ep. 30.
[7]) Ep. 31.
[8]) Ep. 27.
[9]) Ep. 34.
[10]) Ep. 31.

für die Kenntniß der zeitgenössischen Geschichte.

Vorkehrungen des Erzbischofes Adalbero in's engste Vertrauen gezogene Gerbert läßt sich herbei, im Namen des Herzogs Karl, an dessen Treue er glaubt, oder welchen er als Bundesgenossen für die von Adalbero betriebene Sache zu erhalten wünscht, den Brief Dietrichs in gleichem Tone zu erwiedern,[1]) scheint aber sofort diesen Schritt als einen Fehler erkannt zu haben, welchen er baldigst wieder gutzumachen sucht.[2]) Ein weiteres Schreiben an Notker[3]) signalisirt bereits die am Horizont aufziehenden Wetterwolken; die französischen Herrscher ziehen gegen den Rhein, und planen eine geheime Verständigung mit Heinrich von Baiern. Bald darauf kommt die Hiobspost nach Rheims, daß Verdun von König Lothar genommen, Adalbero's Bruder Graf Gottfried zusammt seinem Sohne Friedrich und seinem Oheim Siegfried Kriegsgefangene geworden, der Bischof von Verdun verjagt worden sei.[4]) Hier galt es, die durch Lothars Waffenerfolge entmuthigten Lotharingischen Großen bei ihrer Treue zu erhalten; Gerbert benachrichtiget Gottfrieds Sohn Adalbero, Bischof von Verdun,[5]) daß er bei einer Zusammenkunft der Verbündeten im Namen desselben und seiner Familie die Versicherung geben, Gottfrieds ganzes Haus wolle die Treue, die es Otto II gelobt, auch Otto III halten: er ermuthiget die Gräfin Mathilde, die Gemalin des gefangenen Gottfried,[6]) sowie dessen Söhne[7]) und Siegfrieds Sohn[8]) zu standhaftem Ausharren, Letzterem legt er in vertraulicher Weise eine Alliirung mit Hugo als zweckdienliche Maßnahme gegen Lothar nahe. Seine Klugheit spottet der von Lothar gegen den Rheimser Erzbischof ergriffenen Maßnahmen; er bittet Notker von Lüttich,[9]) an Adalbero's nie wankende Treue zu glauben, und den ihm von Lothar erpreßten Verlautbarungen gar kein Gewicht beizulegen. Wir erkennen in dieser Situation Adalbero's und Gerberts die Anfänge ihrer näheren Verbindung mit Hugo, welche Beiden zufolge der Verwandtschaft desselben mit dem sächsischen Hause um so weniger

---
[1]) Ep. 32.
[2]) Ep. 33.
[3]) Ep. 39.
[4]) Ep. 80.
[5]) Ep. 41.
[6]) Ep. 50.
[7]) Ep. 47.
[8]) Ep. 51.
[9]) Ep. 49.

bedenklich erscheinen mochte, je weniger sich auf die letzten Karolinger
bauen ließ, und je mehr es im Interesse Adalberos lag, das Hochstift
Rheims gegen einen Vergewaltiger in nächster Nähe durch einen
eben so nahen Freund und Schützer sicher zu stellen. Die Pläne
und Aussichten dieser Politik wurden freilich durch die späteren
Ereignisse der Täuschung und Unwahrheit überführt; Hugo hatte
als König dem Rheimser Erzbisthum gegenüber dieselben Interessen
wie seine Vorgänger, und wußte sie mit der rücksichtslosesten Energie
zu verfolgen. Erwägungen solcher Art lagen indeß nicht im da=
maligen Gesichtskreise Gerberts, welcher trotz seiner Gewandtheit
und Anstelligkeit in politisirenden Negoziationen doch weit mehr
Gelehrter als Politiker war, und in den Functionen des Letzteren
es nicht über die Rolle eines treuergeben dienenden Freundes hin=
ausbrachte. Von einem leitenden Einfluß auf den Gang der
Begebenheiten kann in seiner damaligen Thätigkeit eben so wenig
die Rede sein, als von einem durch rein objective und von per=
sönlichen Beziehungen unabhängige Ziele inspirirten Handeln; dieß
bürden nicht wir ihm auf, er selber sagt es uns in seinen Briefen
an die Glieder des Ottonischen Hauses, dessen Interessen er seine
persönlichen Dienste mit aufopfender Hingebung zur Verfügung
gestellt hatte. Dadurch unterscheidet er sich in seiner damaligen
Epoche von den unternehmenden Männern der strengkirchlichen
Reformpartei, welche unmittelbar und ausschließlich rein kirchliche
Ziele im Auge hatten — Ziele der Zukunft, die dem bei der Con=
servirung der bestehenden kirchlichen Ordnung stehen bleibenden
Denken Gerberts wenigstens dazumal fremd blieben.

Es fällt einiger Maßen auf, daß Gerbert, der so ausge=
breitete und vielverzweigte Verbindungen unterhielt, und auch zum
Kloster Fleury in freundschaftlichen Beziehungen stand,[1] niemals
mit Abbo Briefe wechselte. Die Vorgänge auf der Synode zu St.
Basle lassen wol schon erkennen, daß Gerberts kirchliche Anschauungen
nicht jene Abbo's waren[2]; der Gegensatz der beiderseitigen Ueber=
zeugungen mag dazumal beiden Männern zum ersten Male fühlbar
geworden sein. Daß sich Gerbert desselben früher nicht bewußt

---

[1] Vgl. Epp. 87. 142. 161. Vgl. dazu Gerberts Äußerung über Con=
stantin von Fleury in Ep. 92.: Nobilis scholasticus, adprime eruditus
mihique in amicitia conjunctissimus.

[2] Siehe oben S. 90.

Gerberts Verhältniß zu Abbo v. Fleury.

war, geht aus seinen freundschaftlichen Beziehungen zum Kloster Clugny und den mit demselben verbrüderten Klöstern hervor. Um jene Zeit, da Karl von Lothringen in Frankreich eingefallen war und der Stadt Laon sich bemächtiget hatte, erlitt das Kloster Fleury nach dem Tode seines Abtes Oilbold eine Vergewaltigung durch einige weltliche Große, welche den Mönchen einen verrufenen Menschen als Vorsteher aufdrangen.[1] Constantin von Fleury wendete sich an Gerbert mit der Bitte, den Erzbischof Adalbero zu vermögen, daß er sich um die bedrängten Mönche annehme. Adalbero und Gerbert giengen wiederholt den heiligen Majolus an, daß er sein allgemein respectirtes Ansehen zur Beseitigung des Unfuges aufbieten möge. Majolus erwiederte, daß ihm keine Jurisdiction über das Kloster Fleury zustehe, rieth zu kluger Maßhaltung, verstand sich aber dazu, den aufgedrungenen Abt zur freiwilligen Abdication zu bewegen. Da dieser nicht weichen wollte, so berief Adalbero alle Aebte seines Kirchensprengels, vor welchen Constantin die Klagesache seines Klosters vorzutragen hatte; diese erließen eine Aufforderung an die Mönche von Fleury, von dem unwürdigen Eindringling sich förmlich loszusagen, den sie selber niemals als einen ihres Standes anerkennen würden. Auch Gerberts Freund Evrard, Abt des Juliansklosters in Tours wurde zur Betheiligung an diesen Schritten aufgefordert. Der unvermuthet eingetretene Tod des bereits mit dem päpstlichen Bannstrahl bedrohten Eindringlings machte den Mönchen des Klosters Fleury eine neue Wahl möglich, welche auf Abbo fiel. Ohne noch Kunde von dem Resultate der Wahl zu haben, ließ Gerbert in Adalbero's und in eigenem Namen durch Constantin eine Einladung zum bevorstehenden Remigiusfeste (1. Oct. 988) an den Neugewählten ergehen; an jenem Feste mag es gewesen sein, daß Gerbert den heiligen Abbo zum ersten Male sah. Wir haben keine Belege dafür, daß Abbo später irgend einmal direct gegen Gerbert aufgetreten sei, oder Gerbert in eine feindselige Berührung mit ihm gekommen sei. Abbo stellte selbst dieß entschiedenst in Abrede, daß er, wie man ihm vorwarf, die Könige Hugo und Robert zu Ungunsten des Bischofes Arnulph von Orleans, seines Feindes und Beleidigers

---

[1] Auf diese Angelegenheit beziehen sich Epp. 70. 81. 87. 88. 89. 95. 142.

gestimmt hätte; es läßt sich indeß leicht denken, daß die Spannung zwischen Arnulph und Abbo Gerbert um so peinlicher berühren mußte, je höher er letzteren zu achten sich gedrungen fühlte. Der oben[1]) erzählte Vorgang im Kloster St. Denys bereitete ihm persönlich eine sehr unangenehme Verlegenheit. Die daselbst versammelt gewesenen Bischöfe hatten wegen der tumultuarischen Störung ihrer daselbst gepflogenen Berathungen das Interdict über das Kloster verhängt, dessen Mönche sie als ihre Gegner wegen moralischer Mitschuld am Geschehenen im Verdachte hatten. Gerbert kam als Rheimser Erzbischof am nächstfolgenden Osterfeste nach St. Denys, und traf daselbst mit den Königen Hugo und Robert zusammen, welche in ihn drangen, in Gegenwart der mit dem Interdicte belegten Mönche feierlichen Gottesdienst zu halten,[2]) und seinen Bedenken mit der Bemerkung begegneten, daß das über das Kloster verhängte Interdict nicht giltig sei, da das Kloster zufolge päpstlicher Privilegien einzig der Jurisdiction des Papstes unterstellt sei. Gerbert gab ausweichende Antworten; er respectire die päpstlichen Erlässe, halte sie aber nicht für bindend, falls sie den kirchlichen Gesetzen widersprächen; es stehe ihm nicht zu, in der zu St. Denys zwischen den Bischöfen und Aebten verhandelten Streitsache zu entscheiden; er sei nicht in der Lage, den Mönchen eine Genugthuung in einer zweifelhaften Sache zu verschaffen, dieselben mögen vielmehr ihre Gedanken auf die Ursachen ihrer bedauerlichen Situation und auf die geeigneten Mittel einer baldigen Aenderung derselben richten. Er weigerte sich schließlich, den Gottesdienst zu halten, was er seinem Freunde Arnulph von Orleans brieflich bekannt gibt[3]) als einen Beweis seines unveränderten Festhaltens an den ihm mit Arnulph gemeinsamen Ueberzeugungen. Er bittet ihn bei dieser Gelegenheit zugleich auch, ja nicht zu glauben, daß er, wie man Arnulph hinterbracht habe, gegen ihn Partei ergriffen hätte; im Gegentheile, er habe ihn vertheidigt, und hiedurch sich selbst feindseligen Aeußerungen und Kundgebungen der Höflinge ausgesetzt. Bitteren Schmerz habe es ihm verursacht zu vernehmen, daß Arnulph, Gerbert wisse nicht von wem, den Königen als ihr

---

[1]) Siehe S. 128.
[2]) Ep. 193.
[3]) Ep. 193.

Widerſacher denuncirt worden ſei. Man hat in dieſen Worten eine Anſpielung auf Abbo geſucht,[1]) was aber eben ſo wenig be= gründet erſcheint, als die in einem bald darauf folgenden Briefe an den Decan Conſtantin von Micy[2]) enthaltene Erwähnung des Venerabilis A mit Sicherheit auf Abbo bezogen werden kann; nach der ſehr wahrſcheinlichen Vermuthung Olleris'[3]) iſt A ein Schreibverſehen ſtatt L, und die betreffende Stelle des Briefes auf die bevorſtehende Ankunft des römiſchen Abtes Leo zu beziehen,[4]) wozu auch der Inhalt des ganzen Briefes ſtimmt. Allerdings unternahm Abbo, welcher zweimal nach Rom kam, ſeine erſte Reiſe dahin während des Rheimſer Pontificates Gerberts, aber nicht im Auftrage Anderer, ſondern aus ſelbſteigenem Antriebe in Angelegenheiten ſeines Kloſters.[5]) Auch ſtimmt ein angriffsweiſes Verfahren ſolcher Art, wie es die angenommene Deutung der be= züglichen Stelle des erwähnten Briefes vorausſetzen würde, nicht zu Abbo's Charakter; er, der ſich gegen die Anſchuldigung ver= wahrt, ſeinen Gegner Arnulph von Orleans am Hofe verſchwärzt zu haben, würde noch viel weniger Gerbert, welchen er in einem Briefe an Papſt Gregor V ſeinen Freund nennt,[6]) hinterhältig angegriffen, ſondern vielmehr, wofern er ſich dazu berufen erachten durfte, mit freimüthiger Offenheit von falſchen Schritten abge= mahnt haben. Abbo's Offenheit bekundet ſich in einem Schreiben

---

[1]) Vgl. Bouquet X, 421: Hoc dictum videtur de Abbone Floriacensi abbate, qui monachorum causam pro virili egerat.
[2]) Ep. 194.
[3]) Oeuvres de Gerbert p. 541.
[4]) Es wäre alſo zu leſen: Satis super venerabilis L legatione miratus sum.
[5]) Vgl. Aimoin. Vita S. Abbonis c. 11: Interea eximius Abbo condigno apparatu Romam proficiscitur, privilegia ecclesiae sibi commissae corroboraturus imo renovaturus. Sane non qualem voluit aut qualem debuit, sedis apostolicae pontificem nomine Joannem (Johann XV) invenit. Nempe turpis lucri cupidum atque in omnibus suis actibus venalem se exhibuit. Quem execratus perlustratis orationis gratia sanctorum locis ad sua rediit, emptis optimae speciei aliquantis holosericis palliis ornatui ecclesiastico congruis.
[6]) Vgl. Abbo Ep. 1 (ad Gregor V): Sicut ait quidam saecularium: „Quicquid delirant reges, plectuntur Achivi" (Horat. ep. II, 14), ita Remensi ecclesiae accidit, ut in rebus S. Mariae vindicatum sit, quicquid Arnulphus et Gerbertus commiserunt mali; et quia utrumque ut amicum et colo et colui, si qua in eis reprehensione digna comperi, quamvis eis displiceret, non tacui.

an den römischen Abt Leo,[1]) dem er unumwunden bekennt, bei seiner obenerwähnten ersten Anwesenheit in Rom es nicht so gefunden zu haben, wie er es erwartet hatte. Ein Mann, der mit seiner streng kirchlichen Gesinnung eine eben so strenge Wahrheitsliebe verband, stand geistig und sittlich hoch genug, auch über Gerbert ein von Einflüssen der Zeitstimmung und Zeitereignisse unabhängiges Urtheil fällen zu können; und wir dürfen demzufolge es mit vollstem Vertrauen als wahrgesprochen und zugleich als ein ehrenvolles Zeugniß für Gerbert nehmen, wenn er ihn, wie wir so eben hörten, unter seine Freunde zählte. Und in der That, er hatte Ursache, Gerbert hoch zu achten, und konnte sich, selber lebenslang mit den Sorgen um Hebung des mit der klösterlichen Disciplin enge verschwisterten geistig wissenschaftlichen Strebens beschäftiget, nicht verhehlen, was der in seiner sittlichen Lebensführung unantastbare Gerbert als Lehrer und Förderer aller Wissenschaft für sein Zeitalter geleistet hatte.

Abbo's Freundschaftsverhältniß zum Abte Leo und zu Papst Gregor V bekundet, daß seine Stellung im kirchlichen Zeitleben eine andere, als jene Gerberts war. Daß er sich der ganz besonderen Gunst Gregor V erfreute, erhellt nicht bloß aus Aimoin's Berichte,[2]) sondern auch aus den Briefen Abbo's an Gregor,[3]) in

---

[1]) Abbo Ep 15: Romanam ecclesiam digno viduatam pastore, heu proh dolor, offendi.

[2]) Abbo war, wie oben S. 96 erzählt worden ist, im Auftrage des Königs Robert zu Papst Gregor gekommen. Ueber den Empfang Abbos von Seite des Papstes berichtet Aimoin: Cum se invicem duo ecclesiae lumina conspexissent, gaudio ultra quam credi possit gavisi magno in mutuos ruunt amplexus. Et prior verae humilitatis custos Abbo salutatoria a parte regis depromit verba. Tum sacerdos vere apostolicus reddita benedictionis recompensatione ait beato viro: Bene te advenisse gaudeo, fili, Ecclesiae veritatisque ut comperi ardentissime. Etenim surdus de te rumor meas repleverat aures, te tam divina quam humana pollere sapientia, nec qualibet amicitiam a jure aequitatis abduci posse. Vere fateor, me jam dudum desideravisse tuum intueri vultum, tuo concupivisse amicabiliter perfrui alloquio. Fruamur ergo cupitis sermocinationibus alternisque divinarum atque mundanarum lectionum aliquamdiu mentem relevemus studiis. Porro unum te volo nosse, legationem tuam me benigne suscipere, et quaecque suaseris me facturum fore. Tuum autem erit potere, meum vero petitis pro posse assensum praebere. Novi namque, te nihil contra jus fasque postulaturum, ac ideo me tibi contraire scio non esse aequum. Vita S. Abbonis, c. 11.

[3]) Wir besitzen drei Briefe Abbo's an Gregor V, unter Abbo's Briefen Epp. 1. 3. 4. Gregors kurzes vertrauliches Schreiben an Abbo abgedr. bei Migne 137, p. 920.

sein Verhältniß zu Papst Gregor V.

deren einem er unter Bezugnahme auf den von Aimoin unten näher geschilderten freundschaftlichen Verkehr mit Gregor denselben bittet, mit derselben Huld den Ueberbringer des gewünschten Buches über die Translation des hl. Benedict von Casino nach Fleury, und zweier dem Papste von Abbo als Geschenk verehrter kunstvoll gearbeiteter Vasen[1]) aufzunehmen. Die beiden anderen Briefe Abbo's an Gregor V beziehen sich auf Klosterangelegenheiten, welche auch den Hauptgegenstand seiner übrigen uns erhaltenen Briefe ausmachen.[2]) Im ersten Briefe an Gregor empfiehlt er dem Schutze desselben das durch Arnulph und Gerbert herabgebrachte Marienkloster in Rheims, ferner die Besitzungen seines eigenen Klosters gegen die Vergewaltigungen eines Raubritters, dessen in Rom anwesenden Oheim der Papst durch Androhung der Excommunication zur zweckentsprechenden Einwirkung auf seinen gottesräuberischen Neffen bewegen möge. Im zweiten Briefe an Gregor ist von einer Abbo verwandten Frau die Rede, welche zur Sühne für ihre Sünden zwei Klöster, ein Chorherrenstift und ein Frauenstift gründen will; Abbo erbittet für diese beiden neuen Klöster die nöthigen päpstlichen Schutz- und Privilegiumsbriefe. In Abbo's übrigen Briefen ist größtentheils von klösterlichen Rechten und von der klösterlichen Disciplin die Rede, wie sie denn auch meistentheils an Klöster und Aebte gerichtet sind. So fordert er einen seiner Mitäbte auf,[3]) das Mahnamt in einem benachbarten Kloster (Monast. S. Martini Majus) nicht schuldhafter Weise zu versäumen und bessernd in die Zustände

---

[1]) Direxi etiam duo vascula Manzerina, in quibus anaglypho opere continetur Charitas et Ethica; quarum altera i. e. Charitas utraque manu Vetus et Novum Testamentum praefert per singula epithemata, Ethica aliis suis complectitur Historiam et Allegoriam; ita ut utraque virtus, Charitas scil. ac Ethica, quatuor virtutes per singula vasculorum ora exclusoris opere praetendant. Abbo Ep. 4. — Zur Erläuterung des Ausdruckes vascula Manzerina möge ein Distichon aus den von Dümmler (Anselm d. Peripateriker, Halle 1872, S. 95) edirten Versus Eporedienses (Carmen I, vv. 65. 66.) dienen:
  Est scyphus in signo factus de manzere ligno;
  Munus opis variae rex dedit Ungariae.

[2]) Seinem kirchlichen Bewußtsein gibt Abbo auf charakteristische Weise Ausdruck, wenn er in seinen Briefen Gregor als Universalis ecclesiae Doctor, universalis ecclesiae Praesul, also als Lehrer und Bischof der allgemeinen Kirche anredet.

[3]) Ep. 8: Ad G. Abbatem.

desselben einzugreifen; an einen anderen Abt[1]) richtet er die Mahnung, derselbe möge abbiciren, da er zum Aergerniß geworden sei. In einem Briefe an Odilo von Clugny[2]) klagt er darüber, daß in einem der Leitung desselben unterstehenden Kloster bei Poitiers der Geist der brüderlichen Charität erloschen sei, und die Mönche desselben als feindselige Tadler und Angreifer ihrer Ordensgenossen bekannt seien. Eine ähnliche Klage erhebt er gegen die Mönche von Micy in einem Schreiben, welches an sie und ihren Decan Constantin gerichtet ist;[3]) besonders streng tadelt er, daß sie den Bischof Fulco von Orleans gegen ihren Abt einzunehmen gewußt hätten, und wendet sich schließlich speziell an seinen einstmaligen Freund Letald von Micy, welcher als das Haupt dieser factiösen Umtriebe gelte. In zwei anderen Briefen[4]) kommt er auf die von den Bischöfen beeinträchtigten Rechte der Klöster zu sprechen. Zwei Briefe, der eine an Odilo,[5]) der andere an einen ungenannten Bischof[6]) gerichtet, sind theologisch-wissenschaftlichen Inhaltes; der eine beschäftigt sich mit einer Erklärung der zehn Canones Evangeliorum des Eusebius nach den von Isidorus gegebenen Fingerzeigen, der andere handelt von dem Wesen und den Giltigkeitsbedingungen des Eides. Ueber zwei an Abbo's Schüler Bernhard Abt von Beaulieu, später Bischof von Cahors gerichtete Briefe gibt Aimoin[7]) ausführliche Mittheilungen.

Ein Schüler Abbo's war auch jener oben[8]) erwähnte Halbbruder Roberts, Gauzlin, welcher nach Abbo's Tode Abt von Fleury und später Erzbischof von Bourges wurde. Von seiner reichhaltigen brieflichen Correspondenz ist nur sehr weniges erhalten geblieben. Außer seinem schon besprochenen Briefe an König Robert, welchem ein anderer über dasselbe Thema von Fulbert von Chartres zur Seite tritt,[9]) besitzen wir nur noch ein Condolenzschreiben Gauzlins an den Bischof Oliva von Vich, welchen

---

[1]) Ep. 8: Ad Bernerium Abbatem.
[2]) Ep. 12.
[3]) Ep. 11.
[4]) Ep. 5: Ad monachos S. Martini. — Ep. 14: Ad G.
[5]) Ep. 7.
[6]) Ep. 10.
[7]) Vita S. Abbonis, c. 10.
[8]) S. 219, Anm. 1
[9]) Siehe Fulbert. Ep. 80.

er über den Tod seines Bruders, des Grafen Bernhard von Besalu tröstet.[1]) Andere Angelegenheiten, über welche er brieflich verkehrte, kennen wir aus den von Fulbert an gerichteten Schreiben,[2]) aus welchen wir erfahren, daß Gauzlin zu Jenen gehörte, welche für die Rechte und Immunitäten der Klöster mit den Bischöfen im Kampfe lagen. Als Abt von Fleury verwickelte er sich mit dem Bischofe Fulco von Orleans in ähnliche Streitigkeiten, wie sein Vorgänger Abbo mit Arnulph von Orleans.[3]) Gegen Fulbert von Chartres nahm er sich um den abgesetzten Abt Tetfrid von Bonneval an, während Fulbert für die Rechtmäßigkeit der Wahl des dem Tetfrid gegebenen Nachfolgers Salomo eintritt. Andere Angelegenheiten und Ereignisse aus seinem Leben, welche Gegenstand seines brieflichen Verkehres gewesen sein mögen, sind: der Widerstand, welcher nach Ademars Erzählung seiner Ernennung zum Erzbischof von Bourges unter Hindeutung auf seine uneheliche Herkunft entgegengesetzt wurde, sein Streit mit seinem Suffraganen Jordan von Limoges, der die Bischofsweihe, statt von Gauzlins Vorgänger, von dessen Coadjutor empfangen hatte, seine Verhandlungen mit der Herzogin Hadegogis von Bretagne wegen des von ihr wiederaufgerichteten Klosters St. Gildas de Ruys, welchem der Mönch Felix aus Fleury als Abt vorgesetzt werden sollte.

Die Briefe Fulberts von Chartres bilden einen Hauptbestandtheil der von ihm hinterlassenen Werke, und nehmen in Bezug auf den Reichthum ihres Inhaltes und die aus ihnen zu gewinnenden mannigfachen Aufschlüße den zweiten Platz ein nach den Briefen seines Lehrers Gerbert, aus dessen Schule Fulbert als der für die nordfranzösische Kirche seiner Zeit bedeutendste Mann hervorgegangen ist. Sein Einfluß und seine Verbindungen reichten nicht so weit, als jene Gerberts, seine Thätigkeit beschränkte sich

---

[1]) Siehe Migne 140, p. 735. — Olivas Antwort hierauf: Migne 142, p. 599. Von Oliva erübrigen nebstdem zwei andere Briefe, einer an die Mönche des Marienklosters in Ripol (der einstmaligen Begräbnißstätte des Grafen von Barcellona), und ein zweiter gewichtigeren Inhalts an den König Sancho Mayor von Navarra (Migne 142, p. 66 ff), welchem er auf dessen Befragen über die kanonische Unzulässigkeit von Ehen in verbotenen Verwandtschaftsgraden Auskunft ertheilt. Vgl. über Sancho Mayor Lembke-Schäfer's Gesch. Spaniens I, S. 280..
[2]) Fulbert. Epp. 16. 29. 36. 89.
[3]) Vgl. die hierauf bezüglichen Schreiben Fulberts an Gauzlin (ep. 16) und an Fulco von Orleans (ep. 17).

ausschließlich auf das kirchliche und literarische Gebiet; aber die Nachwirkung seiner Lehrthätigkeit war eine eben so tiefeingreifende als jene Gerberts, und das hohe moralische Ansehen, dessen er sich in seiner kirchlichen Amtsstellung erfreute, machten ihn unter den Bischöfen Nordfrankreichs zu dem, was sein Freund Abbo unter den Aebten Nordfrankreichs war, wie er denn auch, ohne selber dem Mönchsstand anzugehören,[1]) zu den hervorragendsten zeitgenössischen Repräsentanten desselben, außer zu Abbo auch zu Odilo und Richard von St. Vannes in freundschaftlichen Beziehungen stand. Chartres, woselbst er seit 990 als Lehrer, dann seit 1007 durch 22 Jahre als Bischof wirkte, wurde ihm, dessen Herkunft und Vaterland nicht ermittelt ist, seine zweite Heimath. Er wurde derselben nicht bloß durch sein Wirken eine Quelle des Segens und eine vornehmste Zierde, sondern hinterließ in ihr auch eine monumentale Verewigung seiner bischöflichen Amtsthätigkeit durch den Wiederaufbau der von den Flammen zerstörten Kathedrale (a. 1020), wozu ihm durch die reichen Spenden des Königs Knut von England[2]) und des Herzogs Wilhelm von Aquitanien die Mittel geboten wurden. Nicht minder theuer war er dem König Robert, seinem einstmaligen Mitschüler in Rheims, der auch an seiner Wahl zum Bischof den Hauptantheil hatte; die Bischofsweihe empfieng er durch den Erzbischof Leutherik von Sens,[3]) gleichfalls einen Schüler Gerberts, welcher als Papst Sylvester II denselben auch zum Erzbischof von Sens erhob. An König Robert und Leutherik sind auch Fulberts Briefe am öftesten gerichtet; nicht minder aber verkehrte er brieflich mit den meisten Bischöfen Nord-

---

[1]) Eine Aeußerung Fulberts in ep. 32 (an Odilo von Clugny) scheint nicht auszureichen, das Gegentheil zu erweisen. Wir bemerken bei dieser Gelegenheit, daß wir uns in der Citirung der Briefe Fulbert an ihre Numerirung in Migne's Ausgabe derselben halten.

[2]) Vgl. Fulberts Dankschreiben an ihn: Ep. 69. — Die Unterstützung des Königs Knut dürfte er wol der Empfehlung des Herzogs Wilhelm von Aquitanien zu verdanken gehabt haben, dessen Verbindungen sich weit erstreckten. Vgl. Ademar. Hist. III. 41: Non solum omnem Aquitaniam suo subjecit imperio .... verum etiam regem Francorum sibi complacitum habuit. Imo Hispaniae regem Adelfonsum regemque Navarrae Sautium, nec non et regem Danamarcorum et Anglorum nomine Canotum ita sibi summo favore devinxerat, ut singulis annis legationes eorum exciperet pretiosis cum muneribus, ipsaque pretiosiora eis remitteret. Cum imperatore Henrico ita conjunctus erat, ut muneribus alterutrum se honorarent.

[3]) Vgl. Fulbert. Ep. 11.

Frankreichs, mit Odilo und anderen hervorragenden und angesehenen Männern der französischen Geistlichkeit, mit Wilhelm von Aquitanien, mit Richard dem Herzog der Normandie und verschiedenen Großen weltlichen Standes, Grafen und Edlen; daneben fehlen auch nicht Briefe an Ungenannte. Eine nicht unbeträchtliche Zahl von Schreiben ist an Fulberts Schüler Hildegar gerichtet, seinen Nachfolger in dem von Herzog Wilhelm ihm einst anvertrauten Thesauriate des heiligen Hilarius zu Poitiers. Fulberts Briefe wurden zuerst von Papirius Masson edirt,[1]) etwas vollständiger sodann von Charles de Villiers,[2]) dessen Ausgabe in die Cölner und Lyoner Sammlung der Kirchenväter aufgenommen wurde. Ein paar Briefe an Hildegar, welche Villiers noch nicht kannte, wurden, der eine von d' Achery, der andere von Martene veröffentlichet; die Reihe der Entdeckungen neuer Briefe ist damit natürlich nicht abgeschlossen. Unter den gedruckt vorliegenden ist seinem Inhalte nach der bedeutendste jener, welcher bereits im vorigen Capitel[3]) zur Sprache kam; die von einem neueren Schriftsteller geäußerte Meinung,[4]) daß Fulberts Brief durch anstößig befundene Aeußerungen Lentheriks im Puncte der Abendmahlslehre veranlaßt worden sei, findet keine Unterstützung in der Mittheilung Helgaud's, daß König Robert einem hochgestellten Prälaten (unter welchem Leutherik vermuthet wird) es verwiesen habe, verklagten Geistlichen das Sacrament mit einer Drohformel zu bieten, und die Gabe des Lebens in Hinblick auf die von ihm erwarteten Straffolgen des unwürdigen Empfanges in eine Gabe des Fluches und Verderbens umzuwandeln.[5]) Dieser Verweis des Königs kann kaum anders, denn als eine Mißbilligung des Brauches,

[1]) Paris, 1585.
[2]) Paris, 1608.
[3]) Siehe oben S. 166.
[4]) Siehe Vita Joannis XVII in Labbe Concill. Tom. IX, p. 793.
[5]) Praesuli cuidam de Domino non bene sentienti et quaerenti pro quibusdam causis probationem in corpore Domini nostri Jesu Christi indigne tulit rex amator bonitatis et scripsit ei in his verbis: Cum sit tibi nomen scientiae et non luceat in te lumen sapientiae, miror qua ratione quaesieris pro tuis iniquissimis imperiis, et pro infestato odio quod erga Dei servos habes, examinationem in corpore et sanguine Domini; et cum hoc sit, quod a dante sacerdote dicitur: „Corpus Domini nostri J. Chr. sit tibi salus animae et corporis," tu temerario ore et polluto dicas: „Si dignus es accipe," cum sit nullus, qui habeatur dignus? Cur divinitati attribuis aerumnas corporis et infirmum doloris humani divinas connectis naturae? Vita Roberti (Migne 141, p. 912).

den Abendmalsempfang als Gottesurtheil in Anwendung zu bringen, verstanden werden.[1]) Die Vermuthung, daß Ep. 5 gegen Leuthérik gerichtet sei, konnte übrigens durch den Inhalt einiger anderer Briefe Fulberts an ihn begünstiget werden, in welchen unverholener Tadel gegen Leuthérik ausgesprochen wird. Schon bald nach seiner Erhebung zum Bischof warnt Fulbert seinen Metropoliten[2]) vor einer ängstlichen zweideutigen Politik, welche zwischen den Rücksichten auf die Kirche und auf weltliche Herren unsicher hin und her schwanke. Später beschwert er sich darüber,[3]) daß Leuthérik bereits wiederholt Bischöfe geweiht habe, ohne Fulbert und die übrigen Suffraganen hierüber vorher zu Rathe zu ziehen. Ein anderes Mal[4]) antwortet er ablehnend auf den Wunsch Leuthériks, daß er die excommunicirten Mörder des Subdecans der Kathedralkirche von Chartres auf ihr Ansuchen wieder in die Kirchengemeinschaft aufnehmen möge. Die Angelegenheit, um welche es sich handelte, wird von Fulbert in einem Briefe an Adalbero von Laon erzählt,[5]) und war allerdings so beschaffen, daß Fulbert gegen die von Leuthérik ihm angesonnene Abthuung der Sache remonstriren mußte. Die moralischen Urheber des Mordes waren keine Geringeren, als der Bruder des Bischofes Roland von Senlis und dieser selber, welche dem von Fulbert ernannten Subdecan grollten, weil derselbe das von Roland für sich selber, eventuell für seinen Bruder verlangte Subdecanat erhalten hatte. Fulbert hatte das Begehren Rolands abgewiesen, weil für einen Bischof die Uebernahme der Stelle eines Subdecans an einer fremden Kathedrale sich nicht schicke, und sein Bruder zufolge seines unreifen Alters und Wesens dieselbe zu erlangen nicht würdig sei. Diese Ueberzeugung Fulberts wurde durch höchst verdächtige Indicien bei einer nach dem Morde vorgenommenen Hausdurchsuchung in einem dem Bischof Roland gehörigen Hause zu Chartres bestätiget. Fulbert unterließ demnach auch nicht an denselben sehr ernste

---

[1]) Demzufolge war der Mauriner Mathoud ganz im Rechte, wenn er im Anhange zu seiner Schrift de vera Senonensium origine Leuthérik's Rechtgläubigkeit gegen Aubertin's Annahme, Leuthérik sei ein Vorläufer Berengars gewesen, in Schutz nahm.
[2]) Ep. 15.
[3]) Ep. 28.
[4]) Ep. 37.
[5]) Ep. 38.

Worte zu richten,¹) als dieser, statt zur geziemenden Genugthuung sich bereit zu zeigen, die Prüfung der Sache vor das Gericht Leutherits ziehen wollte. Fulbert lehnte dieß zwar nicht ab, behauptete aber sowol gegen Roland als auch gegen Leutherik,²) daß die Schuld, welche nach Rolands Behauptung erst nachgewiesen werden müßte, eine offenkundige Thatsache sei, die auch durch eine meineidige Betheuerung der Unschuld nicht umgestoßen werden könne, daher es sich auch für den Fall, daß Leutherik die ganze Angelegenheit noch einmal sollte durchprüfen wollen, schließlich um nichts anderes handeln könnte, als um das, worauf Fulbert bisher bestand: um ein reuiges Bekenntniß und eine demselben folgende Buße und Sühnung. Das Rechtsverhältniß zwischen Metropoliten und ihren Suffraganen scheint an einer gewissen Unbestimmtheit gelitten zu haben. Leutherik beschwert sich, daß Fulbert Odalric zum Bischof von Orleans gemacht habe; Fulbert antwortet ihm,³) daß er bloß dem bereits von Klerus und Volk Gewählten die priesterliche Weihe ertheilt, und ihn überdieß aus Rücksicht auf Leutherik davon abgehalten habe, nach Rom zu gehen, um daselbst sich zum Bischofe weihen zu lassen. In einem anderen Briefe⁴) kommt er nochmals auf den ihm gemachten Vorwurf vorgreifender Protection von Bisthumscandidaten zurück, und bedauert trotz aller Geneigtheit, von seinem Metropoliten mit geziemender Ergebenheit und Demuth Mahnungen entgegenzunehmen, daß Leutherik gerade diesen Vorwurf gegen ihn erhebe, da ihn eine traurige Erfahrung belehren könnte, daß es gegenwärtig um die kirchliche Sache viel besser stünde, wenn er auf Fulberts Informationen über geeignete Männer für höhere Kirchenwürden mehr, als es leider der Fall gewesen, geachtet hätte.⁵) Er will indeß das Ver-

---

¹) Epp. 39. 40.
²) Ep. 50.
³) Ep. 74.
⁴) Ep. 75.
⁵) Eine Andeutung, daß das von König Robert bevorzugte Votum Fulberts von Leutherik und dessen Suffraganen nicht eingeholt worden, enthält Ep. 56 in Sachen des von Robert in Aussicht genommenen Franco. Si hoc fieri posse canonice — schreibt Fulbert an König Robert betreffs der Erhebung Franko's auf den Pariser Bischofsstuhl — domni archiepiscopi Senonensis et coepiscoporum nostrorum probavit sagacitas, nostrum etiam, qui de hac discussione appellati non fuimus, habetis assensum. — Ueber die politische Rolle, welche Leutherik in Verbindung mit der Königin

gangene auf sich beruhen laffen, und sich darüber freuen, daß Leutherik wenigstens nunmehr eines Befferen sich besonnen zu haben scheine, und es nicht verschmähe, zu Odilo und anderen weisen Männern sich in nähere Beziehung zu setzen. Fulbert begnügte sich nicht, Leutherik an Odilo zu verweisen, sondern erbat sich für seine eigene Person gelegentlich von dem heiligmäßigen Abte zu Clugny ein rückhaltloses Urtheil über seine bischöfliche Amtsführung; Odilo's Antwort[1] war die eines Heiligen würdige, voll Demuth und Weihe, vom Geiste der heiligen Liebe zur Wahrheit und zu Fulberts Person eingegeben.

Freimüthige Offenheit ist ein hervorstechender Zug in Fulbert's Wesen, und Leutherik nicht der einzige Mann der Kirche, welchem gegenüber sie an den Tag trat. Der Bischof Avisgaud von Paris hatte auf seinen Bischofssitz verzichtet, und wie er versicherte, aus Liebe zum Mönchsstande sich von der Welt zurückgezogen, schien aber hinterher seinen Entschluß zu bereuen, gieng Fürsten und Bischöfe an, ihm wieder zu dem aufgegebenen Bischofsstuhle zu verhelfen, und beschwerte sich überdieß, daß Leutherik und Fulbert ein von ihm abgelegtes Schuldbekenntniß bekannt gegeben hätten. Fulbert, der sich bewußt war, die der Ehre des bischöflichen Standes schuldigen Rücksichten Avisgaud's Person gegenüber in keinerlei Weise verletzt zu haben, ertheilte ihm auf seine Klagen und Bitten sachgemäßen Bescheid,[2] und gab ihm am Schluße des Briefes deutlich zu verstehen, daß er nach der selbsteigenen Schuld Avisgauds, deren drückendes Gefühl die Ursache seines Rücktrittes gewesen, nicht weiter forschen wolle, was übrigens auch nicht einmal nöthig wäre, da die Pariser Kirche über sein Abtreten leider nicht getrauert hätte. Eine Copie dieses Briefes glaubte Fulbert statt eines langathmigen Beruhigungsschreibens dem Nachfolger Avisgaud's Franco übersenden zu sollen, als dieser durch die ihm zu Ohren gekommenen Redseligkeiten Avisgaud's gleichfalls in Unruhe versetzt worden zu sein schien. Er schonte aber auch Franco nicht,[3] als ihm dieser bald darauf mit einem Fulberts kirchliches Pflicht-

Constantia spielte, vgl. Damberger, synchron. Gesch. d. Kirche u. Welt im Mittelalter Bd. V, S. 768 ff.

[1]) Siehe Migne 142, p. 939 ff.
[2]) Siehe Ep. 35.
[3]) Ep. 49.

gefühl tiefverletzenden Ansinnen kam; Franco's Zumuthung, kirchliche Güter an Laien als Beneficien zu vergeben, weist er um so entrüsteter zurück, da gerade Franco ein solches Handeln seinem Vorgänger Avisgaud so schwer angerechnet hatte. Dafür leiht er ihm aber seinen wirksamsten Beistand,[1]) als Franco von dem Grafen Gualeran beeinträchtiget wird, ertheilt ihm geeignete Rathschläge und Weisungen bezüglich anderer Befeindungen,[2]) und erläßt in Verbindung mit Leutheric an die Pariser Kirche einen fulminanten Brief[3]) gegen den Pariser Archidiakon Lisiard, der sich mit einer nach kirchlichen Benefizien gierigen Laienpartei gegen seinen Bischof verbündet hatte.

Von Bedrängung der Bischöfe und Kirchen durch Schädigungen und Beeinträchtigungen geistlicher Besitzrechte ist in Fulberts Briefen häufig die Rede. Insbesondere führt Fulbert über den Vicecomes Gaufried Beschwerde,[4]) welchen der König selber nicht zu bändigen vermochte.;[5]) Fulbert klagt dem König, daß er bei dessen Sohn Hugo vergeblich Hilfe gesucht habe, und bittet ihn, dem Grafen Odo aufzutragen, er möge Gaufrid's weiterem Treiben Einhalt thun. Er wiederholt die Bitte in einem weiteren Briefe, in welchem er die Befürchtung ausspricht, daß Hugo und Odo den Gaufrid absichtlich gewähren ließen, was nicht Wunder nehmen darf, da Hugo zeitweilig sogar mit seinem eigenen Vater zerfallen war und die Besitzungen desselben sowie seiner ihm verhaßten Stiefmutter Constantia, Roberts zweiter Gemahlin plünderte. Odo, Graf von Chartres und Blois war ein Schwiegersohn des Herzogs Richard von der Normandie; daraus erklärt sich, daß Fulbert sich auch an diesen zu wenden gedachte.[6]) Er hatte an denselben auch noch ein anderes Anliegen. Richard hatte der Kathedralkirche einen Landbesitz als Geschenk zugewiesen; ein Bediensteter des Herzogs schaltete jedoch in demselben so, daß es den Anschein hatte, als

---

[1]) Epp. 86—88.
[2]) Ep. 96.
[3]) Ep. 97.
[4]) Vgl. Epp. 30. 31. 34. 44. 46. 57.
[5]) Malefactor ille Gaufredus — erzählt Fulbert Ep. 32 dem Abte Odilo — quem pro multis facinoribus excommunicaveram, incerto utrum desperatus an versus in amentiam collecta multitudine militum, quo ducendi essent, ignorantium villas nostras improviso incendio concremavit, nobisque quantas potest machinatur insidias.
[6]) Ibid.

ob der Herzog die Schenkung zurückgenommen hätte. Fulbert, der dieß nicht glauben kann, bittet ihn,¹) geeignete Befehle zu erlassen, daß die Vögte des Herzogs sich weiterer Uebergriffe enthielten. Ueber Odo hatte sich auch Arnulphs Nachfolger auf dem Rheimser Stuhle, Erzbischof Ebalus²) zu beschweren; Fulbert nahm sich seiner bei Odo an, und benachrichtiget ihn³) von der Geneigtheit Odo's, die ihm zugefügten Schädigungen wieder gut zu machen. Von dem moralischen Ansehen, welches Fulbert behauptete, zeugt die an den König Robert abgegebene Erklärung Odo's, er stelle es Fulbert anheim, welche Genugthuung dem von ihm vertriebenen Bischof von Meaux zu Theil werden sollte. Fulbert nimmt⁴) übrigens diese Erklärung Odo's mit Verwunderung und zweifelhaftem Glauben auf, obschon er sich aufrichtig freuen würde, wenn in der arg geschädigten Kirche von Meaux Ordnung und Friede wiederhergestellt würden. Ueber einen jener räuberischen Feudalherren, den Grafen Rudolph, welcher bei einem Einfalle in die Besitzthümer der bischöflichen Kirche von Chartres mit eigener Hand einen Priester getödtet, zwei andere als Gefangene weggeführt, und der Vorforderung vor König und Synode keine Folge geleistet hatte, berichtete Fulbert an Papst Johann XIX,⁵) um zu verhüten, daß sich Rudolph, der eine Romfahrt angetreten hatte, sich eine Absolution ohne gebührende Sühnleistung erschliche. Ein anderer Romfahrer solcher Gattung war Odo's mächtiger Gegner, der Graf Fulco Nerra von Anjou, der zur Sühne der vielen blutigen Gewaltthaten, die er verübt, dreimal sogar nach Jerusalem zum Grabe des Erlösers wallfahrtete, aber, wenn auch durch das von der Kirche ihm angedrohte Gericht der ewigen Verwerfung zeitweilig erschüttert, stets wieder in seine unbezähmbare Wildheit zurückfiel. Fulbert scheint gehofft zu haben, ihn zum Besseren umzustimmen; unter seinen Briefen finden sich zwei Schreiben an Fulco,⁶) deren jedes ihm die Sorge für seine ewige Seele dringend

---

¹) Ep. 23.
²) Auf seine Wahl bezieht sich Fulberts Brief (ep. 62) an Guido von Soissons, welcher wegen des Laienstandes Ebals Bedenken trug, ob er ihn sofort zum Bischof ordiniren könne.
³) Ep. 44.
⁴) Ep. 101.
⁵) Ep. 84.
⁶) Epp. 94. 95.

anempfiehlt. Im erften Schreiben benachrichtiget er ihn von einer bevorftehenden Excommunication durch den franzöfifchen Episcopat, und mahnt ihn, der Verhängung derfelben durch freiwillige Buße zuvorzukommen ; das zweite Schreiben bezieht fich auf eine durch Fulco anbefohlene Blutthat, die in Gegenwart des Königs an einem Getreuen desfelben verübt von den königlichen Richtern als Majeftäts= verbrechen erklärt wurde, fo daß nur durch die Interceffion der Kirche für den Augenblick das allerftrengfte Gericht, die fofortige Verurtheilung zum Tode abgewendet werden konnte. Fulbert ermahnt ihn, innerhalb einer beftimmten Frift dem König die schuldige de= müthige Abbitte zu leiften und seine ruchlose That zu verdammen, widrigenfalls der Bann der Kirche über ihn unausbleiblich verhängt werden würde. In den Streitigkeiten und Parteiungen, welche durch die den Söhnen Roberts aus erfter Ehe abgünftige, herrschfüchtige Königin Conftantia hervorgerufen wurden, ftand Fulbert auf der Seite des Rechtes, und trat, nachdem Hugo vor feinem Vater geftorben war, für den Prinzen Heinrich ein gegen den Sohn der Conftantia Robert, welchen feine Mutter mit Verdrängung Heinrich's als Nachfolger des Königs Robert durchsetzen wollte. Fulbert zog fich dadurch den fchweren Haß der Conftantia zu, was in einem Briefe Fulberts an den König angedeutet scheint;[1]) daß er auch einen großen Theil der von Conftantia gewonnenen Bischöfe gegen fich hatte, ift in einem an ihn gerichteten Briefe feines Freundes H., des Subdecans von Tours zu lesen,[2]) der ihm räth, im Intereffe der Klugheit und der perfönlichen Sicherheit von einem ftarren Festhalten am formellen Rechte abzulaffen. Fulbert dachte größer, und wich dem Weibe nicht.

---

[1]) Ep. 108. Fulbert bezeichnet in diefem Briefe R. und O. als ge= fährliche Feinde, deren Nachftellungen es ihm unthunlich erfcheinen laffen, ohne bewaffnetes Geleit zum König zu kommen. R. wird gedeutet = Regina; O wird von Einigen auf den Grafen Odo, von Anderen auf Odolrich von Orleans bezogen. Diefer Odolrich wird von Damberger (Synchron. Gefch. V, 793 f.) als ein Verbündeter der Conftantia in dem Racheprozeffe gegen die angeblichen Manichäer, welche man a. 1022 in Orleans entdeckt haben wollte, d. i. gegen zwei achtbare ftrengkirchlich gefinnte Männer (Domherr Lifoie und Scholafticus Stephan Herbert) dargeftellt. Vgl. das bedeutfame Schluß= wort Dambergers zur Erzählung diefer Affaire.

[2]) Te quoque plurimi episcoporum mordent clanculum vel ab eis ac ceteris quasi quintum malleum a quatuor Pythagoricis pro hac causa dissonantem. Ep. 109.

## Fulberts Briefe.

Erquicklicher und erfreulicher waren für Fulbert die Beziehungen zum Herzog Wilhelm V von Aquitanien,[1] dem mächtigsten Kronvasallen Frankreichs, welchem sich nach Kaiser Heinrich's II Tode sogar die Aussicht auf die römische Kaiserkrone eröffnete. Diese war zuerst dem König Robert angetragen worden, der jedoch das Anerbieten in seinem und seines Sohnes Hugo Namen ablehnte, dafür aber einen Einfall in Lothringen plante, wozu ihm Graf Odo in der Hoffnung, bei dieser Gelegenheit das längstbegehrte Königreich Burgund zu gewinnen, seine Mitwirkung zusagte. In einem der Briefe Fulberts an Robert wird ganz beiläufig, und wie es scheint, ohne sonderliches Gefallen an Odo's Plänen, auf die Sache angespielt.[2] Eben so wenig kommt in Fulberts Briefwechsel mit Wilhelm von Aquitanien die zeitweilige Geneigtheit des Letzteren, die Krone Italiens für seinen Sohn Wilhelm zu erwerben, zur Sprache. Wir lernen Wilhelms Ansicht von der Sache aus den Absagebriefen kennen, welche er, nachdem er im Sommer des Jahres 1025 die Lage der Dinge in Italien persönlich in Augenschein genommen hatte, an den Markgrafen Meginfred von Susa, sowie an den Bischof Leo von Vercelli schrieb;[3] er gestand, auf das angebotene Reich gerne zu verzichten, weil er sich dasselbe nur durch Mittel, gegen welche sich sein kirchliches Gewissen sträubte, hätte sichern können. Er hätte alle ihm widerstrebenden Bischöfe entfernen und durch andere ihm ergebene ersetzen müssen; dieß wollte er nicht und sei ihm auch durch seine treuen Freunde Meginfred und dessen Bruder Alricus, den trefflichen Bischof von Asti widerrathen worden. Wie wenig Fulbert in die ganze Sache eingeweiht war, geht daraus hervor, daß ihn, nachdem bereits Herzog Wilhelm

---

[1] Eine Schilderung der Persönlichkeit dieses Fürsten bei Ademar Hist. III. 41 (vgl. oben S. 274, Anm. 2): Dux Aquitanorum comes Pictaviuus Willelmus gloriosissimus et potentissimus exstitit cunctis amabilis, consilio magnus, prudentia conspicuus, in dando liberalissimus, defensor pauperum, pater monachorum, aedificator et amator ecclesiarum, et praecipue amator sanctae ecclesiae Romanae. Cui a juventute consuetudo fuit, ut semper omni anno ad limina Apostolorum Romam properaret, et eo quo Romam non properabat anno ad S. Jacobum Galliciae recompensaret iter devotum. Et quocunque iter ageret, vel conventum publicum exerceret, potius rex quam esse dux putabatur, honestate et claritudine qua affluebat honoris.

[2] Ep. 85.

[3] Wilhelms bezügliche Briefe aus Duchesne Hist. Franc. Scriptt. IV, p. 193 abgedr. bei Migne 141, p. 827 ff.

in die Lombardei abzureisen im Begriffe war, ein Freund aus
Aquitanien über die dem Herzog gemachten Anträge und über den
Zweck der Reise desselben brieflich informirte.¹) Die wenigen uns
vorliegenden Briefe, welche zwischen Fulbert und dem Herzog ge-
wechselt wurden,²) beschränken sich auf einen Austausch gegenseitiger
Freundschaftsversicherungen, wozu von Seite Fulberts Versicherungen
ergebener Dankbarkeit, Entschuldigungen hinsichtlich der durch seine
Pflichten und Verhältnisse ihm auferlegten Unmöglichkeit, den Ein-
ladungen des Herzogs zu folgen, Mittheilungen über den Wiederaufbau der durch Feuer eingeäscherten Kathedrale, sowie über Hilbegar
hinzukommen. Ein einziger Brief,³) nach Dambergers Dafürhalten⁴)
arg verstümmelt, nimmt auf die französischen Kirchenverhältnisse
näher Bezug; es handelte sich da um den neugewählten Bischof
Jordan von Limoges, für welchen Wilhelm und Fulbert eintraten,
während Abalbero von Laon ihnen beim König entgegenarbeitete,
und auf intrigante Weise auch den Erzbischof Gauzlin, welcher
sich zur Anerkennung der Erwählung Jordans geneigt zeigte, in
befangener Furcht vor des Königs Zorne erhielt. Bekanntlich
hatte Jordan durch eine demüthige Buße die Zustimmung Gauzlins
zu seiner anfangs von den Bischöfen der Kirchenprovinz verworfenen
Wahl erlangt; es scheint aber, daß Gauzlin hiedurch mit den
Gegnern Jordans sich in Mißverhältnisse verwickelte, und letzterer
endlich nur durch eine unmittelbare Intervention des Herzogs
Wilhelm bei König Robert gegen weitere Anfechtungen von Seite
seiner Gegner sichergestellt wurde. Während seines Episcopates
wurden jene zwei oben⁵) erwähnten Synoden zu Limoges (1028
und 1031) gehalten, auf welchen neben Anderem auch über den
Apostolat des hl. Martialis, des Patrons der Kathedrale von
Limoges, so eifrig verhandelt worden war.⁶) In dem Briefwechsel

---

¹) Siehe Fulbert. Epp., Ep. 28. Als Zweck der Reise des Herzogs
wird angegeben: Sciscitari de causa filii sui, si cum honore et incolumi-
tate sua fieri queat. Dazu stimmt vollkommen der Inhalt der oben erwähnten Briefe des Herzogs.
²) Fulbert Epp. 58. 59. 71—73 (zusammt Wilhelms Brief an Fulbert: Migne 141, p. 830 f.)
³) Ep. 71.
⁴) Synchron. Gesch. V, S. 792 u. 872.
⁵) Siehe S. 216, Anm. 2.
⁶) Die Acten der zweiten Synode aus Labbe IX, 1869 ff. abgedr.
bei Migne 142, 1353 ff.

zwischen Fulbert und Hildegar wird auf Jordans Person und
Angelegenheit wiederholt Bezug genommen. Es scheint wenigstens
damit zusammenzuhängen, wenn Fulbert[1]) Hildegar beauftragt,
dem Herzog Wilhelm mitzutheilen, daß er Gauzlin ermahnt habe,
sich in's richtige Verhältniß zum Herzog und zu den Bischöfen
Aquitaniens zu setzen. Hildegar[2]) übermittelt Fulbert einen Gruß
des seiner dankbarst sich erinnernden Bischofes Jordanus, sammt
der Bitte desselben, ihm die Biographie des hl. Leonard, eines
Zeitgenossen des hl. Remigius, dessen Leib in der Diöcese Limoges
bestattet sei, verschaffen zu wollen.

Fulbert erscheint in vielen seiner Briefe als Rathgeber in
Sachen der kirchlichen Disciplin, deren treue Hütung seine heilige
Sorge war; in einzelnen Briefen ist auch von anderen Gegenständen
kirchlich-wissenschaftlichen Interesses die Rede. Zwei dahin gehörige
Briefe sind schon besprochen worden; diesen reihen sich ein Brief
an den Erzbischof Bonibert,[3]) welchem auf sein Verlangen ein
Exemplar des Priscian geschickt wird, und zwei Briefe an Hildegar
an,[4]) welche auf die Frage, ob König Salomon vor seinem Ende
Buße gethan, Bezug haben. Für die Lösung derselben interessirte
sich Wilhelm von Aquitanien, welchem zu diesem Ende durch Hildegar
die Aeußerungen des Bacharius, Beda und Hraban übermittelt
werden. Bacharius (Bacchiarius, Bacchines) ein Schüler des hl.
Patricius, von welchem eine Epistola ad Januarium de recipiendis
Lapsis existirt, schließt aus 3 Kön. 11, 43 auf Salomos Bekehrung
vor seinem Ende, weil er sonst nicht neben seinem Vater David
in Bethlehem beigesetzt worden sein würde. Hraban aber sagt
mit Isidor, daß die Schrift nirgends eine Bekehrung Salomos
erwähne, und Beda[5]) schließt aus 4 Kön. 23, 13, daß das Bestehen
der von Salomo aufgerichteten Bilder der Astaroth, des Chamos
und Melcom bis auf die Zeit des Josias gegen die Bekehrung

---

[1]) Ep. 64.
[2]) Ep. 132.
[3]) Ep. 1. Wer dieser Erzbischof Bonibert war, und wen man unter
dem in Briefe an ihn erwähnten und begrüßten König Stephan zu verstehen
habe, ist bis jetzt nicht aufgehellt. Gegen die Annahme, daß der Ungarnkönig
Stephan der Heilige gemeint sei, spricht der Umstand, daß die Geschichte Ungarns von einem Erzbischof Bonibert nichts weiß.
[4]) Epp. 64. 65.
[5]) Quaest. XXX super libros Regum (qu. 29).

Salomos spreche, welche ohne Zerstörung jener Bilder jedenfalls eine sehr unvollkommene gewesen wäre. Zu den Briefen kirchendisciplinären und kanonistischen Inhaltes gehören zwei an Hilbegar, der eine de episcopis ad bella procedentibus,[1]) der andere über den Zweck und die richtige Verwendung des Kirchenvermögens;[2]) ferner Fulberts Antwort auf die Frage des Bischofes Guido von Soissons, wie gegen einen Diakon zu verfahren sei, der sich für einen Priester ausgegeben und die Messe zu celebriren gewagt habe;[3]) Fulberts ablehnendes Schreiben an einen französischen Grafen, welcher einen simonistischen Bisthumswerber durch Fulbert weihen lassen wollte;[4]) seine Aufklärungen an einen weder moralisch noch kanonisch befähigten Bisthumscandidaten wegen Verweigerung der Bischofsweihe;[5]) seine Antworten an den Erzbischof Robert von Rouen, Herzog Richards Sohn,[6]) an Erzbischof Leutherik[7]) und Bischof Odolrich[8]) auf Anfragen in Sachen des kirchlichen Eherechtes, in welchen endlich etwas sorgsamer vorzugehen er auch dem Bischof Adalbero von Laon nach vielen vorausgegangenen Klagen glückwünschend zum Guten rechnet.[9]) Die Stellung der Aebte zu den Bischöfen betreffend, will Fulbert trotz seiner strengkirchlichen und dem Mönchthum sehr gewogenen Denkart das Aufsichtsrecht der Bischöfe über die Klöster gewahrt wissen,[10]) und räth unbedenklich,[11]) einen Abt, der seinem Bischof den kanonischen Gehorsam versagt, zu excommuniciren.

Wir glauben, durch das Angeführte den Inhalt der Briefe Fulberts im Wesentlichen erschöpft zu haben, und fügen nur noch bei, daß er in einzelnen Briefen als medizinischer Rathgeber seine Abkunft aus Gerberts Schule nicht verläugnet. Dahin gehört der ein medizinisches Rezept enthaltende Brief an Adalbero von Laon;[12])

---

[1]) Ep. 112.
[2]) Ep. 113.
[3]) Ep. 99.
[4]) Ep. 70.
[5]) Ep. 26.
[6]) Ep. 41, 42.
[7]) Ep. 77.
[8]) Ep 53.
[9]) Ep. 90.
[10]) Ep. 91.
[11]) Ep. 17.
[12]) Ep. 4.

in einem späteren Briefe[1]) entschuldigt er die Uebersendung einer Krankenmedizin an einen Bischof mit der Bemerkung, daß er sie nicht selber bereitet habe, was er seit seiner Erhebung zum Bischof überhaupt nie mehr gethan habe. Daß er aber auch noch als Bischof ärztlichen Rath ertheilte, erhellt aus einem Schreiben Hildegars an einen Freund,[2]) welchem im Auftrage des Bischofes (ohne Zweifel Fulberts) eine Potio ἱερά, und eine Gebrauchsanweisung derselben nebst medizinischen Verhaltungsregeln übersendet wird. Auch Fulberts Brief an Odilo,[3]) dessen Beantwortung oben zur Sprache gebracht wurde, bewegt sich in Ausdrücken, in welchen die geistliche Arzeneikunde des gefeierten Abts durch Gleichnisse aus dem Gebiete der somatischen Heilkunde beleuchtet wird.

Zwei andere Schüler Gerberts, von welchen einzelne Briefe erübrigen, sind die Bischöfe Hugo von Langres und Gerard von Cambrai. Ersterer, ein naher Verwandter des Königs Lothar und Neffe des Herzogs Gislebert von Lothringen war zuerst Domherr von Rheims, und stand der Diöcese Langres a. 981—1016 vor. Eine seiner Hauptsorgen war die Wiederaufrichtung des Benignusklosters zu Dijon, welchem er den heiligen Klosterreformator Wilhelm zum Abte gab. Von seinen Briefen erübriget sehr Weniges;[4]) seiner Epistola de assidua peccatorum confessione[5]) wird von den Verfassern der Histoire litt. de la France[6]) hohes Lob gezollt, sie gilt ihnen für eine der schönsten Mahnreden aus der Literatur dieses Zeitraums. Gerard von Cambrai, ein Verwandter des Erzbischofes Adalbero von Rheims, und unter den Augen desselben erzogen, trat, nachdem seine Jugendbildung vollendet war, in die kaiserliche Kapelle ein; das Bisthum Cambrai verwaltete er 1012—1049. In die Zeit seiner bischöflichen Amtsführung fällt die Synode von Arras a. 1025,[7]) welche aus Anlaß der innerhalb seines Kirchensprengels auftauchenden Regungen manichäischer

---

[1]) Ep. 9.
[2]) Ep. 118.
[3]) Ep. 106.
[4]) Ein von Martene mitgetheiltes Fragment eines Briefes an den Abt Hildrich oder Heldrik von St. Germain in Auxerre abgedr. bei Migne 139, p. 1533.
[5]) Ebendas. p. 1533 ff.
[6]) Hist. litt. VII, 232.
[7]) Die Acten derselben bei Migne 142, p. 1270 ff.

Briefe Gerard's v. Cambrai.

Irrthümer berufen worden, und von bestem Erfolge begleitet war, indem die vor das Gericht der Synode geforderten Verirrten, die mit aller Schonung und Güte belehrt wurden, ihre Irrthümer eingestanden und feierlich abschworen.[1]) Von den wenigen uns vorliegenden Briefen Gerards beziehen sich drei vom J. 1031, an Adalbero von Laon, Erzbischof Ebal von Rheims und Bischof Berold von Soissons gerichtet,[2]) auf Adalberos Vorhaben, dem Neffen des Bischofes von Soissons durch einen simonistischen Vertrag die Anwartschaft auf das Bisthum Laon zu sichern. Gerard bezeichnet dieß nicht bloß als ein widerkirchliches und gesetzloses Treiben, sondern er besorgt auch, daß aus dem straflosen Umsichgreifen solchen Thuns noch Schlimmeres erwachse, und die französische Kirche einem Schisma entgegentreibe, welches nach Kräften zu verhüten er als seine heilige Pflicht ansieht. Uebrigens ist seine Sprache in diesen Briefen ebenso besonnen, als sie ernst ist; und er gibt sichtlich zu erkennen, daß er den mit Nachdruck an seine kirchlichen Pflichten erinnerten Adalbero nicht beleidigen wolle.[3]) Nicht minder eifrig zeigte er sich in dem Bemühen, dem Bischof Drogo von Tarvona (Terouanne) gegen seinen Bedränger, den Comes Balduin zu seinem Rechte zu verhelfen; er fordert den Bischof Fulco von Amiens auf,[4]) den Metropoliten und die übrigen Bischöfe der Provinz zu einem gemeinsamen Schritte beim König gegen den

---

[1]) Ueber den näheren Hergang auf dieser Synode und die sonstigen, diesem Zeitraum angehörigen Verhandlungen und Einschreitungen gegen auftauchende Sectirerei vgl. meine Schrift über Thom. Aq. I, S. 664—670. Von einer gewaltsamen blutigen Unterdrückung häretischer Regungen wollten die belgischen Bischöfe gemeinhin nichts wissen. Vgl. den von Anselm von Lüttich belobten Brief Wazo's von Lüttich an den Bischof Roger, der Wazo's Rath nachgesucht hatte, den — wir oben (S. 226) erwähnten Vita Vasonis. c. 19. Haec tantopere vir Dei — fügt Anselm dem Briefe bei — exemplo beati Martini studebat inculcare, ut praecipitem Francigenarum rabiem caedes anhelare solitam quodammodo refrenaret. Audierat enim eos solo pallore notare haereticos, quasi, quos pallere constaret, haereticos esse certum esset; sicque per errorem simulque furorem eorum plerosque catholicorum fuisse aliquando interemtos.

[2]) Migne 142, p. 1317 ff.

[3]) Etsi hucusque vario de vobis plebis rumore movebamur, dum quidem et ecclesiasticae disciplinae cultibus et publicae administrationis actibus haud mediocriter sapere videbamus, nunc tamen stupor quidam mentem nostram perturbat, et ut ita dicam paene examinat, cum a vobis tam mirandum atque inusitatum nefas in sancta ecclesia esse audimus, ut videlicet unius regimen ecclesiae duobus cedat pastoribus.

[4]) Ep. 6; bei Migne 142, p. 1321 f.

gewaltthätigen Grafen zu vermögen. Die kirchliche Ordnung durch ein einträchtiges Zusammenwirken der geistlichen Gewalten herzuhalten, erscheint ihm überhaupt als eine wichtigste Aufgabe; er macht die Archidiakone des Bisthums Lüttich darauf aufmerksam,[1]) daß Solchen, welche in einem bestimmten Kirchengebiete mit dem Banne belegt worden wären, auch in anderen Diöcesen die Kirchengemeinschaft und die Ehre eines kirchlichen Begräbnisses versagt bleiben müsse. Den Anlaß hiezu bieten ihm gewisse Vorfälle, wie z. B. die Zulassung eines notorischen Freblers und Jungfrauenschänders in der Lütticher Diöcese zur Kirchengemeinschaft ohne vorausgegangene Befragung des Bischofes von Cambrai, der in Gemeinschaft mit dem Lütticher Bischofe den Bann über jenen rohen wüsten Menschen verhängt hatte. Ein Blitzschlag, welcher die Domkirche zu Arras in Flammen gesetzt hatte, gibt ihm ernste Gedanken über die Zustände in der Kirche seiner Zeit ein, und mahnt ihn an den Spruch des Apostels, daß das Gericht des Herrn beim Hause des Herrn anfangen müsse; er bittet den Abt Lebuin von St. Vedast zusammt den Mönchen seines Klosters,[2]) das Gericht der auf ihm und auf dem geistlichen Stande insgemein lastenden Mitschuld an den Uebeln der Zeit durch ihr frommes Gebet zu sühnen.

Die Stimme der Wahrheit aus dem Munde ernster Männer wagte sich an höchster kirchlicher Stelle vernehmbar zu machen. Der Abt Wilhelm von Dijon richtete an den Papst Johann XIX zwei Mahnschreiben, mit deren Inhalt uns Rodulph Glaber bekannt macht. Das erste[3]) rügt den Verkauf der geistlichen Aemter und Würden durch die römische Curie. Es genüge, daß Einmal Christus zum Heile der Welt verkauft worden sei; wenn der Bach bereits an seinem Quellorte getrübt sei, so müsse der ganze Bach unrein sein. Glaber berichtet, daß der Freimuth des apostolischen Abtes vom Papste mit Wohlgefallen aufgenommen und mit Dank und Segnungen desselben erwiedert worden sei. Noch schärfer lautete ein Brief Wilhelms an denselben Papst,[4]) als dieser durch seine bestochenen Rathgeber sich einreden ließ, dem Patriarchen von Con-

---

[1]) Ep. 1. Migne 142, p. 1313 ff.
[2]) Ep. 5. Migne 142, p. 1319.
[3]) Mitgetheilt in Rodulph's Vita S. Gulielmi Divion., c. 19.
[4]) Rodulf. Gla. Hist. IV, 2

stantinopel für den Umfang der griechisch-orientalischen Kirche den Titel eines Universalbischofes zuzugestehen. Wilhelm schreibt dem Papste, er wisse wol aus den Briefen des Apostels, daß man einen ehrwürdigen Mann nicht schelten dürfe (1 Tim. 5, 1); derselbe Apostel sage aber auch: „Ihr selbst habet mich gezwungen, gegen meinen Willen thöricht zu reden." So steht denn auch Wilhelm nicht an, der Thorheit sich zu vermessen, dem Papste nahezulegen darüber nachzudenken, welche Antwort ihm zu Theil würde, wenn er, wie Christus an seine Jünger, die Frage stellen wollte: „Was sagen die Leute über mich?" Der Papst sei es der Kirche und sich selber schuldig, die Einzigkeit seiner Würde als Universalbischof der Kirche wahren, und der griechischen Eitelkeit kein Zugeständniß zu machen. Es gebe wol viele weltliche Reiche und Monarchen, die Kirche könne aber nur Einen obersten Leiter haben; die Macht auf Erden und im Himmel zu binden und zu lösen sei das unveräußerliche Vorrecht des Petrus, des Lehrers und Hirten der allgemeinen Kirche. Es liegt wol nicht so ferne zu vermuthen, daß jenem angeblichen Schacher, dessen Kunde in den strengkirchlichen Kreisen so große Aufregung und Entrüstung hervorrief, etwas anderes nicht gar so Anstößiges zu Grunde lag; es wäre denkbar, daß Kaiser Basilius II in dem Papste die Hoffnung erweckte, daß durch das Zugeständniß eines auszeichnenden Ehrenranges an den Patriarchen von Byzanz die Spannung zwischen den Kirchen des Morgenlandes und Abendlandes herabgestimmt und einem bleibenden Schisma zuvorgekommen werden könnte. Indeß wurden die an ein solches Zugeständniß geknüpften Hoffnungen durch den bald darauf folgenden Tod des Basilius und des in seine Absichten eingegangenen Patriarchen Eustathius rasch zerstört; auch war es für den Papst bedenklich, sich in zu nahe Verbindungen mit dem byzantinischen Hofe einzulassen, der dazumal seine Absichten auf Wiedergewinnung des ehemaligen Besitzes in Italien noch nicht aufgegeben hatte, und demzufolge durch seine Anerbietungen den Papst in der Meinung des dem römischen Stuhle treu ergebenen Abendlandes nur gefährden konnte. Zu einem würdigen und fruchtbringenden Verhandeln mit dem byzantinischen Hofe war nur ein die Verhältnisse des Abendlandes beherrschender Papst befähiget;

die Nöthen Johanns XIX schloßen die Möglichkeit eines solchen Handelns aus, er war vom guten Willen des byzantinischen Kaisers abhängig, der überdieß die kirchliche Stimmung in seinem Reiche nach seinen Plänen und Absichten zu lenken kaum in der Lage war.

Als freimüthigen Mahner der Päpste, Cardinäle und sonstiger hochgestellter Kirchenmänner kennen wir auch Petrus Damiani, dessen Briefe in der Venetianer Ausgabe seiner Werke von a. 1743 die ansehnliche Zahl von 158 Stücken darstellen, und nach den Rangverhältnissen der Adressaten classificirt in acht Bücher abgetheilt sind.[1]) Mehrere derselben sind als förmliche Abhandlungen unter die gesammelten Opuscula Damiani's aufgenommen und von uns schon in den vorausgegangenen Abschnitten berücksichtiget worden; hier nehmen wir vornehmlich auf jene Briefe Bezug, die uns in Damiani den Menschen zeigen und seine vielfältigen Beziehungen zu seinen Zeitgenossen zu beleuchten geeignet sind. Das erste Buch enthält die an die Päpste Gregor VI, Clemens II, Leo IX, Victor II, Nikolaus II, Alexander II gerichteten Briefe. Sie entsprechen den uns aus der früheren Erzählung bekannten Beziehungen Damiani's zu den Reformpäpsten; Vorstellungen über die bestehenden Mißstände in der Kirche, Aufforderungen zur Achtsamkeit und Strenge gegen dieselben, in anderen Fällen wieder Intercessionen und Bitten um schonendes Verfahren, Schützung Verfolgter u. s. w., mitunter auch Vertheidigung seiner eigenen Person gegen unrichtige Auffassung und unwahre Beschuldigung, ja selbst directer Tadel der Päpste in einzelnen Fällen bilden den Inhalt dieser Briefe. Am öftern schreibt er an Alexander II, welchem er am Schluße einer seiner Zuschriften[2]) gelegentlich auch eine poetisch abgefaßte Mahnung zugehen läßt.[3]) Zwei kräftige

---

[1]) Buch I: Briefe an Päpste. Buch II: an Cardinäle. III: an Erzbischöfe. IV: an Bischöfe. V: an Weltgeistliche verschiedener Rangstufen. VI: an Aebte und Mönche. VII: an weltliche Fürsten. VIII: an andere weltliche Personen. Ueber die chronologische Reihenfolge dieser Briefe vgl. Neukirch, das Leben des Petrus Damiani (Göttingen, 1875), S. 91—118.

[2]) Epp. I. 16. — Ueber die Abfassungszeit dieses Briefes (a. 1064, März—Mai) siehe Neukirch, S. 103.

[3]) Sedis apostolicae qui vult retinere vigorem,
 Aequa libret rigidae pondera justitiae.
Juris enim pariles nescit suspendere lances,
 Quem favor inflectit, spes vel avara trahit.
Muneribus plenae cui laxant ora crumenae,
 Justitia vacuam perdit inops animam.

Schreiben an Cabalus von Parma,[1]) den gegen Alexander aufgestandenen Gegenpapst schließen diese Abtheilung seiner Briefe. Das zweite Buch, die Briefe an Cardinäle enthaltend, beginnt mit einem Schreiben an die sieben Cardinalbischöfe der Lateranensischen Kirche,[2]) deren einer Damiani seit November des J. 1057 selber war; als neueingetretenes Mitglied dieses hohen Collegiums die übrigen Mitglieder desselben begrüßend will er die erhabene Würde und hohe sittliche Aufgabe desselben sich lebendig vor Augen halten, um der hohen Genossenschaft nicht völlig unwerth zu sein. Die sieben Cardinalbischöfe sind die sieben Augen jenes Steines, von welchem bei Zach. 3, 9 die Rede ist; der Stein, der daselbst gemeint ist, ist der Fels Petri. Demzufolge soll von den Gläubigen, die aus dem ganzen Erdkreise in Rom zusammenströmen, im Lateran stets die mustergiltige Vorbildung aller echten strengkirchlichen Disciplin vorgefunden werden.[3]) Unter den übrigen Briefen dieses zweiten Buches treten jene an den Cardinaldiacon Hildebrand[4]) und an den Cardinalpriester Desiderius, Abt von Montecassino (nachmaligen Papst Victor III) am bedeutendsten hervor. Mehrere dieser Briefe sind förmliche Abhandlungen und deßhalb vom Herausgeber seiner Werke unter die Opuscula verwiesen. Aber auch die übrigen Briefe

---

Coeli Roma seras tenet, et regit orbis habenas,
His si plura velit, tartara sola petit.

[1]) Aus den Monaten März und April des Jahres 1062. Siehe Neukirch, S. 101.

[2]) Laterauensis ecclesia, sicut Salvatoris insignita est vocabulo, qui nimirum omnim caput est electorum, ita mater et quidam apex et vertex est omnium per orbem ecclesiarum. Haec septem cardinales habet episcopos, quibus solis post Apostolicum sacrosanctum illud altare licet accedere, ac divini cultus mysteria celebrare. Epp. II, 1.

[3]) Vos dilectissimi, quibus prava corrigere datum est ex apostolicae sedis auctoritate, vosmet ipsos ceteris non modo fidelibus sed et sacerdotibus quamdam vivendi regulam exhibete. In vita vestra legatur, quid agi, quid vitari conveniat ..... Mementote quod sacerdotibus dicitur: Vos estis sal terrae. Sed sicut Veritas dicitur: Si sal evanuerit, in quo salietur? Ibid.

[4]) Unter Damiani's poetischen Arbeiten finden sich ein paar Epigramme, welche Hildebrands Person zum Gegenstande haben. So Poem. Nr. 149, De Hildebrando:
Vivere vis Romae, clara depromito voce:
Plus Domino papae, quam domno pareo papae.
Ferner Nr. 195, de papa et Hildebrando:
Papam rite colo, sed te prostratus adoro;
Tu facis hunc dominum, te facit iste Deum.
Vgl. auch Poem. Nr. 194.

sind größtentheils lehrhaften Inhaltes, besonders jene an Desiderius, welche fast nur mit mystischer Schriftauslegung durchzogene Paränesen sind. Eine solche Paränese über den Gottessabbat als die wahre Erquickung und das ewige Sehnsuchtsziel der Seelen ist auch ein an Hildebrand gerichtetes Schreiben;[1]) die übrigen Briefe an Hildebrand betreffen mehr die persönlichen Verhältnisse zwischen Beiden oder sonstige Angelegenheiten speziellerer Natur. Daß es in dem Freundschaftsverhältniß zwischen beiden Männern nicht an vorübergehenden Verstimmungen fehlte, lassen Damiani's Briefe unzweideutig erkennen;[2]) eben so unzweifelhaft leuchtet aber aus Damiani's Beschwerden gegen Hildebrand die hohe Verehrung hervor, welche er gegen die Person desselben hegte. Die Kundgebung dieser seiner Denkart über Hildebrand ist um so höher zu veranschlagen, da die ungeschminkte Offenheit und heilige Wahrheitsliebe Damiani's den Versicherungen seiner höchsten moralischen Achtung gegen seinen Freund den Stempel der reinsten und lautersten Wahrhaftigkeit aufdrückt. In dem Briefe, in welchem er, gewiß nicht zur Freude Hildebrands, das Cardinalbisthum von Ostia in Hildebrands Hände zurücklegt, spricht er rückhaltlos seine Bewunderung vor des Freundes hohem Geiste und Wollen aus; nur seine Person, seinen von Gott ihm gewiesenen Lebensberuf glaubt der alte Eremit dem Freunde nicht zum Opfer bringen zu können — zum Manne der Curie fühlt er sich, trotz aller Hingebung an die Zwecke und Männer derselben, nun einmal schlechterdings nicht geschaffen.

Das dritte Buch der Briefe Damiani's macht uns mit seinen Beziehungen zu den drei Erzbischöfen von Ravenna: Gebhard († 1044), Widger,[3]) Heinrich, ferner zu Hugo von Besancon[4]) und Anno von Köln bekannt. Gebhard erscheint als Gönner und Freund Damiani's in der früheren Epoche der Wirksamkeit desselben; Heinrich von Ravenna erholt sich Damiani's Rath bezüglich der Giltigkeit der von römisch=tusculanischen Fraction vorgenommenen

---

[1]) Dasselbe gilt auch von Damiani's Opusc. 32, einer in die Form eines Briefes an Hildebrand gekleideten mystisch=ascetischen Abhandlung de Quadragesima et quadraginta duabus Hebraeorum mansionibus.
[2]) Siehe Epp. II, 8. 9. Das Nähere über beide Briefe bei Neukirch S. 73—75.
[3]) Vgl. über denselben Neukirch S. 47 ff. u. 92.
[4]) Daß dieser, und nicht Wido von Mailand der Adressat von Epp. III, 7 sei, zeigt Neukirch S. 104.

Wahl Benedict's X, und wird von ihm ermuntert, die Nichtan=
erkennung derselben öffentlich an den Tag zu legen. Weit angelegent=
licher und andauernder beschäftigten ihn die drei Jahre später
beginnenden Cadaloischen Wirren, in welchen er eine schwerste Gefahr
für die Kirche erkannte. Daher sein freudiger brieflicher Dank an
Anno von Köln, welchen er dafür belobt, daß er der nach Deutsch=
land verpflanzten Agitation für den simonistischen Gegenpapst mit
Nachdruck entgegengetreten sei; nebstbei zollt er ihm auch dafür
Preis, daß er als ein zweiter Jojobas den unmündigen Kaiser=
sohn (Heinrich IV) seinen Verderbern entrissen habe. Ehe Anno
diese letztere Maßnahme ergriffen, hatte Damiani an Heinrich IV
selber geschrieben,[1]) und zwar mit Rücksicht auf den vorausge=
setzten Einfluß der Umgebung des jungen Königs stellenweise mit
einem Nachdrucke, welcher dem selbsteigenen Gefühle des Brief=
stellers es nahegelegte, die Sprache seines Briefes am Schluße
desselben durch den Drang seines sittlichen und kirchlichen Gewissens
zu rechtfertigen. Auch im Schreiben an Anno findet er das bis
dahin gegen Cadalus Geschehene noch nicht zureichend, da der
Verruchte das Aeußerste aufbiete um sich zu behaupten.[2]) In der
That kostete die Bewältigung desselben gewaltige Anstrengungen,
und die Verflechtung dieser Wirren mit anderen Ereignissen der
sturmvollen Zeit machte auf Damiani zeitweilig den Eindruck, als
ob das vom apokalyptischen Seher geweissagte Ende der irdischen
Zeit bereits im Anzug wäre.[3]) Desto größer erscheint ihm nach
erster vorläufiger Abwendung der Gefahr der von ihm als Besieger
des Höllenfürsten gefeierte Papst Alexander,[4]) wobei sich ihm die

[1]) Epp. VII, 3.
[2]) Anno entsprach den noch weiteren Wünschen Damiani's durch Ver-
anlassung der Synode von Mantua a 1064.
[3]) Sicut, cum ventorum tempestas oritur — schreibt Damiani Epp.
IV, 9 im März des J. 1062 an den Bischof Olderich von Fermo — cris-
pante mitius pelago in vicinia litoris aestus ferventior excitatur, ita
nunc in fine mundi velut vicino maris litore furentibus dissidii discor-
diaeque procellis cuncta hominum corda vexantur et tanquam spumosis
fluctibus illiduntur. Hinc est, quod ad ecclesiastici status universale
periculum ab invicem sacerdotium imperiumque resiliunt, atque ad Dei
omnipotentis injuriam nunc cum unus papa in apostolico solio sit con-
stitutus, alter a finibus aquilonis destinatur electus (vgl. Apoc. 20, 7).
[4]) Alexander quippe — schreibt Domiani Epp. II, 6 an die Cardi=
näle Hildebrand und Stephan gegen Ende von a. 1063 — levans angu-
stiarum tenebras interpretatur, sicut in hebraicorum nominum interpre-

in die zeitgeschichtlichen Ereignisse hineingeschaute apokalyptische
Scenerie wieder etwas weiter rückwärts verlegt, nämlich dahin,
wo der Sturz des Drachen aus dem Himmel geschildert wird.[1])
Uebrigens läßt uns Damiani nicht im Zweifel, wie er diese Vergleiche verstanden wissen wollte, und gibt sich hiebei wieder ganz
als denjenigen, der er war, zu erkennen. Er verweist sich nämlich
am Schluße des Schreiben die schmeichelhaften Deutungen, die er
an den Namen des Papstes geknüpft hatte, als unpassend, und
dieß um so mehr, da er, den in die Vergleichung neben tiefem
Ernste zugleich auch hineingelegten Scherz noch weiter führend,
auch sich selber und Anderen einen Mitantheil an der Siegesglorie
des Papstes beigelegt hatte, um damit einen in der Form des
Scherzes gekleideten Ausdruck höchster Werthschätzung, den er vom
Papste halb widerwillig hingenommen hatte, nach seiner Weise zu
erwiedern. Hinter dieser Weise zu sprechen lag der tiefste und
strengste Ernst ascetischer Weltverachtung verborgen. Damiani, der
den Papst um Gottes willen ehrte und das Gute um des Guten
willen liebte, wollte zwar möglichst nützen, aber Gott allein die
Ehre geben, und deßhalb weder jemanden schmeicheln noch auch von
jemand gelobt sein; er wollte sich einzig den Freimuth wahrer
und gerechter Rede wahren, welcher sich da, wo es ihm am rechten
Orte dünkt, rücksichtslos gegen seine eigene Person kehrte.[2]) Einen
charakteristischen Beleg seiner Denkart gibt seine Anfrage bei dem
ihm befreundeten Thesaurarius der Kirche zu Ravenna, ob er in
seiner Vaterstadt Ravenna, wohin er auf Bitten des Erzbischofes
und der Bürgerschaft derselben gekommen war, sich länger aufhalten, oder alsbald wieder in sein Kloster, wo er bisher gewirkt,

---

tationibus invenitur. Quibus nimirum tenebrarum angustiis quid aliud
designatur quam tot laboris et calamitatis aerumnae, quas frenetica
rabies et furor nobis Cadaloicus intulit. Cadalous plane tenebrarum
excitavit angustias, quas juxta sui nominis etymologiam Alexander papa
levavit, quia dum ille sulphureo, ut ita loquar, Aetnaeae cupidinis fumo
lumen apostolicae sedis est aggressus exstinquere, omnes nos tenebrarum compulit angustias tolerare.

[1]) Apoc. 12, 9. — Ad cujus exemplum et Cadalous de coelo in
tartarum cecidit, cum de sedis apostolicae culmine, quod sperabat, in
anathematis voraginem corruit. Ibid.

[2]) Man vergleiche in dieser Beziehung seinen Brief an seinen Bruder
Damianus (Epp. V, 2) Archipresbyter zu Ravenna, vor welchem er ein
vollständiges Sündenbekenntniß ablegt, und speziell seine Verfehlungen im
Gebrauche der Zunge rügt.

Die Briefe des Petrus Damiani.

sich zurückziehen solle. Ju letzterem und in der Umgebung desselben hat er auf achtsamste Folgsamkeit zu rechnen, in Ravenna das Gegentheil zu gewärtigen; umgekehrt aber dünken ihm die an seinem bisherigen Aufenthaltsorte ihm erwiesenen Ehren als ein für sein Seelenheil gefährliches Geschenk, das er gerne mit dem Loose der Mißachtung in einem neuen Wirkungskreise vertauscht, wenn es anders in Gottes Willen gelegen sein sollte, daß er einen solchen Tausch treffe. Wir lernen ihn also hier als Prediger strenger Selbstverläugnung kennen, welcher die gefährlichste aller weltlichen Lockungen, jene des Gefallens an Lob und Ehre, am allermeisten scheut. Das Geistliche soll überhaupt von jeder Beimengung des Weltlichen frei erhalten bleiben. Damiani findet es sehr ungeistlich, daß geistliche Machthaber den kirchlichen Besitz mit Waffengewalt vertheidigen; dieß sei der evangelischen Lehre zuwider, in deren Befolgung sie das Vorbild aller Gläubigen sein sollten.[1]) Das Beispiel eines französischen Abtes lehre, daß die Uebung evangelischer Geduld und Liebe in solchen Fällen selbst des irdischen Erfolges nicht entbehre; er zog dem bewaffneten Angreifer, statt mit einer Schaar gewappneter Söldner, betend mit seinen Mönchen entgegen, und siehe, der Führer der Bewaffneten sprang vom Pferde und warf sich der heiligen Schaar um Vergebung flehend zu Füßen. Halte man diesem Vorfalle das Beispiel des kriegslustigen Papstes Leo IX entgegen, so wäre zu erwiedern, daß auch am Handeln eines Petrus oder David nicht Alles zur Nachahmung empfohlen werden könne. Ein Gregor d. Gr., ein Ambrosius von Mailand haben gegenüber der an sie heranstürmenden rohen Gewalt sich auf die Waffen des Gebetes beschränkt. Natürlich wollte Damiani den Grundsatz leidender Geduld nicht bis auf die Ertragung einer spirituellen Verwüstung der Kirche ausdehnen; daher aus den angeführten Aeußerungen desselben nicht gefolgert werden kann, daß er consequenter Weise auch die gegen Cadalus aufgebotene Waffengewalt hätte mißbilligen sollen. Seine Ansicht war vielmehr diese, daß die Laienfürsten als Christen die berufenen Anwälte und Vertheidiger der Kirche seien, somit auch, wo deren gefährdeter Bestand es forder t, das Schwert zu ziehen haben. Zufolge des allgemeinen Priesterthums aller Gläubigen stehen alle weltlichen Stände inner-

---
[1]) Epp. IV, 9.

halb der Kirche, und dienen in der Erfüllung ihrer Standes-
pflichten ihrem christlichen Berufe; dem Berufe des geistlichen
Predigers tritt jener des weltlichen Richters und Sachwalters als
Schirmers des Rechtes und der Gerechtigkeit zur Seite, wie
Damiani in einem Briefe an den Stadtpräfecten Cinthius aus-
führt.[1]) Dasselbe muß in seiner Weise auch vom Feldherrn und
Krieger gelten.

Der Feldherr der Kirche war in den Cabaloischen Wirren
der zweite Gemal der Markgräfin Beatrix von Toscana und
Bruder des Papstes Stephan X, der Herzog Gottfried von Lothringen, mit welchem Damiani gleichfalls brieflich verkehrte. In
den uns erhaltenen Briefen zeigt er sich jedoch mit Gottfried nicht
ganz zufrieden. Ohne die Verdienste zu verkennen, welche Gottfried
und Beatrix um die Beilegung jener Wirren sich erworben hätten,
kann er doch nur auf das schmerzlichste bedauern,[2]) daß Gottfried
seither mit Cadalus gelegentlich Gemeinschaft gepflogen und damit
das Verdienst seines vorausgegangenen Handelns vor Gott zunichte
gemacht hätte. Er hält ihm vor, welch strenges Gericht er zu
bestehen haben würde, wenn ihn Gott jetzt sofort vor seinen Richterstuhl fordern würde — ihn, den Gott vor allen Großen der abendländischen Christenheit groß gemacht, so daß nur der deutsche König
ihn überrage — und fordert ihn auf, seinen Fehltritt durch eine
ernste Buße zu sühnen. Diese Rüge an Gottfried fällt in eine
zeitweilige Pause des Kampfes gegen Cadalus, während welcher
Damiani nicht abließ,[3]) die Vorkämpfer der Mailändischen Pataria:
Arialb, Erlembald, Vitalis u. s. w. zum standhaften Ausharren
zu ermuntern. Schon früher hatte Damiani in einem Schreiben,
welches unter dem Titel: De principis officio in coërcitione improborum seinen Werken als Opusc. 57 eingereiht ist,[4]) ernste Vorstellungen an Gottfried gerichtet, welche indeß nicht dessen Verhalten
zur Sache des Cadalus, sondern insgemein Gottfrieds fürstliche
Pflichten und Obliegenheiten betreffen. Er beschuldiget ihn allzu-

---

[1]) Epp. VIII, 1.
[2]) Epp. VII, 10.
[3]) Epp. V, 14. — Dieses Schreiben wird von Neukirch (S. 106) in den Anfang des J. 1066 gesetzt.
[4]) Die Abfassungszeit desselben läßt sich nicht genau bestimmen; Neukirch verlegt es zwischen a. 1059—1063.

großer Nachsicht, um nicht zu sagen Läßigkeit in Handhabung einer strengen und genauen Ordnung, und fordert ihn geradezu auf, die allzuverantwortliche Last einer doppelten Herrschaft in Lothringen und Tuscien durch Bestellung eines Statthalters in Tuscien zu verringern. Er hält ihm das Beispiel des Markgrafen Hugo von Tuscien, des Enkels des Königs Hugo vor, der wegen seiner treuen Anhänglichkeit an das Kaiserhaus der Ottonen mit den Gebieten von Spoleto und Camerino beschenkt, dieselben wieder an den Kaiser zurückgab und sich auf Tuscien beschränkte. Gottfried sühnte seine vorübergehenden Beziehungen zu Cadolaus durch Uebernahme einer vom Papst begehrten Buße. Wie die nebst anderen Uebungen ihm auferlegte zeitweilige Trennung von seiner Gattin Beatrix zu verstehen sei, muß immerhin einer besonderen Frage unterzogen werden, wenn es richtig ist, daß Gottfried und Beatrix schon bei Eingehung ihrer Ehe Enthaltung von den Rechten der ehelichen Gemeinschaft angelobt hatten.[1]) Damiani gab seiner heiligen Freude über dieses Gelöbniß in einem Briefe an Beatrix Ausdruck,[2]) und zeigte in demselben, daß er, der nie unwahr sprach, bei gegebener Gelegenheit auch das entsprechende Wort für die über das gewöhnliche Maaß hinausragende Größe beider geschichtlich bedeutender Persönlichkeiten zu finden wußte,[3]) wie ihm weiter dieses Wort auch in dem vorerwähnten Mahnbriefe an Gottfried nicht fehlte.[4])

[1]) Vgl. Neukirch S. 97, welcher Damiani's hierauf sich beziehenden Brief an Beatrix (Epp. VII, 14) in die Zeit a. 1057—1058 verlegt.
[2]) Vgl. vor. Anm.
[3]) Er sieht in den beiden hochgesinnten Gatten das Wunder fruchttragender Tannen verwirklichet: Vitis siquidem parva sed fructifera; abies autem est procera sed infecunda. Sed illa quidem, quod minus habet in robore, compensat in uvarum profluentium ubertate; ista vero licet nil conferat mensis erigendis, tamen est apta structuris, et quod non deliciis, exhibet aedificiis. Ubi autem duo ista concurrunt, nimirum ut simul et proceritas arboris et proventus sit ubertatis, quanto rarior, tanto maiori res est digna miraculo. Hoc igitur in vobis geminae gratiae reperitur insigne, et in Deum scil. humilis et sancta devotio, et erga mundum sublimis mentis celsitudo, ut dici non immerito valeatis et vites excelsae et abietes fructuosae.
[4]) Er läßt in Epp. VII, 10 den ewigen Richter zu Gottfried sagen: Ego te prae cunctis regni tui principibus extuli .... nullumque te praeter regalis imperii principatum non dicam praecedere, sed ne vel aequiparare permisi. Quodsi haec pauca sunt, adda quod et acuti cordis ingenium et facundiam ad loquendum et vires ad bellandum tradidi .... Ego tibi haec omnia cum multis aliarum virtutum dotibus contuli ....

Die Wirren der vormundschaftlichen Regierung im deutschen Reiche brachten Damiani auch zu Heinrich's Mutter, der Kaiserin Agnes in nähere Beziehung. Diese hatte, nachdem die Leitung des Reiches ihren Händen entwunden worden war, der Welt vollkommen zu entsagen beschlossen; Damiani that das Seine, sie in diesem Entschluße dauernd zu bestärken,[1]) und ihr in der Vereinsamung, in welche sie sich durch die Wendung ihrer Geschicke versetzt sah, mündlich und schriftlich den Trost des Friedens in Gott zu vermitteln.[2]) Da sie gelegentlich aus Rom, wo sie dauernd ihren Sitz zu nehmen beschlossen hatte, wieder einmal nach Deutschland reiste, wußte er nur von seiner und Rom's Trauer über ihre zeitweilige Abwesenheit, und von der freudigen Hoffnung auf ihre Wiederkehr zu sprechen.[3]) Da seine Sprache nicht jene der Schmeichelei war, so konnte der Ausdruck seiner Gefühle von der trauernden Frau nur als wohlthuendste Erquickung ihres trostbedürftigen Herzens empfunden werden. Von seinen früheren Briefen an ihren einstmaligen kaiserlichen Gemal war an einem früheren Orte dieses Buches die Rede; hier möge die eigenartige Erinnerung, die er ihm in der ersten der eben erwähnten Zuschriften an die hinterlassene Wittwe widmet, eine Stelle finden, da sie so ganz zu dem von Damiani mit Vorliebe behandelten Thema de fluxa mundi gloria paßt, die Art seiner Einwirkung auf das Gemüth der verwittweten Kaiserin charakterisirt, und nebstdem auch ihn selbst nach seinem ganzen Denken und Fühlen zu erkennen gibt.[4]) Die Kirche

---

[1]) Vgl. Opusc. 56: De fluxa mundi gloria.
[2]) Vgl. Epp. VII, 6. 7.
[3]) Epp. VII, 8.
[4]) Ut, quae tibi sunt notissima, non praeteream, cum quanta gloria papa Victor et vir tuus imperator Henricus, uterque vir sanctae memoriae, tunc erant et aetate virentes et dignitate florentes, cum luna serenissimo terram fulgore perfundens, eclipsin passa, repente contabuit, et rutili splendoris speculum ignobili, non dicam pallore, sed obscuritate mutavit. Quod profecto, sicut in proximo patuit, nihil aliud quam vicinum utriusque principis interitum praesignavit. Nam eodem anno uterque defunctus est. Quod autem postmodum, ante hoc ferme biennium, luna in sanguinem versa est, quia sanguis peccata significat (Psalm. 50, 16), inquantum mihi videtur, nil aliud nisi sanctam significavit ecclesiam Cadaloici sceleris sanguine cruentandam. Cadalous enim millies anathematizatus, dum pro venaliter acquirenda Romana ecclesia infinitas per populos pecunias spargit, corda hominum in aeris speciem velut in sanguinem vertit .... Cor enim, quod cupit, ejus ante Dei oculos speciem induit. Opusc. 56, c. 8.

in ihrer hehren himmlischen Glanzgestalt als der Hort unseres irdischen Zeitdaseins, und der Frevler Cadalus, der Beflecker und Verwüster der Kirche — dieß sind die Angelpuncte, um welche sich in jener sturmvollen Zeit seine Gedanken bewegten. — Andere fürstliche Personen, mit welchen Damiani in Verkehr stand, sind die Königin Anna, Gemahlin Heinrich's I von Frankreich,[1]) Herzogin Adelheid, Markgräfin der Cottischen Alpen,[2]) Markgraf Rainer[3]) und dessen Gemalin Guilla,[4]) der Markgraf Bonifacius von Tuscien,[5]) die Gräfin Blanca, die sich Gott als Nonne verlobt hatte.[6]) Der Inhalt aller dieser Schreiben ist moralisch ascetischer Natur; Markgraf Rainer, welchem Damiani eine Bußwallfahrt nach Jerusalem auferlegt hatte, wird ermahnt, dieselbe nicht zu verschieben, und im Vertrauen auf den göttlichen Schutz die Gefahren des frommen Werkes nicht zu scheuen.

Die im vierten und fünften Buche der Briefe Damiani's enthaltenen Zuschriften an Bischöfe und Weltgeistliche sind zum größeren Theile Mahnbriefe. Belebt werden diese Mahnungen durch die Einwebung einer reichen Schrifttheologie in Verbindung mit einer nicht selten überraschenden Deutung des Schriftwortes und insgemein durch den Gluthauch des heiligen Eifers, der aus diesen Mahnungen weht.[7]) Einem der Bischöfe schildert er[8]) die Schrecken des Gerichtstages. In einem anderen Briefe[9]) wehrt er in sehr entschiedenem Tone jene Ausdeutungen ab, welche man zum schweren Schaden der sittlichen Wahrheit der kirchlichen Lehre von den Suffragien für die Verstorbenen gebe; die göttliche Gerechtigkeit sehe in dem nach dem Tode vor den göttlichen Richter tretenden Menschen das, was er in Wahrheit ist, und zwar mit dem den Menschen innerlichst durchdringenden Blicke der unbestechlichen Wahrheit, woraus von selbst folgt, daß die Suffragien nur dem nützen, welcher auf Erden guten Willens war, und mit einem solchen

---
[1]) Epp. VII, 9.
[2]) Epp. VII, 16.
[3]) Epp. VII, 17. — Ueber die bisher nicht genau bestimmte Persönlichkeit Rainers siehe Neukirch, S. 100, Anm. 1.
[4]) Epp. VII, 18.
[5]) Epp. VII, 15.
[6]) Opusc. 50.
[7]) Vgl. zu Epp. IV, 15 (ad V. Episcopum).
[8]) Epp. IV, 5 (ad G. Episcopum).
[9]) Epp. V, 1 u. 3.

Willen aus der irdischen Zeitlichkeit geschieden ist. Neben der Sprache des Ernstes findet indeß auch jene der herzlichsten Freundschaft Raum;[1] vor Nächstbefreundeten, die er sittlich hochhält, wie seinen Bruder Damianus, wird er zum demüthigen Selbstankläger;[2] zwei ihm befreundete Bischöfe, den Theodor von Sinigaglia und Rodulph von Eugubium bestellt er[3] zu Censoren seiner Schriften mit dem Rechte, vor und nach seinem Tode nach Gutdünken daran zu bessern und zu ändern. Einen ähnlichen Auftrag ertheilt er dreien seiner Schüler, den Aebten Gebizo, Theobald und Johannes[4] mit spezieller Beziehung auf einen Brief,[5] den er unmittelbar früher dictirt hatte, in welchem er den Tag der Geburt des Täufers Johannes als den dem letzten Tage des jüdischen Lauberhüttenfestes entsprechenden Tag im kirchlichen Kalender bezeichnet hatte; er ordnet an, daß das Concept des Briefes verbessert werde, da der Geburtstag des Täufers drei Tage nach dem Schluße des achttägigen jüdischen Festes falle, also mit demselben gar nichts zu thun habe. Er zeigt sich geradezu erschreckt über die Irrung, die ihm begegnete, und ermächtigt die drei Freunde, nicht bloß diesen Brief, sondern auch seine übrigen Opuscula allüberall wo sie es für nöthig erachten, zu corrigiren. Demnach haben wir wol dafürzuhalten, daß wir nicht allenthalben den frischen urthümlichen Erguß seiner Flammenseele vor uns haben; Manches dürfte nachträglich in eine gefälligere Form gekleidet, aber eben hiedurch auch theilweise abgeschwächt worden sein.

Mit den Mitgliedern des Mönchsstandes verkehrte Damiani selbstverständlich vielfach; die Zahl der uns hinterlassenen Briefe an sie ist indeß eine mäßige, der Inhalt derselben mannigfaltig. Zu dem Abte Hugo und den Cluniacensern stand er, seitdem er als päpstlicher Legat nach Gallien gekommen war und das Kloster gegen die Jurisdictionsansprüche eines benachbarten Bischofes in Schutz genommen hatte, in den innigsten Beziehungen;[6] es wurde bestimmt, daß nach seinem Hinscheiden der Gedächtnißtag seines

---

[1] Vgl. z. B. Epp. V, 5 (ad Almericum Archidiaconum).
[2] Vgl. oben S. 294, Anm. 2.
[3] Epp. IV, 11.
[4] Epp. VI, 10.
[5] Epp. IV, 16.
[6] Epp. VI, 2—5.

Todes jährlich in Clugny und in allen von Clugny abhängigen Klöstern begangen werden solle. Eine ähnliche Bitte richtet er an die Mönche des Klosters von Pomposia.¹) Sein Verhältniß zu Desiderius von Monte Casino kennen wir bereits. Einem Abte in Constantinopel empfiehlt er²) die daselbst im Kloster St. Maria sich aufhaltenden lateinischen Mönche; dem Abt des Apollinaris=klosters in Classe gibt er den dringenden Wunsch zu erkennen,³) einem flüchtigen Mönche nicht länger ein Asyl zu gewähren, mit dem Beifügen, daß derselbe für den Fall einer freiwilligen Rückkehr in sein Kloster auf eine milde und schonende Behandlung rechnen dürfe. Gegen einen Benedictinerabt, der sich beschwert hatte, daß Damiani einen jenem Abte unterstehenden Mönch in die Genossen=schaft der Eremiten aufgenommen, führt Damiani aus,⁴) daß nach des heiligen Benedict selbsteigener Regel dem Cönobiten der Ueber=tritt zu den Eremiten gestattet sei. Einige Briefe enthalten Weisungen oder auch Zurechtweisungen an die unter Damiani's Leitung gestellten Eremitenmönche;⁵) andere Briefe ähnlichen Inhaltes sind an einzelne Mönche gerichtet,⁶) darunter einer, in welchem einer vom Bedürfniß nach Wein noch nicht völlig losgelösten Mönchsseele eine ganz ernsthafte Vorlesung über den Werth und die hohe Bedeutung des Wassers im Haushalte der Natur gehalten wird.⁷) Seinen Neffen Damianus⁸) belobt er wegen seines großen Eifers in der Uebung der klösterlichen Ascese, findet selbst ein kleines Uebermaß weniger tadelnswerth als das Gegentheil, räth ihm jedoch, seine Uebungen der Leitung eines erfahrenen Führers zu unterstellen. Seinen verwittweten Schwestern Rodelinda und Sufficia⁹) räth

---

[1] Epp. VI, 6.
[2] Epp. VI, 13.
[3] Epp. VI, 15.
[4] Epp. VI, 12.
[5] Epp. VI, 32—35.
[6] Epp. VI, 20. 23. 27. 28. 29.
[7] Vgl. hiezu als Parallelstück Ekkehard's IV Gedicht: Dictamen debitum (in Haupt's Zeitschr. f. deutsch. Alterthum XIV, 70):
Pluris quam vina fontana valet medicina.
Vinum laetificat cor, fons vi duplici salvat.
Nudo cum pane fons cor confortat inane,
Firmat cor hominis aqua cum gustamine panis.
Nulla creatura pretiatur aqua mage pura, etc.
[8] Epp. VI, 22.
[9] Epp. IX, 14.

er zwar nicht den Schleier zu nehmen, empfiehlt ihnen aber jene Tugenden, deren Uebung besonders einem von der Welt zum größeren Theile bereits losgelösten Erdendasein zusteht.

Der strenge Ascetismus, wie er durch Petrus Damiani in Italien, durch die Cluniacenser in Burgund vertreten war und von da durch den ausgezeichneten Abt Richard nach Lothringen (St. Vannes in Verdun) verpflanzt wurde, war aus dem Selbsterhaltungstriebe der Kirche hervorgegangen und kam einem religiösen Bedürfniß Vieler entgegen, welche in den strengen Uebungen eines klösterlichen Lebens Friede, Trost und Erhebung suchten. Daß in derlei klösterlichen Asceterien auch das erbauliche Studium der heiligen Schrift eifrig betrieben wurde, darf nicht im mindesten bezweifelt werden; eher könnte die Frage aufgeworfen werden, ob unter den Antrieben des ascetischen Eifers nicht der Betrieb weltlicher Studien, und damit die Schul= und Unterrichtsthätigkeit der nach der strengen Regel reformirten Klöster litt. In der That ist ein theilweiser Rückgang vieler Benedictinerklöster in dieser Hinsicht während des eilften Jahrhunderts geschichtlich constatirt,[1]) und den von Damiani geleiteten Eremitenmönchen darf man im Voraus keine weltlich gelehrte Thätigkeit zumuthen. Demzufolge kann es kaum überraschen, daß in Italien, dem Lande der classischen Traditionen weltliche Bildung und Erudition gewisser Maßen in Opposition gegen den strengen Ascetismus des reformirten Mönchthums gepflegt wurde, und kirchliche Frömmigkeit und säculäre Bildung zeitweilig in einen ziemlich gespannten Gegensatz zu einander traten. Die Pflege der säculären Bildung hatte ihre Vertreter in dem den strengen Reformen abgeneigten Theile der Weltgeistlichkeit Norditaliens, woselbst es berühmte Lehrer und blühende Schulen weltlicher Studien gab. Als solche Studien wurden im Besonderen Grammatik, Dialektik und Rhetorik, letztere zugleich als Vorschule rechtswissenschaftlicher Studien betrieben, wie denn ja auch die berühmteste mittelalterliche Rechtsschule in Norditalien erblühte. Ein Vertreter dieser Art von Studien stellt sich uns in Damiani's Zeitgenossen Anselm von Lucca dar,[2]) welcher aus Besate bei Pavia gebürtig, die hervorragendsten Kirchenmänner

---

[1]) Vgl. Damberger synchron. Gesch. VI, 478 ff.
[2]) Vgl. Dümmler, Anselm der Peripatetiker. Halle, 1872.

Norditaliens, die Bischöfe von Mailand, Brescia, Ravenna, Lucca, Piacenza, Turin zu seinen Verwandten zählte, und selbst mit den Markgrafen von Tuscien und Turin in entferntem Grade verschwägert war. Unter seinen Lehrern hebt er preisend den Philosophen Drogo von Parma hervor, sowie dessen Schüler Sichelm in Reggio, welchen er zugleich als Redner und Rechtsgelehrten rühmt; sich selber legt er die Bezeichnung Peripatetiker bei,[1]) zeigt sich auch in der Rechtswissenschaft nicht unbewandert,[2]) betrachtete aber als seinen Hauptberuf das Studium der Rhetorik. Aus einem an Drogo gerichteten Widmungsbriefe, welcher seinem uns erhalten gebliebenen Hauptwerke über die Redekunst[3]) vorangestellt ist, erfahren wir, daß er bereits früher eine Schrift über diese Kunst unter dem Titel: De materia artis abgefaßt hatte; als die von ihm in seinen Studien hierüber benützten Autoren bezeichnet er Hermagoras, Cicero, Servius, Quintilian, Victorin, Grillius, Boethius. Die Rhetoromachie ist ein mehr künstlich als geschmackvoll gearbeitetes Ganzes in sonderthümlicher Einkleidung, welche zum Zwecke hat, die theoretischen Regeln der Rhetorik in einer eigenartig individualisirenden Anwendung praktisch zu verdeutlichen. Mit diesem Werke unternahm Anselm eine Reise durch Italien, Burgund und Deutschland, um in gelehrten Kreisen dasselbe vorzulesen. Das eigentliche Ziel seiner Reise war der Kaiserhof, daher dem Werke auch ein Widmungsbrief an Kaiser Heinrich III vorangestellt ist. Ein dem Buche angefügter zweiter Brief an Drogo berichtet über eine philosophische Disputation, die einiger Maßen an jene Gerberts mit Orthrik erinnert, gleichwie Anselms Auftreten in Deutschland sich mit jenem Gunzo's von Novara vergleichen läßt. Der Streit bewegte sich um die Frage, ob es zwischen Loben und Tadeln ein Mittleres geben könne, welches keines von Beiden sei. Dieß Letztere behauptete nämlich Anselms dialektischer Gegner, der ihm Beides, Lob und Tadel, versagen wollte. Anselm hingegen meinte, daß in dem vermeintlichen Neutrum Beides enthalten sei, gleichwie eine Mittelfarbe und überhaupt jedes Mittlere zwischen zwei entgegen-

---

[1]) Vgl. Hauréau Singularités p. 192 ff.
[2]) Dümmler, S. 6. — Ueber die Verbindung grammatischer Studien mit der Rechtswissenschaft im damaligen Italien vgl. Prantl Gesch. d. Log. II, 69 (anläßlich des Grammatikers Papias); Savigny, Gesch. d. Röm. Rechtes II, 226 (anläßlich der Jugendbildung Lanfranc's.
[3]) Rhetoromachiae libri tres. Bei Dümmler, p. 20—56.

gesetzten Dingen beide in sich schließe. Eine ganz entschiedene Lösung der streitigen Frage gibt wol auch Anselm selber nicht, weder in der Erzählung jenes Disputes, noch auch im ersten Buche der Rhetoromachie,[1]) wo dasselbe Streitthema berührt wird; das Hauptinteresse der ganzen Frage scheint darin zu liegen, daß Aristoteles die Erzeugung einer dritten Species aus der Vermischung zweier anderer von einander verschiedener zu verneinen scheine,[2]) während die natürliche Wirklichkeit doch in der That, z. B. in bestimmten Farben (roth, grau) die Media bestimmter Gegensätze (schwarz, weiß) vorweise. Da wir über die Schule Drogos, deren Ehre in Deutschland erfolgreich vertreten zu haben, Anselm seinen Lehrer versichert, nichts Genaueres wissen, so läßt sich auch nicht sagen, welche Stellung Drogo und Anselm zu den einschlägigen Stellen bei Aristoteles und Boethius genommen haben. Wir erfahren übrigens aus der Rhetoromachie, daß Anselm dem Mailänder Klerus angehörte, dessen sittliche Ehre er so wie seine eigene persönliche Ehre gegen den fingirten Gegner auf das Nachdrücklichste vertritt; den Vorwurf ausgelassener Sitten wehrt er unter Anderem mit der Bemerkung ab, daß für ihn, der als Weltgeistlicher nicht zum ehelosen Leben verpflichtet sei, eine Versuchung zu den von dem fingirten Gegner ihm zur Last gelegten Ausschreitungen nicht vorhanden sei. Wir wissen übrigens nicht, bis zu welchem Weihegrade Anselm emporgestiegen war; eben so sind uns seine späteren Schicksale nach der Reise nach Deutschland, so wie sein Todesjahr unbekannt.

Die Verbindung des Studiums der schönen Künste mit jenem der Rechtswissenschaft ist eine dem damaligen Italien eigenthümliche Erscheinung,[3]) und bot neben der später erwachenden Pflege der nationalen Poesie einen der Ansätze für die Hervorbildung eines wissenschaftlich gebildeten Laienstandes und säculärer Bildungsbestrebungen dar. Konrads II Kaplan Wipo hat die Bedeutung

---

[1]) Dümmler a. a. O. S. 34.
[2]) Aristotelica didicimus disciplina, duarum specierum commixtione tertiam gigni minime. Dieß scheint mit Bezug auf Aristot. Top. IV, capp. 2. 3 gesprochen zu sein. Vgl. dagegen Aristot. Categ. p. 10, b. lin. 10 ff. (ed. Bekker) zusammt dem Commentar des Boethius Lib. IV, p. 266 ff. (ed. Migne).
[3]) Ueber anderweitige gleichzeitige und frühere Ansätze und Spuren einer solchen Verbindung vgl. Savigny II, SS. 119 ff., 161 f., 226.

jener Verbindung recht wol zu würdigen gewußt, und führt in
seinen Mahnversen an seinen Zögling, den nachmaligen Kaiser
Heinrich III[1]) Klage darüber, daß die Söhne der Großen in
Deutschland nicht zu ähnlichen Studien in der Gesetzeskunde ange=
leitet würden.[2]) Bekanntlich hat sich das Studium des römischen
Rechtes, namentlich als Laienstudium, in Deutschland erst viel
später eingebürgert, und das gebildete Laienthum sich zunächst aus
der Pflege der nationalen Dichtung herausgebildet; der gelehrte
Unterricht blieb noch für lange ausschließlich in den Händen der
Geistlichkeit, und wurde bis zur Gründung der ersten deutschen
Universitäten einzig in den Dom= und Klosterschulen ertheilt. Her=
vorragende deutsche Schulen in der ersten Hälfte des eilften Jahr=
hunderts waren jene zu Mainz, wo der Sangallenser Ekkehard IV
wirkte; zu Speier, dessen Zierde dazumal der Schwabe Bruno,
Schüler Hermanns von Reichenau und nachmaliger Bischof von
Osnabrück war; auch Amarcius, der bekannte schweizer Dichter
an Heinrich's III Hofe und Adelmann von Lüttich hielten sich um
jene Zeit zur Förderung ihrer Studien in Speier auf. In Würzburg
sorgten die Bischöfe Mainhard (1019—1034) und Bruno (1034—
1045) für das Gedeihen der Domschule, an welcher dazumal der
berühmte Magister Pernolf lehrte. Die Bamberger Schule hatte
ihr Aufblühen der Fürsorge Heinrich's II zu danken, welcher den
Lütticher Magister Durand (später, s. 1021 Bischof von Lüttich)
dahin berufen hatte; daselbst lehrten weiter Williram, auf welchem
wir im folgenden Abschnitte zurückkommen werden, und Anno, der
nachmalige Erzbischof von Köln. Die Blüthe und der Ruf der
Bamberger Schule ist nicht nur durch Anno's Biographen, der
ihr den Vorrang vor allen gleichzeitigen Schulen Deutschlands

---

[1]) Näheres über diese poetische Mahnschrift im nächsten Capitel.
[2]) — Fac edictum per terram Teutonicorum,
    Quilibet ut dives sibi natos instruat omnes
    Litterulis, legemque suam persuadeat illis,
    Ut cum principibus placitandi venerit usus,
    Quisque suis libris exemplum proferat illis.
    Moribus his dudum vivebat Roma decenter,
    His studiis tantos potuit vincire tyrannos:
    Hoc servant Itali post prima crepundia cuncti,
    Et sudare scholis mandatur tota juventus.
    Solis Teutonicis vacuum vel turpe videtur,
    Ut doceant aliquem nisi clericus accipiatur.

zuerkennt, sondern auch durch Anselm den Peripatetiker bezeugt, der sie in den Eingangsversen seiner Rhetoromachie[1]) kaum minder hoch als jener Biograph stellt. Neben diesen Schulen wird auch das durch Godehard (a. 1005) reformirte Kloster Hersfeld rühmend hervorgehoben, welches unter Abt Albuin, dem Lehrer Wolfher's und Othlo's so wie unter seinem Nachfolger Meginher eine tüchtige Schule hatte; vom Rufe des Letzteren angezogen hat Lambert, der nachmalige berühmte Geschichtschreiber, Hersfeld zu seiner bleibenden Stätte gewählt.

Einen Einblick in das Leben und Treiben der geistig regsamen Klöster damaliger Zeit gewähren uns die von B. Pez edirten Tegernseer Briefe, nämlich Briefe der Aebte Gozpert (seit a. 982),[2]) Godhard,[3]) Eberhard,[4]) Peringer,[5]) Ellinger,[6]) Ulrich,[7]) Seifrid[8]) so wie des Mönches Froumund,[9]) welchem letzterem als Sammler aller dieser Briefe die Kunde derselben und der in ihnen niedergelegten Mittheilungen und Aufschlüße zu verdanken ist. Wir lernen aus Froumunds Briefen auch den lebhaften Verkehr der Tegernseer Mönche mit den von gleichem Lerneifer beseelten Mönchen und Klerikern in St. Emmeran, Feuchtwangen, Augsburg und Würzburg kennen, und sehen ihn im lebhaften Bücheraustausche mit denselben begriffen. Es ist da vom Entlehnen und Abschreiben der Werke des Persius, Statius, Horaz, der Briefe Cicero's u. s. w. die Rede; nicht minder bekümmerte man sich selbstverständlich um Abschriften des Priscianus und Boethius, die Schrift vom Troste der Philosophie wurde von Froumond zu Cöln abgeschrieben und nach Tegernsee gesendet. Wenn der Tegernseer Mönch Thietbald[10]) dem Preußenapostel Adalbert schreibt, daß er die Beschäftigung mit den Kategorien des Aristoteles dahingegeben habe für die Erquickungen und Erhebungen seiner Seele durch die heiligen Klänge

---

[1]) Siehe Dümmler, Anselm, S. 15.
[2]) Migne 139, p. 365 ff.
[3]) Migne 141, p. 1280 ff.
[4]) Migne 141, p. 1307 ff.
[5]) Migne 141, p. 1313 ff.
[6]) Migne 141, p. 1318 ff. — Ueber Ellinger siehe Othlo's Liber visionum, Vis. 9 (Migne 146, p. 362.)
[7]) Migne 141, p. 1322 ff.
[8]) Migne 142, p. 719 ff.
[9]) Migne 141, p. 1283.
[10]) Migne 139, p. 373 ff.

der zehnfach besaiteten Davidsharfe, so glaubt umgekehrt der Abt Seifrid[1]) den richtig bemessenen Werth der Philosophia mundana entschieden in Schutz nehmen zu müssen, und bedauert einzig, das Lob eines Freundes, der seine Erfahrenheit in den schönen Künsten rühmt, ablehnen zu müssen, da andauernde Kränklichkeit ihn hindere, der Liebe seiner Jugend so, wie er es wünschte, nachhängen zu können. — Aus den gleichfalls von Pez mitgetheilten Briefen Berno's von Reichenau[2]) wollen wir den letzten (Ep. 11) hervorheben, welcher die Bemängelungen Cassians durch Prosper zum Inhalte hat, und im Interesse der kirchlichen Rechtgläubigkeit sich natürlich auf Prospers Seite stellt.

---

[1]) Migne 142, p. 723 f.
[2]) Migne 142, p. 1158 ff.

# Neuntes Capitel.

Gerberts metrische Versuche. Ueberblick der lateinischen Poesie des Zeitalters Gerberts.

---

Die lateinische Poesie dieses Zeitalters ist wie jene des Karolingischen ein Reflex der herrschenden Bildungszustände, und läßt so ziemlich dieselbe Classification ihrer einzelnen Hervorbringungen wie jene zu. Ihre Pflege hieng auf's engste mit dem grammatischen Unterrichte zusammen, welcher jenen in der Metrik, so wie die Lesung bestimmter altrömischer Dichter in sich schloß; daher denn auch die Mehrzahl der lateinischen Schriftsteller dieses Zeitraums gelegentlich in lateinischen Versen sich versuchte. Obschon der Gebrauch der antiken Metra, unter diesen der des Hexameters vorherrschend blieb, begünstigte doch die an singbare Weisen sich anlehnende kirchliche Hymnik bereits im Karolingischen Zeitalter die Emancipation von den Regeln der antiken Metra, und die einmal in Uebung gekommenen neuen lyrischen Weisen behaupteten sich fortan auch in der lateinischen Poesie, wenn schon ihre vollkommene Ausbildung und Durchbildung sich nicht mehr in der überlieferten lateinischen Sprache, sondern in den aus dieser oder an derselben sich entwickelnden Sprachen der abendländischen Völker vollzog. Obgleich die dichterische Kraft auf dem Gebiete der lateinischen Poesie im Zeitalter Gerberts sichtlich in Abnahme begriffen ist, und Hervorbringungen, welche jenen eines Theodulph von Orleans, Angilbert von Centula oder Walafrid Strabo in der Karolingischen Zeit glichen, uns nicht mehr entgegentreten, so ist doch die lateinische Poesie noch immer die herrschende Form des poetischen Denk- und Gefühlsausdruckes, hat in Bezug auf Gewandtheit in Handhabung gewisser Kunstformen der poetischen Darstellung hin und wieder

Lateinische Hymnenpoesie.

sogar eine gewisse Steigerung erfahren und, namentlich im Gebiete der rhythmisch-lyrischen Hymnik, einzelnes wirklich Schöne aus sich herausgesetzt. Gerbert selber war kein Dichter; das Wenige, was uns von seinen metrischen Versuchen bekannt ist, beschränkt sich auf einige Gelegenheitsgedichte von wenigen Verszeilen, auf welche im Verlaufe dieses Capitels an seinem Orte die Rede kommen wird.

Mit der Hymnenpoesie dieses Zeitraumes beginnend, haben wir als einen an der Schwelle desselben stehenden Hymnendichter Odo von Clugny zu nennen. Unter seine Werke sind 4 Hymnen aufgenommen,[1]) einer auf das Altarsacrament in Hexametern, ein Hymnus auf Maria Magdalena in vierzeiligen Jambenstrophen nach Art jener des hl. Ambrosius, zwei Hymnen auf den heiligen Martinus, der erste in demselben Versmaß wie jener an Magdalena, der zweite in vierzeiligen dactylischen Strophen, deren erste drei Zeilen das Versmaß des Pentameters haben, während die vierte Zeile einen Versus glyconius darstellt. Dazu kommen noch zwölf Antiphonen de S. Martino. Während Odo noch lauter classische Metra wählte, zeigte sich bei Fulbert von Chartres[2]) bereits ein Vorwiegen rhythmischer Poesie und Hymnik, an welche sich Gebete, Hymnen und Legenden in reiner Prosa anschließen. Rhythmisch sind die Legendenhymnen de S. Pantaleone und de S. Piato, die Prosa de Nativitate Domini, der Hymnus de Trinitate, die Oratio pro Rege Roberto und die Legende vom Abte Johannes; reine Prosa die Legende de divo Martino und der Hymnus auf den hl. Lambert, hexametrisch ein Hymnus de cruce und ein anderer kürzerer mit Responsorien de beata Virgine. Der Hymnus de S. Cerauno ist in zehnsylbigen dactylischen Versen mit Nachschlagssylbe[3]) gedichtet, in sapphischem Versmaß ein Hymnus auf das Epiphaniafest und ein anderer an die heilige Trinität; dazu kommen noch ein aus dreizeiligen Strophen und drei verschiedenen Metris (Tetrameter acatalectus, dreifüßiger Trochäus, Versus hipponacteus) zusammengesetzter Hymnus an den göttlichen Weltleiter und ein jambischer Osterhymnus in vierzeiligen gereimten Strophen. Dasselbe Metrum weisen der Hymnus des Cluniacenser Abtes Odilo

---
[1]) Migne 133, p. 513 f.
[2]) Migne 141, p. 339. ff.
[3]) Metrum alemannium trimetrum dactylicum hypercatalecticum.

auf das Feſt Mariä Himmelfahrt[1]) und zwei Oſterhymnen des Königs Robert von Frankreich vor,[2]) der nebſtdem auch der Verfaſſer des in den kirchlichen Gebrauch übergegangenen gereimten trochäiſchen Hymnus Veni Sancte Spiritus iſt.[3]) Wie Fulbert, Robert und Odilo, hält auch der Eichſtädter Biſchof Heribert († 1042) in ſeinen gereimten jambiſchen Hymnen de S. Laurentio, de omnibus Sanctis, de inventione S. Stephani[4]) die Scanſions-Regeln der antiken Metrik feſt; das Gefallen am Reime wiegt aber bei ihm ſchon ſo weit vor, daß er im Hymnus de omnibus Sanctis alle vier Verſe der jambiſchen Strophe mit einander reimt. In drei anderen Hymnen: De sancta Cruce, de S. Willibaldo, de S. Walburga[5]) iſt mit dem Endreim auch noch der Stabreim verbunden; in den ſechszeiligen Strophen dieſer Gedichte bilden je zwei Zeilen einen vollſtändigen Vers, welcher abwechſelnd einen ſechsfüßigen Jambus, oder einen Jambus mit fünf Füßen und einer Nachſchlagsſylbe darſtellt. In den klangreichen reimſchallenden jambiſchen und trochäiſchen Hymnen des Petrus Damiani[6]) iſt auf die Regeln der antiken Metrik nicht mehr Rückſicht genommen; und auch da, wo er ſich noch an antike metriſche Form bindet, und im ſapphiſchen, heroiſchen oder elegiſchen Versmaß ſingt, ſind bereits neuere künſtliche Formen,[7]) Reime oder auch Epanalepſen adoptirt. Uebrigens bewegt er ſich in allen Versformen mit ungemeiner Leichtigkeit und bekundet ein bedeutendes verſificatoriſches Geſchick, mit welchem ſich in ſeinen religiöſen Dichtungen auch die ſonſtigen uns ſchon bekannten Eigenſchaften und Vorzüge ſeiner ſchriftſtelleriſchen Muſe, Tiefe und Wärme der religiöſen Empfindung verbinden. Dieſelben Formen gereimter

---

[1]) Migne 142, p. 1035 f.
[2]) Migne 141, p. 940 f.
[3]) Migne 141, p. 939.
[4]) Migne 141, p. 1371 f.
[5]) Migne 141, p. 1369 f. — Ein Beiſpiel für das in Deutſchland ſich ausbildende Syſtem lyriſcher Strophenbildung mit alliterirenden Versfüßen bietet der Hymnus auf Chriſtus mit dem Titel Modus qui et Carelmaninc, abgedr. in Haupt's Zeitſchr. XI, 2 ff.
[6]) Migne 145, p. 861 f. u. 917 ff.
[7]) Daß übrigens dieſe Formen nicht erſt im Mittelalter entſtanden ſind, die Anſätze derſelben vielmehr ſchon in der altrömiſchen Poeſie ſich finden, wird gezeigt von Schuh, de poesis latinae rhythmis et rimis, praecipue monachorum. Donaueſchingen, 1851.

Hexameter und saphischer Verse, wie bei Damiani, finden wir auch bei Othlo, von welchem zwei in sapphischem Metrum gedichtete Weihnachtsgesänge[1]) und eine in leoninischen Hexametern abgefaßte Oratio metrica ad S. Trinitatem[2]) erübrigen.

Auch Gerbert soll sich in gottesdienstlicher Poesie versucht haben; indeß finden sich weder seine Cantica de Spiritu Sancto, noch seine Prosa zum liturgischen Officium der Missa de Angelis vor. Olleris[3]) theilt das in der Bibliothek zu Oxford aufgefundene Bruchstück eines Commentars zu der von Gerbert abgefaßten Prosa mit, welchem auch der Text der commentirten Worte eingeschaltet ist. Das Hauptinteresse an dem mitgetheilten Fragmente bieten dem Theologen und Philologen die in der Commentirung der Textworte enthaltenen Wort- und Sacherklärungen.

Die durch Notker von St. Gallen inaugurirte Sequenzendichtung[4]) ist in diesem Zeitraum repräsentirt durch Wipo's Ostersequenz Victimae paschali,[5]) durch Hermanns des Lahmen Sequenz de B. M. Virgine,[6]) so wie durch die Sequentiae Godescalchi,[7]) fünf an der Zahl, auf die Feste Conversio S. Pauli, Mariae Magdalenae, Decollatio S. Joannis Baptistae, Divisio Apostolorum, In festo unius Virginis. Die berühmteste darunter ist jene auf das Fest der Maria Magdalena,[8]) die auch nebst jener auf das Fest Divisio Apostolorum zu den am sichersten beglaubigten gehört.

Eine umfangreiche gottesdienstliche Dichtung ist der Liber benedictiorum Ekkehard's IV, eines Schülers Notkers III,[9])

---

[1]) Migne 146, p. 295 f.
[2]) Migne 146, p. 297 f. — Ueber die verschiedenen Arten der gereimten lateinischen Hexameter vgl. W. Meyer in den Sitzungsberichten d. Münchener Akademie d. Wissenschaften, philos.-histor. Classe, Jahrg. 1873, S. 70—90.
[3]) Oeuvres de Gerbert p. 568 ff.
[4]) Vgl. meine Schrift über Alcuin S. 393.
[5]) Ueber Nachbildungen derselben in anderen Sequenzendichtungen vgl. Bartsch, die latein. Sequenzen des Mittelalters (Rostock, 1868) S. 108.
[6]) Migne 143, p. 443. Von Anderen wird sie Heinrich, dem Lehrer des oben im Texte genannten Gottschalk zugeschrieben. Vgl. Bartsch S. 107 f., woselbst auch sieben Nachbildungen dieser Sequenz auf die Feste anderer Heiliger angeführt sind.
[7]) Migne 141, p. 1323 ff.
[8]) Ueber drei Nachbildungen derselben Bartsch S. 106.
[9]) Nähere Nachrichten über dieses handschriftlich existirende Werk, und Bruchstücke aus demselben bei Dümmler, Ekkehard IV von St. Gallen, in Haupt's Zeitschr. XIV, S. 12 ff., 31 f., 52—70.

welcher eine Reihe von Kirchengesängen zur Verherrlichung der
Feste des Kirchenjahres enthält. Den Namen Benedictiones ertheilt
ihnen Ekkehard mit Beziehung auf den Ort ihrer Einschaltung in
der feierlichen Liturgie; sie sind nämlich nach seiner Absicht dem
Momente zugewiesen, wo der Diakon, der das Evangelium lesen
soll, sich die Benediction des beim Hochamt fungirenden Celebranten
erbittet. Sie sind in leoninischen Hexametern mit zweisylbigen
Reimen abgefaßt, und seinem Freunde, dem nachmaligen Abte
Johann von St. Maximin bei Trier gewidmet. Bei dem Umfange
und vielartigen Inhalte, welchen diese Gedichte in sich fassen, können
sie selbstverständlich nicht als Kirchengesänge in eigentlichem Sinne
gemeint sein; es kommen Stücke vor, in welchen der Dichter auf
die Bedeutung der Zahlen, oder auf philosophische Materien ein=
geht, die Künste der Grammatik, Rhetorik, Dialektik durch die
Weisheit der Kirche widerlegt werden läßt u. s. w. Das Werk ist
also eigentlich eine Reihe von Festgedichten, in welchen zur Feier
der kirchlichen Festerinnerung der Gesammtinhalt der damaligen
klösterlichen Schulbildung aufgeboten wird. Zu dem Liber benedictionum verhalten sich gleichsam wie ein Auszug die Verse,
welche Ekkehard auf Wunsch seines Gönners und Freundes, des
Erzbischofes Aribo als poetische Erläuterung der Malereien des
bazumal im Bau begriffenen Mainzer Domes dichtete. Sie sind
dem Liber benedictionum einverleibt unter dem Titel: Versus ad
picturas domus Domini Maguntinae veteris testamenti et novi
Aribone archiepiscopo jubente modulati. Als Bearbeiter biblischer
Stoffe erwarb sich auch Williram (seit a. 1048 Abt von Ebersberg
in Baiern) den Ruf eines gewandten Versificators;[1] die von ihm
gewählte Behandlungsart war diese, daß er die zur poetischen
Bearbeitung ausersehenen biblischen Texte entweder einfach in
leoninische Verse umsetzte, oder zugleich auch mit allegorischen Deut=
ungen ausstattete.

Von der biblischen Dichtung und kirchlichen Lyrik auf die
geistliche Dramatik übergehend, haben wir die von der Ganders=
heimer Nonne Hroswitha gedichteten Dramen, deren Stoff aus

---

[1] Eine Charakteristik seiner lateinischen Dichtungen bei Scherer
Leben Willirams (in den Sitzungsberichten der Wiener kais. Akad. d. Wiss.,
philos.=hist. Classe, Bd. LIII, S. 264 ff.).

der altchristlichen Martyrer- und Heiligenlegende geschöpft ist, in's Auge zu fassen. Hroswitha, einem altadeligen Geschlechte angehörend, hatte sich unter der Leitung ihrer Aebtissin Gerberga, einer Tochter des Baiernherzogs Heinrich und Nichte Otto's I gebildet, und gehört sonach dem letzten Drittel des zehnten Jahrhunderts an. Die von ihr verfaßten dramatischen Arbeiten[1]) hatten zum Zwecke, die durch ihre Formanmuth ansprechenden aber schlüpfrigen Comödien des Terenz durch christliche Dramen zu ersetzen, deren Lesung Stimmungen anderer Art, als jene des heidnischen Comödiendichters in den Seelen der Leser erzeugen sollte. Die Titel der sechs Dramen lauten: Gallicanus, Dulcitius, Callimachus, Abraham, Paphnutius, Sapientia. Gallicanus ist ein römischer Feldherr, welcher vom Kaiser Constantinus beauftragt wird, in den Krieg gegen die Scythen zu ziehen, und sich als Lohn des gehofften Sieges die Hand der Kaisertocher Constantia erbittet. Der Kaiser macht die Gewährung dieses Wunsches von der Zustimmung der Tochter abhängig, die ihrem Vater erklärt, sich als Jungfrau Gott verlobt zu haben, aber nichts dagegen hat, daß dem Freier vorläufig die Hoffnung auf mögliche Erhörung seiner Werbung nicht geraubt werde; nur bedingt sie sich aus, daß während des Feldzuges ihre Kämmerlinge Johannes und Paulus dem Feldherrn zur Seite gegeben würden, während umgekehrt sie die beiden Töchter desselben bei sich haben will. Gallicanus nimmt mit Freuden diese vorläufigen Bedingungen an, und zieht, nachdem er dem Jupiter geopfert, in den Krieg. Von den Feinden geschlagen ist er nahe daran, zusammt seinen völlig entmuthigten Soldaten in schimpfliche Gefangenschaft zu gerathen, als plötzlich in Folge eines Entschlußes, welchen die beiden Kämmerlinge ihm eingeben, die Kriegsscene sich völlig ändert, und die nun geschlagenen Feinde sich zu einer tributpflichtigen Bundesgenossenschaft mit den Römern verstehen müssen. Gallicanus erzählt dem Kaiser, daß er, nachdem er die Götter vergeblich um Hilfe angerufen, dem Gotte der Christen zu dienen gelobt habe, von welchem wirklich Hilfe gekommen sei. Eine himmlische Gestalt sei ihm erschienen, und habe ihm befohlen, ihr mit gezücktem Schwerte zu folgen; statt seiner feigen Soldaten umgaben ihn plötzlich bewaffnete Himmelsschaaren, deren Erscheinen Entsetzen

---

[1]) Migne 137, p. 975 ff.

im feindlichen Lager verbreitete, und ihn zum Herrn desselben machte. In seiner dankbaren Freude ließ er sich taufen, und ist bereit, selbst der Kaisertochter zu entsagen, um ganz dem Sohne der Jungfrau angehören zu können. Der Kaiser gibt ihm nunmehr kund, daß auch seine beiden Töchter bereits Christinnen geworden seien, und sich Christo als Jungfrauen verlobt hätten. Gallicanus widmet sein Vermögen nach Ausscheidung eines seinen Töchtern bestimmten Theiles für die Zwecke frommer Mildthätigkeit, und wählt den Beruf eines christlichen Einsiedlers. Damit schließt der erste Act.[1]) Im zweiten Acte erscheint Kaiser Julian als Christenverfolger, welcher den Gallicanus der ihm noch gebliebenen Güter berauben, und Johannes und Paulus zur Abschwörung ihres Christenthums zwingen will. Die auf die Güter des Gallicanus abgesendeten Vollstrecker der Befehle Julians werden mit Aussatz behaftet, oder von Dämonen geplagt; Gallicanus geht freiwillig als Exulant nach Alexandrien, und wird daselbst enthauptet. Auch Johannes und Paulus werden Martyrer des christlichen Bekenntnisses; aber der Richter Terentianus, der sie zum Tode verurtheilte, muß sich am Grabe der beiden heiligen Martyrer die Heilung seines vom Dämon besessenen Sohnes erflehen. — Das Drama Dulcitius behandelt das Martyrthum der drei vornehmen Jungfrauen Agape, Chionia, Irene, welchen Diocletian unter glänzenden Versprechungen die Verläugnung des christlichen Glaubens aufnöthigen will. Da die Jungfrauen sich weigern, so werden sie dem Richter Dulcitius zugewiesen, welcher sie durch Peinen zum Abfall zwingen soll. Dulcitius läßt sie in Gewahrsam bringen, und will nebenbei seine Lüste an ihnen ersättigen; es begegnet ihm hiebei, daß er, durch eine höhere Macht an Seele und Sinnen geblendet, die in einem anstoßenden Gemache befindlichen berußten und schmutzigen Küchengefäße umarmt, und von Schmutz und Schwärze bedeckt kaum mehr von seinen eigenen Leuten erkannt wird, und allerlei entehrende Schmach zu tragen hat. Von Scham und Wuth gepeiniget will er auf Eingebung seiner Gattin die standhaften Jungfrauen

---

[1]) Der Kaiser schließt diesen Act mit den Worten an Gallicanus: Simplex Esse, cui semper est posse, sinat tui esse prosperis successionibus juxta sui velle eligere, et perducat te ad gaudia aeternitatis, qui regnat et gloriatur in unitate Trinitatis.

öffentlich entehrender Schmach preisgeben; es gelingt aber den Soldaten nicht, ihnen die Kleider vom Leibe zu reißen. Nunmehr wird ein anderer Richter, Sisinnius, vom Kaiser beauftragt, den Widerstand der Jungfrauen zu brechen; nachdem er zwei derselben nach vergeblichen Drohungen dem Flammentod überliefert hat, in dessen Erleidung ihre Leiber und Kleider unversehrt bleiben, will er die dritte in ein schändliches Haus bringen lassen; die Soldaten aber führen sie auf Geheiß zweier Jünglinge, welche von ihnen für Boten des Sisinnius gehalten werden, auf den Gipfel eines Berges, wo sie nur den Pfeilgeschossen der Soldaten erreichbar ist und freudig den Tod für Christus leidet. — Callimachus, nach welchem das dritte Drama benannt ist, verfolgt Drusiana, die reine und heilige Gattin des Andronicus, mit seiner Leidenschaft; Drusiana wird auf ihr Gebet durch einen plötzlichen Tod dem ungestümen Andringen seiner Leidenschaft entzogen. Callimachus will sie mit Hilfe eines mit Zaubermitteln vertrauten Freundes vom Tode erwecken; eine furchtbare Schlange tödtet beide am Grabmal der Drusiana. Dem Apostel Johannes, welcher von Andronicus geleitet dahin kommt, erscheint Christus, und kündiget an, daß Drusiana und Callimachus zur Verherrlichung seines Namens von den Todten wiedererweckt werden sollen. Johannes erweckt im Namen Christi zuerst den Callimachus, welcher die Täuschungen seines gottverlassenen Liebeswahnsinnes erkennend, Christ und Büßer zu werden verspricht. Hierauf wird Drusiana erweckt, deren mitleidvolle Seele auch die Erweckung des Fortunatus, des lasterhaften Zauberers, wünscht. Callimachus, der seinem Andenken flucht, bittet den Apostel, den Fortunat nicht zu erwecken; Johannes verweist ihm dieses Begehren als unchristlich, da die Gnade der Bekehrung, wenn sie in Gottes erbarmenden Rathe beschlossen sein sollte, auch dem bösesten Menschen zu gönnen und zu wünschen sei, gibt aber der Bitte des Callimachus in so weit Folge, daß die Erweckung nicht durch ihn selber vollzogen, sondern von der göttlichen Erhörung des Gebetes der Drusiana abhängig gemacht wird. Der wiedererweckte Fortunat verschmäht die Gnade des christlichen Heiles, und will lieber nicht leben, als Zeuge des in dieser Gnade gefundenen Glückes des Callimachus sein. Der Apostel erkennt hierin trauernd den Fortunat als einen der Herrschaft der alten Schlange für immer Verfallenen; denn Hochmuth und Neid sind vom Teufel. Aus einzelnen Stellen des Drama tritt die Schulung Hroswitha's in Logik[1]) und Theologie auf sehr ansprechende Weise hervor; und überhaupt eröffnen die Dramen insgesammt einen vollkommenen Einblick in das religiöse Glaubens- und Gemüthsleben des Kreises, welchem die Dichterin angehörte. Das vierte Drama hat zu seinem Inhalte die Erzählung von dem Eremiten Abraham, welcher in einen reichen Kaufmann verkleidet seine Nichte Maria am Orte der trostlosesten Selbstentehrung aufsucht, um sie zu den verlassenen Tugendwegen zurückzuführen. Aehnlichen Inhaltes ist das fünfte Drama, handelnd von der Bekehrung und Buße der Buhlerin Lais, welche der Eremit Paphnutius dem christlichen Heile und der christlichen Tugend gewinnt. Die erste Scene, in welcher Paphnutius im Verkehr mit seinen Jüngern vorgeführt wird, enthält die Elemente einer philosophischen Kosmologie und Anthropologie als Lehre vom Mundus major und Mundus minor, wobei uns die Dichterin auch ihre Bekanntschaft mit den Künsten des Quadruvium verräth, und den Versuch einer Begründung der christlichen Tugendlehre aus der Idee der harmonica moderatio unternimmt. Das letzte Drama, Sapientia betitelt, welches von dem in die Zeit des Kaisers Hadrian verlegten Martyrium der drei Töchter der Sapientia, der Fides, Spes, Charitas handelt, enthält in seiner ersten Scene eine an die Zahlen der Altersjahre der Töchter der Sapienz angeknüpfte Auseinandersetzung der allgemeinen Eigenschaften der Zahlen, und schließt am Ende mit einem erhabenen Gebete, welches in kurzen ausdrucksvollen Worten die gesammte Theologie der Kirche in sich faßt und in eine begeisterte Anticipation der in der gläubigen Hoffnung und himmlischen Liebe erfaßten zukünftigen verklärten Welt austönt.

Lassen bereits diese in Prosa abgefaßten Dramen eine Frau von hoher und edler Bildung erkennen, so wird dieser Eindruck durch ihre metrischen Arbeiten verstärkt, von welchen gleichfalls einige aus der Martyrergeschichte oder auch aus der neutestament-

---

[1]) Vgl. die Stelle in Scen. 2; Quod de subjecto dicitur, nonnisi de subjecto aliquo cognoscitur. Unde si velis nos enarithmum agnoscere, dic primum usiam.

und sonstige geistliche Dichtungen.

lichen Offenbarungsgeschichte ihren Stoff schöpfen. Zu letzteren gehören ihre Kindheits- und Jugendgeschichte der jungfräulichen Gottesmutter Maria bis zu deren Flucht nach Aegypten,[1]) welche dem Protoevangelium Jacobi nachgebildet und in Hexametern gedichtet ist; ferner die kürzer gefaßte Historia ascensionis Domini. Das erste der beiden Gedichte ist der Aebtissin Gerberga gewidmet; die in elegischem Versmaß abgefaßte Widmung und die Praefatio weisen im Hexameter und Pentameter Reime vor, durch welche die Schlußsylbe des Verses mit der Cäsur in der Mitte desselben gleichklingend gemacht wird. Diese Form elegischer Verse findet sich auch in Hroswitha's Passio S. Gangolfi Martyris,[2]) deren Ausgang zu erkennen gibt, daß jenes Zeitalter in Andeutung und Benennung des moralisch Häßlichen das nach heutigen Anstands-begriffen Unzulässige nicht mied.[3]) Als andere Martyrergeschichten, welche, wie die sonstigen metrischen Arbeiten Hroswitha's, sämmtlich in leoninischen Hexametern gedichtet sind, sind zu nennen: Die Passio S. Pelagii,[4]) eines Zeitgenossen der Hroswitha, der, weil er sich weigerte, den Lüsten des Sultans Abbarahman zu dienen, und gegen ihn zur Wehr sich setzte, mittelst einer Schleuder-maschine in den Quadalquivir geschnellt wurde, wo sein Körper am steinigen Rande des Flußes zerschellte. Ferner die Darstellungen der Martyrien des Dionysius Areopagita[5]) und der heiligen

---
[1]) Historia nativitatis et laudabilis conversationis intactae Dei genitricis. Siehe Migne 137, p. 1066 ff.
[2]) Migne 137, p. 1085 ff.
[3]) Gangolf, aus dem burgundischen Königsgeschlechte entsprossen, und schon im irdischen Leben durch Eröffnung einer wunderthätig heilender Quelle in seinem Garten vom Himmel begnadet, nahm ein Weib, dessen grobe Untreue ihm schwere Vorwürfe abnöthigte. Das Weib, darüber erboßt, ließ ihn durch ihren Buhlen tödten, und lehnte mit rohestem Hohne den Glauben an die am Grabe ihres gemordeten Gatten vorfallenden Wunder ab:
Haec quae dicuntur, certe non vera probantur.
Non desint signa illius ut tumulo,
Haud alias quam mira mei miracula dorsi
Proferat extrema denique particula.
Dixerat et verbum sequitur mirabile signum,
Jlli particulae conveniens propriae.
Ergo dedit sonitum turpi modulamine factum,
Profari nostram quale pudet ligulam.
Et post haec verbum quoties formaverat ullum,
Reddidit incultum hunc toties sonitum.
[4]) Migne 137, p. 1093 ff.
[5]) Migne 137, p. 1116 ff.

Agnes.¹) In zwei anderen poetischen Legenden kirchengeschichtlichen Inhaltes spielt der im ersten Falle durch Anflehung der heiligen Jungfrau, im zweiten Falle durch die Intervention des hl. Basilius von Cäsarea gelöste Bund mit dem Teufel eine Rolle.²)

Andere in's hagiobiographische Gebiet schlagende poetische Arbeiten aus dieser Zeit sind: Die von Aimoin von Fleury erzählte Translation des Leibes des hl. Benedict von Monte Casino nach Fleury unter Mummolus, dem zweiten Abte des Klosters, dessen Zeit in die Regierung des Königs Chlotar II fällt; die Erzählung³) bildet einen poetischen Anhang zum Schluße der Historia Francorum, welcher die Geschichte der Entstehung und Gründung des Klosters Fleury enthält. Ferner eine Vita S. Ursmari von Heriger in zwei Büchern; ein Fragment aus dem ersten Buch hat Mabillon im Drucke veröffentlichet.⁴) Während der Franzose Aimoin noch in rein antikem Versmaß dichtete, findet sich bei dem Lothringer Heriger bereits der leoninische Hexameter vor. Die Vita S. Richarii von Ingelram (Angelrannus) von St. Riquier, ein dem Bischof Fulbert gewidmetes Werk in antiken Hexametern,⁵) ist ebenfalls nur theilweise von Mabillon edirt worden; vom zweiten und dritten Buche, welche die Wunder des Richarius zum Inhalte haben, sind bloß die Ueberschriften der einzelnen Capitel mitgetheilt, auch das vierte Buch, von der Zurückbringung des entwendeten Leichnams nach St. Riquier handelnd, ist nicht vollständig abgedruckt.⁶)

---

¹) Migne 137, p. 1122 ff.
²) Lapsus et conversio Theophili Vicedomini (p. 1102 ff). — Historia de conversione desperati adolescentis servi Proterii (p. 1110 ff.; der Aebtissin Gerberga gewidmet). Ueber den Legendenstoff beider Erzählungen und die Gestaltungen desselben vgl. die Nachweisungen in W. Meyer's Abhandlung: „Radewins Gedicht über Theophilus", Sitzungsber. d. Münchener Akademie d. Wiss., philos.-hist. Classe, Jahrg. 1873, S. 50—62. Ueber den, dem 12. Jahrh. angehörenden Dichter Radewin ebendf. S. 63 f. sein Gedicht (Versus de vita Theophili) p. 93—116.
³) Migne 139, p. 798 f. Vgl. hiezu unsere Schrift über Alcuin S. 365, Anm. 2.
⁴) Migne 139, p. 1125 f.
⁵) Migne 141, p. 1423 ff. Aus Mabillon Act. SS. Bened. II, 261.
⁶) Nach Hariulf, Verfasser eines Chronicon Centulense aus demselben Jahrhundert hat Ingelramnus noch andere metrische Arbeiten abgefaßt: In S. Richarii honorem, quamvis antiqui abundarent, quosdam cantus dulciori compotuit melodia; nec non SS. Walarici Abbatis et Vulfranni Archiepiscopi honori proprios cantus coaptavit; beati quoque Vincentii Passionem metrice composuit, sanctaeque virginis Austrebertae vitam metro subegit. Siehe Migne 141, p. 1415.

Der Nonne Hroswitha verdanken wir eine metrische Geschichte des Klosters Gandersheim, von seiner Gründung durch den Grafen Ludolph angefangen[1]) bis in die Zeit Otto's I herab. Mit besonderer Pietät wird das Andenken der Schwiegermutter Ludolphs Aebba gefeiert, welcher im Gedichte schöne Verse gewidmet sind; der Hergang der Gründung wird ausführlich erzählt, der Förderung des Klosters durch die deutschen Könige Ludwig und Arnulph, so wie durch die Fürsten und Herrscher aus dem Ludolfischen Stamme dankbar gedacht, und dem Wirken der fürstlichen Aebtissinnen, der Töchter Ludolfs: Hathumoda, Gerberga, Oda, auf welche Christina folgte, eine ansprechende Schilderung gewidmet. Ein Zeitgenosse Hroswithas, der Reichenauer Mönch Purchard, faßte in Hexametern derselben Form wie jene Hroswitha's ein Carmen de gestis Witigowonis Abbatis (985—997) ab,[2]) welches in die Form eines Zwiegespräches zwischen dem Dichter und der personificirten Augia gekleidet ist. Der Zweck des Gedichtes ist, die Vorzüge und Verdienste des Abtes um das Kloster zu schildern, welches durch den Glanz seines Namens, durch sein hohes Ansehen am Kaiserhofe, durch glückliche Erwerbungen und kraftvolle Vertretung der Rechte des Kloster sehr gewonnen habe; dazwischen tönt aber auch die ziemlich unverhohlene Klage, daß der vielbeschäftigte Abt zu viel auswärts weile, und die Sehnsucht der Augia nach dem ihr angetrauten Gemale zu sehr unbefriediget lasse. Ausführlich und mit Vorliebe werden seine Kirchenbauten beschrieben, daneben wird eines kostbarsten Geschenkes gedacht, welches er von Rom der Augia heimgebracht: Vas crystallinum, Christi de sanguine plenum. Schließlich wird den hohen reinen Tugenden seines mannhaften Wesens und Charakters Anerkennung und Lob gezollt.

Von dem poetischen Preise kirchlicher Personen auf jenen weltlicher übergehend, haben wir wieder zuerst Hroswitha, als Verfasserin des Carmen de gestis Oddonis I Imperatoris[3]) zu nennen. Das Gedicht ist vor jenem über die Exordia coenobii Gandershemensis entstanden, und weist eine doppelte Widmung

---
[1]) Vgl. uns. Schrift über Alcuin S. 366. Die daselbst erwähnten, dem Andenken Hathumods gewidmeten Dichtungen ihres Bruders Hagius zusammt ihrer Biographie bei Migne 137, p. 1169 ff., 1184 ff.
[2]) Migne 139, p. 351 ff.
[3]) Migne 137, p. 1149 ff

vor, nämlich an Otto I und an Otto II, dessen bereits vollzogene Kaiserkrönung (25. Dez. 967) den Schluß des Gedichtes bildet. Aus der an die Aebtissin Gerberga gerichteten prosaischen Praefatio geht hervor, daß die Dichterin die Arbeit im Auftrage derselben vollzog; sie unterbreitet die Arbeit dem Urtheil der Gerberga und des Mainzer Erzbischofes Wilhelm († 1. März 968), woraus folgt, daß das Werk mindestens bald nach der Krönung Otto's ganz vollendet vorlag, während mit Rücksicht auf mehrere aus dem Gedichte hervortretende Indicien der Beginn der Arbeit um mehrere Jahre früher anzusetzen ist. Abgesehen davon, daß vv. 1482 ff. die Kaiserkrönung Otto's I (a. 962) als Schlußziel des Werkes der Dichterin erscheint, und demnach das noch Folgende als späterer Nachtrag genommen werden kann, wird in den Anfangspartien des Werkes der Erzbischof Bruno von Köln noch als Lebender vorausgesetzt. Da nun in der Widmung an den Kaisersohn Otto II die Bitte ausgesprochen wird, er möge das Mangelhafte und nicht gut Gerathene in der Arbeit andeuten, damit es verbessert werde, so ließe sich immerhin die Vermuthung einer nachträglichen Verbesserung und Erweiterung der ursprünglichen Arbeit aufrechthalten.[1]) Der Zweck des Gedichtes ist die Verherrlichung des Ottonenhauses, welchem die Aebtissin Gerberga nahe stand, und in dessen Ahnen das Kloster Gandersheim seine Gründer, Schützer und Wohlthäter verehrte. Die von Hroswitha poetisch erzählten Gesta Oddonis sind sowol Familiengeschichte als auch Regierungsgeschichte; natürlich lag erstere ihrer Auffassungsweise näher als letztere, die Verhältnisse des öffentlichen Lebens treten hinter die in denselben handelnd auftretenden Personen einiger Maßen zurück, jedoch nicht so, daß sie nicht auch in jenen sich wol unterrichtet zeigte. Außer den ihr mündlich gewordenen Informationen benützte sie, wie kürzlich nachgewiesen wurde,[2]) Widukinds Geschichtswerk und Liutprand's Antapodosis; die innerhalb des sächsischen Hauses und Geschlechtes vorgekommenen Zerwürfnisse berührt und behandelt sie selbstverständlich mit der größten Delicatesse, und hat auch sonst für die eine und andere, dem Ottonenhause minder

---

[1]) Vgl. Zint: Ueber Roswitha's Carmen de gestis Oddonis. Königsberg, 1875.
[2]) Vgl. vor. Anm.

Poetische Verherrlichungen Otto's III u. Heinrichs II.

angenehme Erinnerung einen euphemistischen Ausdruck in Bereitschaft, während sie Anderes, was zur Beleuchtung der Größe desselben dient, geschickt und ansprechend zu verwerthen weiß. Leider klaffen in dem Werke, wie es gegenwärtig vorliegt, zwei große Lücken; nur ungefähr die Hälfte des Werkes blieb erhalten. Der die Ereignisse 953—962 behandelnde Theil ist mit Ausnahme eines Fragmentes von etwa 48 Versen nicht mehr aufgefunden worden.

Auch Otto III wurde von Dichtern verherrlicht. Ein von Dümmler aufgefundenes Gedicht,[1]) welches einer Bamberger Handschrift unteritalischer Herkunft entlehnt ist, feiert mit Papst Gregor V auch seinen kaiserlichen Schützer Otto III und Gerbert von Ravenna als Dritten im Bunde; Otto's Weltkaiserthum im innigsten Verbande mit der in der Person des Papstes central geeinigten Weltkirche ist das den Sänger begeisternde Ideal. Seiner metrischen Form nach besteht das Lied aus Strophen von sechs gereimten Halbversen zu je 8 oder 7 Füßen d. h. im steten Wechsel je eines jambischen Verses mit einem trochäischen. Abbo von Fleury verfaßte zum Preise Otto's III ein Carmen acrostichum in Hexametern, deren Anfangs- und Endbuchstaben den Anfangs- und Schlußvers des Gedichtes, welcher zugleich auch durch die mittleren Buchstaben der Verszeilen ausgedrückt ist und als Vers in der Mitte des Gedichtes vorkommt, wiedergeben: Otto valens Caesar nostro tu cede coturno.[2]) In derselben rhythmischen Form wie das vorerwähnte strophische Gedicht auf Gregor V und Otto III sind die Versus de Ottone et Henrico abgefaßt,[3]) rühren auch wahrscheinlich von demselben Verfasser her, welcher den Tod Otto's beweint und Heinrich II auffordert, in Otto's Stellung eintretend zur Befreiung der durch Harduin von Ivrea bedrängten norditalischen Kirche über die Alpen heranzurücken; der Bischof Leo von Vercelli, welcher nach Angabe des Gedichtes den Kaiser in Baiern aufsuchte, um ihm diesen Wunsch der norditalienischen Kirche auszudrücken, wird dem besonderen Schutze Heinrich's empfohlen. Mit Uebergehung zweier

---

[1]) Versus de Gregorio Papa et Ottone Augusto. Abgedr. bei Dümmler, Anselm d. Peripat. S. 78 f.

[2]) Siehe Migne 139, p. 519 f. Vgl. über das Gedicht Amoin's Vita S. Abbonis, c. 13.

[3]) Siehe Dümmler a. a. O., S. 80 ff. — Zuerst mitgetheilt von Höfler, deutsche Päpste I, 331.

Trauergedichte auf Heinrich's II Tod[1]) von unbekannten Verfassern erwähnen wir weiter einen dem Hermannus Contractus zugeschriebenen Gesang auf die Kaiserwahl Konrads II,[2]) sowie Wipo's Klagesang auf Konrad's Tod[3]) und Panegyricus auf Heinrich III.[4]) Das erstere der beiden Gedichte Wipo's besteht aus zehnzeiligen gereimten Strophen; die Reime der vierfüßigen Verszeilen bestehen größtentheils im Gleichklange zweier Endsylben, stellenweise einer oder aber sogar auch dreier Endsylben. Die letzten zwei Verse der Strophe bilden den in jeder Strophe wiederkehrenden Refrain des Klageliedes. Der in leoninischen Hexametern abgefaßte Panegyricus führt den Namen Tetralogus, weil in demselben vier Personen redend auftreten, der Dichter, die Musen, das Gesetz und die Gnade. Die Rede des Dichters bildet die Einleitung und den Epilog zur Ansprache der Musen an den König, welchen als zweite und dritte redende Person Gesetz und Gnade folgen. Demzufolge besteht der Panegyricus aus drei Abtheilungen. Die Musen, die einst durch den Mund der altrömischen Dichter das Lob alter Helden und Herrscher besungen, wollen auch Heinrichs Preis der Welt verkünden, und empfehlen ihn dem Schutze Christi und der Heiligen, welcher ihn ihres Lobes werth machen wird. Gesetz und Gnade preisen nach einander den König als ihr Organ; Lob und Mahnung ist in ihren Ansprachen eben so wie in jener der Musen mit einander verwoben, die Erfüllung ihrer Erwartungen soll und wird ihn zum vollkommenen Herrscher machen. Die Lex erwähnt in ihrer Ansprache rühmend der Mutter Heinrich's Gisela, welche ihren Sohn zum Studium der Rechtskunde anzueifern bemüht gewesen; wie sehr Wipo wünschte, daß dasselbe auch in Deutschland heimisch werden möchte, haben wir bereits oben gehört. Auch in Bezug auf das zum Reiche gehörige Burgund unterläßt die Lex nicht, dem Kaiser einen Wink zu geben, wie der kürzlich erworbene Besitz dem Reiche zu erhalten sei. Die Mahnung zum Studium der Rechtskunde hatte Wipo als Erzieher Heinrich's an die Spitze

---

[1]) Siehe Grimm u. Schmeller, lat. Gedichte des 10. u. 11. Jahr. S. 333. — Haupt's Zeitschr. XI, 10.
[2]) Haupt's Zeitschr. XI, 12.
[3]) Migne 142, p. 1247 ff.
[4]) Migne 142, p. 1251 ff.

jener poetisch abgefaßten Sprüche und Regeln[1]) gesetzt, die als leichtbehältliche Denkverse den königlichen Zögling in gedrungener Kürze den Gesammtinhalt dessen, was Wipo ihm einzuprägen bemüht war, überschauen lassen sollten. Von den hundert Sprichwörtern, in welche der Mentor seine Lehren einkleidete, lautet das erste:

Decet regem
Discere legem.
Audiat rex,
Quid praecipit lex.
Legem servare,
Hoc est regnare.

Aus diesen Versen ist die metrisch-rhythmische Form der nachfolgenden Sprüche erkennbar, welchen sich in Hexametern weiter noch eine prägnante Gegenüberstellung dessen, was die gewöhnlichen Leidenschaften der irdisch-weltlichen Denkart und die denselben entgegengesetzten Tugenden dem Herzen und Sinne des Menschen eingeben, anschließt. Einige sittliche Klugheitslehren als Anhang der Centum Proverbia machen den Schluß des Ganzen. Nebenbei sei noch ein poetisches Tischgebet erwähnt, welches Wipo als Heinrich's Hofkaplan in elegischem Versmaß abgefaßt.[2])

Als poetischen Rathgeber eines Königs lernen wir auch Wipo's älteren Zeitgenossen Abalbero von Laon aus seinem Carmen ad Robertum regem Francorum kennen,[3]) welches indeß mehr der versificatorischen Kunst des Verfassers, als seinen Gesinnungen Ehre macht. Den Hauptinhalt des Gedichtes machen in ironischem Tone vorgebrachte Beschwerden aus, welche Abalbero beim König wegen ungebührlicher Bevorzugung der Mönche auf Kosten der Bischöfe vorbringt, wobei selbst Odilo von Cluny nicht ohne Tadel wegkommt; dem König wird im Tone stolzer Selbstgefälligkeit zu verstehen gegeben, daß der vom König bei seinen Vergabungen an treue Anhänger geflissentlich zurückgesetzte Abalbero keinen Lohn für die einst der königlichen Dynastie geleisteten Dienste begehre, und auf einen solchen bei den ihm bekannten Gesinnungen des

---

[1]) Proverbia Wiponis edita ad Henricum Cuonradi imperatoris filium. Migne 142, p. 1259 ff.
[2]) Versus Wiponis ad mensam regis in Natali Domini. L. c. p. 1257 f.
[3]) Migne 141, 771 ff.

Königs ohnedieß gar nicht rechnen könne. Das Gedicht ist in die
Form eines Zwiegespräches zwischen Adalbero und dem König
Robert eingekleidet. Letzterer wehrt die Bemängelung seiner Vorliebe
für die Mönche gelegentlich mit einem Hinweise auf seinen, gleichfalls
aus dem Mönchsstande hervorgegangenen weisen Lehrer Gerbert ab;
Adalbero hält es für angezeigt, dieser Erwähnung durch die Gerberts
Namen substituirte spöttische Benennung Neptanabus[1]) eine für
den Lehrer und Schüler despectirliche Form zu geben. Adalbero's
Verdruß über Gerbert begreift sich bei Berücksichtigung des scharfen
Rügebriefes, welchen ihm Gerbert als Papst Sylvester[2]) in Folge
der Klagen und Beschwerden, die König Robert und die Bischöfe
seines Reiches über Adalbero an den apostolischen Stuhl brachten,
zugehen ließ. Er wirft ihm Beleidigung des Königs, charakterlose
Wetterwendigkeit, Nichthalten beschworner Versprechungen, undank-
bare Mißachtung der ihm gewordenen Nachsicht und Verzeihung,
in den Schein heuchlerischer Freundlichkeit gekleidete Anschläge auf
den Rheimser Erzbischof Arnulph, den er gefangen setzen wollte,
vor; er habe ihn als einen nahezu unverbesserlichen, bis zur
wildesten Rohheit entarteten Menschen kennen gelernt und fordere
ihn auf, sich in Rom vor dem Papste zu verantworten. Ueber den
Ausgang der Sache ist nichts Näheres bekannt; das Carmen ist
wol jedenfalls nach Gerberts Tode verfaßt, da Adalbero, der 1027
starb, in demselben sich alt nennt, und es auch kaum gewagt haben
dürfte, den über sein Treiben erzürnten Papst noch weiter zu reizen.

Wir wenden uns von Adalbero's unlöblichen poetischen Auslassungen den Erzeugnissen einer ernsteren geistlichen Muse zu,
welche uns durch die Dichtung eines Fulbert, Froumund, Hermannus
Contractus, Othlo, Petrus Damiani repräsentirt ist. Von Fulbert
haben wir außer den schon oben erwähnten hymnischen und
legendarischen Dichtungen noch einige geistliche moralische Dichtungen
in hexametrischem Versmaß zu erwähnen,[3]) ferner ein versificirtes

---

[1]) Plurima me docuit Neptanabus ille magister (v. 167). Damit
ist der ägyptische König Nektanebus gemeint, durch dessen Erwähnung auf
das Heimatland der von Gerbert betriebenen mathematischen und astronomischen Studien angespielt werden will. Vgl. die erklärenden Anmerkungen
des Valesius zu Adalbero's Gedicht.

[2]) Ep. 215.

[3]) De timore, spe et amore. — De eadem re brevius. — Fulbertus
de se ipso. — Idem de ipso. — Gradus castitatis. Migne 141, p. 345 ff.

Künstliche Versgebilde; Hermann de octo vitiis principal.

kurzes Compendium computi[1]) in demselben Versmaße, und ein Preislied auf die Nachtigall[2]) in gereimten trochäischen Rhythmen. Seine Hexameter sind wie jene Adalberos reimlos; die Ausbildung des leoninischen Hexameters gehört sonach, wie bereits oben constatirt wurde, Deutschland und Italien an. Eines der künstlichsten Reimgebilde in elegischem Versmaß ist das unter Berno's Werke[3]) aufgenommene Carmen de bello Trojano, in dessen Distichen die mittlere und finale Reimsylbe immer für beide Verse zugleich gilt. Nicht so gesucht künstlich, aber ungleich kunstvoller und ansprechender ist Hermanns Gedicht, welches unter dem Titel: De octo vitiis principalibus citirt zu werden pflegt, der im Ganzen auch dem Inhalte entspricht, aber die sinnreiche und anmuthige Einkleidung des behandelten Gegenstandes nicht ahnen läßt.[4]) Das Gedicht ist halb dramatisch gehalten; als redende Personen werden der Dichter, die Muse (hier als Tochter Jupiters und Juno's vorgeführt), und die klösterlichen Jungfrauen vorgeführt, welchen Hermann in den wechselreichen Formen kunstvoller Metra[5]) einen hellpolirten Spiegel echtchristlicher Sitte vorhalten, und eindringlichste Mahnungen zur Wahrung klösterlicher Zucht und Uebung der Tugenden eines frommen gottgeweihten Lebens nahelegen will. Er hatte demzufolge die Absicht, der Peroration der Muse über die Gefahren und Verirrungen der ungeordneten Weltliebe auch noch eine zweite Abtheilung de virtutibus nachfolgen zu lassen, welche aber eine unvollendete Arbeit geblieben zu sein scheint.

Der größtentheils in leoninischen Hexametern dichtende Froumund darf, wenn schon einem Hermann nachstehend, immerhin den gewandtesten Versificatoren dieses Zeitalters beigezählt werden; er ist deßhalb auch als Verfasser des lateinischen Ruodlieb ver-

---
[1]) L. c. p. 347.
[2]) De Philomela, p. 348.
[3]) Migne 142, p. 1206 f.
[4]) Das Gedicht, aus 1722 Versen bestehend, wurde seinerzeit schon von B. Pez in einer Handschrift des Stiftes St. Emmeran aufgefunden, ist aber erst neuerlich durch Dümmler der literarischen Oeffentlichkeit anheim gegeben worden, und findet sich abgedruckt in Haupt's Zeitschr. XIII, p. 385—431, wozu noch weiter die erklärenden Beigaben des Herausgebers p. 432—434 kommen.
[5]) Der verschiedenen Metra sind nicht weniger als zwanzig angewendet; der Hauptkörper des Gedichtes oder eigentlich lehrhafte Theil desselben (vv. 495—1666) ist in Versus jambicus dimeter acatalecticus abgefaßt.

muthet worden. Wir halten uns hier an seine von B. Pez edirten Dichtungen,[1]) welche mannigfaltigen Inhaltes sind. Wir heben aus den 27 Numern derselben hervor seine Versificirung einiger evangelischer Erzählungsstoffe,[2]) seine poetischen Ansprachen an den Herzog Heinrich von Baiern,[3]) sowie an Kaiser Heinrich II,[4]) an die Aebte Godehard und Peringer von Tegernsee. An einen anderen Godehard richtete er den poetischen Ausdruck seiner Entrüstung über die ungeistliche Rohheit desselben, der zürnend einem Knaben einen schweren Stein nachschleuderte, und wünscht, daß Menschen solcher Art für immer aus dem Bereiche der Klostermauern gebannt sein mögen. In einem anderen Gedichte sträubt er sich gegen die Zumuthung, die priesterlichen Weihen zu empfangen, deren er sich nicht würdig erachtet, und wünscht ganz und ungetheilt seinen Studien angehören zu können.[5]) Ob die den Schluß der mitgetheilten Gedichte bildende Apologia scholae Wirceburgensis ihm angehöre, wird vom Herausgeber Pez aus Gründen diplomatischer Natur in Zweifel gezogen; es kann hinzu gefügt werden, daß in diesem Gedichte, abweichend von Froumunds sonstiger Sitte, nicht eine, sondern zwei Sylben in jedem Hexameter mit einander gereimt werden. Das irriger Weise Hermann dem Lahmen zugeschriebene Carmen de conflictu ovis et lini,[6]) in elegischem Versmaß

---

[1]) Migne 141, p. 1291 ff.

[2]) In filium viduae Naimiticae. — In hydropicum a Christo die Sabbati sanatum. — In Christum paralyticum sanantem. — Ad Christum Servatorem mundi de caede SS. Innocentium (die Endbuchstaben der Verse dieses Gedichtes geben den Hexameter: Insontes Domini nobis succurrite sancti).

[3]) In adventum Henrici ducis Bojoariae (in Hexametern). — Ad eundem appreciatio fausti itineris (zwei Gedichte in elegischem Versmaß).

[4]) Ad S. Henricum et ejus fratrem Brunonem. Beglückwünschung zur Rückkehr und Bitte Tegernsee zu besuchen (zwei Gedichte in elegischem Versmaß).

[5]) Daß er indeß die Weihen wirklich empfing, erhellt aus Ellinger's beglückwünschendem Briefe an ihn: Migne 141, p. 1317.

[6]) Dem Abdrucke bei Migne (143, p. 446ff.) fehlt der Schluß. Vollständiger Abdruck in Haupt's Zeitschr. XI, S. 215 ff. — Der Titel des Gedichtes mahnt an den Ursprung der Thierfabel, welcher durch die dem 10. Jahrh. angehörige Ecbasis, sowie durch das in gereimten Jamben abgefaßte Gedicht Gallus et vulpes aus dem 11. Jahrh. repräsentirt ist: Siehe Grimm u. Schmeller latein. Gedichte des 10. u. 11. Jahrh. (1838) SS. 243 f., 345 f. — Ueber das Verhältniß der Ecbasis zur Horazischen Dichtung siehe Burstan in den Sitzungsber. d. Münch. Akad. d. Wiss., philos.-hist. Classe, Jahrg. 1873, S. 460 ff.

Othlo's vita spiritualis; poetische Varia Damiani's.

abgefaßt, gehört in das Gebiet der harmlos unterhaltenden Dichtung, welcher es indeß hiebei an tieferen ideellen Bezügen nicht gebricht. Der Streit zwischen Schaf und Lein bezieht sich auf den größeren Grad von Werth und Nützlichkeit, welchen jeder der beiden Streitenden für sich in Anspruch nimmt. Es handelt sich zunächst um den relativ größeren Grad der Verwerthbarkeit des von Beiden Gebotenen für die Zwecke und Bedürfnisse des alltäglichen Lebens; der weitere Verlauf des Disputes führt auf das Gebiet der biblischen und gottesdienstlichen Bedeutung und Symbolik hinüber. Beide streitende Theile einigen sich schließlich darüber, den unausgetragen gebliebenen Streit mit Uebergehung der Aebte und des kaiserlichen Hofes zunächst den Metropoliten, in letzter Instanz dem Papste zu übertragen. Rein lehrhaften Inhaltes ist Othlo's Liber metricus de vita spirituali[1]) in 39 Capiteln, dessen Inhalt mit den uns bereits bekannten prosaischen Schriften zusammentrifft. Die metrische Form betreffend sind sowol dieses Lehrgedicht als auch die daneben noch zu erwähnenden Versus de die judicii[2]) in leoninischen Hexametern abgefaßt. Die moralisirenden Dichtungen Damiani's,[3]) in Bezug auf ihre metrischen und rhythmischen Formen seinen religiösen und hymnischen Dichtungen gleichend, sind mannigfaltigsten Inhaltes, durchwegs aber von großer Lebendigkeit, wobei es mitunter auch am Salze scharfen Witzes nicht gebricht, und eben so durchwegs Ausdruck der ihn beseelenden moralisch-ascetischen Grundstimmung, so wie seiner Gedanken über Zustände und Personen der kirchlichen Gegenwart. Da erscheinen neben der poetischen Bußklage eines Mönches Mahnungen an alle Stände der christlichen Gesellschaft, der dereinstigen Verantwortung vor dem ewigen Richter eingedenk zu sein, Rügen des kirchenschänderischen simonistischen Treibens, Reflexionen über die Eitelkeit und Thorheit des am Kleinen und Kleinlichen hängenden Weltsinnes, epigrammatisch zugespitzte Bemerkungen moralpsychologischen Inhaltes, moralisirende Denk- und Sinnsprüche, kurze poetische Apostrophen an Zeitgenossen von hervorragender kirchlicher Stellung, Nachrufe an Verstorbene zusammt der eigenen Grabschrift.

---

[1]) Migne 146, p. 263 ff.
[2]) L. c., p. 298.
[3]) Migne 145, p. 962 ff.

Denksprüche u. Epitaphien Gerbert's u. Ekkehard's IV.

Denksprüche und Epitaphien waren ein sehr beliebter Gegenstand geistlicher lateinischer Verskunst; unter diese Gattungen poetischer Productionen gehört auch das Wenige, was von Gerberts Versen auf uns gekommen ist. Wir kennen von Gerbert ein Distichon in calice,[1]) die Inschrift eines Weihgeschenkes Adalbero's,[2]) eine aus 12 Hexametern bestehende Preisung des Boethius als Inschrift einer Statue desselben und fünf Epitaphien. Vergleichen wir damit das aus einer gleichen Zahl von Versen bestehende Lobgedicht Ekkehard's auf Boethius und Ekkehard's Epitaphien,[3]) so tritt uns nach Inhalt und Form der metrischen Arbeit der Unterschied zwischen Gerbert und dem Zögling der Schule von St. Gallen entgegen. Wenn Gerbert in den oben citirten drei kleinen Versen sich gewisser Maßen aus Gründen der Convenienz zu gereimten Hexametern versteht, so sind seine anderen Verse von streng antiker Form; fast scheint es, als ob ihm das tönende Reimgeklingel mit der monumentalen Sprache der Epitaphien und Säuleninschriften nicht vereinbar geschienen hätte. Auch sind seine Epitaphien kürzer als jene Ekkehards, nicht lobpreisende Nachrufe, sondern Gedächtnißtafeln, in ihrer strengen Kürze nur aus vier Versen bestehend, welche mit wenigen ausdrucksvollsten Worten der Nachwelt sagen sollen, was der Hingeschiedene war und wann er aufhörte, der irdischen Zeitlichkeit anzugehören. Boethius wird von Gerbert viel geistiger als von Ekkehard aufgefaßt, die Bedeutung der Persönlichkeit desselben in ihrem historischen Wesen und Kerne ergriffen; während Ekkehards Lobpreisung allenfalls als Wandtafel in eine mittelalterliche Klosterbibliothek seines Jahrhunderts paßte, eignete sich Gerberts Epigramma nach Inhalt und Stil vollkommen für ein auf einem öffentlichen Platze in Ravenna oder zu Rom aufzurichtendes Denkmal, und scheint in der That auch auf eine von Otto III errichtete Denksäule Bezug zu haben. Die von Gerbert verfaßten Grabschriften sind dem Andenken seiner Gönner, Freunde und Zeitgenossen Adalbero von Rheims, Herzog Friedrich von Oberlothringen, Kaiser Otto II, König Lothar und dem Scholasticus

---

[1]) Hinc sitis atque fames fugiunt, properate fideles,
    Dividit in populo has praesul Adalbero gazas.
[2]) Virgo Maria tuus tibi praesul Adalbero gazas.
[3]) Vgl. Haupt's Zeitschr. XIV, S. 72 u. 45—50.

Adalbert gewidmet. Ekkehard dichtete Grabschriften auf Aribo von Mainz, Bischof Walter von Speier, Notker Balbulus als Sequenzendichter, auf die heilige Nonne Rachilde, auf seine drei Vorgänger Ekkehard I, II, III, auf den St. Gallenser Abt Purchard II (1001—1022), in dessen Auftrage er einst, ehe er nach Mainz abgegangen war, Verse zu den im Auftrage des Abtes Immo (975—984) gemalten Bildern aus dem Leben des hl. Gallus verfaßt hatte. Das Aufkommen und der Gebrauch leoninischer Hexameter in Frankreich vor und neben den nach der Weise Gerberts und Fulberts gedichteten reimlosen antiken wird durch die den Werken des Odorannus angeschlossene Epitaphiensammlung,[1]) so wie durch die von dem Rouener Erzbischof Maurilius († 1067) den Normannenfürsten Rollo und Wilhelm Langschwert gesetzten Grabschriften[2]) kenntlich gemacht.[3])

Der von Ekkehard gepriesene Notker III mit dem Cognomen „der Deutsche" griff auf die bereits in der Karolingischen Zeit begonnene volksspachliche Beschäftigung mit der Bibel zurück, aber nicht im Interesse der Kunstübung oder Volksbildung, sondern in jenem des Schulunterrichtes; er faßte eine deutsche Unterrichtsschrift über die Musik ab, und versuchte sich in einer umschreibenden Uebersetzung der Psalmen, deren Verdeutschung bereits vor Notker wiederholt in Angriff genommen worden war. Williram von Ebersberg unternahm eine in eigenthümlicher Art ausgeführte deutsche Erklärung des lateinischen Textes des Hohenliedes, welcher er den von ihm für eine Arbeit Haymos gehaltenen Commentar des Remigius von Auxerre zu Grunde legte. Er richtete seine Erklärung behufs faßlicher Uebersicht und angenehmeren Genußes, nebstdem wol auch zur Erhöhung der Würde und Hoheit des lateinischen Bibeltextes so ein, daß er den lateinischen Text mit großen Buchstaben in die Mitte der Blattseiten des Buches setzte, während zu beiden Seiten des Textes links die poetische, rechts die prosaische Paraphrase ihren Platz erhielt. Als ein Gönner deutscher geistlicher Dichtung ist Willirams Zeitgenosse, der Bamberger Bischof Günther (1056—

---

[1]) Migne 142, p. 829 f.
[2]) Migne 143, p. 1389 f.
[3]) Anderweitige Belege hiefür in der oben S. 310 erwähnten Abhandlung von Schub S. 61 ff.

1065) bekannt, auf beſſen Anregung während einer Pilgerreiſe nach Paläſtina der Scholaſticus Ezzo ein Lied von den Wundern Chriſti in deutſcher Sprache abfaßte; neben dieſer Dichtung entſtand um dieſelbe Zeit eine andere, welcher der Herausgeber beider[1]) zuerſt den Titel „Schöpfung," in einer ſpäteren Ausgabe aber: „Loblied auf die heilige Dreieinigkeit" gab.[2]) Der Werth dieſer Dichtungen beruht weniger in ihrer noch ziemlich unausgebildeten Kunſtform, als vielmehr in der Poeſie des Gedankens und in der Tiefe der chriſtlichen Empfindung, welche ſie nach der Auffaſſung eines neuzeitlichen Literärhiſtorikers[3]) zu einem Mittelgliede zwiſchen den religiös-chriſtlichen Anſchauungen der Kirchenväter und der deutſchen Myſtiker, zwiſchen Auguſtinus und Meiſter Eckart macht. Ezzo's Lied gewann zudem eine weittragende geſchichtliche Bedeutung dadurch, daß es in die Oſtmark verpflanzt, gleich einem verwehten Samenkorn eine Reihe nachahmender Verſuche religiöſer Dichtung im öſterreichiſchen Donauthale, und in den inneröſterreichiſchen Alpenländern Steiermark und Kärnthen hervorrief, worüber wir des Näheren auf den vorerwähnten Literärhiſtoriker[4]) und die von ihm angeführten und benützten Arbeiten verweiſen.

Wenn es unter die Aufgaben einer chriſtlich-theologiſchen Literärgeſchichte des lateiniſchen Mittelalters gehört, die aus dem allgemeinen chriſtlichen Bildungsleben der Zeit ſich abzweigenden Anfänge der nationalen und weltlichen Bildungsbeſtrebungen anzudeuten, ſo konnte und durfte in dem von uns gegebenen Ueberblicke der chriſtlich-lateiniſchen Literatur des früheren Mittelalters vom achten bis in's eilfte Jahrhundert herab der Pflege der Hiſtorik, Poetik und der ſchönen Künſte insgemein jene Berückſichtigung, die wir ihr widmeten, nicht verſagt bleiben. Anders verhält es ſich mit der durch Anſelm von Canterbury inaugurirten neuen Epoche des mittelalterlichen chriſtlich-kirchlichen Bildungslebens, in welcher der chriſtlich-kirchliche Gedanke in der zur Syſtemform ſich ausbildenden und nach ſpeculativer Vertiefung ſtrebenden Theologie eine ſtets breitere Entfaltung und innere wiſſenſchaftliche Durch-

---

[1]) Diemer, deutſche Gedichte des 11. u. 12. Jahrh. Wien, 1849.
[2]) Ezzo's Lied hat in der zweiten Ausgabe den Titel: Rede von dem rehten anegenge. Wien, 1867.
[3]) Gervinus Geſch. d. deutſchen Dichtung Bd. I (5. Aufl.) S. 178.
[4]) Gervinus I, 180 ff.

Schlußwort.

bildung gewinnt. Selbstverständlich hat von da an die Geschichte der christlich-theologischen Literatur vorzugsweise die innere Entwickelung der kirchlichen Theologie in sich selber und in ihrer lebendigen Wechselwirkung mit der durch sie beeinflußten und hinwiederum sie beeinflußenden mittelalterlichen Philosophie in's Auge zu fassen, auf die sonstigen Zweige der christlich-kirchlichen Literatur aber nur in so weit einzugehen, als es zur Aufzeigung des Zusammenhanges der dazumal dominirenden Theologie mit der Gesammtbildung des Zeitalters oder zur Vervollständigung des in biographischen Darstellungen zu gebenden allgemeinen Zeitbildes unerläßlich gefordert ist.

# Namenregister.

(Die den Namen beigefügten Ziffern bedeuten die Seitenzahlen des Buches.)

Abbo v. Fleury 24. 33. 65. 79. 90. 96. 125 ff. 131. 159. 160. 205 ff. 216. 223. 234. 266. 267. 269. 270 f.
Adalbero v. Laon 89. 217. 264. 276. 283. 285. 323.
Adalbero I v. Metz 6. 228.
Adalbero II v. Metz 228.
Adalbero v. Rheims 7. 40. 47. f. 82 f. 86. 263. 264. 328.
Adalbero v. Verdun 83. 88. 263. 265.
Adalbert v. Metz 145.
Adalbert v. Prag 114 f. 240.
Adam (Mönch) 76.
Adelbold v. Utrecht 69. 74. 77. 222.
Adelgar 87. 89.
Adelheid (Kaiserin) 17. 38. 81. 94. 235. 258 f.
Adelheid (Markgräfin) 138. 140. 299.
Adelmann v. Lüttich 168.
Ademar v. Chabonnais 216. 230. 273. 274. 282.
Adso 40. 48. 56. 161. 230. 231 f. 264.
Aebba 319.
Aelfric v. Canterbury 131. 145. 235.
Agnes (Kaiserin) 140. 146. 298.
Aimoin v. Fleury 214 f. 228. 234. 272. 318.
Airard v. Aurillac 263.
Albuin v. Heresford 306.
Alcuin 30. 32. 45. 65. 66. 145 ff.
Alexander II (Papst) 139. 290. 293 f.
Alger v. Lüttich 171. 192 ff.
Alpert v. Metz 224. 228.
Alricus v. Asti 282.
Alulf 145.

Amalar 189. 191.
Amand v. Utrecht 231.
Amarcius 305.
Angilram v. St. Riquier 168.
Anno v. Cöln 292. 293. 305.
Anselm v. Lüttich 224. 225 f.
Anselm v. Mailand 122.
Anselm der Peripatetiker 302 ff. 306.
Anso v. Laubes 224. 230.
Arduin v. Jvrea 104 f.
Aribo v. Mainz 120. 191. 312. 329.
Arnold v. St. Emmeran 238.
Arnulph v. Orleans 89 f. 118. 127. 263. 273.
Arnulph v. Rheims 85. 87 ff. 95. 96. 101 f. 324.
Atto v. Vercelli 18 f. 34. 160. 196 189 f.
Aurelian v. Reaume 69.
Autbert v. Cambrai 224. 227. 232.
Avisgaud v. Paris 278.
Aymardus v. Clugny 23.
Ayrard v. St. Thierry 264.

Bacharius 284.
Balderich v. Utrecht 4.
Basilius II (Kaiser) 289.
Baudemund 225.
Beatrix (Herzogin) 82. 83. 84. 262.
Beatrix (Markgräfin) 296. 297.
Beda 30. 31. 32. 64. 79. 160. 203. 205. 225. 242. 284.
Benedict V (Papst) 18. 231.
Benedict VIII (Papst) 134.
Benedict IX (Papst) 135. 219.
Benedict (Missionär) 115.

Berengar v. Friaul 13. 17. 22.
Berengar v. Tours 149. 168 ff.
Bernelinus 62. 77.
Berner b. Humblieres 228.
Bernhard v. Angers 230.
Bernhard v. Aurillac 56. 67.
Berno v. Clugny 23.
Berno v. Reichenau 69. 189 ff. 239. 307. 325.
Bernward v. Hildesheim 6. 97. 109. 120. 236.
Bertha (Gemalin K. Roberts) 95. 93. 229.
Bertha (Gemalin Heinrichs IV) 140.
Berthold v. Reichenau 222.
Boethius 36. 41 ff. 50 ff. 55 ff. 58. 64. 68 f. 303. 304.
Boleslav (Herzog) 107. 115. 116.
Bonfilius v. Girona 38.
Bonifacius (Winfrid) 236.
Borell (Graf) 37. 85. 255.
Britfert v. Ramieres 79. 234.
Brunicho 121.
Bruno v. Köln 4 f. 6 f. 220.
Bruno v. Osnabrück 305.
Bruno v. Querfurt 115. 240.
Bruno v. Toul (siehe Leo IX).
Bruno v. Würzburg 154. 200. 305.
Burchard v. Worms 7. 121 ff. 144 ff. 224.

Cabalous 291. 293. 296.
Caper (Grammatiker) 30.
Charisius (Grammatiker) 30.
Chunibert v. St. Gallen 10.
Cledonius (Grammatiker) 32.
Clemens II (Papst) 110. 135. 137. 290.
Cominianus (Grammatiker) 30.
Consentius (Grammatiker) 30. 32.
Constantia (Gemalin K. Roberts) 229. 281.
Constantin v. Fleury 40. 76. 263. 266. 267.
Constantin v. Metz 228.
Constantin v. Mich 91. 269.
Crescentius 93. 96. 97.

Damasus II (Papst) 110. 135.
Damiani (siehe Petrus).
Damianus 294, 300.
Desiderius v. Monte Casino 151. 291.
Dietrich v. Metz 6. 83. 263. 264.
Diomedes (Grammatiker) 31.
Dionysius Exiguus 200. 205.
Donatus 30. 32.
Drogo v. Parma 303. 304.
Drogo v. Tarvona 287.
Dudo v. St. Quentin 217 f.
Dunstan 130 ff. 234.
Durand v. Lüttich 305.
Durand v. Troarne 171 ff.

Eadgar (König) 131. 132. 133.
Eadmund (König) 132.)
Eadmund (König d. Ostangeln) 234.
Eadred (König) 132. 133.
Eadwi (König) 133.
Ebalus v. Rheims 280.
Eberhard v. Tegernsee 306.
Ebrachar v. Lüttich 6. 224. 231.
Eccard v. Trier 40.
Editha (Otto's I Gemalin) 4.
Einard (Schüler Fulberts) 188.
Einhard (Eginhard) 224. 225.
Ekbert v. Tours 56.
Ekbert v. Trier 6. 40. 83. 84. 87. 88. 263. 264.
Eleman (Hofkaplan) 83.
Ekkehard IV v. St. Gallen 301. 305. 312. 328.
Elfwerd v. Glastonbury 145.
Ellinger v. Tegernsee 306.
Elpheg v. Canterbury 285.
Emma (Königin) 81. 85. 264.
Emmeranus 238.
Engelbert v. Lüttich 78.
Erluin v. Cambrai 226.
Ermin v. Laubes 224.
Everaclus (siehe Ebrachar).
Evrard v. Tours 264. 267.
Eutyches (Grammatiker) 30.
Ezzo v. Bamberg 330.

Flavianus 30.
Flodoard 209. 211. 224.
Folcuin v. Laubes 224. 226.
Franco v. Paris 276. 277.
Franco v. Lüttich 77.
Friedrich (Cardinalpriester) 120.
Froumund 10. 306. 325 f.
Fulbert v. Chartres 64 f. 124. 142. 154. 16 f. 168. 170. 188 f. 197. 232. 272. 273 f. 309. 324.
Fulco v. Amiens 287.
Fulco Nerra v. Anjou 280.
Fulco v. Orleans 272.

Garannus 39 f.
Gaudentius 107. 114.
Gaufrid (Vicecomes) 297.
Gaugericus v. Cambrai 227.
Gauzlin 219. 272 f. 283.
Gebhard v. Ravenna 292.
Gerald v. Aurillac 27. 37. 84. 263.
Gerald (Graf) 232.
Gerberga (Königin) 161.
Gerberga v. Gandersheim 313. 319. 320.
Gerhard v. Brogne 6. 234.
Gerhard I v. Cambrai 226. 286 f.
Gerhard II v. Cambrai 226. 227.
Gerhard v. Toul 6.
Gezo v. Tortona 164.
Gieseler v. Magdeburg 102 f.
Gisela (Gemalin Konrad's II) 322.
Godehard v. Altaich 10. 120. 236. 306.
Godescalc v. Lüttich 236.
Goppert v. Tegernsee 10. 306.
Gottfried (Graf) 82 f. 265.
Gottfried (Herzog) 296 f.
Gregor I (Papst) 91. 145. 158.
Gregor V (Papst) 96 f. 100. 105. 111. 115. 128. 129. 262. 269. 270. 271. 290. 321.
Gregor VI (Papst) 135. 136. 290.
Gregor (Abt) v. Einsiedeln 9.
Guarin (Abt) 38.
Guido v. Soissons 285.

Guitmund v. Aversa 171. 175. 178 ff.
Gumpo v. Mantua 239.
Günther v. Bamberg. 329.
Gunzo v. Novara 11. 33 f.

Habegogis (Herzogin) 273.
Hagins 319.
Hariulph v. St. Riquier 234.
Hathumoda 319.
Hatto v. Vich 37.
Hazmo 209.
Heinrich d. Finkler 2. 3. 220.
Heinrich II (Kaiser) 104. 117. 221. 222. 320. 326.
Heinrich III (Kaiser) 110. 135. 136. 143. 222. 226. 298. 303. 305. 322 f.
Heinrich IV (Kaiser) 139. 293.
Heinrich I (franzf. König) 143. 169. 226. 281. 299.
Heinrich d. Böse 81 f.
Heinrich v. Baiern (Sohn d. Vorigen.) 109. 326.
Heinrich v. Ravenna 292.
Heinrich v. Trier 6. 9.
Heiric 33.
Helbert v. St. Hubertus 77.
Helgaud 219. 275.
Helperich v. St. Gallen 79. 208.
Heribald v. Auxerre 165.
Heribert v. Cöln 109.
Heribert v. Eichstätt. 310.
Heribrand (Mönch) 212. 214.
Heriger v. Laubes 77. 164. 191. 202 ff 208 f. 224 f. 230. 318.
Herluin v. Cambrai 86.
Hermann II v. Cöln 77.
Hermann d. Lahme 69. 78. 222. 311. 322. 325. 326.
Hildebold v. St. Mihiel 29.
Hildebrand (Cardinal) 111. 169 f. 233. 291. 292.
Hildegar (Schüler Fulberts) 168. 275. 283. 284. 285. 286.
Hildemar v. Sens 79.

Hinkmar v. Rheims 89. 211. 225. 261.
Hrabanus Maurus 30 f. 46. 79. 165. 207. 208. 284.
Hroswitha (siehe Roswitha).
Hubert v. Lüttich 225.
Hucbald v. St. Amand 29. 69.
Hugo v. Arelat 12.
Hugo v. Besançon 292.
Hugo Capet 82. 84 f. 87. 88 f. 92. 95. 125. 126. 260. 265.
Hugo (Sohn Robert's I) 279. 281. 288.
Hugo v. Clugny 23.
Hugo v. Langres 168. 170 f. 286.
Hugo v. Tuscien 104. 109.
Humbert (Cardinal) 141 f. 169. 170.

Imiza 83.
Ingelram v. St. Riquier 318.
Isidor v. Sevilla 30. 32. 45. 66. 71. 121. 145. 272. 284.
Johann X (Papst) 19.
Johann XI (Papst) 19.
Johann XII (Papst) 17 ff. 93.
Johann XIII (Papst) 18. 20. 22. 37.
Johann XIV (Papst) 83.
Johann XV (Papst) 88. 92.
Johann XVI (Papst), siehe Johann v. Piacenza.
Johann XIX (Papst) 135. 280.
Johann v. St. Arnulph 7. 228.
Johann v. Auxerre 90.
Johannes Capanarius 115. 240.
Johann v. Fischbachau 149.
Johann v. Gorze 7.
Johann v. Piacenza 97. 111.
Johann(Biograph Odos v.Clugny) 232 f.
Johannes Scotus Erigena 35. 45 f.
Johannes Venetus 222 f.
Jordan v. Limoges 283.
Joseph d. Weise 62.
Jotsaldus 233.

Karl v. Lothringen 83. 85. 86. 263. 264.
Knut (König) 274.

Konrad I (König) 2.
Konrad II (König) 304. 322.
Konrad v. Lothringen 2.
Kralo v. St. Gallen 35.
Kunibert v. Turin 138.

Lambert v. Lüttich 225. 231.
Landelin v. Laubes 224. 230.
Landoald 231.
Lanfranc v. Bec 171. 175 ff.
Leo VIII (Papst) 18. 20.
Leo IX (Papst) 110. 135. 137. 138. 141. 145. 290. 295.
Leo (röm. Abt) 92 f. 95. 115. 152. 262. 269.
Leo v. Vercelli 105. 282. 321.
Letald d Mich 230. 232. 272.
Leuthrik v. Sens 142 274. 275 f. 285.
Liudolf (Sohn Otto's I) 2. 8. 17. 35.
Liutprand v. Cremona 5. 21 f.
Lothar (König) 81 f, 264. 265.
Ludolf (Graf) 319.
Ludwig d. Faule 84.

Mainhard v. Würzburg 305.
Marcianus Capella 9. 30. 35 f. 71. 77.
Mathilde (Otto's I Mutter) 4.
Mathilde (Gräfin) 84. 265.
Majolus v.Clugny 23. 24. 233 263. 267.
Meginfred v. Susa 282.
Meginher v. Hersfeld 306.
Meinzo v. Constanz 78.
Mummolus v. Fleury 318.

Nalgod 233.
Neckam (Alexander) 35.
Nicephorus Phocas 22.
Nicolaus II (Papst) 138. 290.
Nilus v. Rossano 111. 112 f. 114.
Notker Labeo 36. 329.
Notker v. Lüttich 6. 40. 83. 84. 225. 230. 263. 255.
Notker der Stammler 329.

Odalric v. Orleans 277. 285.

Odelrich v. Rheims 7.
Odilo v. Clugny 23. 129. 130. 233. 235. 272. 278. 286. 309.
Odo v. Canterbury 24. 131. 133. 235.
Odo v. Chartres 128.
Odo v. Clugny 23. 24. 27. 64. 69. 145. 232. 309. 323.
Odo (Graf) 279. 280. 282.
Odo v. Tournay 78.
Odorannus 69. 217. 229 f.
Olbert v. Laubes 121. 168.
Oliva v. Vich 232. 272.
Opilio (Grammatiker) 29.
Orthric v. Magdeburg 6. 46 ff. 114.
Osbern 235.
Osdag v. Hildesheim 119.
Oswald v. York 131. 135.
Othlo 150. 236 f. 241 ff. 306. 327.
Otto I (Kaiser) 2 f. 4 f. 13 f. 37. 220. 319. 320.
Otto II (Kaiser) 21. 47 f. 80. 102. 240. 320. 328.
Otto III (Kaiser) 51. 81 ff. 93 f. 96. 100. 103. 106 ff. 115. 116. 259. 260. 321.

Paul v. Camaldulenser 33.
Paulus (Grammatiker) 30.
Peringer v. Tegernsee. 306. 326.
Petrus (Archipresbyter) 139.
Petrus Damiani 136 ff. 151 f. 154. 155 f. 162 f. 187. 192. 194 ff. 197 f 200 ff. 240. 290 ff. 310. 327.
Piligrin v. Passau 10.
Pompejus (Grammatiker) 30. 32.
Poppo v. Würzburg 9.
Priscianus 30. 32. 284.
Purchard v. Reichenau. 319.

Rabbertus (Paschasius) 164.
Rabla 116.
Raimund v. Aurillac 28. 86. 88. 263.
Rainard v. Bobbio 263.
Rainaubus (Mönch) 55. 57.

Ratherius v. Verona 5. 11 ff. 33. 163 f. 230.
Ratmund v. Niederaltaich 236.
Ratramnus 169.
Recemund v. Elvira 5. 21.
Reginald v. Tours 168.
Regimbold v. Cöln 77. 168.
Regino v. Prüm 69. 226.
Reginold v. Eichstätt 11.
Remaclus v. Utrecht 231.
Remigius v. Auxerre 29. 32. 35. 46. 160.
Remigius v. Trier 75.
Richard v. St. Vannes 274. 302.
Richard I (Herzog) 217.
Richard II (Herzog) 217. 279.
Richarius 318.
Richer 37. 39. 55. 58. 75. 211 ff.
Robert (König) 85. 87. 92. 95. 98. 125. 126. 229. 275. 277. 282. 323 f.
Robert v. Rouen 217. 285.
Robbert v. Trier 6.
Rodulph v. Eugubium 300.
Rodulphus Glaber 112. 218 f. 233.
Roland v. Senlis 276.
Romuald (Ordensstifter) 38. 109. 113. 115. 240.
Romuald v. St. Emmeran 238.
Romulph v. Sens 56. 87. 90. 264.
Roswitha 5. 313 ff. 319.
Rudolph v. Lüttich 77.
Ruotger 220. 226.

Sancho Mayor (König) 273. 274.
Savinianus v. Sens 217. 229.
Seguin (siehe Siguin).
Seifrid v. Tegernsee 306.
Sergius III (Papst) 19.
Sergius IV (Papst) 110.
Servius (Grammatiker) 30.
Sevin (siehe Seguin).
Sichelm v. Reggio 303.
Siegfried (Graf) 83. 265.
Siger (Musiker) 168.
Siguin v. Sens 91. 128. 263.

Smaragdus v. St. Mihiel 30.
Starchand v. Eichstätt 10.
Stephan X (Papst) 137.
Stephan (König) 108.
Stephan v. Lüttich 225. 226.
Stephan (Magister) 9. 33.
Stephan (röm. Diakon) 264.
Sylvester III (Papst) 137.
Syrus (Mönch) 233.
Thangmar v. Hildesheim 6. 236.
Theodor v. Sinigaglia 300.
Theophana (Kaiserin) 21. 81. 84. 86. 94. 259.
Thetmar v. Mainz 264.
Thietbald v. Tegernsee 306.
Thietmar v. Merseburg 6. 221 f.
Tzimisces 22.
Ubalgis 10.
Ulrich v. Augsburg 7. 239.
Ulrich v. Tegernsee 306.
Ursmar v. Laubes 230. 318.
Utho v. Straßburg 230.
Vergilius (Grammatiker) 30.

Victor II (Papst) 111. 135. 137. 290.
Victorius v. Aquitanien 61. 202. 207.
Walafrid Strabo 189.
Walter v. Burgund 168.
Walter v. Speier 36.
Wazo v. Lüttich 77. 225. 226. 287.
Wenzeslaus v. Böhmen 240.
Wibold v. Cambrai 193. 227.
Wicfrid v. Verdun 6.
Widger v. Ravenna 292.
Widukind v. Corbei 6. 219 f.
Wilderod 88. 92. 261.
Wilhelm I v. Aquitanien 23.
Wilhelm V v. Aquitanien 216. 274. 282 f.
Wilhelm v. Dijon 219. 233. 234. 274. 282 ff. 288.
Willigis 81 f. 83. 92. 115. 119 ff. 263.
Williram 305. 312. 329.
Wipo 222. 304 f. 311. 322 f.
Witigowo 319.
Wolfgang v. Regensbg. 9 f. 236. 227. 239.
Wolfhere 236. 306.
Wulfin v. Sherburn 131.

# Druckberichtigungen.

Seite IV, Zeile 10 v. Unten: **Homogeneität** statt Homogenität.
„ 18, Zeile 4 v. Unten: **Widersacher** statt Wiedersacher; (ebenso S. 97, Zeile 4 v. Oben).
„ 59, Zeile 2 v. Oben: **widersprechen** statt wiedersprechen.
„ 62, Zeile 10 v. Oben: **beweist** statt beweißt.
„ 62, Anm. Zeile 3: **Abaci** statt Albaci.
„ 68, erste Anm.: $2 \times 2 + 1$ statt $2 \times 2 \times 1$.
„ 74, in der Seitenüberschrift: **Abfassungszeit** statt Auffassungszeit.
„ 79, Zeile 8 von Oben: **Widerspruch** statt Wiederspruch.
„ 101, Anm.: **Rodulf. Glab.** statt Rudolf glab.
„ 134, Zeile 2 v. Unten: **Simonie** statt Symonie.
„ 142, Anm. 2: **Benedictio** statt Benedicto.
„ 150, Anm. 2: **constringenda** statt constrindenda.
„ 180, Zeile 10 v. Unten: **denselben** statt dieselben.
„ 213, Zeile 17 v. Oben: **Richer** statt Richers.
„ 223, Anm. 1: **mehrerer** statt mehreren.
„ 230, Zeile 14 v. Oben: **seinem** statt seinen.
„ 246, Anm. 8: **Numerirung** statt Nummerirung.
„ 322, Zeile 4. v. Oben: **Klagegesang** statt Klagesang.
„ 325, Anm. 5, letzte Zeile: **im** statt in.
„ 336, Anm. 2: **caede** statt caedo.
„ 328, Anm. 2: **tuas** statt tuus.

www.ingramcontent.com/pod-product-compliance
Lightning Source LLC
Chambersburg PA
CBHW030304240426
43673CB00040B/1052